日録・大杉栄伝

大杉 豊【編著】
Ôsugi Yutaka

社会評論社

日録・大杉栄伝＊目次

3● 『近代思想』からの出発 一九一二（明治四十五）年七月〜一九一五（大正四）年二月――91

4● 「日蔭茶屋」の苦水 一九一五（大正四）年三月〜一九一七（大正六）年十一月――147

7●アナ・ボル共同と対立　一九二一（大正十）年一月〜一九二二（大正十一）年十月　351

8●連帯へ、日本脱出　一九二二（大正十一）年十一月〜一九二三（大正十二）年九月　421

付　没後

凡例

一、日録事項を簡略に記し、追補あるいは解説を付して補述した。事項は日付順（時系列）に配列した。

二、引用文は元のかなづかい、新字体とし、明らかな誤記・誤植は訂正した。引用文中、省略した部分は「……」で表示した。〔　〕内は編者による注記である。

三、事項・補述には、原則としてすべてに典拠資料を提示した。出典は第一次資料を優先し、補述の末尾に記載した。引用文献も煩瑣を避けるため、多くは事項の末尾に示した。ただし、戸籍原簿、学籍簿、証書類は省略し、周知の事実や枝葉のことも省略した場合がある。

四、典拠資料のうち、単行本は著者名とタイトル、雑誌記事は著者名、論題、誌名、発行年月、新聞記事は紙名、発行年月日（署名あるものは作者、タイトル）だけを掲出した。
　雑誌掲載の消息・雑録は記事名を省略した場合がある。

　紙名のうち「東京朝日新聞」は単に「朝日新聞」とした。また『寒村自伝』のように著者が明らかな場合は書名だけを、全集などに収録されている作品はタイトルだけを示した。

　発行年月日は〇八・三・十五（一九〇八年三月十五日）のように略記した。

　大杉の著作は著者名を省略し、「自叙伝」は単に（自叙伝）とした。書簡は原則として『大杉栄書簡集』（海燕書房）の書簡番号で表し、引用（現代かなづかい）もこれによった。大杉栄全集刊行会発行の全集は「刊行会版全集」、現代思潮社発行の全集は「現代思潮社版全集」とした。

五、典拠資料は、多くの場合、本文中に「～によれば」のように個別には指示したり、断らずに使用し、事項によっては、⑴、⑵や＊などの記号によって該当資料を示した。

六、官憲の記録も同様に使用したが、採否に当たっては、可能な限り他の資料と照合するなど、個別に信頼性の検討をした。そのうち、内務省警保局「大杉栄の経歴及言動調査報告書」（社会文庫編『社会主義・無政府主義人物研究史料1』柏書房、六四年）に拠るものは、（調査書）、また『続・現代史資料Ⅰ　社会主義沿革』（一）及び（二）（松尾尊兊・解説　みすず書房　八四年、八六年）に拠るものは（沿革一）（沿革二）と略記した。その他は原題を記した。文末の資料名がこれらであるものは、官憲の記録によるものであることにご留意いただきたい。なお引用の場合、原文のかたかなをひらがなにし、句読点を補うなどの改変をした。

七、著作は原則として発表時期により、自ら主宰した紙誌と著訳書の場合は、発行の都度、その他は月末に当該月の分を記載した。

1―「自由な空」への憧憬

1885（明治 18）年 1 月～1906（明治 38）年 9 月

▼…01 年、幼年学校の同期生、後から 2 列目の左から 6 番目、横を向いているのが大杉

東京外国語学校を卒業し、一年後に結婚するまで、「生の拡充」そのものの青春の記録である。存分に自我を伸長させた少年期は、幼年学校での命令―服従の生活に断ち切られ、自由への憧憬を強く抱かせた。「軍人の家に生まれて、軍人の周囲に育つて、そして自分も未来の陸軍元帥と云つたやうな抱負で陸軍の学校にはいつた、ちよつと手におへなかつた一腕白少年が、其の軍人生活のお陰で、社会革命の戦士になる」と、後の「獄中記」に記すように、反軍の精神は自由への渇望と重なり、幸徳秋水や堺利彦の日露非戦論に共鳴し、社会主義運動に身を投じさせる。

反逆の思想を培うこれらの過程は、『自叙伝』に語られるが、その要点に触れつつ、他の資料、証言を交えて辿ることにする。

初代も非業の死

(1885年1月〜1889年5月)

一八八五（明治十八）年 ○歳

一月十七日、香川県丸亀町に父・東《あずま》、母・豊《とよ》の長男として生まれる。

父の婚姻届が遅れたため、戸籍では、五月十七日生まれとなっている。本籍は愛知県海東郡越治村大字宇治三十番戸（現、津島市）。江戸期から伝わる由緒書によれば、祖先は戦国時代、宇治城の主で、元は篠田姓だったが、織田氏の家臣になるとき、信長から大杉の苗字を下された。しかし初代・大杉四郎左ヱ門義次は、信長の末弟・長益（有楽斎）の命により、非業の死を遂げたという。家は祖父の代まで宇治村の庄屋をしていた。

父は一八六〇（万延元）年生まれ。八三年に士官学校（第六期）を卒業した職業軍人で、前年に丸亀十二連隊に配属された陸軍少尉だった。母は一八六三（文久三）年生まれ。和歌山市の造り酒屋の娘で、丸亀連隊大

隊長・山田保永の妻・栄《えい》の妹。六月ころ、東は近衛第三連隊に転属し、一家は東京の麹町区番町に住んだ。（自叙伝）

一八八七（明治二十）年 ―― 二歳●

三月三日、妹・春が生まれる（一九七一年没）。

一八八八（明治二十一）年 ―― 三歳●

十一月十六日、妹・菊が生まれる（一九八一年没）。

十二月、東京府麹町区富士見小学校付属幼稚室に入る。

『自叙伝』に「五つの春から、僕も幼稚園に行くようになった」とあるが、記憶違い。現存する保育証書に「大杉栄　右本室ニ於テ六ケ月保育ヲ受ケタルヲ證ス　明治二十二年五月二十六日　東京府富士見小学校付属幼稚室」と記載されている。この証書は、一九八七年、富士見幼稚園創立百周年記念祭のときに展示された。

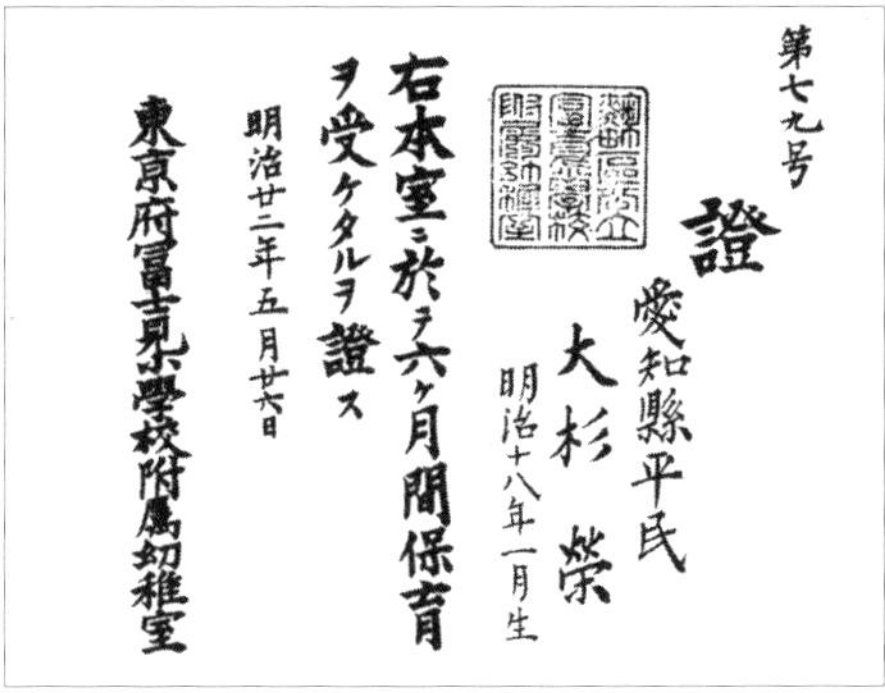

第七九号

證

愛知縣平民

大杉榮

明治十八年一月生

右本室ニ於テ六ヶ月間保育ヲ受ケタルヲ證ス

明治廿二年五月廿六日

東京府冨士見小學校附属幼稚室

一八八九（明治二十二）年 ―― 四歳●

五月二十六日、幼稚室の保育終了。父の転任で、新潟県新発田本村へ移住。

六カ月だけで保育を終えたのは、父の転任が発令されたためであろう。父は歩兵十六連隊に異動となり、一家は新潟県新発田本村へ移住する。赴任は、五月末と推測される。（自叙伝）

（注）従来の年譜は父の赴任を十二月としているが、これは妹・菊の生年をこの年十一月と誤認したため、『自叙伝』に、引越しのとき「父と母とは各々一人づつの妹を抱きかかへてゐた」とあるのに合せたものと思

われる。

一八九〇（明治二十三）年　**五歳**

十一月十六日、弟・伸《のぶる》が生まれる（一九二二年没）。

一八九一（明治二十四）年　**六歳**

四月、新発田本村の尋常科三之丸小学校に入学する。

一八九二（明治二十五）年　**七歳**

三月三十日、三之丸小学校で「上等賞」を受賞。

賞状に「上等賞　第一年生　大杉栄　右大試業ノ際成績九十八点ヲ超且平素学業勉励品行端正ニ付之ヲ賦奨ス」の記載がある。成績は高等小学校二年まで「三番から下に落ちた事はなかつた」（自叙伝）。

一八九三（明治二十六）年　**八歳**

三月四日、妹・松枝が生まれる（一九五八年没）。

一八九四（明治二十七）年　**九歳**

八月一日、日清戦争が勃発。十月二十六日、父・東が従軍のため新発田を出発。

十二月二十六日、弟・勇が生まれる（一九四六年没）。

翌年一月、東は宇品を出港して山東半島に上陸。威海衛の攻略で功あり、第二大隊副官（中尉）から同第八中隊長（大尉）になって台湾攻撃に参加。九六年五月四日、新発田に帰還した。（野崎武編『新発田連隊史』）

一八九五（明治二十八）年　十歳

三月三十日、新発田本村尋常小学校卒業。**四月、新発田高等小学校へ進む。**私塾へ通い、英語、数学、漢文を習う。四書の素読を終え、『少年世界』などを乱読する。また「四五人の友人を家に集めて、輪講だの演説だの作文だのの会を開いた」（自叙伝）。

一八九七（明治三十）年　十二歳

一月二十三日、**弟・進が生まれる**（一九八〇年没）。

三月三十日、**新発田高等小学校二学年を修業。**

四月、**北蒲原尋常中学校**（現、県立新発田高校）**に入学。**

性の目覚め。柔道と撃剣の道場に通い、棒術も習う。柔道の講武館師範・坂本謹吾から「明治三十一年稽古衆ニ超ユ……」の賞状を貰う。撃剣の道場は発誠館といい、今井常固《つねかた》が稽古をつけた。学校では、器械体操と野球に熱中、また西郷隆盛、吉田松陰、平野国臣の伝記を読む。（自叙伝、荻野正博『自由な空』）

一八九八（明治三十一）年　十三歳

四月、**名古屋陸軍幼年学校を受験するが落第。**

夏、**初めて一人で東京、名古屋、大阪の親戚を訪ねて旅行する。**東京では四谷の伯父・山田保永（陸軍大佐、後に中将）の家に滞在。初めてビフテキを食べ、ピアノを聞く。従兄・山田良之助（陸軍中尉、後に中将）の妻・お繁さんの実家・板倉の末川家も訪問。

▲…中学２年生の秋、父母、弟妹と

「日本で一番の美人」お繁さんの、田中国重（騎兵大尉、後に大将）に嫁いだやはり「綺麗な」姉さんに会う。名古屋では父方の、大阪では母方の親戚を回る。（自叙伝）

十月十四日、妹・秋が生まれる（一九一六年没）。

一八九九（明治三十二）年――十四歳

二月、三好愛吉校長の留任運動に発起人として活動。

留任運動は、新発田町ほか六十七カ町村の組合立中学校で、組合が三好校長の教育方針を受け容れられないと不信任案を出したことに始まる。二～四年生から数名の発起人に大杉も入り、生徒たちは学生大会を開いて擁護運動に決起した。翌日から同盟休校に入って、机や椅子を持ちだして燃やす、ガラス戸を壊すなどの過激を伴いながら、いざこざは一カ月続いた。この事件で三好は同校を去るが、のちに仙台の二高校長から皇子傅育《ふいく》官長となり、一九年に病死した。死亡記事を読んだその日に、大杉は「三好愛吉先生」と題する追悼文を書く。

〈先生が皇子傅育官長となつて上京して以来、僕は幾度か先生を訪ねようと思つた。……嘗て僕は屡々先生を訪づれ、先生も亦屡々僕の父を訪ふて、其のたびに先生はよく僕の腕白を叱つた。此の少年時代の腕白が嵩じた今の僕の腕白を、きつと先生は、やはり昔のやうにあの真四角な顔をにこにこさせながら叱つてくれるに違ひないと思つた。誰も叱つてくれ手がなくて、益々傲慢にばかりなつて行く僕を。僕は先生に叱つて貰ひたいと思つてゐた。〉（読売新聞一九・二・十三）

三好先生の授業で覚えているのは、二年生の初めころの倫理の時間だ。尊敬する人の名を尋ねられ、「西郷南洲（隆盛）です」と答えた。先生は「彼は謀反人だ。どんな功労があったにしろ許されることではない」という意味の批評をした。しかし「家へ帰つて、西郷南洲伝を読み返して彼れをすつかり好きになつて」しまう。（自叙伝）

三月三十日、北蒲原中学校第二年修了。

幼年学校仏語組

四月、幼年学校の入学試験に合格。五月、中学校を中退する。

幼年学校の入学試験は四月十六日から行なわれ、科目は読書、作文、算術、地理、歴史、理科、図画。愛知県出身の志願者は百二十二名、合格者は二十九名だった。(『名古屋陸軍幼年学校一覧』)

九月一日、名古屋陸軍地方幼年学校に第三期生として入学。

新入生五十名は語学によって二分され、ドイツ語を希望したが、フランス語の組に入れられる。しかし、語学は得意で、フランス語も好きになり全力を注いだ。当時、幼年学校の外国語は、三国干渉をした国の言語であるドイツ語か、フランス語か、ロシア語を学ばせた。ロシア語は東京だけだったので、ドイツ語か、フランス語の二択だった。

▲…幼年学校入学時。撮影は中村牧陽〔海部元首相の祖父〕

授業科目は倫理、国漢文、外国語、歴史、地理、数学、博物、習字、また訓育科目に学科(軍隊内務など)、術科(教練・体操・遊泳・剣術など)があった。日課は、五時半起床、六時朝食、夏期は七時から、冬期は八時から五時間授業、ほかに訓育、遊戯、自習(三時間)があり、六時夕食、九時半消灯。(幼年学校関係は自叙伝、『名幼校史』『名古屋陸軍地方幼年学校一覧』による。以下、〇一年まで同様。)

十二月二十六日～二十八日、一宮町・犬山町へ修学旅行。

一九〇〇（明治三十三）年——十五歳

六月二十五日、妹・あやめが生まれる（一九二九年没）。

七月十二日から二週間、三重県香良洲《からす》浦で遊泳演習。

香良洲浦は津市南南東八キロ。犬泳ぎで四千メートル泳ぐ。この実績で翌年は助手になる。学年試験の席順は七、八番。

二年目に入ってますます腕白ぶりを発揮、上級生と争い、しばしば制裁を受けた。士官や下士官から外出止めなどのいじめにもあう。

当時の大杉について、名古屋出身の一期生だった船橋茂の回想がある。

〈大杉といえば無道反逆の張本人のように思う人も多いが、当時の彼は純真な男で、負け嫌いのうえ柔道が強く、口はどもりだが精力的だった。生来人に圧迫されるのを嫌い、興に乗ずると、「日清談判破裂して品川乗出す吾妻艦」の軍歌を高唱し、身振りおかしく踊って皆を笑わす特有の芸当もあり、面白い男でもあった。〉

（船橋茂「思出物語」『名幼校史』）

七月下旬～八月、夏休みを郷里で過ごす。九月、二年生に進級。

一九〇一（明治三十四）年——十六歳

四月十二日～十七日、奈良・吉野へ修学旅行。男色事件で禁足処分を受ける。

奈良・吉野修学旅行は次の日程で行なわれた。

四月十二日—笠置着、笠置行宮跡、笠置山、木津川附近史跡・地形観察、笠置泊。十三日—春日神社、東大寺、興福寺、奈良帝室博物館、奈良泊。十四日—法隆寺、橿原神宮、神武・綏靖両天皇御陵、畝傍山、八木泊。十五日—吉野宮、後醍醐天皇御陵、如意輪堂、吉水院、吉野山・吉野川附近の地形観察、吉野泊。十六日—談

山神社、桜井泊。十七日—初瀬、三輪経由奈良へ、同地から汽車にて帰途につく。

修学旅行では「ほとんど毎晩の仕事であつたやうに」仲間と下級生の寝室を襲っていたが、吉野の寺に泊った晩、下士官に捕まってしまう。十七日、三輪神社の裏の森で処分が下りた。「校長の山本少佐が、全生徒に半円を画かせて、厳かに僕に対する懲罰の宣告を下した。罰は、重営倉十日のところ、特に禁足三十日に処すると云ふのだ」。以後、従来の生活を一変させ、盲従を強いる軍人生活を続けることに疑問をいだく。「僕は初めて新発田の自由な空を思つた。……僕は自由を欲しだしたのだ」（自叙伝）。

七月十三日から二週間、知多半島の新知村で遊泳演習。助手となる。

助手になったのは、前年の実績が買われたため。遊泳演習が終ると八月末まで夏休み。成績は訓育が一番、学科は二番だったが、操行で「下から一番」となる。夏季休暇中、「今までにない陰鬱な少年」となって新発田へ帰省。父が佐渡へ旅行させたりして慰める。

九月、学校に戻っても憂鬱は去らず、下士官に反抗、規律を破るようになる。軍医は脳神経衰弱と診断、二週間の休暇を与えられる。山田伯父（旅団長）のいる大阪へ行き、摂津、河内、和泉と歩きまわる。帰ると、また凶暴の病気。（『名幼校史』、自叙伝）

喧嘩両成敗で退学

十一月二十日、同期生と格闘し、重傷。十二月十四日、退校処分となる。

十一月十九日、大杉ら三年生十二名が二年生のうち上級生に欠礼した者を殴打。これにたいし、三年生の萱谷竜平らは殴打された者の多くが石川県出身者であるのは不公平だとして、大杉ら愛知県出身者と激論になる。翌日、舎外で口論の末、格闘となり、萱谷は所持していたナイフで大杉の後頭部二カ所に刺傷を負わせた。

二週間ほどして立ち上がれるようになったとき、父が来て退校届を出す。新発田へ帰るが、十二月十四日付で菅谷とともに退校処分となる。

同郷の松下芳男がこのときの大杉を見ている。

〈栄さんが幼年学校を退校させられて帰ったことは、たちまち町の話題になった。何しろ町は小さく、話題の少ない田舎のことであり、それにかれの父が、当時の新発田の上流階級の将校であったので、「大杉の坊っちゃまが、幼年学校を退校されてきなったげな」と、口から口へと伝わったが、それはだいたい悪評であって、大杉が何かよほど悪いことでもして、退校させられたというような意味であった。かれは少し雪の降り積もっている中を、和服の筒袖を着ただけで、陰鬱な顔をし、肩を張り上げて、よく練兵場の辺を散歩していた。〉

これからの進路は、得意科目が語学と国漢文、作文だったことから文学を志望するが、父の反対にあい、語学校へ行くことで折り合いをつける。（松下芳男「裸の大杉栄」『歴史と人物』七五・九）

一九〇二（明治三十五）年――十七歳●

一月二日、新発田を発って上京。東京学院の中学五年級受験科へ通学。牛込矢来町「若松屋」の四畳半に下宿。神田猿楽町にある予備校の東京学院に、夜は四谷区箪笥町のフランス語学校に通った。

このころ、下宿先の学生が谷中村鉱毒問題の示威運動に参加するのを見て、関心をもつ。前年十二月に田中正造が天皇に直訴。学生による鉱毒地視察が、十二月、一月と行なわれ、各所で路傍演説会や救援金募集が実施された。文部省と東京府がこれを禁止したため、学生の抗議行動が活発になった。『万朝報』でこうした谷中村報道を注意して読み、幸徳秋水や堺利彦、木下尚江、安部磯雄らの名前を知る。同時に報じられる種々の社会問題に興味をもち、幸徳・堺の文章に引かれ、やがて幸徳の非軍国主義に魅せられる。また下宿の年長の知人から社会学や心理学の本を借り、ル・ボン『群衆心理』を原語で読了、矢野龍渓『新社会』を愛読する。（自叙伝、「死灰の中から」）

六月二十二日、母・豊が新潟病院にて急逝。新発田へ急行する。

母危篤の電報に、差出人も見ずに帰郷するが、家では大勢の人が泣いているばかり。「お母さんはどこにいます」と何度も聞いてうろうろする。そして「好きだった」母が、死の間際まで「栄はまだか」と言っていたことを聞かされる。卵巣嚢腫と告げられたが、医療過誤が疑われ、「手術後腹が痛み出してまた切開して見たら中から糸が出てきて、大変な膿を持っていた」という。立ちあった人たちは非常に憤慨したが、父は「すんだことはもうしかたがない」とあきらめる。三十九歳の若さだった。二晩か三晩続いた通夜と宝光寺での葬儀が済み、郊外の五十公野で、松の枝を積み上げての火葬。その燃えあがる炎の中に母の顔を見ながら、帰京の途につく。（自叙伝）

十月、順天中学校五年に編入学する。

試験は早稲田中学を卒業したという下宿の友だちを替え玉に使って受けた。* 天保五年に順天堂塾として創立した学校で、当時は神田区中猿楽町（現、西神田一—四—五）にあった。同期の友人・登坂と本郷壱岐坂下の下宿屋・甲武館の一室に住む。同期生に幼年学校中退者が何人もいて、よく交流した。貸本屋のお得意になり、哲学・宗教・社会問題などの本を読む。丘浅次郎『進化論講話』に、動物の進化、自然科学への興味を喚起させられる。（＊安谷寛一編「大杉栄略伝」『未刊大杉栄遺稿』、自叙伝）

一九〇三（明治三十六）年 ——十八歳

三月ころ、あちこちの教会へ行き、海老名弾正の本郷教会が気に入る。

三月三十一日、順天中学校卒業。

同校所蔵の「明治三十五年成蹟表」によると、大杉の成績は次のとおり。

修身五九、国語八〇、漢文九三、作文六八、英語（読方・訳解六七、作文・会話五〇、文法・習字・書取八四）、歴史七三、地理・地文八六、代数六五、幾何六八、三角七〇、物理七五、化学六〇、体操八三、合計一〇八一、平均七二、成蹟及席順一八。国語、漢文などがよく、理科系もまずまず。五年生は二百〜二百五十

人いたから、席順十八は上位の部類だ。学校は「数学測量」を特色にしていたので、科目に「三角」とあるのが珍しい。

卒業の前、学校で「貧富の懸隔を論ず」なる論文を書き、いっぱしの社会改革家らしい気持になる。なお、のちに知り合う野口雨情が、前年まで同校に在籍していた。（『順天一五五年史』、自叙伝）

四月、東京外国語学校を受験し合格する。

試験科目は国語・漢文、歴史・地理、外国語（英仏独）と得意なもの。（『東京外国語大学史・資料編』）

七～八月、父が転属した福島に帰省し、約一カ月弟妹とともに過ごす。

六月ころ、父は新発田の歩兵第十五旅団副官から、福島連隊区司令部副官へ左遷され、一家は福島に転出した。（自叙伝）

外国語学校で特進

九月、東京外国語学校仏語科に入学。

学校はこの年一月、神田区錦町三―十三に新築移転。入学生は、修業年限三年の本科が二百三十名、うち仏語科は三十名、大杉の入った選科（二年間）は三十四名で、うちフランス語は九名だった。学科は大半が正科の語学で、ほかに国語・漢文、言語学、法学、経済学、体操など。

大杉のフランス語は「幼年学校で二年半やつて、更に其後もつい数カ月前まで仏蘭西語学校の夜学で勉強しつづけて、もう分らんなりにも何にかの本を読んでゐた」（自叙伝）くらいだから、同期生よりずっと進んでいる。「一ケ月ばかりしてから……二年へ進級したが、其の二年も素《もと》より大した事ではなかつた」。本科二年生であった町田梓楼によれば、「一年級においては少し力があり過ぎるからとて位一級を進められ」、本科二年

（1903年3月～11月）

▲…外国語学校入学のころ

生と同じ授業を受けて、同時期に卒業した。ただし講義はつまらないので、仏人ジャクレエ先生以外の授業は「できるだけ休むことにきめた」（自叙伝）。

町田は同窓中の親友で、「よく竹橋から半蔵門あたりを散歩しながら議論した」仲である。のちに朝日新聞の特派員としてパリにいるとき、入獄した大杉を支援する。（町田梓楼「過ぎし二十年」『東京外国語大学史・資料編二』）

十月十一日、本郷壱岐坂の本郷教会で海老名弾正から洗礼を受ける。

〈僕は可なり長い間それを躊躇してゐたが、遂に洗礼を受けた。其の注がれる水のよく浸みこむようにと思つて、わざわざ頭を一厘がりにして行つて、コップの水を受けた。〉（自叙伝）（太田雅夫「平民社と本郷教会」『初期社会主義研究』一九九四）

二十日、社会主義協会の第二回非戦論演説会を聞き、共鳴する。

日露開戦論がわいてくるなか、社会主義協会は第一回非戦論演説会を十月八日に神田青年会館で開催。万朝報が日露主戦論に転ずるや、幸徳秋水・堺利彦は内村鑑三とともに同社を退職する。この日の弁士は堺、幸徳、西川光二郎、安部磯雄、木下尚江。本郷・中央会堂に聴衆約六百名が参集した。十一月一日に幸徳、堺らが平民社を設立、十五日に週刊『平民新聞』を創刊すると、大杉は「一兵卒として参加したい」と思う。（自叙伝、平民新聞十一・十五）

二月八日、日露戦争が起こる。間もなく教会と縁を切る。

教会との訣別を自叙伝にこう書いている。

〈海老名弾正の国家主義的大和魂的クリスト教が、僕の目にはつきりと映つて来た。戦勝祈祷会をやる。軍歌のやうな賛美歌を歌はれる。忠君愛国のお説教をする。……加藤直士だのと数回議論をしたあとで、すつかり教会を見限つて了《しま》つた。〉

平民社学校の日々

三月十三日、数寄屋橋の平民社を初めて訪ね、社会主義研究会に出席する。

研究会は前週に始まり、この日が第二回。講師は幸徳、堺、石川三四郎である。が、この日は新顔も多いし、講演は止めて、みんなの身の上話や社会主義に入った理由のような話をしようと、順々に立った。終り近くに番が来て、大杉は「軍人の家に育ち、軍人の学校に教へられて、軍人生活の虚偽と愚劣とを最も深く感じてゐるところから、此の……のために一生を捧げたい」旨を言った。以後、毎週日曜の研究会には欠かさず出席し、それ以外の日にもよく遊びに行くようになる。堺利彦の追憶――

〈わたしの記憶に残っている最初の大杉栄は、金ボタンの制服を着た外国語学校仏語科の学生である。色が白く、髪が黒く、目が大きく、背もずいぶん高く、まず立派な青年だった。明治三七、八年のころ、週刊『平民新聞』から『直言』にかけての「平民社」の常連の一人で、ある日の茶話会で、自己紹介の時、「僕は人殺しの子です」と言って、人の注意を引いた。彼の父は陸軍少佐であった。これが日露戦争中の「非戦論」

本陣における一光景であった。〉（堺利彦「大杉、荒畑、高畠、山川」）（太田雅夫「平民社と本郷教会」前出、自叙伝）

四月、このころまでに住所を神田三崎町二ノ三（矢澤直吉方）に移す。

柳田国男『遠野物語』の話者となる佐々木喜善と交友があり、彼の日記に「一九〇四年四月二四日、神田の大杉君を訪ねたるに留守」、同年の「友好録」に「神田三崎町二丁目三　大杉白蒲栄君」とある。交友は前年か、この年からで、手紙のやりとりは〇七年まで続く。（『佐々木喜善全集』第四巻、後藤彰信「大杉栄、佐々木喜善との交友と平民社参加の頃」『初期社会主義研究』二〇〇三）

六月六日、日露戦争に従軍する父を上野駅で迎え、駅前の宿で一夜を共にする。

東の属する後備歩兵十六連隊は二個大隊編成で、六月五日に新発田を出発し、広島へ向う途中、一泊した。第二大隊長としての壮途だった。

〈僕は父が馬上で其の一軍を指揮する、こんなに壮烈な姿は初めて見た。ちよつと涙ぐましいやうな気持になつた。しかし、何んだか僕には、父の其の姿が馬鹿らしくもあつた。……父は僕にただ「よく勉強しろ。」と云つただけで、別に話したい様子もなく、ただそばに置いて顔を見てゐればいいと云ふ風だつた。〉

東の連隊は六月十九日、宇品を出帆、二十五日清国塩大襖に上陸する。（自叙伝、野崎武編『新発田連隊史』）

二十六日、堺利彦の出獄歓迎園遊会に参会する。

『平民新聞』の社説「嗚呼増税！」が発禁処分を受け、編集・発行人の堺は軽禁錮二カ月とされ、巣鴨監獄を六月二十日に出獄した。その歓迎会を兼ねての園遊会が新宿十二社の桜林亭で催された。九時に開会。会場にはおでん屋、ビヤホール、団子屋なども設けられ、百五十余名の参加者でにぎわう。早稲田の社会学会からは、四、五十人の学生が、大きな旗を立てて、押し寄せていた。昼の弁当が配られた後、余興などがあり、四時閉会。（平民新聞七・三、「いわゆる評論家に対する僕等の態度」）

名古屋での初陣

（1904年7月～8月）

七月上旬、名古屋にて『平民新聞』の宣伝チラシをまく。二カ月間滞在。

夏休み中を過ごした名古屋では、社会運動の初陣というべき活動をしている。着くとすぐに大須観音付近でチラシ配布をした大杉の報告が、七月十七日の『平民新聞』に初めて掲載された。

〈名古屋より　あの日午後九時三十分新橋を発車しました。途中大磯あたりで広告と檄文とを四五十枚乗客に配付しまして……当地に来てからは毎晩涼みがてら散歩しますからその都度チラシを持つて行つて撒きちらしました。……　西川光次郎殿、大杉栄〉

名古屋に向かった「あの日」は平民社が神田鍛冶町今金で「社会主義大演説会」を開催した七月八日と推定される。弁士は安部磯雄、堺利彦、斯波貞吉、西川光二郎、木下尚江。大杉はこの会を手伝い、西川と名古屋行きの打ちあわせをしたのであろう。八月には西川ら東海道遊説隊の訪名が予定されていたので、その準備役を引受けていた。伯父・一昌の家（名古屋市矢場町）に滞在したと思われるが、十二日に、その伯父が死亡する弔事が発生。父の名代として葬儀に列席する予期せぬ事態もあった。

通信文はそれには触れず、チラシを「半分わけて呉れたまえ、向こう側は僕が受け持ちませう」と言って配布を応援してくれた愛読者がいたことを報告している。その愛読者は名古屋の初期社会主義者・鈴木盾夫であった。（伊藤英一『評伝鈴木盾夫』）

十九日、石巻良夫宅で開かれた社会主義者茶話会に出席。

名古屋に着くと、『平民新聞』の取次をしている「社会主義書肆」誠進堂の矢木鍵治郎と連絡をとり、矢木は同志とともに活動を開始した。大杉の来名を契機として、平民社演説会へ向け、名古屋での同志会合を図ったのである。この日の会が手始めで、二人は平民社へ次の報告をする。

〈……来会者は僅か十三名に過ぎなかつたが、石巻氏からのご馳走なる清新な果物をかぢりつつ「如何にして社会主義者となりし乎、現今は社会主義の為に如何に働きつつあるか」等について、愉快に語り合ひ、終りに当日徴収の会費は全部之を御社の遊説費に充て、尚御社の新聞書籍等を売つて其の収入をも之に加へむと決議しました。〉（名古屋市、大杉生、矢木生）（平民新聞七・三十一）

八月七日、矢木宅の名古屋社会主義研究会に出席し、開会の辞を述べる。

来会者七十余名と多かったのは、地元の新聞記者四人の尽力による。中京新報・中原指月、扶桑・石巻篁四（良夫）、東海日々・亀山、新愛知・中根である。午後八時開会。石巻「社会主義より見たる日本」、吉田璣《たまき》「経済上より見たる社会主義」の講演があり、質疑応答をして十一時散会。矢木の家は馬喰町八十九番地。（平民新聞八・十四）

十五日、佐々木喜善宛に「私の処女作」なる詩を発信。

書簡には「これは私の処女作よ」という大杉の社会運動への使命感を謳った新体詩が墨書されている。このころの心意気が窺えよう。

〈炎帝一たび威を振ふ、／人も、獣も草も木も／地にひれ伏して蜘蛛の如、／石さへ黙してうなだる、、。

よし其の光ほそくとも／暗黒《くらき》に馴れし人の世を／輝さむとての蛍火や、／ああかの小虫《むし》ぞしたはしき。

生命夕にせまりつ、／梢にたかく哭すなる、／堕眠《ねむ》れる人を醒さむと／蝉ぞ空飛ぶ預言者よ。

二千年の昔基督は／甘きに酔ゑる人の舌／ただらせむとて「地の塩」と／汝を呼びしを、起ち得ずや。*〉

書簡は愛知県越治村宇治大杉猪《いのこ》方より出されており、名古屋滞在中の特に活動がない日は、伯父の家で過ごした。（*後藤彰信「大杉栄、佐々木喜善との交友と平民社参加の頃」『初期社会主義研究』二〇〇三）

十七日、平民社より東海道遊説中の西川光二郎が来名。歓迎晩餐会に出席。

西川は、矢木の家で落ち着いた後、新聞社・通信社を訪問。夜は記者・同志が料理屋に招いて、歓迎の会食をした。同席したのは中京新報の中原、大阪朝日支局の小松松寿、結城菊吉、扶桑新聞の石巻、同志の小塚空谷、大杉ら。「深更まで快談仕り候」と西川は記す。翌十八日、西川は市内の空也養老院、清流女学校長らを訪問、夜は同志と懇談。大杉も同行したろう。(平民新聞八・二十八)

十九日、夜七時より南伏見町・音羽座で平民社演説会を開催。

西川が「なに故に困るものが殖えるか」と題して演説。およそ八百名の聴衆が参加して盛況。十時に散会した。西川は「東海道遊説」の記事(平民新聞八・二十八)に「名古屋での開会に便宜と助力を与えられしは」と矢木など名古屋在住者と合わせて大杉の名も挙げて、謝意を付記している。

遊説会が成功して初期の目的を達したが、なお半月ばかり名古屋に滞在した。父・東が戦地に行っている間、子どもたちは越治村の伯父の家に預けられていたから、弟妹と過ごすことが、訪名のもう一つの目的であった。妹の菊は名古屋高等女学校へ転校、春も九月から同校へ転校することになっていて伯父の家にいた。弟・伸は当時の愛知県第一中学校に通学中。従兄弟たちは栄の男兄弟の名を「栄えて、伸びて、勇んで、進む」と覚えたという。(大杉豊『年譜・大杉東とその子ら』私家版)

九月初め、東京に戻り、六日より再び平民社通いの日々が始まる。

名古屋での充実した夏休みを終えて帰京。「平民社維持金寄付」として一円を寄付。* 九月、十月、十一月と連日のように平民社へ出向き、常連の一人になる。

このころ学友がいる京橋区月島(二号地十二丁目七)に移転。「ことに下宿を登坂や田中のいた月島に移してからは、ほとんど毎日学校の往復に寄って、雑誌の帯封を書く手伝いなどをして一日遊んでいた」(自叙伝)。

西川文子の追憶に「大杉さんに至ってはまだ学生だったが、いつも髪を油で光らせて(当時の学生はそうはしなかった)、大のハイカラであった。少々吃りなので、ソ、ソ、ソノと吃る間じゅう真丸い大きな眼玉をギョロギョロさせてとても印象的で魅力があった」(『平民社の女』)とある。

『平民新聞』には幸徳・堺・西川らが交代で「平民日記」を書き、編集の経過や行動、来客などの様子を伝えている。大杉のところを摘記すると――

〈九月六日　石川、柿内両氏不在のため社中は大分手が足らぬ、今日より大杉栄君が来て帯封などの事務を

手伝つて呉れる〉

〈九月十二日　松崎源吉、大杉栄、山口義三の諸氏来遊、昼食後と夕食後と、食卓上の議論湧くが如くに起つた〉

〈十月十九日　……大杉栄君は此頃毎日の様に手伝に来て呉れる〉

〈十月廿六日　……極めて多忙なり、白柳秀湖、大杉栄の諸氏来つて編輯を助けらる〉

〈十一月一日　……外国語学校生の長谷川、森本二氏来遊、長谷川氏は西班牙語で、森本氏は伊太利語だ、毎日手伝つて居る大杉氏は仏語だ、桃紅李白世は色々で面白い〉

学校はそっちのけで、連日のように事務、編集の手伝をしていたようだ。十一月一日は、学友を誘ったものと思われる。居心地よく、吸収することも多かったのだろう。（＊平民新聞九・十一）

この年、荒畑寒村と出会う。

寒村はこう回想している。

〈ぼくが初めて大杉を知ったのは、日露戦争の最中で『平民新聞』の時分です。いつも土曜日に、刷り上がってくる新聞を、若い連中が二、三十人集まってね、わいわい議論しながら発送をやるわけです。大杉はその当時、外国語学校のフランス語科の生徒でした。……いつも金ボタンの制服を着て、髪をきれいに分けて油で固めている。みんなが「オオハイ、オオハイ」って呼んでいましたが、「大杉ハイカラ」っていう意味なんですね。もうそのころから相当なおしゃれでしたよ。

そのころの大杉は、無口でおとなしいもんでした。もともと吃りでしたけれど、普通の吃りとは少し違って、最初の言葉が出るまでが大変なのです。いったん出ちまうとあとはいいんです。〉（『寒村茶話』）

このころを前後して、平民社社員と協力者・来訪者（関係者）には次の人々がいる。こうした人々とも接しながらの日々であった。

社員―幸徳、堺、西川、石川三四郎、柿内武次郎、神崎順一、熊谷千代三郎、斉藤兼次郎、小田頼造、山口義三、松岡（西川）文子、延岡（堺）為子、徳永保之助協力者—安部磯雄、木下尚江、斯波貞吉、小泉三申、平福百穂、小川芋銭、佐治実然、加藤時次郎、小島龍太郎、岡千代彦、野沢重吉、荒畑寒村ほか

来訪者（関係者）—田中正造、矢野文雄、山路愛山、石川半山、田岡嶺雲、松井柏軒、黒板勝美、島貫兵太夫、安孫子貞次郎、宮崎滔天、田添鉄二、久津見蕨村、下中弥三郎、逸見斧吉、大石誠之助、西村伊作、南助松、伊藤証信、中里介山、森近運平、安成貞雄、山川均、福田英子、堺美知子、堀保子、幸徳千代子、逸見菊枝、神川松子、管野すが、ほか。（太田雅夫『初期社会主義史の研究』）

徴兵を忌避

一九〇五（明治三十八）年——二十歳●

一月二十三日、**徴兵猶予のため明治大学に籍をおく。**

学籍簿によれば、入学した一月二十三日付で「徴兵猶予に要する証明書下付」、明治三十九年十一月三十日付で「文部省令により除名」の印が押されている。満二十歳になるので、兵役を避けるために、学籍を置いたと考えられる。幼年学校での体験も踏まえて、反軍思想の実行である。（明治大学政学部商学部本科専門科学生原簿）

二十九日、**週刊『平民新聞』が終刊。**二月五日、**継承紙『直言』が誕生し、常連として出入りする。**

このころ、平民社から「社友」の扱いを受ける。『直言』第一号「平民社より」は、「常連の社友には、大杉栄、松崎源吉、原霞外、白柳秀湖、山田滴海、寺本みち子、〔五名略〕等の人々がある」と紹介。二月二十六日には「此頃平民社には語学熱が盛んになつた。……社中で独逸語の出来るのは神崎君ばかり、仏蘭西

語の出来るのは、社友の大杉君ばかり」とあり、翻訳の手伝いをしていたようだ。

三月二十六日、『直言』にフランス語自宅教授の広告を出す。

一円の運動基金広告をし、「仏蘭西語教授　麹町区五番町六番地（聖愛教会前）大杉栄」と提示した。

四月七日、父が奉天の会戦で負傷して還送され、この日、仙台予備病院に入院。

東は日露戦争で、旅順要塞の第二、第三回総攻撃に参加。三月九日、奉天付近で負傷し、野戦・兵站病院を経て、仙台予備病院で療養した。（大杉豊『年譜・大杉東とその子ら』）

五月十八日、仏語学校の旧師・安藤忠義に卒業後の就職相談の手紙を出す。

このころ「陸軍大学の教官となつて、幼年学校時代の同窓等に、しかも其の秀才等に『教官殿』と呼ばして鼻を明かしてやろうかと云ふやうな子供らしい考」えを持ち、「学校を出てからも、僕の旧師でありかつ陸軍でのフランス部のオウソリテイであった某陸軍教授を訪ねて、陸軍大学への就職を頼んだ事もあつた」と書いている。その最初の依頼がこの手紙であろう。翌年にかけて具体化を図るが、教授に結果を聞きに行くことになっていた数日前に電車事件で投獄され、「その後の運命はきまつて」しまう。（書簡三、「続獄中記」）

修了證書
愛知縣平民
大杉榮
明治十八年五月生
東京外國語學校
右ハ本校定ムル所ノ規程ニ依リ
撰科佛語學科ヲ修了セリ仍テ
茲ニ之ヲ證ス
明治三十八年七月六日
東京外國語學校長代理
東京外國語學校教授 凡秀三郎

六月、巣鴨監獄の幸徳秋水に仏語選文を差し入れる。
幸徳は石川三四郎の筆禍で、二月に禁固五カ月の刑で巣鴨監獄に入獄。「巣鴨だより」に「大杉君より仏語選文を、我孫子君より健康談を差入られるを感謝す」とある。（『直言』七・二）
この月、外国語学校のP・ジャクレー先生宅に他の卒業生と招かれる。
卒業前の恒例行事で、三組に分けた最終組に町田と同席した。先生はソシアリストが好きな一人息子に、この人がお前の好きなソシアリストだ、と言って紹介し、大杉は嬉しがったという。（町田梓楼「過ぎし二十年」前出）
七月六日、東京外国語学校選科仏語学科を卒業。

この以前から、麹町区下六番町二十七番地（現在の番町小学校敷地内）に住み、「年上の女」と同棲していた。『自叙伝』に「其頃僕は僕よりも二十歳ばかり上の或る女と一緒に下六番町に住んでゐたのだ」と明かしている女性だ。寒村によると、彼女は「外語にいるころ、いい仲になった下宿のおかみさん」（『寒村茶話』）だという。しばらくは、この女性に支えられたのであろう。社会運動に身を投ずるとして、生活をどう立ててゆくか模索を続けた時期である。

八月二十日〜九月十日、『直言』第一面に「社会主義と愛国心」を訳載。

同紙は九月十日、日比谷焼打事件に関して政府批判をした社説により、無期限の発行停止を受け、この日をもって廃刊した。初の寄稿となった連載（四回）もこの日で終了。十月九日夜、平民社楼上に同志七十余名が参集して、解散式を行なう。解散後、西川光二郎・山口孤剣は『平民新聞』『直言』の後継として半月刊の『光』を、木下尚江・石川三四郎らは、これと対立する形で月刊誌『新紀元』を発行する。大杉は『光』（十一月二十日創刊）に参加した。

八月、この頃、エスペラント語通信教育を受講する。

堺利彦が黒板勝美の談話をもとに、社会主義運動と結びつけて論じた「エスペラント語の話」（『直言』三・十九）に刺激され、堺とともに通信教育の会員になった。

岡山・六高の教師E・ガントレットが始めたもので、教材は英文の謄写版印刷。通信教育はこの年から合わせて三回行なわれ、受講者は六百七十七名に達した。名簿には山川均や田川大吉郎の名もあり、黒板勝美に送られて、翌年、エスペラント協会を設立する元になった。ガントレットの義弟に当たる山田耕筰（後の作曲家）もこの頃、家庭講習会での受講生だった。（刊行会版全集第四巻「編輯後記」、山根智恵「エスペラントと上代淑」『上代淑研究』第三号）

一九〇六（明治三十九）年――二十一歳●

一月一日、『光』に著作「断頭台上の三青年」を掲載。

社会主義運動へ

二月二十四日、日本社会党第一回大会が開催され、加盟する。

社会党創立大会は京橋区木挽町加藤病院で開かれ、三十五名が出席した。大杉の参会は不明だが、第一回党員名簿に「雑誌記者」として登録されている。（『光』五・五）

三月五日、麹町区元園町一—二十七の由分社・堺利彦宅に寄寓する。

滞在は十一日に開催される市民大会や、由文社から新たに発刊する『社会主義研究』の手伝いのためであろうが、「年上の女」と別れる目的もあったようだ。同家にいて、やはり年上の堀保子と親しく会話をするようになり、彼女を仲介役にして「年上の女」とは手を切る。十五日発行の『社会主義研究』第一号に大杉の「万国社会党大会略史」掲載。（調査書、荒畑寒村『寒村茶話』）

十日、翌日開催・電車値上げ反対市民大会のビラをまいて歩く。

「僕は堺君の家からあしたの市民大会のビラを抱えて、麹町三丁目あたりからそれを撒き歩きはじめた」（自叙伝）。「社会主義運動に全く身を投じようと」決意した実践の開始である。

結党間もない日本社会党は、東京の三つの電車会社が運賃を三銭から五銭に値上げする案を発表すると、ただちに反対運動を起こし、演説会、市民大会などを開催。三月十一日には、山路愛山の国家社会党、田川大吉郎（市民派）と共同して、日比谷公園において市民大会を開いた。前日には党員総出で五万枚のビラを配布。夜は神田三崎町の吉田屋で反対演説会を催した。（荒畑寒村『続平民社時代』）

十一日、日比谷公園芝山で行なわれた市民大会で、デモの先頭に立つ。

当日は小雨の中を「電車値上反対」の幟や赤旗が立つなか、約千人が参集。午後一時に決議文を採択。

その後、堺の呼びかけで、百数十名がデモ行進をした。先頭には、森近、深尾、堺、山口、大杉、樋口、西川らが立ち、有楽町の市街鉄道会社、朝日・時事・万朝・読売各新聞社に押し寄せた。社会主義者による初のデモ行進である。（吉川守圀『荊逆星霜史』）

十五日、日比谷公園の第二回市民大会で、やはりデモの先頭に立つ。

この日参集した市民は一千五、六百人を数え、再び値上げ反対の決議を行なった。その後西川が、鉄道会社と東京市会に向けてのデモを提起。会衆が拍手して賛同すると、山口・樋口・大杉・深尾は赤旗を立てて先頭に立ち、吉川守圀は太鼓を叩き、西川・岡が会衆を率い、桜門を出て行進した。有楽町の東京市街鉄道会社、同社数寄屋橋出張所、同じく変圧所などに向かい、東京市役所にて解散。デモ隊の中には石を投げるものがいて、各所で電車や建物のガラスを割るなどして暴れた。このため「電車事件」として主要者が逮捕され、第三回大会は禁止された。（朝日新聞・時事新報三・十六〜十八、『光』八・五）

電車事件で初入獄

二十日、凶徒聚集罪容疑により拘引され、二十二日、東京監獄に収監される。

「事件」当日の夜から関係者の一斉検挙が始まるが、大杉は名前違いで遅れ、二十日に麹町署に逮捕された。翌日警視庁へ送られ、二十二日に収監されるまで二日半の間、食事なし。社会党員では次の十名が兇徒聚集罪容疑で拘引、市ケ谷の東京監獄未決監に入れられた。西川光二郎、岡千代彦、山口義三、深尾韶、吉川守圀、斉藤兼次郎、樋口伝、大杉栄、半田一郎、竹内余所次郎。はじめの七名は、全部で十三人いる日本社会党の評議員である。（『光』四・五、「続獄中記」）

三月、獄中でエスペラント語の独習に熱中する。

初の獄中生活は、後にいう「一犯一語」学習の場でもあって、とくにエスペラントに熱中した。書簡に独習の様子を伝えている。

〈……在監中にぜひエスペラント語を大成し、ドイツ語を小成したいと思ってる。〉

〈エスペラントは面白いように進んで行く。今はハムレットの初幕の処を読んでいる。英文では読んだことはないが仏文では一度読んだことがある。しかし、こんどほど容易くかつ面白くはなかったようだ。〉

〈読書はこの頃なかなか忙しい。まず朝はフォイエルバッハの『宗教論』を読む。次にアルベルト（仏国無政府主義者）の『自由恋愛論』を読む。午後はエスペラントを専門にやる。先月は読むことばかりであったが、こんどはそれと書くこととを半々にやる。つまらない文法の練習問題を一々真面目にやっていくなどは、監獄にでも入っていなければ到底出来ぬ業だろうと思う。只一人では会話が出来ないで困る。夕食後就寝までは二時間余りある。その間はトルストイの小説集（英文）を読んでいる。〉（書簡四、一一、一四）

▲…東京監獄

著作――「之を命令するものに発砲せよ」『光』三・五、「万国社会党大会略史」『社会主義研究』三・十五

四月五日、父が面会に来て、社会党に加盟したことを叱責する。

父・東は四月一日、日露戦争の功により金鵄勲章、旭日小綬章と年金五百円を受けることになり、上京。まず堺利彦を訪ねて事情を聞いた。堺によれば「子供のことには一切干渉しない。総て自由に任せる主義だ」と理解ある親の態度だったという。が、大杉の書簡には「五日、父面接に来り、社会党に加盟せるを叱責すること厳也」とあって、久しぶりの父子の対話は衝突のうちに終わった。『大杉栄書簡集』所収のこの書簡九には伏字の箇所（傍点部分）があるので、原文を示しておこう。

〈五日。父面接に来り、社会党に加盟せるを叱責すること厳也。予則ち之に答へて曰う。「父たるの権威を擁して、而して既に自覚に入れる児の思想に斧鉞を置かんとす、是れ実に至大至重の罪悪也。児たる我は、斯の如きの大罪を父に犯さしむるを絶対に拒む」と。噫々是れ果して孝乎不孝乎。然れどもまた翻りて思ふ。社会の基礎は家庭なり。余社会をして灰燼に帰せしめんとする。革命の猛火は、先づ家庭に点火せらるるによりて初めて其の端緒を開く。噫々我既に家庭に火を放てり。微笑と涕泣、以て我が家の焼尽し行くさまを眺めんかな。〉（『光』四・二十）

下旬、サンフランシスコ大地震で幸徳死去との報に、一夜泣き明かす。
あとで誤報と分かるが、敬愛していた幸徳の死である。書簡に「昨夜はついに少しの睡眠もできなかった。米国から送って来たバクーニン全集を抱いて、一夜を泣き明かした。ああバクーニンの国家論と無神論、これ幸徳君の終生宣伝に勉めようとせられたものではあるまいか」と痛惜している。バクーニン全集は、幸徳が日記に「三月七日、上司、大杉に書物送出行」と記し、サンフランシスコから送ったものであろう。大杉が受け取って間もない時期だっただけに幸徳への思慕はとりわけ強かった。（書簡一三、塩田庄兵衛編『幸徳秋水の日記と書簡』）
著作――「万国社会党大会略史に就て」『社会主義研究』四・十五

六月四日、電車事件の初公判。

四月十三日に予審終結。公判は六月四日から始まり、六日、十五日、二十日、二十二日、二十五日、二十九日と七回開かれた。（『光』六・二十、七・五、吉川守圀『荊逆星霜史』）

九日、警視庁特高課より「要視察人甲号」に編入される。

特高課の任務は「国家に危険なる人物党派の監視ならびに陰謀の探知」など。これより監視を受けることになる。（調査書、久米金弥『高等警察論』）

二十一日、保釈となり出獄。吃音矯正に通う。

▲…社会党員：前列左から岡千代彦、山口義三、吉川守圀、幸徳秋水、深尾韶、樋口伝、堺利彦。後列左から斉藤兼次郎、西川光二郎、大杉栄、竹内余所次郎、半田一郎

七月の判決を前に保釈となる。保釈金百円は父・東から借りた。ふたたび堺家に寄宿。堀保子のほか荒畑・深尾も同居して賑やかになる。この間に吃音を是非とも直したいと、吃音矯正の楽石社に通った。「亀がカチカチ山で駈けっこをして脚気にかかって葛根湯をのんで」とカ行の発音練習をするなど、一所懸命だったという。（書簡一九、四四、『寒村自伝』、荒畑寒村「大杉栄逸聞」）

二十八日、社会党演説会で、幸徳秋水が「世界革命の潮流」と題し、直接行動論を説く。

幸徳が二十三日に米国より帰国したのを機会に神田錦町の錦輝館で開催される。幸徳は「社会党の伝統的方針なる議会政策を排して、無産階級の直接行動によらねばならぬ」と主張した。幸徳を囲む大杉ら社会党員十二名の集合写真は、この時のものと想定される。幸徳と堺のほかは、みな電車事件の被告だ（『光』七・五）

七月九日、電車事件の判決。「証拠不十分」で無罪だったが、検事が控訴。

以後、この裁判は長引き、確定は二年後になる。先回りして確定までの経過を記しておくと、翌年九月五日から東京控訴院にて公判、十一月二十五日再び無罪となるが、検事は上告。〇八年二月七日、大審院は宮城控訴院に移牒。六月十三日、有罪の判決。上告するが棄却され、七月十四日、実刑が確定する。西川が重禁固二年、岡・山口・吉川・樋口・大杉らは同一年六月であった。

反対運動の結果は、電車賃値上げ申請を却下させ、市街鉄道の市有を決議させるなどの成果をあげるが、や

がて三電鉄会社が合併して値上げ申請をし、社会党はふたたび反対運動を起こすことになる。（吉川守圀『荊逆星霜史』、沿革一）

十二日、日本エスペラント協会の第二回例会に初めて出席。

日本エスペラント協会は、大杉が出獄する前の六月十二日に創立。黒板勝美（東大教授）、薄井秀一（読売記者）、安孫子貞次郎（有楽社支配人）らの発起で十名が出席し、規約を定め、評議員を選任した。大杉は第二回例会から参加。会誌『日本エスペラント』の発行、九月の大会準備などについて協議した。出席者は、安孫子、黒板、薄井、浅田栄次（外国語学校教授）、藤岡勝二（東大教授）、斯波貞吉（新聞記者、のち国家社会党創立者）、飯田雄次郎（画家）、堺利彦、丘浅次郎、田川大吉郎（東京市助役）、古賀千年、和田万吉（東大教授）、松井知時、原松治、杉井和一郎、石川安次郎、岡田英吉（のち文部大臣）、木内禎一、加藤節、井口丑二、そして大杉。大杉は一番若く、協会の会員番号は二〇一である。（『日本エスペラント』〇六・八、宮本正男『大杉栄とエスペラント運動』）

八月十五日、名古屋での滞在を切り上げて帰京。

名古屋へは、上京してきた名古屋の社会党員・安藤巌と同行したが、七月下旬ころか。この時期、名古屋では社会主義演説会が、七月二十八日に相生座（聴衆三百五十名）、翌二十九日が松島座（百三十名）、八月三日は吾妻座（百五十名）と、相次いで開催されている。大杉も関わったことが推測される。訪名のもう一つの目的は前年と同様、まだ伯父の家にいる弟妹に会うためであった。（『光』八・二十、九・五）

火をつけ口説く

二十四日ころ、堀保子と結婚し、牛込区市谷田町二丁目二十二に居住。

(1906年8月)

保子は大杉の入獄中に「ハイカラな猫」の絵を描いたはがきを送り、ナツメという飼猫の名で、「着物だの、書籍だの、弁当だのと、時々に差し入れ」をするなど、親しい間柄であった。[1] 結婚へと進むには、寒村によると、保子は「大杉が自分の着衣の裾に火をつけて口説く熱心さにとうとう負けてしまったのだ」という(『寒村自伝』)。大杉が口説いたのは、保子が深尾韶兄妹との富士登山から帰京した十六日の直後というから、電撃的結婚であった。[2] 十五日に急きょ名古屋から帰ったのはそのためか。

保子は、硯友社同人で読売新聞などの記者をした堀紫山の妹、堺利彦の妻・美知子の妹である。一年前まで、堺の学校時代の友人・小林助市と五年ほど結婚生活を送っている。小林は堺と『家庭雑誌』の共同経営者で、保子も事務を手伝い、執筆もした。保子によれば、結婚は当人同士の話ではなく、堺の勧めと「いろんな事情から断りきれなくなつて、ともかくも行つてみた」のだが、「当然に破れて」しまった。その後の一年間ばかりの堺の教育が、「とうとう今の大杉のような男と、こんどこそはほんとうの直接談判で一緒になるやう導いて下すつた」のだという。[3]

結婚といっても入籍はせず、夫婦別姓。保子のほうが六、七歳年長の「年上の女」だ。二十四日ころ、披露のはがきを発信し、これに対する何人もの祝詞返信が残されている。[4] 新居には、大杉の妹・春が来ており、「お勝手係りのお絹嬢」もいて、しばし平穏な日々だった。[1]

この家に住んで間もなく、中学時代の柔道師範・坂本謹吾が訪ねてきた。後に聞いた話では、実は父と相談して説得に来たのだという。が、そんなことはなく、折々に交流は続く。またこの先生に勧められた屈伸法という運動が、獄中生活を大いに助ける。[5](『光』九・五、(1)「飼猫ナツメ」、(2)加藤義夫「静岡の三人組」『大逆事件の周辺』、堺利彦「三十歳記」、(3)堀保子「渋六さんに与ふ」、読売新聞一三・八・二十四、(4)「大杉栄と堀保子の結婚を祝う葉書」――解題・堀切利高『初期社会主義研究』二〇〇二、(5)自叙伝)

八月、エスペラント学校設立を計画、本郷・習性小学校に借用を交渉する。

習性小学校は以前下宿していた壱岐殿坂の坂上にある。ここの個人経営者・小山庸太郎の弟が、大杉の学校の第一期生になり、この日の記憶を書いている。

〈明治三九年八月の或日の事であつた。大杉氏が当時長兄が経営してゐた習性小学校に尋ねて来られ実は今度エスペラント語の学校を開きたいのだが校舎の一部をかしてもらへないだらうかと申込れた。それでどうせ夜は空いてゐるものだし、ではお貸ししませうと云ふことになつた。〉

習性小学校の場所（本郷区元町二―六十三）は現在、東洋学園大学のキャンパスである。（小山英吾「日本で最初のエスペラント学校」『ラ・レヴオ・オリエンタ』三六・六）

著作――「ベーベル伝」、翻訳「エンゲルス逸話」（ポウル・ラファルグ著）『社会主義研究』八・一

（1906年8月）

2 —反逆、そして監獄人

1906（明治 39）年 9 月～ 1912（明治 45）年 6 月

▼…エスペラント語学校の協力メンバー：左から安孫子貞次郎、浅田栄次、中央は大杉、その右が黒板勝美、右端は千布利雄。卒業式の日

我が国最初のエスペラント語学校を開設、『家庭雑誌』を発行して、順調な新婚生活に入るが、束の間の平穏な日であった。社会主義運動の推進に、「議会政策」ではなく、幸徳らの「直接行動」派を支持する陣を張って、欧州における論議や評論を『光』や『平民新聞』に訳載。このうちの「新兵諸君に与ふ」と「青年に訴ふ」が朝憲紊乱などとされて入獄するのをはじめ、屋上演説事件、赤旗事件と相次いで収監され、「監獄人」となる。ここで「僕の知情意はこの獄中生活の間に初めて本当に発達した」（「獄中記」）し、「一犯一語」を実行して外国語を習得、思想、精神を鍛えた。出てみると、世は大逆事件後の「冬の時代」。しばらくは雌伏の時を過ごす。

エスペラント語学校

九月一日、フランス語教授、エスペラント語学校生徒募集の広告を諸紙誌に掲載。

外国語の個人教授やエスペラント語学校は、生活設計のための業である。一日発行の『家庭雑誌』、五日の『光』に「仏蘭西語、エスペラント語教授」の広告、十五日の『光』に「生徒募集、エスペラント学校（習性小学校内）」の広告が載る。広告文は「仏蘭西語・エスペラント語教授　教授方法は個人的となし、時間は昼夜に係はらず便宜協定す、用書亦随意たり　束脩不要、月謝金二円　大杉栄」。

フランス語の生徒に北一輝の弟・昌作（明治大学生）がいる。北昤吉は昌作について「二年下の弟の級では社会主義が大人気であつた。……上京後も舎弟はじめ一党の面々気迫の要視察人だつた」と語っている。（高橋和巳「北一輝」『20世紀を動かした人々13』、北昤吉「兄北一輝を語る」『中央公論』三六・七）

十七日、エスペラント語学校を日本エスペラント協会付属校として開校。

協会付属のエスペラント語学校は、大杉が仕掛け、協会が協賛した事業である。この日、午後六時から習性小学校で開校式を行ない、酒井勝軍《かつとき》がエスペーロを独唱、黒板が開校の由来を述べ、安孫子、磯部弥一郎（国民英学会創立者）、飯田が演説、大杉が教授方針について話し、午後七時に散会した。授業は月～金曜日の午後六時から七時半まで。三カ月で卒業、入学金五十銭、授業料全期で三円という規定だった。第一期の入学登録者は四十余名。専ら大杉が講師となり、名誉教授の黒板、浅田、藤岡、我孫子も時々出講することになっていた。

翌日から開始した授業のようすを受講生の小山英吾が伝えている。

〈当時はまだ一般にエス語とはどんなものか十分に知つてゐる人も少ない時代で、又従つて入学するものも確固たる信念を以て居るものも少なかつたらしい。而して生徒も各種類の人々で年齢も統一なく、中老の人、壮年の者、青年の輩、或は学生、或は官吏、或は商人、会社員等千差万別であつた。

……講師としては大杉栄氏唯一人之に従事された。同氏は当時二十二歳の青年で、一見所謂るハイカラ紳士で中肉中背、普通の談話の際は少し吃る節があるやうであつたが、語学となれば左程でもなく親切丁寧に教へられた。

当時の教科書が今でも私の手許に、二葉亭氏著の世界語読本やガントレツト・丸山両氏著の世界語が残つてゐるし、又二葉亭の世界語も参考書として使はれたと思つて居る。……そのノートに当時の時間割が出ているので紹介したい。

月曜日―文法、読書　火曜日―読書、作文　水曜日―会話、会話　木曜日―読書、作文　金曜日―詩、暗誦となつてゐる。土曜と日曜は休日であつた。授業は一時間半を二分して間に中休みが十分位あつた。〉（小山英吾「日本で最初のエスペラント学校」前出）

あるとき、生徒から集金した授業料を市電の中で擦られ、落胆したことがある。上司《かみつかさ》小剣がそれを、「毎晩テクテクとエスペラントを教へに行つて、月末に貰った給金を電車の中で掏られた時、大に痛快を感じた語学者大杉栄氏には、この自個を客観した痛快さが解せらるることと思ふ」と冷やかした。[1]

第一期の卒業式は十二月十六日に行ない、第二期を一月、第三期を三月に開講したが、五月に大杉が入獄したため廃校となる。[2]大杉の私的事業という面がここに表れている。『日本エスペラント』

〇六・九、十一、〇七・一、(1)「寂しき家より」『近代思想』一三・八、(2)刊行会版全集第四巻「編輯後記」)

二十八日、神田・美土代町の革命評論社を堺夫妻と訪問。

革命評論社は、中国革命運動を支援するため宮崎滔天らが設立。九月五日に『革命評論』を創刊したばかり。エスペラント協会の大会が始まる前に表敬訪問したのであろう。(『革命評論』第三号)

同日、日本エスペラント協会第一回大会が開かれ、評議員に選任される。

大会は午後二時から美土代町の東京基督教青年会館(以下「神田青年会館」と略す)で開かれた。会費十銭で百三十名が参加。大杉は接待委員の一人になり、また余興として、巌谷小波の「桃太郎」をエスペラント語に訳して朗読した。「プログラムが固すぎるようだ」と誰かが言ったので、大杉が「よしきた」と訳してきたという(訳文は『日本エスペラント』〇六・十一に掲載)。

会は経過報告、演説、祝辞、決議などと続き、評議員を改選した。大杉も選出され、ほかに黒板、浅田、安孫子、ガントレット、堺、長谷川辰之助(二葉亭四迷)、黒岩周六、秋山定輔(二六新報創立者)など二十五名の錚々たる顔触れである。五時に閉会した後、上野精養軒で晩餐会を開き、十時まで賑わった。

この年はエスペラント熱の高まった年で、ホテルや展覧会にはエス語のガイドを置くほど。年末の朝日新聞には「一九〇六年最大のトピックは、浪花節とエスペラントの大流行」という記事が載った。(読売新聞九・三十、宮本正男『大杉栄とエスペラント運動』)

『家庭雑誌』を発行

十一月一日、家庭雑誌社を創立し、『家庭雑誌』第五巻第一号(十一月号)を発行。

『家庭雑誌』は堺利彦が〇三年に創刊した月刊誌。家庭問題を取り上げつつ社会主義を説く狙いだった。堺の由分社が発行していたが、同社が第四巻第九号（九月一日）を刊行して解散した後、初号から事務を担ってきた保子が譲り受けた。堺の結婚祝だったのだろう。第五巻第一号から第八号まで大杉が発行兼編集人兼印刷人となり、保子が事務を担当した。定価六銭。この間、大杉が毎号執筆したほか、主な執筆者に、堺利彦、大石誠之助、深尾韶、上司小剣、荒畑寒村、久田二葉、西村猪山、山口孤剣、山田嘉吉、竹久夢二（川柳）、若宮卯之助、徳永保之助、安成貞雄などがいる。

大杉が「青年に訴ふ」事件で入獄のため、第九・十号は平民書房から発行して休刊。その後、保子が守田有秋の助けをかりて復刊し、〇九年四月〜七月（第六巻一〜四号）を家庭雑誌社から発行したが、出版法違反で二年間の発行停止を命じられ、廃刊となる。

著作――「不幸の神」、「動物の恋愛」掲載。（鈴木裕子「解題」『家庭雑誌　解題・総目次・索引』）

三日、**雑誌『語学』第一号から「エスペラント語講義」の連載を開始。**

「講義」の内容は、フランス人T・カール「エスペラント語十章読本」に拠る。大杉は「予の講義は此の書の註釈とも見るを得べきものなり」と記している。『語学』は東京外国語学校・語学協会が発行。通信教育による語学の講義録を提供する目的で、英仏独語のほかエスペラント語も加えられた。大杉の「講義」はそれに一役買ったもので、月二回発行の同誌に、翌年五月まで毎回二ページを担当した。エスペラント熱の高まりに応じて、九月から東京外国語学校が開設した随意科には、浅田栄次教授のもと約二百名の受講生があった。「講義録」は浅田らのすすめか、大杉が売り込んだものであろう。しかし、翌年五月に入獄のため、十八日発行の十四号で中断した。（大島義夫・宮本正男『反体制エスペラント運動史』、手塚登志雄「日本の初期エスペラント運動と大杉栄らの活動」『トスキナア』二〇〇六・十、『日本エスペラント』〇七・一）

「新兵諸君に与ふ」が起訴

二十八日、『光』に訳載の「新兵諸君に与ふ」が発禁、起訴される。

二十五日発行の『光』に、フランスの週刊誌『アナルシー』から「徴兵適齢者へ」という文を訳載したもの。「戦争は総て罪悪也。……決して犠牲の羊となる勿れ」と反戦を訴え、編集人・山口孤剣とともに、新聞紙条例の「秩序壊乱」として起訴される。（時事新報十一・三十）

十二月一日、『家庭雑誌』第五巻第二号（十二月号）**発行。**

著作――「予の想望する自由恋愛」掲載。

八日、東京地裁にて「新兵」事件の初公判。十八日に第二回公判。（『光』十二・十五、二十五）

十六日、神田錦町の国民英学会でエスペラント語学校の第一期卒業式を挙行。

終講間近には酒井勝軍が来て、卒業式に歌うエスペーロの練習をした。入学者は四十余名いたが、次第に減って卒業生は十一、二名である。その割に来賓は錚々たるもので、黒板、浅田、我孫子、酒井、飯田、千布《ちふ》のほか前外相・加藤高明、力行会の島貫兵太夫らが出席した。大杉の宣伝が効き、協会も力を入れたのだろう。大杉はエス語で「卒業生諸君に告ぐ」と題して訓示をした。卒業生には協会から記念としてエス語訳『クリスマス・キャロル』を贈り、見返しに大杉がエス語で「○○○○氏へ　講習修了の記念に」と書き入れている。（小山英吾「日本で最初のエスペラント学校」前出、『日本エスペラント』〇七・二）

二十五日、日本社会党に一円の寄付。（『光』十二・二十五）

この月ころ、若宮卯之助と知りあう。

若宮は前月に米国より帰国。のちに新聞記者、評論家となり、親交する。（『社会文庫叢書』第七）

一九〇七（明治四十）年——二十二歳

一月一日、『家庭雑誌』第五巻第三号（一月号）発行。

著作——「飼猫ナツメ」掲載。

上旬、第二期エスペラント語学校を、神田錦町の国民英学校に移して開講。

大杉の起訴などが影響して、受講生は減少したと思われるが、一月十二日の例会で黒板は「エスペラント学校生徒は益々増加したり」と語っている。（読売新聞一・十三）

十二日、このころ、エスペラント領事館の副領事に就任する。

領事館の設置は、第二回世界エスペラント大会で決議。フランスの中央本部との事務その他の通信や、エスペランチストの旅行に便宜を与えるため、各地に設けることとした。日本は、この日開かれたエスペラント協会東京支部の例会で設置を決めた。事務所は協会と同じく出版社の有楽社に置き、領事は同社の支配人・我孫子貞次郎、もう一人の副領事に千布《ちふ》利雄が任じた。例会は学士会で行ない、十五名出席。（読売新聞一・十四、『日本エスペラント』〇七・二）

十九日、日本エスペラント協会の評議員会に出席。

学士会で開かれ、会誌の改良や財務について協議。（『日本エスペラント』〇七・二）

二十九日、正午より東京地裁にて「新兵」事件の第三回公判。

今村力三郎弁護士は「誰か衷心より喜んで兵役に服する者あらんや。本文は国民の心理の叫喚を露骨に描きたるに過ぎず」、花井卓蔵弁護士「政府が公許しつつある舶来の文書を忠実に翻訳したるに過ぎず」と弁論を振るう。（平民新聞一・三十）

著作——「大儒ダイオゼニス」『簡易生活』一・一、翻訳「『ル・レヴオルテ』発刊の記」（クロポトキン「一革命家の思出」第六章第七節）平民新聞一・十五

二月一日、『家庭雑誌』第五巻第四号（二月号）発行。

著作――「四ツの道徳」、翻訳「小説　釣鐘物語」（原著者不明）掲載。

二月初め、市谷田町から東京府下淀橋町柏木三百四十二番地へ転居する。

堀保子によれば「雑誌の売行も追々少くなり、語学の教授もサツパリ振はず」、ついに新婚の家を持ちきれなくなり、オルガンを売って、堺らのいる柏木に移転した。平民新聞に荒畑と連名で、同番地に移転の広告を出したが、彼は同じ柏木の管野すがと同棲したと思われる。（堀保子「大杉と別れるまで」『中央公論』一七・三、平民新聞一・三）

五日、東京地裁にて「新兵」事件に軽禁固一月の判決。直ちに控訴する。（平民新聞二・六）

直接行動派の陣

二月六日〜十二日、日刊『平民新聞』に「欧州社会党運動の大勢」を連載。

フランス・ドイツ・イタリア各国社会党大会で論議、決議された運動方針やアメリカの動向を解説した。「議会政策はむしろ社会革命の気勢を弱めるものであつて、労働者の直接行動によらなければ、社会革命を全ふすることはできない」と論じ、十七日に開かれる社会党大会を前に直接行動派支持の陣を張った。

七日夜、家宅捜索される幸徳宅に、保子、管野すが等と見舞いに行く。

六日に足尾銅山の労働運動家・南助松が宇都宮警察に引致され、これに抗議して、坑夫が火薬庫を爆破するという事件が起こった。南は足尾で平民新聞の取次ぎをしていたので、警察は暴動と平民社が関係あるとして、まず先遣の警官二名が捜索に来た。大杉らは炬燵を囲んで賑やかに歓談。警官は翌日の捜索に備え、現状維持のために徹夜で厳めしく控えていた。（平民新聞二・九）

十日、下目黒の上司小剣宅を訪問。先客の白柳秀湖と精進揚げを相伴する。（『簡易生活』〇七・四）

十二日、エスペラント協会東京支部の幹事に選任される。

支部例会は学士会で開かれ、出席十四名。支部会長に高楠順次郎（外国語学校長）、幹事に大杉と千布を選出した。

大杉の協会行事への参加が確認できるのは、この時までだが、入獄後、十一月の第二回大会で再び評議員に選任される。（『日本エスペラント』〇七・三、十一）

十七日、社会党第二回大会が神田・錦輝館で開催され、出席する。

運動方針の決議案をめぐって、「議会政策」を取り入れる田添鉄二と、これを否定する幸徳秋水の修正案が出され、大杉は幸徳案に投票する。採決の結果は、田添案二票、幸徳案二十二票、評議員案二十八票で、「普通選挙運動」は党員の随意運動とする原案が可決された。しかし二十二日、日本社会党は結社を禁止される。

（吉川守圀『荊逆星霜史』）

三月一日、『家庭雑誌』第五巻第五号（三月号）**発行。**

著作――〈「筒袖の葬式」まえがき〉（表題なし）、翻訳「露西亜の女学生」（クロポトキン『一革命家の思出』の部分訳）掲載。

五日、第三期エスペラント語学校を開講。（『日本エスペラント』〇七・三）

十日、上司小剣宅を訪問。（『簡易生活』〇七・四）

十七日、柏木の堺宅に同志・友人が集まって歓談。

メンバーは堺のほか幸徳、大杉夫妻、管野、上司夫妻、臼井操子。アミダでお茶菓子を買って歓談。上司がアミダに当ったが、お金を持って帰ってしまわないように帽子を置いていくよう言われ、後で大笑い。上司は大杉家に寄って、ライスカレーで食事し、「おいしかった」と。大石誠之助が『家庭雑誌』に作り方を書いたカレーか。

臼井操子は、二月の足尾騒擾事件で指導者として起訴された南助松の妻。警察の命令で足尾から退去させられて来た。堺によれば「色白く容清き十九歳の年少婦人」で、「筒袖の姿かいがいしく爽やかなる弁舌を以て

少しも臆せず語った」という。*（『簡易生活』〇七・四、*日刊平民新聞二・二）

著作――翻訳「青年に訴ふ」（クロポトキン著）平民新聞三・八〜三十一に十四回連載。

四月一日、『家庭雑誌』第五巻第六号（四月号）発行。

「青年に訴ふ」も起訴

一日、『平民新聞』訳載の「青年に訴ふ」が発売禁止、起訴される。

「諸君は……人類に新しい地平線を開いて、遂に此の人類の社会に真の平等と真の自由とを来らしめて」などとした連載中の最終章（三月三十一日）が新聞紙条例違反とされた。（平民新聞四・五）

四日、「新兵」事件の控訴審公判。六日、判決。

一審と同じ軽禁固一月（編集人・山口孤剣は二月）を受け入れる。（平民新聞四・五、七）

七日、平民社に同人が集い、大杉と孤剣の入獄送別会が開かれる。

外来客に山崎今朝弥、熊谷千代三郎、ウノー・ダブルユー。岡千代彦が送別の辞。親子丼が出る。（日刊平民新聞四・九）

九日、夜、堺宅での大杉・孤剣送別の小宴に、保子と招かれる。

が、入獄予定前日の十日に検事が上告する。（平民新聞四・十一、十二）

二十五日、日比谷公園で催された石川三四郎、山口孤剣の入獄記念集会に参加する。

石川は『平民新聞』の編集人兼発行人として足尾銅山労働者のストライキ支援の記事により軽禁固四カ月、山口孤剣の「父母を蹴れ」掲載で同六カ月、さらに大杉訳「青年に訴ふ」で三カ月を加算され、合計十三カ月の言渡しを受けてこの日に下獄した。日刊『平民新聞』は発行禁止の処分を受け、十四日、第七十五号をもって廃刊となった。（荒畑寒村・向坂逸郎『うめ草すて石』）

四月下旬、「青年に訴ふ」事件に軽禁固一月十五日の判決。控訴する。

控訴は「やりかけの仕事」のためで、エスペラント語学校の運営処理である。三月に開講した第三期の途中なので、放り出すわけにはいかない。後述するように、五月下旬にその仕事を終え、訴訟をとり下げる。（週刊社会新聞六・十六）

四月末ころ、自宅にて無政府主義者の秘密会を開く。

出席者は幸徳、大杉、神川松子、坂本清馬。これに堺利彦、赤羽巌穴、菅野すがが加わる。あとの三人は案内していないのに来会したので、神川が「今日の会議には、主義者でない人がいる。これでは主義の話はできないから流会にしましょう」と言い、雑談をして別れた。坂本は幸徳に連れられ、この日の出席者とは初対面だった。（坂本清馬『大逆事件を生きる』）

著作――「僕は医者だ」『簡易生活』四・一、翻訳「ザメンホーフ博士とエスペラントⅠ」（ザメンホーフ）『日本エスペラント』四・五、「釣鐘物語」（改訳）『読書の栞』臨時増刊四・二十八

五月一日、『家庭雑誌』第五巻第七号（五月号）**発行。**

著作――「米国婦人運動小史」、「石川、山口両君の入獄」掲載。

七日、森近運平が大阪に移住するのを、新橋駅で同志と見送る。

森近は二年前に関西から東京へ出て、平民社ミルクホールの経営、『光』の編集、日本社会党幹事、『平民新聞』売捌主任となって活動した。が、『平民新聞』が廃刊となり、代りに宮武外骨の援助で『大阪平民新聞』を出すため、大阪へ戻ることになった。この日、新橋の旅館に堺・大杉・深尾各夫妻、山川ら十人が集って送った。（早稲田大学社会科学研究所編『社会主義者の書翰』）

巣鴨監獄の日課

（1907年5月〜7月）


二十六日、「青年に訴ふ」事件の刑執行のため出頭し、東京監獄に、二十九日より巣鴨監獄に入獄。

入獄に至る経緯を、二十五日に「お別れ」と題して書いている。全集等に未収録なので全文を掲げておこう。

〈先月の末に、例の「青年に訴ふ」事件で軽禁固一ケ月半の宣告を受けた時直ぐに行かうと思つたのだけれども、少しやりかけて居た仕事があつた者ですから、せめて之れを終るまで入獄の日延をしておかうと思ひ返して早速訴訟の届け出をして置きました。

所が、三日前になつてやうやく其仕事を終つたし、それに入獄好時期にもなつたのだから又早速裁判所へ出掛けて、さきの訴訟をとり下げて仕舞ました。

するとけふ端書が来て、刑の執行の為め二十六日午前十時出頭しろと云ふのです。已むを得ません、明日は神妙に参りませう。

かくして一ケ月を経る間に、先きの「新兵諸君に与ふ」の方もうまく大審院で片がつき、そして其の刑期が又之に加はつて、多分八月の初め頃まで居なければならぬ事と思ひます。

ただ一つ胸をいためるは編集人兼発行人であった石川、山口の二兄が僕と連座してしかも僕の刑期二倍されて、同じく獄につながれなければならぬ事であります。

最後に諸君の健康を祈ります。〉（週刊社会新聞六・十六）

エスペラント語学校を終講して卒業生を送りだし、閉校の処理をしたので、控訴を取り下げ、刑を確定させたのだ。

監房は石川三四郎の隣だった。そこで壁に釘で小さな穴をあけ、石川が口を当てて何か言えば、大杉は反対側で耳を当てて聞けるように、お喋り経路を作った。獄中の日課はもっぱら読書であり、またイタリア語を「毎日一章ずつコツコツ」独習する。アナキズムの研究には、バクーニン、クロポトキン、ルクリュ、マラテスタなどのほか荘子、老子を読んだ。

六月十一日、保子宛書簡——

〈朝起きてから夜寝るまで、仕事はただ読書に耽るにある。午前中はアナキズムとイタリア語との研究をやる。アナキズムは、クロポトキンの『相互扶助』と、ルクリュの『進化と革命とアナキズムの理想』というのを読み終った。今はグラーヴの『アナキズムの目的とその実行方法』というのを読んでいる。イタリア語は文法を三十五ページばかり読んだ。全部で四百ページ余あるのだから、まだ前途遼遠だ。午後は、ドウィッチェの『神愁鬼哭』と、久米の『日本古代史』とを読んでいる。〉（大阪平民新聞六・十五、「石川三四郎に送る」）

三十一日、「新兵」事件の大審院判決。軽禁固四カ月、罰金五十円と重くなる。

「新兵諸君に与ふ」は当初、秩序壊乱で起訴され、一、二審とも軽禁固一月と軽刑だったが、大審院は「兵役義務を厭忌させる」にとどまらず「軍備の制度を破壊せんとする記事」として朝憲紊乱をこじつけ、一挙に量定を増した。富国強兵の国策をかざした威嚇の意味であろう。大杉が「八月の初めころまで」と想定した刑期は三カ月延びることになる。判決文は六月八日、獄中に届き、引き続き服役する。（週刊社会新聞十・二十七、書簡二二）

著作——翻訳「ザメンホーフ博士とエスペラントⅡ」『日本エスペラント』五・五

六月一日、『家庭雑誌』第五巻第八号（六月号）**発行。大杉編集の最終号となる。**

著作——「お別れ」掲載。七月号に「本誌の発展」として、平民書房・熊谷千代三郎に「引き継ぐことに致しました」と読者への挨拶文を掲載。

七月十三日、保子と堺利彦が面会に来る。

二人は石川、孤剣、大杉と大脇直寿に面会。堺が『大阪平民新聞』に報告している。

〈……大杉君。これも少し痩せて、同じく薄髭がヒリヒリ。例の大きな目をパチくりさせて、小吃りに吃りながら低い声で話す。高い声を出す機会がないから癖になつたのだらう。大杉君は一回の入獄毎に一個の外国語を覚ゆるといふ趣向で、この前にはエスペラント語、今度は伊太利語をやつてゐる。さすがはハイカラなものだ。〉

記録にはないが、面会は無論、何回も行なわれただろう。獄中への書簡は、「一日に平均三通ずつ来る」が、読み終わるとすぐに持っていかれてしまう、と嘆く。それらの手紙のうち、山川、堺、来日中のケア・ハーディー（イギリス労働党の創立者）からのものが、残されている。*（大阪平民新聞八・一、書簡二三、＊『社会主義者への書翰』）

著作――翻訳「ザメンホーフ博士とエスペラントⅢ」『日本エスペラント』七・五

九月五日、東京控訴院にて電車事件の控訴審公判。

十月九日、十一日、同じく公判に出廷。この間東京監獄に送られる。十二日、**巣鴨に戻る。**

裁判所へ行くのはたいてい馬車だが、徒歩のときもある。「赤い着物を着て、編み笠を被つて、素足に草鞋をはいて、腰縄をつけられて引つぱられて」行く。「道行く婦女子をして顔をそむけしめる」さまだ。十月、この徒歩で出廷のとき、大杉はつまずいて足の拇指の爪をはぎ、うみを持った。おかげで病監に入り、寝て暮すことができるようになる。看護人は「早稲田大学生の某芸者殺し君」が専任で、医者も役人ぶらずによい待遇だ。「看守もみな仏様で、……僕は此の病監で、自分が囚人だと云ふ事も殆んど忘れて一ケ月余り送つた後に、足の繃帯の中に看護人等の数本の手紙を巻きこんで出獄した」のだった。（『荊逆星霜史』、週刊社会新聞十・十三、書簡二六、引用は「続獄中記」）

十一月十日、早朝、巣鴨監獄から出獄。

保子は管野すが、坂本清馬と前夜より監獄前の旅館・守田館に泊まり、同志とともに大杉をむかえた。（週刊社会新聞十一・十七、管野すが「巣鴨の一夜」）

（1907年7月～11月）

アジア同志との交流

同日、在日中国人の社会主義講習会で講演する。

社会主義講習会はこの年六月に、劉師培と張継が中心となって創設した。在日中国人向けのアナキズム、社会主義の理論や社会問題についての講習である。前回の十月六日までに、日本人講師としては、堺と山川が講演。この日が第五回で、大杉は出獄当日だったが、要望により、在監中に修得した「バクーニンの連邦主義」を話した。ほかに劉師培、張継が講演。会場は牛込区赤城元町の貸席清風亭（赤城神社境内の奥）。参加者は約百名。（『天義』第十一・十二分冊十一・三十、嵯峨隆『近代中国の革命幻影』）

十五日、吉田屋にて大杉の出獄歓迎会を兼ねた「金曜講演」が開かれる。

『平民新聞』廃刊後、社会主義運動は直接行動派（硬派）と議会政策派（軟派）とに分裂した。金曜講演はその硬派・金曜会の集会である。九月六日に結成、以後、毎週金曜の夜に講演会を開き、赤旗事件まで続く。「社会主義の学術講演……質問、討論、感話の会」だったが、毎回、臨監の警官が来て、しばしば講演の中止や集会の解散を命じられた。(1) このころの会場は神田三崎町の貸席・吉田屋の二階三十畳足らずの部屋で、六時半より開会した。来会者は「少ないときは四十人に満たぬ事もあり、多い時は七十人を超える事もある。席料は一回二円五十銭。五銭あての会費を頂戴して足らぬ場合が多い」という状況だった。(2)

軟派の社会主義同志会も、同じく吉田屋で毎週日曜日に研究会を開き、片山潜、西川、田添らが弁士をつとめた。大杉の石川宛書簡には「三崎町の研究会は毎回出席者約十名。金曜講演の方は五十名ばかり、支那人のアナキスト・ミーチングは百五十名も来る」とある。（日本平民新聞十二・五、(1)山川均『ある凡人の記録』、(2)堺利彦「金曜会の記」、週刊社会新聞十一・二十、書簡二七）。

二十二日、第十二回金曜講演にて「獄中の研究」と題して講演。

講演では「階級闘争における戦闘方法の変遷を話し、その向かふところは総同盟罷工にあることを、事実の上から明快に説明した」という。来会者六十名。

講演のあと、山川の動議により、集会を社会主義同志会との分派問題に関する協議会に切り替え、四十名が参加した。西川・片山が出している『社会新聞』に幸徳、堺、森近に関する人身攻撃的な記事が載るなど、分派問題が醜い個人抗争になっているのを中止させる狙いであった。山川、大杉、安井有恒、椎橋重吉の四名が提出した決議文は、人身に関する論争は分派問題に関係なく、社会主義運動の前途に有害であって、「先輩諸氏は此の失態に就いて反省あらんことを望む」などの内容。三十七対三で採択されたが、かえって両派の決裂を強めるものでもあった。(日本平民新聞十二・五)。


二十四日、在日中国人の社会主義講習会で講演。

前回に続いて「バクーニンの連邦主義」について。会場は清風亭で、参加者は百余名、張継が通訳した。大杉の講演内容は公安(警視庁外事課)の調査によると、例えば「欧州は小国割拠するが故に騒乱絶えざるも、欧州連邦と云ふ一国とせば、戦争等の起る事なかる可し。亦……東洋連邦と云ふ一国を造るときは騒乱絶ゆるに至る可し。……」などと述べた。嵯峨隆氏はバクーニンの「連合主義、社会主義及び反神学主義」を下敷きにしたものと指摘している。(『天義』第十一・十二分冊、冨田昇「社会主義講習会及び亜洲和親会関連資料」『中国文化とその周辺』、嵯峨隆『近代中国の革命幻影』)

二十五日、電車事件の控訴審判決。

無罪となるが、検事が大審院に上告。(時事新報十一・二十六、『荊逆星霜史』)

二十九日、金曜講演にて「兵士の問答」と題して講演。

荒畑寒村・白柳秀湖の入営送別会を兼ねた会で、山川の「万国無政府党大会」、堺の「同志の入党」に次いで講演した。寒村は十二月一日、横須賀海兵団に入営するが、体格検査の直前にカンフル〇・五グラムを服用する奇策の効で不合格となり、兵役を免除された。(日本平民新聞十二・二十)

十一〜十二月、亜洲和親会に参加、第二回以降の会合に出席する。

亜洲和親会は〇七年夏、東京で張継、劉師培、章炳麟など中国革命派の「社会主義講習会」の人々が発起の会合をもち、秋に章の筆になる宣言書を発表。アジア諸国を蚕食している帝国主義に反対し、独立自由を得ること、一国に革命が起これば相互援助する、などの趣旨を約した。アジア各国の同志が連帯して、それぞれの革命を達成し、アジア連邦の結成を目指そうとするものであった。

第一回の会合には中国・インドの同志と日本人として堺、山川、守田有秋が出席。(注)朝鮮人は母国が日本に「併合」されつつあることに反感をもち、出席しなかった。第二回会合は九段下のユニテリアン教会で開かれた。中国から張継、汪兆銘ら、ほかにベトナム、フィリピンの同志が加わり、日本側から堺、森近運平、大杉と竹内善朔が出席した。(注)大杉は非軍備主義の話をした。その後も開かれたが、翌年の屋上演説事件で熱血漢・張継が日本を去り、日本のメンバーも投獄されたことで頓挫。大杉の「事実と解釈」によると、さらに赤旗事件で日本の同志が収監され、中国やインドの同志も強圧によって離散を余儀なくされ、「解散してしまつた」。

会が行なわれたこのころは、中国革命派グループと金曜会メンバーとの関係が強まり、相互の会合に参加して議論が重ねられた。大杉も南桂馨、張継、劉師培らとよく交流した。南桂馨（後に天津特別市長）は当時を回想してこう述べている。

〈私と幸徳秋水、大杉栄、そして北輝次郎らとは頻繁な行き来があった。彼らは時々会合を開いたが、そこにはいつも私たちを参加させた。後に警察が彼らの会合を禁止すると、幸徳秋水らは毎週火曜日に我々の住居にやってきて大いに議論した。……彼ら数人の中では、私は大杉栄と最も親しく、そのため彼との行き来が比較的多かった。彼は「日本の警察は資本家の番犬だ」と常に非難していた。当時私は警察に関する事柄を学んでいたが、彼がそういうので専攻を変えようかと考えた。しかし、大杉は次のようにいった。「それはいけません。将来、帰国して革命を行うに当たって、もし警察権を掌握することができれば、同志を匿うこともできるし、また同志と連絡することもできます。あなたは革命を行う勇気を持っており、それは素晴らしいことです。しかし、革命の事業は軽率に行ってはならず、とくに注意深く育てるべきで、十分に考えを行き届かせて、はじめて有利になることができるのです。蛮勇を恃み、死んで悔いなしというような者は成功を収めることができません。この点は重要です」。これに類したことで、私が彼から受けた影響は大きなものがある。〉（竹内善朔「明治末期における中日革命運動の交流」『中国研究』四八・九、平野義太郎『反戦運動の人々』、南桂馨（嵯峨隆訳）「山西での辛亥革命前後の回想」『中国アナキズム運動の回想』）

（注）中国は清の時代であり、辛亥革命によって一二年に中華民国が建国されるが、全期「中国」と表記する。

十二月六日、第十四回金曜講演にて「現代社会の二大傾向」と題して講演。

内容は獄中で愛読したクロポトキン思想の叙説。入監中、彼の『相互扶助論』『麺麭の略取』『一革命家の思い出』、小冊子――『無政府主義の倫理』『無政府主義概論』『無政府主義と共産主義』『裁判と称する復讐制度』などを読んだ。山川の回想によると「クロポトキンの思想がまとまった形で、同志のあいだに紹介されたのは、いま私の記憶するかぎりでは、四十年の十二月六日の金曜講演会で大杉君が『現代思想の二大傾向』という題の話をしたのが最初ではなかったかと思う。これはクロポトキンの『麺麭の略取』の第三章無政府共産制の紹介であった。それから翌四十一年の一月には『日本平民新聞』に二回にわたり、第十章の自由合意の約三分の一が大杉君によって訳載されており、なおその続きが予告されていた」。ところが屋上演説事件で大杉らが入獄したので、『麺麭の略取』は幸徳が翻訳して掲載を続けることになる。（日本平民新聞十二・二十、書簡二二・二三・二五、山川均「『麺麭の略取』とそのころの思ひ出」）

二十二日、第八回社会主義講習会で「バクーニンの連邦主義（続）」を講演。

官憲資料（警視庁外事課）によると、前回に続いて、バクーニンの欧州連邦論に倣って、東洋連邦の主張を展開し、「我々の理想としては東洋連邦を造り、完全なる平和同盟の実を挙げんことを望む。……故に国境を無きものとして、新しき連邦を造ることを計らざる可からず」などと述べた。バクーニンが「ヨーロッパ連合」の、大杉は「アジア連合」提唱の先駆か。会場は清風亭、参加者は約六十名。（『天義』第十三・十四分冊、嵯峨隆『近代中国の革命幻影』）

二十五日ころ、「日本社会主義史補遺」を書き上げる。

（1907年12月～1908年1月）

「日本社会主義史補遺」は、石川三四郎が日刊『平民新聞』に連載した「日本社会主義史」を単行本化する際、付録として合刷することになったもの。石川が入獄のため、当初の予定通りに完結できなかった部分を大杉が補った。そのことを大杉は翌年一月一日の石川宛書簡に「兄の補遺を僕が書くことになって、ようやく数日前に書きあげてしまった。多分五日頃から印刷にかかるだろう」と記している。

しかし、この本は結局、発行されなかった。大沢正道氏によれば、同じく付録を執筆した堺と大杉が、一月十七日に屋上演説事件で検挙されたことが、版元の隆文館に二の足を踏ませたという。本体の『日本社会主義史』は、ずっと後の二九年、『明治文化全集』に収録されるが、大杉の補遺はついに日の目を見ないままになった。（書簡二八、大沢正道「『日本社会主義史』および共学パンフレットのことなど」『石川三四郎著作集』第五巻）

二十七日、第十七回金曜講演にて「バクーニン伝」の演題で講演。（日本平民新聞一・二十）

一九〇八（明治四十一）年————二十三歳●

一月三日、横浜曙会の会合を途中で辞去し、金曜会の新年会に出席。

曙会も新年会であろう。森近、山川と出席したが、金曜講演の新年会準備のため、半ばにて辞し、駅まで全速力で走るなど大急ぎで帰京した。開会は午後六時、会場は神田三崎町・吉田屋である。新年会は「一年に一度位は大いに余裕を示して遊ぼう」という趣旨で、八十名が参加、大盛況だった。余興の番組と配役は次の如くで、後にまで語り伝えられた。

一、活人画「革命婦人」堺、山川　二、同「メイデイの示威運動」堺為子、守田、岡野辰之助　三、同「社頭の松」山川　四、音楽合奏——三味線（堺為子）琴（小嶋しげの）　五、喜劇「吁、金の世や」佐藤悟、森岡永治、森近、岡ほか大勢

一同「富の鎖」を歌って閉会。坂本、宇都宮卓爾、戸恒保三、大杉らは福引きや、煎餅・みかんなどの食料を世話する裏方として動いた。

金曜講演の会場は、初めは九段下ユニヴァサリスト会堂だったのを、警察の圧力で吉田屋に変わったが、こ

こも干渉によってこの日を限りに会場主から断られる。（日本平民新聞一・二十）

十二日、オランダのエスペラント誌『国際社会評論』に書簡を送る。

『国際社会評論』への書簡は、前年三月に、同誌からの手紙を『革命評論』の同人が持ってきて、返信を依頼されていたもの。書簡では、発信が遅れた事情を、三つの裁判のすえ、五カ月半入獄したためと釈明したあと、次のように記している（訳文は宮本正男『大杉栄とエスペラント運動』による）。

〈同志諸君、こんなぐあいで僕は自由の世界へ帰ってきたのだ。監獄と比べてのはなしだが、とっても自由な世界である。今後、諸君の雑誌に、日本、朝鮮、シナ、安南やインドの革命運動に関するなんらかの原稿を必ず送ることにしよう。これらの諸国の革命的行動を諸君に知らせるために、僕はすこぶる便利な条件にあるのだ。いま、アジアは大革命の芽をはらんでいる。反乱の火はいたるところで燃え上がろうとしているのだ。四、五日のあいだ待ってもらいたい。僕の最初の原稿がつくはずだ。〉

ところが、「四、五日のあいだ」にまた入獄することになり、結局、原稿は送られなかった。

屋上演説事件

十七日、金曜講演の例会で屋上演説事件が起こり、検挙される。

第二十回の金曜講演は本郷弓町の平民書房二階で開かれた。八畳二間ほどの会場は、同志と聴衆とで満員の盛況。それに毎回のことだが、臨監の警部が高等警察、速記者とともに演壇前に陣取っている。山川均の開会の辞に続いて、守田有秋が「ユートピア」の話を始め、二十分もすると、警官が「弁士中止！　解散を命ず」の叫び声。山川は「いったん解散し、あらためて茶話会を開こう」と呼びかける。参加者は心得て外に出、「富の鎖」を合唱しながら一回り。通行人が何事かと集まってくる。再び入場する者には、入り口で警官が住所氏名を糾すため、人数は減ったが、堺利彦がアメリカの恐慌の話をして茶話会が始まった。すると警官からまたも解散命令。その異例さに堺は怒って、窓から屋根の上に出て、砲兵工廠の労働者など五百人にも達した外の群衆に向かって演説をぶった。

「諸君、政府は平民の味方ではありません。徒手だけの労働者は、この強暴なる政府・資本家に対して何をなすべきか。一つだけ武器があります。ストライキ、これです」。

終わるとどよめく拍手があり、続いて山川、大杉も演説をした。やがて応援の警官が三十人も来て、六人が逮捕され、本郷警察署に拘引される。大杉は何人もの警官に捕えられつつ、本郷署の入り口の石段に立って群衆に向かい、「諸君、政府はこのように社会主義者を迫害するのだ」と叫んだ。逮捕されたのは、堺、山川、大杉、坂本清馬、竹内善朔、森岡永治。六人は本郷署に一晩留置されたのち、十九日、護送の箱馬車でいくつもの警察署をたらい回しにされてから、鍛冶橋の警視庁に送致。治安警察法違反として起訴され、二十日、東京監獄に収容された。（守田有秋「金曜講演迫害記」日本平民新聞二・五）

下旬ころ、東京府下淀橋町柏木三百二十六へ転居。

保子独りになったから、経済上の都合で移ったのだろう。入監後すぐの二十三日付の書簡に「ともかくもこの際今の家をたたんでしまった方がいいと思う。どこでもいいじゃないか、当分の間のことだ。経済上は勿論、一人で一軒の家を構えていては、いろいろ不便で困るだろう。できるなら本月中に何とかするがいい」と転居を促す。「当分の間」のとおり、五月中旬にまた引越し。家財道具も少なかったとみえ、引越しはこの後も頻繁にする。（書簡二九、『社会主義者の書翰』前出）

著作――「非軍備主義運動」『熊本評論』一・二十、翻訳「自由合意」（クロポトキン『麺麭の略取』部分訳）『日本平民新聞』一・一、二十

二月七日、東京地裁で屋上演説事件の公判。

堀保子、堺為子、守田有秋、荒畑寒村ら同志数十名が傍聴。裁判は一人の弁護人もなく、裁判長と直接弁論を交わす異例の方式がとられた。裁判長が「同志の茶話会まで禁止されたといふが、公衆と同志との区別はど

こにあるか」と問うのに、大杉は「そんなことは当夜の警部に聞くべきだ。禁止をしたのは警部なんだから」と反発。山川は「我々の集会が社会の安寧秩序を紊乱するのではなく、少数紳士閥の安寧秩序を紊乱するが故に、警察は解散させたのだ。この不法、暴戻を我々が叫ばなければ、室内のテーブルと椅子が代わつて叫ぶだらう」と熱弁を振るった。傍聴の同志たちは、被告が退廷するとき、さらに護送車で門を出てゆくときに、一斉に「社会主義万歳！」を叫んで気勢を上げた。（荒畑寒村「東京より」日本平民新聞二・二十、東京日日新聞二・八）

同日、大審院の上告審で、電車事件の判決。

「原判決を破棄、これを宮城控訴院に移す」の判決がある。（東京社会新聞四・五）

十日、屋上演説事件に東京地裁が軽禁固一月十五日の判決。

堺、山川も同刑、他の三名は一カ月だった。間もなく巣鴨監獄に収監される。獄中では、クロポトキン『謀反人の言葉』、ゴーリキー『同志』などの読書と語学はドイツ語を「ちょっと噛った」くらい。ほかに堺利彦が編集する「平民科学」叢書『万物の同根一族』の翻訳をした。堺、山川も同叢書を翻訳し、それぞれ一冊を完了したときに満期をむかえる。後に有楽社から出版された。（東京日日新聞二・十一、書簡三〇、三四、『獄中記』）

三月二十六日、午前六時、巣鴨監獄より出獄。

出獄の朝、堺と大杉は獄中の石川三四郎に挨拶。石川は『自叙伝』に「堺、大杉の両君が放免の朝、私の座せる窓の外に来て黙礼して行かれた時、私の感慨は実に無量でありました」と書いている。門を出ると数十人の同志が赤旗を翻し、「万歳」を叫んで迎えた。待合所・守田屋に入り、お茶とせんべいを回して歓談。八時に店を出て、池袋駅から新宿に帰る。帰り道、大杉は坂本清馬に「坂本君、僕は今度、中で禅の研究をしてみた。禅は無政府の思想だな」と話し、坂本は「それはそうだろう、僕は東洋哲学から無政府主義に入っている。ともかく老荘の哲学を研究してもらいたい」と応えた。（日本平民新聞四・五、坂本清馬「友情に篤かった大杉君」『自由思想研究』六〇・七）

二十九日、戸山ヶ原で屋上演説事件出獄者の歓迎会があり、出席する。

貸席がどこも貸してくれず、屋外で行なわれた。（書簡三七）

（1908年2月～4月）

田中正造の地元へ

四月三日、栃木県佐野町の第二回両毛同志大会で講演。四日、高島村で機織り工女の実態視察。五日、同村で「農民運動のあり方」を講演。六日、帰京する。

両毛同志大会は地方における有力な運動のあらわれで、築比地仲助、近藤政平らを中心に、二月九日に第一回大会を開催。第二回は佐野町（現、佐野市）の大雲寺で開かれ、三十五名が参会。田中正造も顔を見せた。

東京からは山川均、守田有秋、佐藤悟と大杉が参加。山川・守田に次いで大杉が講演した。日本平民新聞は「小憩の後大杉栄君の『仏蘭西革命の教訓』なる講演あり。革命時代の仏蘭西の人心が如何に急激に変動せしかを説いて、日本に於ける革命運動の将来に論及するや、会衆みな感動して真に酔へるがごとし」と形容している。その後、真岡中学生徒の停学について決議文を起草している間にも、フランス・ナポンヌにおける同盟罷工と軍隊の脱営について話した。臨検がなく、自由に発言できる数少ない機会であった。

茶菓、歓談の後、田中正造が退席するときは、一同「田中翁万歳」を三唱。午後七時、「富の鎖」を歌って散会した。その後のことを、当時高島村（現、邑楽町）に住んでいた築比地仲助が、次のように回想している。

〈大会が終了すると、山川、大杉、守田、佐藤は私の村人と同勢十数人で、佐野から三里の野道を私の村まで歩いた。この三里の道を佐藤が音頭をとって「革命歌」をはじめいろいろな歌を歌った。佐藤は添田唖蝉坊の弟子で、歌は本職であった。私の革命歌〔築比地は「ああ革命は近づけり」の作詞者〕は四句が一節になっているのであるが、それを添田が六句一節に編成替えして一高寮歌の「ああ玉杯に花うけて」の譜で歌いはじめたのである。佐藤のあとをついて山川、大杉らも私の村人らも大声で歌うのであった。東京の客は全部私の家に泊まった。〉

翌日は築比地の案内で、大雨のなかを村内の「機織工女」の実態視察にでかけ、帰りは佐藤を楽長にして、その頃東京で流行っていた「ゼイゼイ節」を何度も高唱しながら戻った。

五日には高島村で講演会が開かれ、聴衆七、八十名が参加。築比地、佐藤、山川の後、大杉は農民運動のあり方を主題に、イギリス、スペイン、イタリア、ロシア、フランスの農民運動の実態を「吃々としてしかも雄弁に」語ったという。夜九時、閉会。六日夜にも休泊村で演説会があったが、大杉は所用のため三泊して帰った。

帰京した大杉と山川は、覚えたばかりの「ゼイゼイ節」を歌って驚かそうと、堺家を訪れた。そして堺夫妻を並べて二人で合唱するが「増したかゼイゼイ」という折り返しのところのほかは、二人ともすっかり忘れていた。山川はのちに「有《あら》ゆる方面に非凡な才能をもつてゐた遉《さす》がの大杉君も、歌を歌ふことだけは非凡に下手だつた」と記している。（日本平民新聞四・二十、築比地仲助「平民社回想録」『労働運動史研究』五九・七、山川均「大杉君と最後に会ふた時」）

（1908年4月）

中国人にエスペラント語

六日、在日中国人グループへのエスペラント語講習会を始める（六月まで）。

講習会は毎週月・水・金曜日の四時から六時半まで、麹町区飯田町の劉師培の家で行なわれた。英語を知っている甲班が四時〜五時半、知らない乙班が五時〜六時半。テキストは甲班が「英文課本」、乙班は「Ekzercaro」。参加者には劉師培・何震夫妻、張継、蘇曼珠、景梅九、張溥泉といった革命派の錚々たる面々がいた。大杉は開講の辞で、英語を習ったことがある人なら三カ月から六カ月の学習で、習ったことがない人でもその倍の期間内に、あらゆる文章が読めるようになると述べたという。

開講の目的、成果について、『衡報』に次の記事が載っている。創刊号――「われわれ在日中国人にとって一番厄介な問題はコトバである。……会合で通訳がいるのは困るし、いつも同国人だけで話している始末だ。／この不便を解消するには国際語エスペラントが第一である。四月初めから日本の同志大杉栄を講師に講習会を開いている。いま二十名が参加しているが、さらに増加の見込み」。第二号――「エスペラント講習会はうまい具合に進んでいる。中国人留学生は世界語の思想に賛成し、講習生の数もふえている。進歩のあとは著しく、〈今日は、カマラード〉〈さようなら、カマラード〉などと至る処で言いあっている」。

大杉は「ダーサン先生」と呼ばれて親しまれた。

景梅九は、ある日の会で、警察に踏み込まれたとき、「私は相手にせず、大杉栄先生に世界語の読み方を教わり、その場で一生懸命に発音の訂正を受けた」と当時の一場面を記している。

劉師培はこの年に帰国し、上海で世界語伝習所を開設。こうして講習会は中国にエスペラント語を導入する道の一つとなる。ただし、大杉の講習は六月に赤旗事件で逮捕されて終わり、あとは千布利雄が講師を引き受けて継続された。（宮本正男『大杉栄とエスペラント運動』、嵯峨隆「大杉栄と中国」『教養論叢』一〇八号――原資料『衡報』〇八・四・二十八、五・八、景梅九『留日回顧』大高巌・波多野太郎訳）

七日、オランダ『国際社会評論』誌へ書簡を送る。

書簡は、一月十二日の手紙に書いた原稿を送れなかった事情について、屋上演説事件の顛末を説明。「今後、約束はきっと果たす。まず、この国の社会主義運動の歴史を書く」と記しているが、この約束も果たされなかったようだ。（宮本正男『大杉栄とエスペラント運動』）

十二日、在日中国人の第十回社会主義講習会で講演。

大杉としては四回目で、演題は「フランス反乱の精神」。会場は清風亭である。講習会は六月の第十四回まで続いたが、政府の迫害のため解散した。日本人講師は大杉と山川が四回、ほかに幸徳、堺、守田、宮崎民蔵、竹内善朔、坂本清馬の各一回が記録されている。（嵯峨隆『近代中国の革命幻影』、「支那無政府党」『平民新聞』一四・十・十五）

十三日、早稲田大学高等予科に籍をおく。

三年前、明治大学に在籍したのと同様、徴兵逃れのためで、六月二十四日までの一時的なもの。*荒畑寒村が代りに聴講して、「私は管野と一時別居して、五月に……上京した百瀬と共同で部屋を借り、貧しい自炊生活をしながら昼間は大杉が徴兵のがれのために籍をおいた早稲田大学の、英文科の予科へ身代りの聴講に通った」と。（*梅森直之「大杉栄の精神史の一齣」『初期社会主義研究』一九九〇、『寒村自伝』）

十八日、保子と福田英子宅を訪問する。（『社会主義者の書翰』）

三十日、堺、山川と屋上演説事件の出獄記念写真を撮る。（右写真）

場所は神田錦町工藤写真館。（『荒畑寒村著作集』第五巻）

下旬ころ、堺宅にて佐藤悟を師匠として読売歌の稽古。

生徒はほかに山川、堺為子ら。読売歌は演歌のことで、添田唖蝉坊（平吉）ら大道読売（演歌師）は、歌って客を集め、本（歌詞）を売りながら、社会批判をする運動を展開していた。当時の演歌は「ラッパ節」「あきらめ節」「吁、金の世や」など。（日本平民新聞五・五）

五月三日、初めてのメーデー街頭行進に参加。

堺、山川、荒畑、菅野ら社会主義者約三十名と、日比谷公園から上野公園まで赤旗を持って行進した。初のメーデー行進だが詳細不明。（書簡四〇、神崎清『革命伝説一』）

十八日、宮城控訴院での電車事件裁判のため、仙台へ発つ。

被告の同志七名と十九日朝六時、仙台着。南町境屋に宿をとり、十時より夕刻まで公判。二十一日に次の公判があり、二十二日まで滞在した。この間、仙台監獄の山口孤剣に面会したであろう。（吉川守圀『荊逆星霜史』、東京社会新聞五・二十五）

中旬、柏木三百八に転居。（日本平民新聞五・二十）

著作——翻訳「ツルゲエネフとゾラ——ツルゲエネフよりゾラに送れる書簡集」『新声』二・一、五・一、「新聞旧聞」『熊本評論』五・二十

六月七日、石川三四郎の出獄歓迎会を角筈十二社の桜山で催す。

石川は、五月十九日に十三カ月の獄中生活を終えて帰ってきた。軟派側が三十日に上野三宜亭で出獄歓迎会を開いたのにたいし、この日、堺らとともに歓迎会を兼ねて硬派の会合を開催する。園遊会形式で五十数名が出席、豆入りの握り飯が出て、革命歌を歌った。（東京社会新聞六・五、堺「由文社より」『熊本評論』六・二十）

十三日、宮城控訴院にて電車事件の判決を受ける。

凶徒聚集罪により刑は西川が重禁固二年、岡、山口、吉川、樋口、松永、大杉は同一年六月などとされた。ただちに上告するが棄却され、七月十七日、東京控訴院にて確定する。（書簡四一、吉川守圀『荊逆星霜史』）

「赤旗事件」の二年半

十九日、山口孤剣の仙台監獄出所を、同志と上野駅に迎える。

この日の朝、一年二カ月の刑期を終えて山口孤剣が上野駅に着いた。硬軟両派の同志約三十名が「山口君歓迎」「社会主義」「革命」と大書した赤旗四本を振って出迎える。山口を西川宅へ向けて俥に乗せた後、一同も旗を先頭に本郷へ。ほどなく赤旗をめぐって警官隊十数名ともみ合いになり、荒畑寒村が交番に引き込まれた。大杉、百瀬晋、村木源次郎が中に躍り込み、次いで一同も交番の中に押し寄せ、荒畑を救出、旗も

取り戻す。デモは本郷の西川宅まで意気盛んに続けられ、そこで「万歳」を連呼して解散した。硬派の森岡は「警察権を蹂躙して、歓びにたへない示威運動」だったと記している。しかし、三日後、狂暴なしっぺ返しが来る。（森岡永治「官憲と同志の大衝突」『熊本評論』七・五）

二十一日、翌日の会のため二旒の赤旗と旗竿を用意する。

山口孤剣歓迎会の一両日前、大杉は荒畑と相談して、この機会に軟派に対する示威行動をしようと企てた。旗は荒畑が間借りしている家の主婦に、赤い布地に白いテープで文字を縫いつけてもらう。旗竿は村木源次郎と行って二本買った。（『寒村自伝』、村木源次郎「彼と彼女と俺」『労働運動』二四・三）

二十二日、山口孤剣の出獄歓迎会の後、「赤旗事件」となる。

石川三四郎のときに硬軟両派が分裂して行なったのをよしとせず、石川の発起によって両派合同の歓迎会を開いた。神田・錦輝館に七十余名が参集、午後一時に開会。石川の開会の辞、西川、堺が双方を代表して歓迎の辞、次いで山口の謝辞と続く。それからは有志寄付の余興に入り、寺尾彭の薩摩琵琶、伊藤痴遊の講談、木崎弘道門弟の剣舞へと進んで閉会の辞となった。このとき、大杉、荒畑、村木、宇都宮卓爾、百瀬晋、佐藤悟らは「無政府」「無政府共産」「革命」と書いた赤旗を持って、「無政府万歳！」などと高唱、「ああ革命は近づけり」を歌いながら場内をねり歩きはじめた。

軟派に対する示威だが、勢いにのって彼らは大杉の赤旗を先頭に外に出て行った。大杉が「無政府」、やや遅れて荒畑が「無政府共産」の赤旗を持って門を出ようとするとき、待ち受けていた数名の警官に捕まってしまう。警官は旗を取り上げようとし、一団は渡すまいとして争奪戦になるが、神田署から応援隊が来て、ついに一人ずつ拘引される。大杉は警官隊に取り囲まれて引っ張られていきながら「ムム無政府万歳！」と声をからして連呼したという。後の大逆事件の前哨となり、運動史に大書される「赤旗事件」とはこれだけの活劇だった。

この事件では警官ともみ合った者のほかに、もみ合いを仲裁しただけの堺、山川、検束者に面会に行った女性たち、旗を巻いて帰る途中だった者までが捕えられ、神田警察署の留置場には十四名が放りこまれた。堺、山川、大杉、宇都宮、村木、百瀬、佐藤、荒畑、森岡永治、徳永保之助、管野すが、大須賀さと子、神川松子、木暮れい子である。容疑は治安警察法違反、官吏抗拒罪。堀保子も大須賀、木暮らと一緒にいたが、危うく逮捕を免れた。

取り調べは暴行をもって行なわれた。『東京二六新聞』(六・二十四)によれば、

〈二十三日午前二時より……厳重なる取り調べを行ひたるが、大杉栄は何のためにか左胴腹を靴にて蹴飛ばされ、又荒畑寒村も同様蹴られて遂に悶絶して発狂の態となり、堺利彦は監房中にて唯昏睡し居り、木暮は房内にて突然癪を起こして苦しみ居るも、何等の手当てをも施されず其侭に打捨て置き、西川〔神川の本名〕、大須賀、管野の三婦人には生傷の跡歴然たるものあり、これ取り調べの際に数人して拷問せしためなり……〉

荒畑は警察の暴行について、第二回公判で次のように証言する。

▲…赤旗を背景に左・大須賀さと子と堀保子

〈余は官吏に暴力を用ゐし覚えなけれども、余等が彼等に依りて暴力を用ゐられし事は実に非常なるものなり。余等が神田署に引致せらるるや巡査の態度は一変せり。神田警察は吾等を便所に行かしめず、食事をも供給せず。茲に於てか吾等は巡査を罵倒せり。……各巡査等は、一人一人吾等を引出して殴打し、若くは頭髪を引張れり。殊に彼等は大杉栄君の引き出して両足を持ちて床上を引き摺り、長き頭髪を引張て頭部及び各所に数個所の負傷をなせしめたり。〉(吉川守圀『荊逆星霜史』)

のちに寒村は、大杉が涙を流して泣いたのはこの時だけで、だから見たのは僕だけだろう、と述べている。

〈神田の錦町署へぶち込まれた時、僕と大杉があんまり暴れたものだから監房から引きずり出されて裸にされ、引きずり廻されて蹴る、踏まれる、さんざんな目にあって私はとうとう絶息したが、その時、大杉はくやしがって涙をぽろぽろこぼした。おそらく大杉が人に涙を見せたのはこの時だけではないかと思うのです。（それくらい……）歯を食いしばってでも泣かぬという非常に強い性格を持っていたと思うのです〉（荒畑寒村「大杉栄の思い出」）

翌日、警視庁に移され、市ヶ谷未決監に収監される。

当時の内務大臣・原敬の日記に「六月二十三日、参内して親しく徳大寺侍従長と内談せしに、同人内談によれば、山県が陛下に社会党取締まりの不完全なることを上奏せしに因つて、陛下におかせられても御心配あり、特別に厳重なる取締りありたきものと思召あり」とあり、山県有朋の政略が疑われる。[1] また、のちに検事総長・小山松吉は、当時、ある政治家が「スパイを使って策略」をしていたことを明かしている。[2] 元は山県か。かくて七月十四日、西園寺内閣は総辞職し、山県直系の第二次桂内閣が成立する。（『熊本評論』八・二十、九・五、⑴小田中聰樹「赤旗事件」『日本政治裁判史録　明治・後』、⑵司法省刑事局『日本社会主義運動史』）

著作――「防禦虚無主義」『熊本評論』六・五

七月二十八日、初の翻訳書『万物の同根一族』（ハワード・ムーア著）**を出版。**

訳者「はしがき」に「万物の同根一族とは、此の地球の上に住む万物が皆んな親類である、縁戚である、というふ事を意味する。……皆同じ共通の祖先を有する者である」と説明がある。三月に巣鴨の獄中で稿をなした。堺が編集、有楽社発行『平民科学』六冊の叢書のうちの第六編。原著前編の「肉体編」の翻訳である。発行部数は千部どまりで、印税は六十円だった。のちに後編の精神篇を加えて翻訳し、『人間の正体』のタイトルで出版する。（山川均『ある凡人の記録』）

八月十五日、東京地方裁判所で赤旗事件の初公判。

七月二十八日に予審終結。第一回公判の傍聴席は満員で半数が入れない。裁判官が席に着くや、大杉は立って「傍聴人の多くが入廷できないでいるから慣例によって公判廷を変えるべきでないか」と先制。[1] 訊問にたいしては、「旗は僕の発意で製作し、荒畑に頼んでミシン掛けをしてもらい、他の同志にも当日会場に持ってきてもらうよう依頼したものだ」と答える。(2)

幸徳秋水が郷里から上京して来場。大杉の発言に共鳴したと傍聴記に書く。(3)

〈証拠調べの了らんとする時、大杉君は突立つて「其三個の赤旗は果して予等の持ちしものと同一なりや、今一度示してください」と要求し、故《こと》さらに廷丁をして正面に広げさせた。鮮血滴《したた》るが如き赤地に、『無政府』『無政府共産』『革命』の白字は鮮やかに示された。廷丁の旗を捲き了るや大杉君は首を廻らして特に僕を省み、アレ見たかと言はぬばかりに心地善げに一笑した。快男児、僕は彼が言はんと欲する千万言を此一笑の中に読み得たのである。〉

裁判では事実認否のほか、被告人訊問に「被告は無政府主義者なりや」の問いがあり、検事の論告には「被告は社会主義者なるが故に厳罰に処せよ」との請求があった。行為の故にではなく思想によって処罰しようとする、この事件の本質が明らかであった。(4)（(1)竹内善朔「官吏抗拒事件第壱回公判の記」『東北評論』九・一、(2)『熊本評論』八・二十、(3)同九・五、(4)小田中聰樹「赤旗事件」前出）

二十二日、赤旗事件第二回公判。堀保子が証人として出廷。

控訴院大法廷で開かれ、約四百名が傍聴に参集した。証人、弁護人、被告の弁論が行なわれ、検事は「無政府などと書いた赤旗を翻し、革命歌を歌って市中を歩くのは治安警察法違反だ」などと論告した。（『熊本評論』九・五、毎日電報八・二十三）

二十九日、赤旗事件の判決。大杉に重禁固二年六カ月など十二名が有罪。

判決は治安警察法違反及び官吏抗拒罪を適用、予想をはるかに上回る過酷さであった。最も重い大杉の二年六カ月、罰金二十五円のほかにも、堺、山川、森岡が二年、荒畑、宇都宮一年半、佐藤、村木、百瀬、大須賀一年など、十二名が有罪とされた。言渡しが済み、裁判長がそそくさと立ち去るのを見て大杉は「無政府党万歳！」と叫び、被告席もいっせいに唱和し、一時は騒然となる。法廷を出るときも大杉は、「蒔いたものが刈るんだ。我々の仕事は出獄後にある。実行、実行」と叫ぶ。

判決を受けて控訴したのは、五月末に結婚したばかりの山川、大須賀と、留置中の落書きで不敬罪（実際は冤罪）とされた佐藤の三人だけだった。また規定により、電車事件の刑が通算され、大杉の場合は一年半分を免れて儲けた。

他方、この事件は権力の側を刺激して、弾圧策を強める結果となる。七月に西園寺内閣が倒れた一因は、社会主義に寛容で赤旗事件を起こさせたという非難であった。代った桂内閣の反動ぶりは、この日の過酷な判決もその表れだが、やがては大逆事件のフレームアップへと狂暴の度を上げてゆく。（毎日電報・国民新聞八・三十、堺利彦「赤旗事件の回顧」）

九月九日、赤旗事件の他の獄中者と千葉監獄に移される。

移監されたのは、堺、村木、荒畑、森岡、百瀬、大杉、宇都宮の七人。並びあい向かいあっての独房だった。三畳の板の間に一畳のむしろ敷き。入り口は厚い木の扉で、上部にふたのついた監視窓がある。東西の両面はあら壁、南側にはやっと手の届くくらいの高さに三尺の窓が切られ、ガラス戸の外には鉄棒が入っている。仕事は麻をよって、げたの鼻緒の芯をこしらえる作業。工賃は百足二銭四厘、労働時間は夜業二時間を合わせて十一時間である。四時から六時までが休憩で、その間に本を読む。毎朝十五分の運動と「からすの行水」程度の入浴が週に二回ある。

大杉は長い刑期を有効に過ごすために、これまでの獄中と同様、外国語の独習と読書、思索に打込んだ。外国語はドイツ語、ロシア語、そしてスペイン語へと広げる。読書時間は休憩時のほか、巡視の間を利用して、それぞれがうまく確保した。

「こんども未決の時からドイツ語の続きをやつてゐる。で、刑期も長いことだから、これがいい加減ものになつたら、次ぎにはロシア語もやつて見よう。そして出るまでにはスペイン語もちよつと噛って見たい。……午前中は語学の時間ときめる」（「獄中記」）。その成果として、ドイツ語は「蛙が尾をはやしたまま飛んで歩く程度になり、ジョルジュ・ケナン『シベリアにおける政治犯人』（独訳）ぐらいのものなら字引なしでもともかく読め」、ロシア語はトルストイ『生立ちの記』のようなものなら「何の苦もなく読める」ようになった。

（1908年8月～9月）

鼻緒の芯をなう作業はうまかったと、寒村が証言している。

〈大杉が一番仕事が上手で、一番早い。事業士といって請け負っている人間が、大杉のを囚人の仕事の展覧会に出品する、といって見せる。実にうまい。横鼻緒をなって十足ずつ一束にして、結わえて縫って、終わりにちょっと戻すとふっくらとふくれるんです。それがよく縫ってあるから光ってる。〉（堺利彦「貝塚より」、書簡四九、五八、荒畑寒村「大杉栄の思い出」）

保子の奮闘

二十五日、妻・保子へ千葉からの書簡第一信を送る。


面会に来て間もない保子に、その後の連絡のほか「ドイツ語の本はできるだけ早く送ってくれ」など書物の請求を始める。読書と思索の方針は、二週間ばかり考えて次のように決めた。

〈以前から社会学を自分の専門にしたい希望があつたので、それを此の二ケ年半にやや本物にしたいと決めた。が、それも今迄の社会学のではつまらない。自分で一個の社会学のあとを追つて行く意気込みでやりたい。それには、まず社会を組織する人間の根本的性質を知る為めに、生物学の大体に通じたい。次に、人間が人間としての社会生活を営んできた経路を知る為めに、人類学ことに比較人類学に進みたい。そして後に、此の二つの科学の上に築かれた社会学に到達して見たい。[1]〉

〈そのかたわら、元来好きでそして怠っていた文学、ことに日本および支那の文学書を猟りたい。[2]〉

そして、「斯うきめて以来は目茶苦茶に本を読んだ。……ただもう看守のすきを窺つては本を読む。斯くして僕は、嘗て貪るやうにして掻き集めた主義の知識を殆ど全く投げ棄てて、自分の頭の最初からの改造を企てた」のである。[1] そのため、二カ月に一回だけ認められた保子への書簡では、出獄まで毎回のように本の差入れ

を依頼。その数は「トルストイ」とか、雑誌『帝国文学』などを含め百三十八点に及ぶ。(3)
方針に沿ってたとえば、ウォード『社会学』『純粋社会学』、ギディングス『社会学原理』、イリー『経済学概論』(以上英文)、ル・ボン『群衆心理学』、ルソー『エミール』(以上仏文)、『生物学』(早稲田講義録)、『植物の精神』、ダーウィン『航海記』(英文)、モルガン『人類史』『古代社会』(英文)、ノビュー『人種論』(仏文)、『太平記』、『樗牛全集』、『ゴーリキー短編集』など多岐にわたっている。

差し入れは一カ月に三冊という規則だったが、増加を要求し、九冊まで認められるようにした。須田という陸軍あがりの看守部長が、日露戦争中に父・東の部下だったという縁で、何かと便宜を図ってくれた。最後には社会主義関係の書籍も認められたが、それは求めていない。既存の思想書を離れて、人間と社会の根幹を学びなおすことから、自らの思想形成へ、検証と省察を図ったとみることができる。(1)「獄中記」、(2)書簡四五、(3)荻野富士夫「大杉栄論」『初期社会主義思想論』)

十一月十一日、父宛に廃嫡と書籍購入費を依頼する手紙を出す。

父・東は〇六年十二月、予備役に編入、翌年二月に宮城島かやと再婚し、子どもらと静岡県清水町(現・静岡市)に住んでいた。廃嫡は、大杉との関係によって、親・弟妹や親戚に迷惑をかけないための配慮であり、書籍購入費三百円は保子にはとうてい負担しきれないからである。しかし廃嫡は実行されず、カネの無心もかなわない。書籍代は、保子を通じて友人、知人から借りるなどして調達することになる。(大杉豊『年譜・大杉東とその子ら』、書簡四四)

一九〇九(明治四十二)年　二十四歳●

四月一日、妻・保子が『家庭雑誌』第六巻第一号を家庭雑誌社より復刊。

保子は大杉の入獄後、堺の妻・為子と柏木の南屋という下宿に入ったが、九月からは中国人寄宿舎・神谷荘の賄いをして生計を維持していた。エスペラント受講生であった中国革命党の三人(谷鐘秀、栄福、馬宗豫)が、柏木に家を一軒借りて寄宿舎とし、大杉への恩義から保子を助けたのである。赤旗事件で無罪にはなったが

「毎日電報」を失業した管野すがも、保子のもとに来て同居した。しかし、中国人グループへも官憲の圧迫が強まり、彼らは〇九年二月に帰国する。

保子は兄・堀紫山の援助と助言によってであろう、大久保仲百人町二百十二に移住。お手伝いのばあやをおき、守田有秋の助けを得て『家庭雑誌』の復刊に奮闘する。一時、坂本清馬が寄食して手伝った。しかし、七月第四号のとき、出版法違反による二年間の発禁処分を受け、余儀なく廃刊となる。

その後は若宮卯之助が経営する雑誌『時代の批評』の広告取りなどして糊口をしのぎ、獄中へ大量の本を差し入れるのに奔走した。

なお、大杉は二月と四月の保子への手紙に、家の壁に掛けた「ああ窓外は春なり」の絵を引き合いにし、「あれを見て僕らのこの頃の生活を察してくれ」と書いている。監獄の独房で椅子を踏み台にして窓の外を眺める人物を描いた、ロシア移動展派のN・ヤロシェンコの絵である。雑誌『日本人』の口絵を切り抜いて額にしたもので、五年後に宮嶋資夫が初めて大杉を訪ねたときも、書斎の壁にかけてあった（後述）。（堀保子「大杉と別れるまで」前出、『自由思想』五・二十五、坂本清馬『大逆事件を生きる』、宮島資夫『裸像彫刻』）

十一月二日、父・東が東京・丸の内の胃腸病院にて死去。

間もなく弟・伸が面会に来て、父の死後の始末を任せて欲しいというのに、一旦は承諾するが、手紙を出して取り消す。長男としての「僕の責任は尽さねばならぬ」として、保子を代理人とし、弁護士を依頼するなどして、細かな指示をする。父の関係していた会社との訴訟事件、継母が家を出る問題、それに伴う弟妹の養育、継母の持参金返却、継母名義の土地とそこに建てた家など財産処理の問題など、種々の難題があった。

とりわけ弟妹が心配だったが、結局、引取って保子が世話をする。二十四日、保子宛の手紙に「子供はみな東京に集めて、足下にその世話を頼みたい」と書いている。弟妹のうち、長女・春は学校教師として中国に渡り、二女・菊は結婚して渡米したから、遺されたのは六人（伸、松枝、勇、進、秋、あやめ）である。伸が前年に中学校を卒業したほかは就学中で、寄宿舎に入れたり、大久保の家に引取ったりして養育にあたった。大杉の出獄後にわたり、それぞれの行く先を落ち着かせるのに、こののち四年を要する。

東の墓所は遺言により、山岡鉄舟が復興した清水（静岡市）の鉄舟寺に造られたが、のちに移転する。（書簡五二〜五六、堀保子「大杉と別れるまで」前出、大杉豊『年譜・大杉東とその子ら』）

一九一〇（明治四十三）年――――――――――二十五歳●

一月、**出獄後に雑誌発行の構想を保子宛書簡に記す。**

獄中での情勢観測から「世の中は大ぶ真面目になって来た。真の知識、真の趣味の要求が、はなはだ盛んになっている」と判断し、「科学と文芸を兼ねた高等雑誌」が出せるなら、まずこの編集をやりたい、と出獄後の意欲を述べている。のちに『近代思想』として実現する。（書簡五六）

四月八日、戸籍法違反で裁判所に呼び出され、科料二十銭。

戸主であった父・東が死去したのち、相続して戸籍作成のところ、入獄中でもあり、手続きしていないことを咎められたもの。大杉の戸籍には、この年十月二十四日付で転籍届がされている。戸籍簿に記載されているのは、次に「大正十二年九月十六日午後八時、東京市麹町区大手町一丁目一番地に於て死亡、大正十三年四月十四日届出」とあるだけ。結婚など戸籍に関わる届けは、一切していない。（書簡五八）

六月上〜中旬、幸徳秋水らが検挙された事件を知る。

幸徳は六月一日に湯河原で、管野は二日に監獄内でと、やがて「大逆事件」の被告になる七名が検挙された。それを獄中で聞き、手紙で保子に二件を依頼する。巣鴨入獄中に幸徳から借りた三十円を返すこと、彼の母親を呼ぶ必要があるなら家で世話すること、である。

二カ月に一度だけ出し受けできる保子宛手紙の八月分は不許、面会は叶う。（書簡五九、六一）

九月二日、東京監獄に移され、大逆事件との関係を取り調べられる。

ある日、検事が調べに来て、幸徳らが拘引された事件を、どうして知ったのかを訊く。「うろん臭いのでいい加減に答へて」おくと、「数日経つて、不意に、恐ろしく厳重な警戒の下に東京監獄へ送られた。そして検事局へ呼び出されて、こんどは本式に、謂はゆる大逆事件との関係を取調べられた」。「お前等も其の計画に加はつてゐたと云ふ事は、他の被告の自白等によつても明らかだ」と脅され、看守までが同情するので、不安な日を送る。八畳間に一人だけで、仕事は経木編み。そのすきに、窓から廊下を注意し、大逆事件の被告のほとんどを見る。幸徳が通ったときに「おい、秋水！秋水！」と声をかけたが聞こえず。その後は取り調べなし。（書簡六〇、「獄中記」）

十一月十二日、先に出獄した堺が秋水に会い、大杉にも面会。

「大逆事件」被告二十六名の起訴が決定し、九日に予審終結、十日に接見・通信禁止が解除された。同志たちは被告への面会を開始する。（沿革一）

二十九日、午前五時、東京監獄より満期出獄。

保子、堺ら六、七人に迎えられて出獄し、手を握り合った。大逆事件獄中者に弁当、坂本清馬に本を差入れ。大久保の自宅へ帰る。

この出獄まで、数え年で「二十二の春から二十七の暮れまで」、未決監を含めた獄中生活は千二百二十四日。三年半に相当するが、獄中ならではの収穫もあった。外国語や、読書による独習もそうだが、人格形成上の鍛練の場、「意志の潜勢力を養う」場としての修練があった。その意味で「僕は監獄で出来上がった人間」、「監獄人」となって出てきたのである。

〈僕の今日の教養、知識、思想、性格は、総て皆な、其後の入獄中に養ひあげられ、鍛へあげられたと云つてもよい。……僕の知情意は此の獄中生活の間に始めて本当に発達した。いろいろな人情の味、と云ふやうなことも初めて分つた。自分とは違ふ人間に対する、理解とか同情とか云ふやうな事も始めて分つた。客観は愈々益々深く、主観も亦愈々益々強まつた。そして一切の出来事をただ観照的にのみ見て、それに対する自己を実行の上に現はすことの出来ない囚人生活によつて、此の無為《イナクティフ》を突き破らうとする意志の潜勢力を養つた。〉（「続獄中記」）

赤旗事件で用いた「無政府」「無政府共産」の二つの旗は、裁判後に返され、終生これを保管した。しかし死後、労働運動社に置かれたのを、警察が社員検束の際に押収し、それきりになった。（都新聞十一・三十、

書簡六三、近藤憲二『一無政府主義者の回想』）

大逆事件の獄中者

（1910年11月〜12月）

十二月八日、獄中の幸徳秋水に面会する。

秋水は十一日の堺利彦宛書簡にしみじみと謝意を書く。

〈大杉君に申し上げる。先日来てくれて嬉しかつた。弟に会つたやうな気がした。君が吃りで十分の話ができなかつたのが残念だ。手紙を呉れ玉へ。〉

出獄直後で、ろくに口が利けなかった。この後、幸徳ら被告の公判は一瀉千里に進められ、二十五日に検事の死刑求刑、二十九日に十六回の審理が終了する。（調査書、塩田庄兵衛編『幸徳秋水の日記と書簡』）

十二月末、堺利彦が設立した売文社に参加。

十二月三十一日の朝日新聞第一面に売文社設立の広告が載る。原稿類の作成、代作や翻訳を請負う事務所で、当初は大杉、寒村、高畠素之などが従事した。同志を収容して生活を支え、そこで毎月の茶話会を開いて連絡を保つなど陣営の「小さな砦」であった。大杉は一四年四月まで社員として在籍し、以後は特約執筆家となる。社は一九年二月まで存続した。（『寒村自伝』）

十二月、幸徳よりの形見にバクーニンの額と剃刀を貰う。

死を覚悟した幸徳より同志への形見分けは、堺が依頼され、大杉のほか半田一郎に掛軸、斉藤兼次郎に硯、吉川守圀に外套、石川三四郎に冬洋服などと分けられた。（沿革一）

このころ、内田魯庵を知り、時々訪問する。（内田魯庵『思ひ出す人々』）

このころ、甲府の親戚に預けられた末の妹・あやめを連れに行く。

▲…保子と養育した弟妹たち（勇、進、秋、あやめ）

当時十歳だったあやめは、この時の印象を後にこう記している。

〈或る日のこと、私が近所の子供たちとおもての柳の木の下で遊んで居りますと、がらがらつという響きと共に私の家の前へ俥が着きました。「あらつ俥が来た――」と、子供心にただ何んとなく嬉しい様な気がして、傍へ駆け寄つて見ますと、それは洋服姿の、大きな眼がぎろつと光つているおつかない人でした。そして、其のおつかない人が私の顔ばかりをじろじろと見ますので、私はそつとお友達の後ろへ隠れて了ひました。これが千葉監獄から出たばかりの栄兄さんだつたので、私は此の時初めて栄兄さんの顔を知つたのです。

私は栄兄さんに連れられてまた東京（家は大久保にあつた）へ参りました。〉

父の死後、引取った弟妹のうち、伸、勇、松枝は下宿をして通学、あるいは寄宿舎に入ったが、進、秋、あやめは直接養育することになった。やがて独立したり、親戚に引取ってもらうが、あやめは一三年まで大杉の家に同居した。出獄後の運動をすすめるうえで、大逆事件後の圧迫のほか、弟妹の世話も、別の面での負担であった。その頃の大杉の心境を荒畑寒村が小説「夏」に書き留めている。

〈僕も出てきた時は苦しんだよ、親父が死んだので、弟や妹を皆な引取らなけりやならなくなつたらう。是ぢや当分、到底運動なんかできないと思つたネ。マア、それぞれ片が付いたからいいやうなものの、一時は何処かへ逃げて了はうかと思つた。〉（橘あやめ「憶ひだすまま」『女性改造』二三・十一、大杉豊『年譜・大杉東とその子ら』）

一九一一（明治四十四）年 ―― 二十六歳●

一月十八日、**大逆事件被告に判決。**

二十六名のうち二十四名に死刑の判決、うち十二名は翌日、無期懲役に減刑された。新村善兵衛と新田融は爆発物取締罰則のみの認定で、各懲役八年、十一年であった。

二十一日、**幸徳ら死刑囚に最後の面会をする。**

堺、石川、吉河と大杉、保子が面会した。吉川守圀の回顧記によれば、幸徳との別れは次のようであった。

〈まず堺が口を開いて、いまさら身体を大切にしろも妙なものだし、葬式をどうのこうのも変だしと、あとを言い渋った。幸徳はニッコリ笑って、「イヤ僕は非墳墓主義だから身体は海川に捨てて魚腹を肥すもよし、その点は諸君にお任せする。それよりか、諸君はさぞ事件のために迷惑してるだろう。僕は親もなくひとり身だから、覚悟はできている。ただ世間を騒がして何とも申し訳ない。幸徳というやつ、どうしてあんなばかな事をやったかと、今から一〇年二〇年に思ってくれる者があれば、それで自分は満足する。被告の中には妻子のある者もある。君らはそれらの人たちに会って一分間でも余計に慰めてやってくれたまえ。僕のために時間を費やしては悪いからこれでおいとましよう」。彼は看守に連れられてドアの外に姿が消えたかと思うとすぐにツカツカと引き返してわれわれの顔を一人一人ジイッと見つめていた。無限の感がつづいた。お互いのひとみは涙に曇った。幸徳は思い返したのかスタスタと出て行った。(1)〉

管野はこの日を次のように書き留める。

〈赤旗事件の公判の時、控訴院の二号法廷に相並んだ以来の堺さんと大杉さん、四年以前も今日も見たところ少しも変わりの無い元気な顔色は嬉しかつた。彼れ一句、是れ一句、最初から涙の浮んで居た人々の眼を私はなるべく避ける様にして、つとめて笑ひもし語りもしたが、終に最後の握手に至つて、わけても保子さんとの握手に至つて、私の堰き止めて居た涙の堤は、切れて了つた。泣き伏した保子さんと私の手は暫く放れ得なかつた。ああ懐かしい友よ。同志よ。(2)〉

夜、大杉と保子宛に「大杉さん保子さん、よくお出で下さいました。……今日の面会を最後にして。この上、お顔を見るのに堪へません。見たいけれども忍びます」と手紙を送り、二十四日の堺宛書簡に、遺品の贈り先を「額は大杉さんに、二弦琴は寒村に……支那焼の一リンざしは保子さんに」などとする遺書を認める。

大石誠之助は「事件は嘘から出た真である。人生は要するにこんなものであらうと思う」と語った。これより前、古河力作からは大杉宛にはがきが送られてきた。「左様なら、御機嫌やう、近々出立致し升」と。(1)堺利彦「社会主義運動史話」、(2)菅野すが子「死出の道草」『明治文学全集九六』、朝日新聞一・二十六、堺利彦『売文集』)

遺体引取り

二十四日、幸徳ら十一名の死刑執行。二十五日、二十六日、東京監獄で遺体引き取り。

二十四日も面会に行くが、その日に死刑執行と知らされる。夜、堺は酒を飲んで荒れた。石川、大杉と信濃町駅で下車すると、交番にツバを吐きかけ、小便をしたり、道路工事標識のガス灯をステッキで壊すなどして突っかかった。お株を奪われて大杉も後をついて行くだけ。尾行していた三人の刑事もおとなしくしていた。(1)

二十五日、死刑囚の遺体引き取りのために二十余名が東京監獄に馳せつける。堺夫妻、石川、大杉と保子、吉川、福田英子、それに大石、内山、奥宮の近親者らである。この日は幸徳秋水、奥宮健之、大石誠之助、内山愚堂、森近運平、古河力作の六名だけが引き渡され、残り六名は翌日となる。午後六時ころから三尺四方大の座棺に納められた遺骸が運び出された。堺をはじめ、豪胆な大杉も悄然とし、堺・大杉の妻などはすすり泣く。

葬列を組んで雪道を落合火葬場に向かうが、途中、幾度となく警官隊と衝突、所持品検査などをされる。火葬場に着くと「一棺に一人の引き取り人以外のものは新宿署に出頭せよ」との命令があり、それなら人力車を用意せよと要求する。その間、内山愚堂の弟・正次は「棺の中が兄に違いないか、一目見たい」と金槌を持って来させ、棺の蓋を砕いて確かめるという沈痛な場面があった。堺は、幸徳の棺も開けることを頼み、同志たちはここで最後の別れをした。堺、石川、大杉、吉川らが十時、新宿署に出頭すると、「逆徒の火葬に多人数参加するのは穏当を欠く」とばかばかしい注意があり、十一時ころ帰された。この日、管野すがの死刑が執行される。(2)

二十六日には、管野すが、松尾卯一太、成石平四郎、新美卯一郎の遺体が引き渡され、家族からの連絡がない新村忠雄、宮下太吉は留め置かれた。この日も堺夫妻、渡辺政太郎、大杉夫妻、吉川守圀ら二十名余が煉瓦塀下に待ち受け、警官隊のものものしい警戒のなか、棺を受け取る。管野の遺骸は、一時寄宿させたことのある増田謹三郎が引き取り、千駄ケ谷の自宅へ送られた。七時過ぎ、一同は三つの棺を囲み、前日同様に黙々として落合火葬場へ。それに警官二十余名が付き添っての葬列であった。火葬場には、さらに四十余名の警官が待機していて、引き取り名義人の堺為子以外の退去を命じる。為子と保子は猛然と抗議するが、甲斐なく、一同は帰途についた。

無期とされた十二名は、二十三日までに移送され、千葉監獄には峯尾節堂、佐々木道元、秋田には高木顕明、崎久保誓一、坂本清馬、飛松与次郎、長崎には成石勘三郎、岡本一郎、三浦安太郎、岡林寅松、武田九平、小松丑治が、それぞれ収監された。

ところで、犠牲者二十四名のうち成石勘三郎・平四郎兄弟の墓は、熊野の祐川寺（熊野三十三カ所・十六番）に建てられるが、住職に大杉の親戚筋に当たる人が就く、という巡り合わせがある。大杉のいとこ・丹羽義敏に遠縁の家から養子に入る人で丹羽徹象師という。現在は子息・丹羽達宗氏が継いでおり、百年後のいま、「本宮町『大逆事件』犠牲者の名誉を回復する会」（田辺市）の会長を務める。(1)石川三四郎『自叙伝』、(2)松崎天民『人間秘話』、堺利彦「社会主義運動史話」、朝日新聞・報知新聞一・二十七）

二十七日、荒畑寒村が来訪し、泊ってゆく。

（1911年1月〜3月）

管野すがの遺骸に別れを告げたのちの来訪である。彼はかつて絶縁した管野とよりを戻した内房・吉浜の網元に身を寄せていたが、遺骸引き取りを知って、この日上京。増田家を安成貞雄とともに訪れた。棺の蓋を払って死顔を見た安成が「首筋の幅広い暗紫色が絞刑の索《なわ》のあとを示している」と語ったが、彼はそれを見ることができなかった。胸に溜まるものをかかえて来たのであろう。（沿革一、『寒村自伝』）

三十日、堺宅の大逆事件刑死者遺体引き取り慰労会に出席する。

堺の家は四谷区南寺町。出席者は大杉夫妻、岡野辰之助、半田一郎、斉藤兼次郎、吉川守圀、渡辺政太郎、石川三四郎、福田英子、熊谷千代三郎。（沿革一）

二月二十一日、第一回同志合同茶話会に保子と出席。

大逆事件後の「冬の時代」、運動再興への足がかりとして、堺利彦と藤田四郎が発起人となって開催。久しぶりに各派の同志が神楽坂倶楽部に集った。出席者はほかに、石川、片山潜、木下尚江、池田兵右衛門、川田倉吉、半田、斉藤、吉川、熊谷、藤田貞二、松崎源吉、原子基、加藤重太郎、添田平吉、野沢重吉、相馬宏治、堺為子ら二十七名。費用は堺が預かっている幸徳の遺著『基督抹殺論』の印税を当てた。（沿革一）

三月十二日、労働倶楽部茶話会が開催され、出席する。

労働倶楽部は、片山潜が〇七年に、野沢重吉、斉藤兼次郎とともにつくった労働奨励会の後を継いで、前年四月に結成された。神田区三崎町吉田屋で行なわれ、出席者はほかに片山、堺、池田、藤田貞二、武田貞吉、大脇直寿、半田、野沢。（沿革一）

十七日、大逆事件受刑者の遺家族慰問旅行に発ち、二十二日に帰京。

まず大阪で、「無期」になった三浦安太郎の父・徳蔵、武田九平の弟・伝次郎を慰問する。また百瀬晋と会い、岸和田町の親戚・津村重吉宅に宿泊。さらに三重県境に近い奈良県月ヶ瀬に一泊し、長野・山梨を廻って帰京した。月ヶ瀬から大石・峯尾・高木が居住した新宮や三重の崎久保の遺族を訪ねたかは不明。長野では新村（屋代町）、山梨では宮下（甲府市）の遺族を訪ねたと思われる。五泊六日の駆け足大旅行だが、官憲の記録のみで、詳細不明。（調査書）

「春三月縊り残され……」

二十四日、神楽坂倶楽部での第二回合同茶話会に、保子と出席。

大杉は先の慰問旅行の報告をし、同志からの話として、大逆事件に関して検挙者には相当の賞与を与えるいっぽう、被検挙者の遺族には言うに忍びない迫害があるなど、憤慨に堪えないと実情を話す。前回に名前を挙げなかった出席者に、古河慎一（力作の父）、師岡千代子、荒畑寒村、岡野辰之助、安成二郎、西川光二郎、幸内久太郎らがいる。参会者二十一名。

大杉が「春三月縊り残され花に舞ふ」の句を詠み、前に書かれた堺・西川・幸徳の寄せ書きに加筆したのはこの時と判定できる。（沿革一）

二十六日、堺利彦と二人で、京都から上京した岩崎革也を訪問。

岩崎革也は京都府須知町の銀行家。平民社に千円の公債を寄付するなど運動の財政的支援をした。（沿革一、堺利彦「社会主義運動史話」）

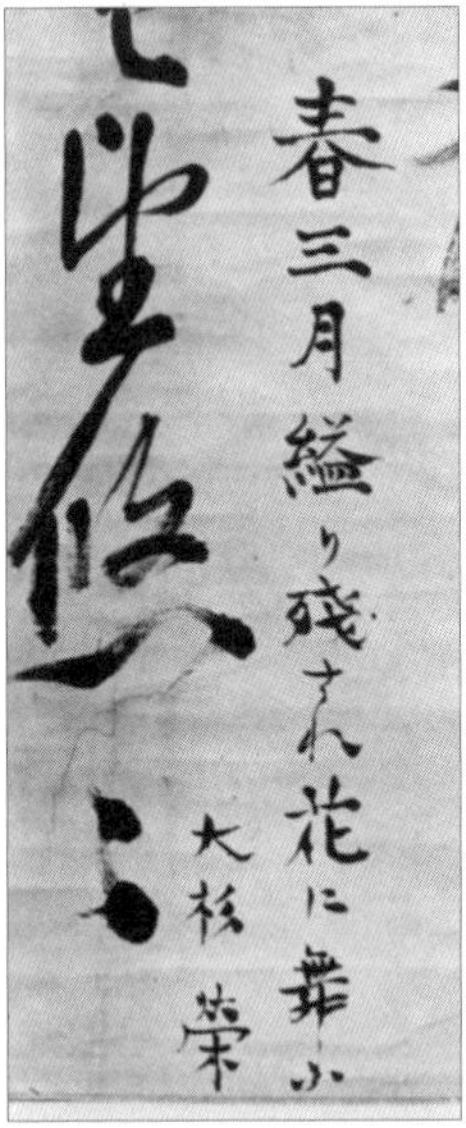

三月、このころ京橋木挽町の平民病院で、入院中の野依秀市に面会。

院長・加藤時次郎の紹介による。野依が経営する『実業之世界』に仕事がないか、打診のためだが、吃音がひどくて会話がうまくできず、付いてきた保子が「何かいい仕事はないでしょうか、出てきたばかりで、どうしようかと思っているのですが……」と頼んだ。野依が「社会主義の方はどうするのですか」と言うのに、大杉は「それは変わりないよ」と答え、進展はしなかったようだ。が、この縁で、のちに『近代思想』を発刊すると、実業之世界社は広告の常連客になって応えた。（野依秀市『人物は躍る』）

四月二十六日、神楽坂倶楽部での第三回同志茶話会に、保子と出席。

出席者十五名。この会は以後も原則として毎月一回開催された。（沿革一）

四月、このころ山鹿泰治と三越で初対面。

後に大杉の旅券手配などに奔走する山鹿は、この時十九歳。日本エスペラント協会の書記を勤めながら、築地活版所の欧文課へ見習いに入っていた。同僚・原田新太郎のすすめで、大杉へ面会所望のはがきをエスペラントで出すと、同じくエス文で、三越の三階の待合室で会おうと返信が来た。約束の日に山鹿と原田が待っていると、縞の背広でやって来て、辺りに遠慮なく大声で叱り散らした。

原田が先に帰り、三越を出ると、大杉は「スパイを表に待たせて置いたんだが居ないようだ」と、しきりに捜した。山鹿がスパイなんかマイた方がいいだろうと言うと、「イヤ、彼等は一回見失うと日給が貰えないんだから必要のない時はマカない方がいい、可哀そうだから」と言う。なおしばらく方々を捜したが、ついに見当たらなかった。

この後、二人は丸の内から日比谷公園まで歩き、夕刻まで語り合った。山鹿は救世軍に入っていたが、大杉との対話から「神といふ無形の偶像と共に、〇〇という生きた偶像の迷信から僕自身を解放することが出来」、翌日、銀座の救世軍へ行って「神に対して、永久の追放を宣言」する。また大杉は「エスペラント語は将来、労働者解放のために必ず役に立つに違いないから、しっかり勉強してくれ」と励ました。五十年ののち、山鹿は「エス語だけは大杉から受けついで、多少でも発展させることができたのは幸せだった」と述べている。（山鹿泰治「追憶」『労働運動』二四・三、同「大杉とエスペラント語」『自由思想研究』六〇・七）

五月四日、『太陽』五月号の浮田和民の論考に対し、反論を書いて投稿。

浮田の論題は「社会主義及び無政府主義に対する憲政上の疑義　その二」。大杉のは「無政府主義の手段は果して非科学的乎」。社会主義に対する当時の言論状況から、発表はされなかった。が、原稿を保管していた浮田は、二十年後の三一年に『思想善導の唯一手段は何か?』を出版する際に、自らの論文と併せて収載した。浮田は「遅蒔ながら爰にこれを公表し、一つには彼れを追弔し、又二つには思想問題取扱の方法に就いて世間有識者の再三考慮あらんことを希ふ次第である」と述べている。全集非収録だが、のちに岩波文庫『大杉栄評論集』に所収された。（堀切利高「『冬の時代』から」『初期社会主義研究』一九九〇）

八日、堺利彦が大逆事件犠牲者の遺家族訪問報告会。保子と出席する。

報告会は堺宅で開かれ、ほかに岡野辰之助、田島梅子、斉藤兼次郎、吉川守圀、藤田四郎が出席した。

この後、毎月二十五日に同志の数名ないし十数名は、東京近辺にある数個の墓を歴訪するのを習慣とした。堺は「新たなる運動は起こりえず、残れる少数の同志はむしろただ過去を弔うことに感情の満足を求めていた。……墓地歴訪の人びとは、石川三四郎、岡野辰之助、斉藤兼次郎、添田唖然坊、幸内久太郎、吉川守圀、大杉栄、堀保子君などであった」と述べている。（沿革一、堺利彦「売文社時代」「日本社会主義運動小史」）

十一日、堺と千葉監獄前の旅館に泊り、翌朝、岡千代彦の出獄を迎える。

岡は赤羽巌穴の『農民の福音』を秘密出版して、投獄されていた。旅館に迎え入れて懇談したあと、千葉駅へ向かい、岡の妻や親族らと合流、帰京する。（沿革一）

十二日、妻・保子の名で、秋田監獄にいる坂本清馬に書籍九冊を送る。

送ったのは綱島梁川『回光録』、上田敏『文芸講話』、『中級仏語学』など。しかし、閲読は不許可になり、坂本は読むことができなかった。（沿革一）

二十四日、藤田四郎宅で母堂三十五日忌の会があり参列する。

午後七時開始、出席者は堺利彦、岡千代彦、伊藤証信ら十八名。都合で欠席した片山潜より書面で、普通選挙同盟会を政社とする相談会への出席依頼があった。他の参列者が賛同したなかで、大杉は「普通選挙は根底において我主義に反する」ので同意しない旨を述べる。帰途、伊藤証信と同道。（調査書、『伊藤証信日記（一）』、「雑記帳」『無我の愛』六・十）

大石誠之助の洋服

六月二十二日、大石誠之助の形見分けで洋服を受領する。
大石生前の洋服が、妻・恵為から堺宛に送られ、堺と大杉、岡野、吉川、斉藤、渡辺に一、二着ずつ形見分けされた。（沿革一）
二十七日、伊藤証信が東京監獄を放免されて帰宅。保子と見舞う。
伊藤が発行する『無我の愛』第二十八号が出版法違反とされ、罰金五円の代わりに労役五日間に服し、この日、放免になったのだ。午前中に堺らが行き、大杉は保子同伴で夜、千駄ケ谷の家に見舞った。このころ『無我の愛』の定期購読者でもあった。（『伊藤証信日記』、『無我の愛』七・十三、柏木隆法『伊藤証信とその周辺』）
九月五日、岡野辰之助の妻・田島梅子死去を弔し、香典五円を包む。
田島梅子は、祖父・父ともに秩父事件に関わって収監され、のち小学校教員になったが、〇九年、上京して岡野と結婚した。この年、三月から売文社の事務員として勤務したが、脊椎の病に倒れた。兄・泰助への手紙に大杉を「相変わらず愉快な人ですよ。実に彼こそ理想的な……（不明）です」と書いて、よく言葉を交わしたことが窺える。短編小説のほか、瑞々しい短歌を作った。堺利彦が五、六百首の中から選んだ三十七首が「片身の歌」として『売文集』に収載されている。
〈かくめいの其一言に恋成りぬえにしの糸は真紅のほのほ〉。（中嶋幸三『井上伝蔵とその時代』、調査書）
十一日、妻・保子が病気療養のため鎌倉・七里ヶ浜の恵風園病院に入院。
看護のためしばしば同地へ赴く。恵風園は三〇年、海岸で情死をはかった太宰治が収容された療養所。現在は恵風園胃腸病院。（調査書）

十七日、堺宅引越し祝の会に出席。

堺の家（売文社）が四谷区左門町に移転し、同志、知友を招待、多数が参集した。大杉は夜十一時ころ伊藤証信と同道して帰る。（『伊藤証信日記』）

二十九日、神楽坂倶楽部での同志茶話会に出席。

署長以下多数の警官が会を取り巻き、注意事項を述べて、談話を制限した。そのため、まとまった話はできず、雑談のうちに推移した。（調査書、『無我の愛』十・二十五）

十月二十九日、売文社・堺宅で開催の同志茶話会に出席する。

「調査書」によれば、大杉は「『共産党宣言』はよく注意して読めば、無政府主義に資するところあるから、その積もりで読むように」希望したという。同志茶話会は、この時から売文社・堺宅で、毎月一回開かれた。出席者はおおむね二十名余だった。（調査書、堺利彦「売文社より」『近代思想』一二・十二）

十一月十五日、鎌倉・七里ヶ浜に借家して移転する。

療養中の保子を看護するため。住所は腰越村日坂七百八十九。（書簡六五、調査書）

二十五日、売文社で開催の同志茶話会に出席する。（調査書）

十二月二十四日、売文社の忘年会に保子と出席。

参加者は各派の同志二十五名。記念写真に写っているのは、荒畑寒村、江渡狄嶺、大杉栄、堀保子、岡野辰之介、片山潜、幸内久太郎、斉藤兼次郎、斉藤あまり、堺利彦・為子・真柄、添田唖然坊、高畠素之、原子基、久板卯之助、平間某、松崎源吉、師岡千代子、安成貞雄・二郎、吉川守圀、渡辺政太郎ほか。（『明治社会主義史料集七』）

下旬、このころ浪花節を聞きに行く。（書簡六六）

一九一二（明治四十五・大正元）年 ―― 二十七歳●

一月十六日、保子が堺為子らと市電スト検挙者の留守宅慰問に廻る。

市電ストは大晦日と元日に行なわれ、二日間は首都の交通が途絶える未曾有の事態。保子らは収監された車掌の留守宅を慰問したが、警察に差し止められる。（東京日日新聞一・十七）
十八日、売文社の同志茶話会に出席。（調査書）
二月二十五日、売文社の同志茶話会に出席。
『太陽』一月号に掲載された安部磯雄の総同盟罷工論を紹介、批評した。（調査書）

馬場先生の書斎

二月、このころ馬場孤蝶と知り合う。
佐藤春夫は、孤蝶の書斎には「そのころ大逆事件の残党や、その手下などが多く集まってい」て、「大杉や荒畑寒村なども先生のお宅でよく見かけた」と書いている。孤蝶との交流はこのあと長く続き、「馬場先生」と呼んで敬愛した。のちに『近代思想』の客人、あるいは保子との離婚調停など、公私に世話になる人だ。（佐藤春夫『詩文半世紀』、馬場孤蝶「善き人なりし大杉君」『改造』二三・十一）
三月上旬、千葉監獄病監で獄死した赤羽巌穴の遺族に悔み状を送る。
赤羽は『農民の福音』秘密出版で禁固二年の服役中。胃腸を病んだが、獄吏のすすめる医薬を拒絶し、ほとんどハンストを実行して一日に逝去した。大杉は、自分も千葉監獄で肺病に罹患したので、身につまされる思いがしたのだろう。獄死の不安を述べている（「続獄中記」）。
〈同志の赤羽巌穴が何んでもない病気で獄死した。……僕はどんな死にかたをしてもいいが、獄死だけはいやだ。少なくとも、有らゆる死にかたの中で、獄死だけはどうかして免れたい。〉（鈴木茂三郎『忘れえぬ人々』）
二十三日、売文社の同志茶話会に出席。（調査書）

二十九日、**大久保百人町三百五十二へ転居。**（書簡六八、調査書）

四月二十八日、五月二十六日、売文社の同志茶話会に出席。（調査書）

五月、自宅に英仏独露伊西エスペラント語教授の看板を掲示する。

この看板を見てフランス語受講にと立ち寄った人に西条八十がいる。大杉は留守で、保子から後日来てくれと言われた。そのままになって「父はついに機会を逸して大杉栄の弟子になりえなかった」と西条の娘・嫩子が書いている。（調査書、西条嫩子『父西条八十』）

著作――「新穢多村」、翻訳「クレンクビユ」（アナトル・フランス著）『売文集』（堺利彦著　丙午出版社）

六月二十八日、ルソー生誕二百年記念会に出席。

会は三宅雪嶺の勧めで、堺利彦と高島米峰が発起人となって開催。ルソーの紹介者・中江兆民と門下の秋水を偲んだ。神田淡路町の多賀羅亭の晩餐会には四十余名が出席。伊藤痴遊、内田魯庵、三宅雪嶺、生田長江、上司小剣、西川光二郎、樋口伝、片上伸、野依秀市、福田英子、安成貞雄、白柳秀湖、守田有秋、大杉栄、高畠素之、岡野辰之助、荒畑寒村らである。堺が挨拶をして、洋食コースの後、神田青年会館で高島、生田、三宅らが記念講演。最後に堺が「今日ルソーが記念さるるごとく記念される二十世紀のルソーは果たして誰だろうか」と結んだ。（堺利彦「社会主義運動史話」）

三十日、売文社の同志茶話会に出席。ブラックハンドの話をする。

ブラックハンドとは、セルビアの民族主義者によって一一年に結成された秘密組織。のちのサラエボ事件に関与したとされる。出席者は堺、大杉、荒畑、渡辺、斉藤、幸内、添田、その他数人。山本一蔵（飼山）が初めて参加した。（山本飼山『飼山遺稿』、調査書）

（1912年3月～6月）

3―『近代思想』からの出発

1912（明治45）年7月～1915（大正4）年2月

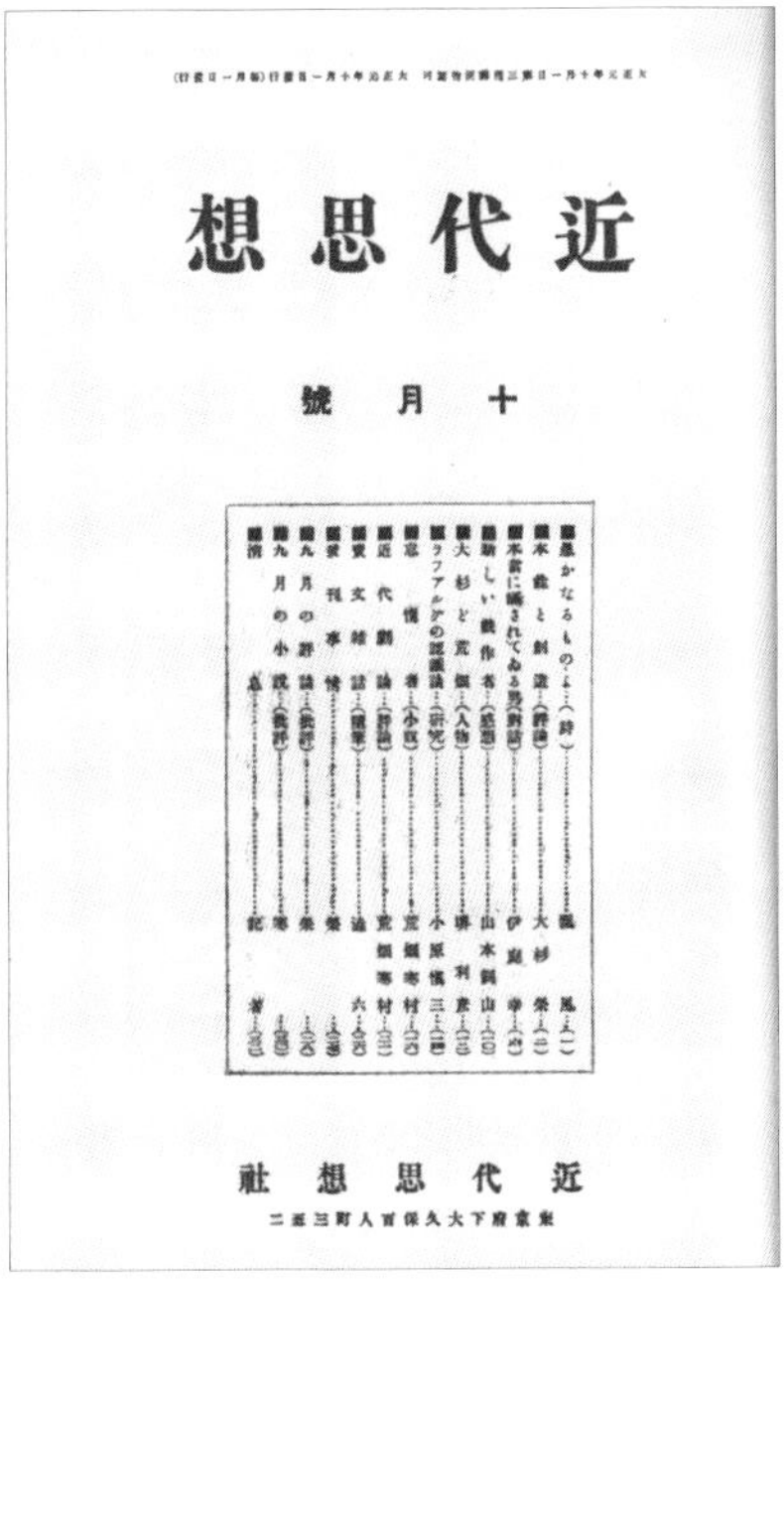
近代思想

十月號

近代思想社

▼…保子と大久保の家で

「冬の時代」の氷を破ろうと、盟友・荒畑寒村と評論・文芸誌『近代思想』を発刊。抽象論のなかに「生の拡充」、権力からの自由、反逆を説く論文を次々に発表。運動再興の機運を作り、同志の連絡機関たろうとする。さらに歩を進め、「僕らの真の友人たる労働者を相手にして、端的な具体論に進みたい」と、『平民新聞』を発行し、運動の実践を目指すが、発禁、押収の弾圧によって阻まれる。代りに、同志結集の場であるサンジカリズム研究会を、平民講演会に発展させ、門戸を広げて労働者との学習、思想の錬磨を継続する。

「時機は自らつくるべきだ」

（1912年7月～9月）

七月初め、荒畑寒村と『近代思想』発刊について相談する。

雑誌発行について、堺*が「しばらく時機を待つほかない」と言うのに対し、大杉と寒村は「時機は自らつくるべきだ」と踏みきった。創刊号に、大杉は「発刊事情」をこう書いている。

〈一昨年の暮、監獄を放免になる前、斯な事を思つた。例の大逆事件以来世間は定めし物騒に違ひない。とても今迄のやうな無茶ばかりもやつてゐれまい。止むを得ずんば文芸雑誌でも出して見やうか。然し、出て見たら世間は獄中で思つてゐたよりも案外に物騒であつた。手も足も出やしない。ぐづぐづしている中に一年と過ぎ、将に二年になんなんとする。何かしら社会的に動いてゐねば止まぬ僕の本能は、さうさうは黙つてゐられぬ。

七月の初め頃だつたか、荒畑に相談してみると、同感だと云ふ。ぢや九月から始めやうと其場できまる。〉

（*堺利彦「日本社会主義運動に於ける無政府主義の役割」）

二十八日、売文社の同志茶話会に出席。（調査書）

八月九日、樋口伝宅での山口孤剣送別会に出席する。

孤剣は乞われて大阪日報の社員となり、大阪へ赴任することになった。（調査書、「消息」『近代思想』一―・十）

中旬ころ、避暑のため保子と日光に滞在。田岡嶺雲を見舞う。

病後の保子の保養をかねて日光へ行き、中禅寺湖畔に泊ったが、滞在費が予想外にかかって金が底をついた。そこで、折りをもって療養中の田岡を見舞い、借金をするという窮余の一策で帰ってきた。田岡は日光（板挽町）に仮寓し、七日から日々の動静を綴った「日光より」を読売新聞に連載している。だが、この後、病勢が急変して九月七日に逝去。「日光より」が絶筆となった。（荒畑寒村「或る男の影」『近代思想』一―三・九）

九月八日、山本飼山が来訪。『近代思想』に原稿を依頼。

彼の友人・渡辺政太郎を介して、会いたいと伝えると、すぐにやって来た。『近代思想』発刊の計画を話し、執筆を依頼する。天皇の葬儀のために遅れたが、十月創刊へと、いよいよ編集作業に入った。飼山は日記に「朝顔の咲いた庭に面した座敷で大杉さんと語つた。……保子さんにも二年ぶりでお目にかかつた。非軍備主義の本を数冊貰ひ、ギユスタブ・エルヴエの『ルール・パトリー』を借りて帰つた」と記している。創刊号に、彼の「新しき戯作者」が掲載される。（『飼山遺稿』前出）

十一日、十二日、『近代思想』の広告取りに奔走する。

広告は毎号よく取り、創刊号は本文三十二頁にたいし、広告が御祝儀も含めて十五頁ある。寒村の説明。

〈広告は大杉夫人、堀保子君が担当していたが、大杉や私もよく広告とりには出かけた。お得意さまは雑誌『実業之世界』の野依秀市、丸善の顧問内田魯庵、文淵堂出版部の金尾種次郎、三越デパートの松宮三郎、ライオン歯磨の中尾傘瀬の諸氏。これらの人々は、半ば私たちの仕事に対する同情、半ばは雑誌の主張に対する興味から、いつも好意的に広告を出してくれた。……とにかく『近代思想』が収支償うを得たのは、これらの人々の好意によるところが多かったことは認めざるを得ない。〉（『近代思想』一―・十、荒畑寒村「『近代思想』昔ばなし」）

二十三日、山本飼山が来訪。『近代思想』の広告文執筆。

山本飼山の日記に「……大久保へ行つて大杉兄を訪ふ。我党の雑誌『近代思想』の広告文を書いてゐた。柿

の初物を食つた。一時間ばかりいろいろ語つた。静かな夜だつた」とある。(『飼山遺稿』前出)

二十四日、山本飼山が来訪。『近代思想』創刊告知のはがきを渡す。

告知のはがきは、幸徳が発行した『自由思想』購読者名簿により、地方の同志・読者に送って勧誘した。(『飼山遺稿』、調査書)

二十八日、大赦令で千葉監獄を出獄した片山潜らを両国にて迎える。

明治天皇の死に伴う大赦で出獄したのは、片山潜、相坂佶、橋浦時雄と横浜曙会の田中佐市、金子新太郎、福岡の田中泰の六人。前日に出獄、監獄前の千葉助成会で一泊し、正午ころに列車で両国に着いた。大杉のほか堺親子、渡辺政太郎など同志多数が迎えた。握手、挨拶などひとしきり歓迎。近くの店で寿司をご馳走して労をねぎらう。(山本博雄・佐藤清賢編『橋浦時雄日記　第一巻　冬の時代から』、調査書)

九月末、大赦令により、監視役の尾行が一時解除される。

「大久保より」に「大赦令が出た。獄中の友人も半分は帰つて来た。僕等も半ダースばかりの前科が消滅して、おまけに尾行まで大赦になつた。尤も其の後とても一週に二三度はやつて来るやうだが。兎も角ウチの前に男四人住んでいた小さな家が空になつた」と報じて喜んだ。しかし十一月中旬、陸軍大演習が始まるとともに監視が再開される。尾行が二人ついて、『近代思想』の広告取りに人力車に乗ると、車が三台続いて走る光景となる。同志の車夫・野沢重吉の車に乗ると、野沢にも尾行がついているから、四台で走る壮観だ。(『近代思想』一二・十一、十二、報知新聞十・二)

この月、某役人の委嘱を受けて、仏語法華経の重訳に取りかかる。

自ら『近代思想』に明かしている仕事である。「ジュール・モール氏がサンスクリットの写本四冊を参照して逐語訳を施した、その重訳だそうだ」。寒村が「この〈お役人〉は当時の内務省警保局長・古賀廉造だったそうだが、どういう関係か、おそらく懐柔策だったのであろう」と述べるとおりか。

この仕事、実は前年にも受けていたことが、水沢不二夫氏が発見した前警保局長・有松英義宛領収書によって判明している。それには「金百五拾四圓也／但佛文飜訳三百八十五枚／右正に受領仕候也／明治四十四年八月十五日／大杉栄」とあるから、一枚四十銭の請負仕事であった。古賀はこれを引き継いだのだろう。翌年三月までに断るのだが、大杉としては、政府の圧迫に対して生活を維持する方便として割り切ったのだろう。保子は次の事情を釈明している。

〈或る時私と彼の弟が殆んど同時に病気になつて、どうしても入院しなければならぬやうになつた、丁度その時或る大官からフランス物の反訳をたのまれた、はじめは二の足を踏んだが、とうとう引受けた、そして気の毒なほど働いた、先方では買収でもしたつもりであつたかも知れぬが、一枚いくらと定めた料金を貰ふのだから私達は当然の報酬だと思つてゐた、その代り余計な金はもらはない、原稿の少ない月は随分苦しい生活をした。〉（『近代思想』一二・十、荒畑寒村「『近代思想』と『新社会』」、「改訂1版　水沢不二夫のホームページ」二〇〇九・四更新、堀保子「小児のやうな男」『改造』二三・十一）

十月一日、『近代思想』（第一巻第一号）**を創刊する。**

『近代思想』は「とにかく大逆事件以来、沈黙雌伏を強いられていた社会主義者が運動史上の暗黒時代に、微かながらも初めて公然とあげた声」であった[1]。わずか三十二頁の小雑誌だが、大杉の評論、荒畑の小説など文芸・思想にわたる各篇が新鮮な作品として受け容れられた。

保証金を納めない出版のため時事問題は扱えないが、大杉は抽象的な表現ながら「生の闘争」を論じ、社会問題への、ひいてはアナキズムへの窓口を開こうと努めた。「本能と創造」「近代科学の傾向」「奴隷工場」「生の拡充」など、毎号に小論を発表して思想面での準備を始め、運動への機運を導こうとした。荒畑は、「艦底」「冬」「夏」など自らの体験を題材とした小説を書いて、労働文学の先駆として注目された。

執筆者はほかに、堺利彦、安成貞雄と二郎の兄弟。売文社の高畠素之、小原慎三。新劇仲間の伊庭孝と上山草人。早稲田・北斗会の土岐哀果、佐藤緑葉、若山牧水と同じく早稲田の山本飼山。平民社以来の同志・徳永保之助。そのほか和気律次郎、上司小剣、久津見蕨村、相馬御風、仲木貞一、生方敏郎なども寄稿したし、終刊号には小山内薫、岩野泡鳴も一文を寄せた。執筆者も誌面も多彩で、「清新な意気と批評的な精神とは、文壇の時流をぬく特長をなしていた[1]」。

創刊の費用は大杉が亡父の軍人遺族扶助料を抵当にして調達した。難関は、大杉らが「主義者」であると、十数軒の印刷所から断られたこと。友人の好意でようやく刷って貰い、二号からは安定した。[2]発行部数は三千部から五千部を上下して収支つぐない、経営面でも基盤をつくることができた。

著作――「本能と創造」、「九月の評論」、「発刊事情」掲載。(1)荒畑寒村『ひとすじの道』、『寒村自伝』、(2)大杉「銀貨や銅貨で」)

同日、売文社の同志茶話会に出席。堺が挨拶、片山潜が獄中の感想を述べた。創刊した『近代思想』の提灯持ちなど十時過まで賑やかに雑談。出席者は堺、大杉、荒畑、斎藤、渡辺、吉川、高畠ら常連のほか、出獄したばかりの片山と相坂、それに石川三四郎、福田英子も来た。(『飼山遺稿』)

二十六日、**近代劇協会の旗揚げ公演を観劇。土岐善麿と会う。**伊庭孝、上山草人らにより、「ヘッダ・ガブラー」が二十五日から三日間、有楽座で上演された。ここで荒畑寒村の紹介により土岐哀果(善麿)と会い、廊下で立ち話をした。初対面である。上司小剣に勧められて予め送った『近代思想』創刊号を善麿は高評し、大杉らの主張にも共鳴するところがあった。早速、同誌十二月号に「廊下にて」と題する詩を寄せ、以後、毎号のように詩や短歌を寄稿。メイゾン鴻の巣で開く近代思想小集にも常連客として参加する。(「籐椅子の上にて」、荒畑「ヘッダと廿世紀」『近代思想』一二・十二)

ベルギー副領事と

十月末、ベルギー副領事F・ゴベールと中国人女性・鄭毓秀《ていいくしゅう》に会う。寒村と横浜へ行き、会見した。大杉「二人ともソシアリストだ。紳士はセンデカリスムの事などを話す。淑女は張継の消息などを聞かす。久しぶりで横文字で吃つて見た」。二人は五月に中国から来たばかり。日本から帰った留学生たちや中国の情勢を尋ねるのが目的の一つだったのだろう。鄭毓秀はアナキストで、袁世凱の暗殺を企てて失敗し、危うく捕らえられようとしたのを、ベルギー領事ゴベールに救われ、彼に伴われて来日した。彼女はのちに石川三四郎に国外脱出を勧め、ゴベールが彼のベルギー行きを助けて実現させる。（『近代思想』一―・十二、米原謙「石川三四郎の亡命を助けたベルギー外交官」『書斎の窓』九七・三、石川三四郎『自叙伝』）

この月ころ、郷里の知人・松下芳男が来訪。

松下芳男は新発田で大杉の家と背中合わせに住み、「栄さん」「松下」と呼ぶ仲だった人。大杉の弟・伸とは竹馬の友、妹・松枝と小学校の同級生だった。この年、士官学校に入り、『近代思想』を読んで大杉を訪ねた。以後、大杉は大久保栄の名で『近代思想』を松下に送る。その影響もあって、松下は反軍思想を抱くようになり、弘前連隊で中尉のとき、陸軍を追放されてしまう。交際は大杉の死の前日まで続いた。

〈私は『近代思想』に依つて初めて「社会」を見た。そして私の思想は此時を転機として、全く変つた方に進み、遂に後九年目に、大杉君と交際したとか何とかの名で陸軍を放逐されて了つた。……同志としては全く交はらなかつたけれども、個人としては私は最後まで、非常に親しい懐しい又尊敬する先輩として交つてゐた。*〉（松下芳男「裸の大杉栄」『歴史と人物』七五・九、*同「殺さるる前日の大杉君夫妻」前出）

十一月一日、『近代思想』第一巻第二号（十一月号）**発行。**

著作――「ナイヒリストの死」、「近代科学の傾向」、翻訳「オーソリテの話」・「無知」（ムルタトウーリ著）、「大久保より」、「『六合雑誌』から」掲載

二日、売文社で開催の同志茶話会に出席。（調査書）

十七日、文芸協会の公演「廿世紀」を有楽座で観劇。

荒畑、土岐らと一緒に見た。「二十世紀」はバーナード・ショウ「ユー・ネバー・キャン・テル」の翻訳。出演は東儀季治、松井須磨子らで、十一月十六日から十日間上演された。（「籐椅子の上にて」、荒畑寒村「ヘッダと廿世紀」前出、田中栄三編著『明治大正新劇史』）

二十日、近所に外出したところ、天皇の帰路だとして予防検束される。

大杉は近所の親戚へ用足しに外出。天皇は十五日から川越一帯で行なわれた陸軍大演習を統監しての帰途である。新宿駅から馬車で青山離宮に向う道筋辺りに、大杉は通りかかったのだろう。半日留置された。翌月八日には寒村も予防検束を受け、二人は「天皇が外へ出ると社会主義者は留置場へ入る」と言って笑った。(『近代思想』一二・十二、『寒村自伝』)

下旬、荒畑、吉川と浅草から吉原を冷やかし、横浜の同志と出会う。

十二月号の校正を終え、来合わせた吉川世民、寒村と三人連れ立って、浅草黒船町の印刷所から「十二階下」の見物に出かけた。さらに寒村が先導して、吉原へ繰りこむ。「三人ともみかんを頬張つたり、南京豆をかぢつたりして歩くもんだから、両側のネエさん達から『チヨイト色気のなくなつたお方』などと切りにやられる」。そうしているうちに横浜の仲間三人に出会い、彼らに「よか楼」をおごってもらう。(『近代思想』一三・一)

この月、入獄を前にした野依秀市と飲みに行く。

野依の著書『青年の敵』に堺が序文を書き、大杉はナポレオン式で、野依は秀吉式だとあるのを読んで、珍しく大杉が誘って飲みに行った。いろいろ話したなかで、野依が覚えていることが二つある。一つは、大杉が「君は我々の主義も理解し、人類の進化発展について観察力を持っている。社会問題の発生についても理解しているが、それなのに今もって楠木正成の尊皇愛国をまじめに考えているのが、僕には分からないよ」と迫ったこと。「主義を理解」と『近代思想』の広告主を持ちあげつつ、「尊皇愛国」の右翼ぶりに議論をしかけた。野依の反応は分らないが、このの ち右傾化は進行、顕在化してゆく。もう一つは、「もし入獄することになったら、おれに『実業之世界』の経営を任せないか」と打診したこと。冗談半分だろうが、野依が「君のような主義主張を異にするような人間に、そんなことは出来やしまいよ」と答えると、「だって『実業之世界』が世間から認められているのは、他の雑誌がやれない政治経済論をやるからじゃないか。おれがやることになれば大杉式と野依式を組み合わせて一つにまとめてうまくやってゆくよ」と大杉。野依は「そんなバカなことができるもんか」と言って笑った。

この対話で、大杉が「もし入獄することになったら」と言ったのは、野依が東京電灯会社に料金三割値下げを迫り、役員宛に「これほどいって分からぬ奴はこれで自決せよ」と書いた手紙をそえて出刃包丁を郵送した事件のこと。直後に脅迫罪が決まり、十二月六日、巣鴨に入獄した。翌々年三月、特赦で出獄してきた野依に、大杉は出獄後の健康管理法をアドバイスしている。

「自由になったからといって、いきなり食べたい物を食べると腹をこわすから、おカユや粗食から慣らしていくんだよ」

野依はこの忠告を実行し、大杉に感謝している。（野依秀市『人物は躍る』、梅原正紀「野依秀市の渾沌」『ドキュメント日本人9虚人列伝』）

十二月一日、『近代思想』第一巻第三号（十二月号）**発行。**

著作――「法律と道徳」、「唯一者――マクス・スティルナー論」、「座談」、「大久保より」、新刊紹介「相馬御風『黎明期の文学』」「福沢桃介『欧米株式活歴史』」「野依秀一『青年の敵』」「江上新五郎『天闇一窺』」掲載。

この年、生田長江と知り合う。

長江は馬場孤蝶を先輩として敬慕した。大杉も寒村も孤蝶の家へよく行ったから、そこで長江を知ったのだろう。長江の家・超人社は根津神社の丘上にあって、文壇の梁山泊と言われ、大杉も出入りした。『近代思想』小集を始めるに際しては、まず孤蝶と長江を正客として迎え、敬意を表している。

長江に師事した佐藤春夫は、小説とは「人間の記録」と「文明批評」だと教えられたが、このころ散文を読んでもらったときに、大杉を引き合いにしてこう言われたという。「君は人間よりは文章のほうが未熟だと手痛い批評のあとで、しかし文章の方が人間よりできすぎてゐるよりは、このほうがよからう。大杉栄なども二三年前までは拙劣見るに堪へない文章を書いてゐたものであつたが、人間ができてゐただけに見る見る自然と長足の進歩を遂げたやうな例もある」と。長江も孤蝶と同様、大杉を支持したひとりであった。（佐藤春夫『詩文半世紀』、同「先師を憶ふ」）

この年、高田集蔵を知る。

高田（宗教家・思想家）は大杉・堺との交際により、一時、警察の要注意人物になる。（『高田集蔵生誕一〇〇年記念文集』）

一九一三（大正二）年――二十八歳●

一月一日、**荒畑と上司小剣を訪問。岩野泡鳴が来訪し、夕方まで懇談。**

泡鳴とは初対面。彼は前年九月に大阪新報を退社して東京へ戻り、上司のはからいで近く（下目黒）に住んだ。この日の縁で、二月の近代思想小集に泡鳴を招く。（岩野泡鳴「目黒日記」）

同日、『近代思想』第一巻第四号（一月号）**発行。**

著作――「近代仏文学一面観」、「思索人」、新刊紹介「『Syndicalism の研究』」「久津見蕨村『現代八面鋒』」、「大久保より」掲載。

この号に月刊雑誌『人物』第七号（十二月十五日発行）の広告が載っており、目次に大杉の著作「山崎今朝弥」がある。また創刊号の同じく第四号（九月十五日発行）の広告に、大杉の「妖婦ヘレネ」が載っている。これまで現物を確認できなかったが、断片頁が発見され、大杉寄稿の事実が確かめられたと、その経緯を仲間洋一郎氏が「二つの幻の雑誌――『人物』と『政治及社会』」（『初期社会主義研究』二〇〇七）で明らかにしている。

同日、この日発行の『青鞜』に堀保子「私は古い女です」掲載。

『青鞜』の付録として組まれた「新しい女、其他婦人問題に就いて」への社外寄稿。抄記すると、「女が男と一緒になれば、思想や感情と共にその姓も男に捧げるのが掟ですが、何分男がそれを受け入れてくれません。男女の関係は、法律できめてもらう性質のものではないという男の言いなりに堀保子のままでいます」と夫婦別姓を論じるなど、大杉の筆になるものとみていい。

近代思想小集の珍説

四日、第一回『近代思想』小集をメイゾン鴻の巣で開く。

大杉・荒畑主催の小集は、十月までに七回開かれた。会の趣旨は「われわれ平生の抱懐を文壇の人にむかつて吐露し、また文壇の人々の思想感情も聞こうとするに」あり、原稿料を払わない代りの晩餐・歓談会である。荒畑の回想によれば「ご常連は堺利彦、片山潜、安成貞雄、和気律次郎、土岐哀果、伊庭孝、佐藤緑葉、上山草人、高畠素之、小原慎三などで、内田魯庵、馬場孤蝶、上司小剣、生田長江、長谷川天渓、島村抱月、相馬御風、久津見蕨村、平出修、岩野泡鳴なんという文壇の大家を、次々に招待しては議論をたたかわせた。……しかし決して後味の悪いような会合ではなく、和気靄々たる高談放論、笑声歓語に終始するのが常であった」。

この日の出席者は土岐哀果、安成貞雄、和気律次郎、伊庭孝、上司小剣ら寄稿家十三名のほかゲストとして馬場孤蝶、生田長江。「接吻は人類の祖先が、類人猿の一種から進化したさいに起こつた習慣である」とか、「接吻の起原は有史以前にあらずして、実に鎌倉時代にある」という珍説が出たり、「月夜に釜を抜く」「亭主の好きな赤烏帽子」など、いろはカルタの講義に笑倒したり、余興として和気が清元「明烏」を演じたりと、「このまま芝居にしたら面白かろう」という会であった。十一時過ぎに散会。この頃のメイゾン鴻の巣は日本橋区蛎殻町にあった。（『近代思想』一三・二、荒畑寒村「『近代思想』昔ばなし」）

十二日、横浜の同志が磯子町偕楽園で開催した新年会に参加。

東京からは堺、荒畑と大杉の三人が参加。帰り、駅前のレストランでコーヒーを飲む。会で出た料理を大杉は食べたが、荒畑と堺はその折りを持って入ったところ、女の店員が四、五人寄ってくる。一時間ほども騒いだあとでみるとほとんど平らげられていた。「あんなにうまさうに食つたのを初めて見た」とは堺の感想。

なお、出席した横浜の同志は田中佐市、金子新太郎、杉山正三、高橋巳三郎、吉田只次、大和田忠太郎、村越喜太郎、小池潔ら合わせて十一人だった。(『近代思想』一三・二、沿革一)

二十五日、売文社での同志茶話会に出席する。(調査書)

二十六日、同志十人ばかりと大逆事件刑死者三回忌の墓参り。最初は市谷・道林寺に古河力作の墓。しかし移転後でかなわず。次いで、淀橋・正春寺に管野すがの墓、駒込・染井墓地に新村忠雄と奥宮健之の墓と巡拝した。日曜日を期しての墓参で、堺、石川、渡辺、荒畑らと同行した。

フレームアップであった大逆事件の裁判に対しては、のちに坂本清馬らが再審請求を起こしたが、六七年、最高裁で却下された。この運動から「大逆事件の真実をあきらかにする会」が六〇年に発足。毎年一月、正春寺で追悼集会が行なわれている。(『近代思想』一三・三)

二月一日、『近代思想』第一巻第五号(二月号)**発行。**著作――「道徳の創造」、「奴隷根性論」、「石川三四郎君に送る」、翻訳「共和祭」(ジヤン・ジユリエン)、「大久保より」掲載。

秋田監獄の面会

二日、崎久保静江と東京を発ち、三日、秋田監獄の坂本清馬に面会。大逆事件無期囚の坂本と崎久保誓一への面会。看守長・教戒師立合いのもとである。『近代思想』三月号「大久保より」に次の面会記が載っている。

〈二月二日、久しく思ひ立つてゐた秋田行を決行した。気が狂つてゐると云ふ評判もある程なのだから、例の膨くれ面を火の出るやうに赤くして、頭の毛を逆立させてゐる坂本清馬を見る事と予期してゐたが、会つて見て全く当がはづれて了つた。

殆んど顔色と云つては無い。随分痩せてもゐる。面会所の金網の処に顔を出すや否や、先づ僕に最敬礼を施して、次ぎに四、五人居並んでゐた役人に最敬礼をする。僕は何んだか涙が出さうになつて了つた。今はもうすつかり謹慎してゐるから安心してくれと云ふ。僕は再び何んだか涙が出さうになつてしまつた。

同行した崎久保静江も、兄の誓一に会つて、一時は随分獄中で乱暴をしたと云ふのに、今はもう弱り果てて、ものを云ふ声にさえ丸で力のないのを見て、もうとても長い事はありますまいなどと云ひながら、心の中では涙ぐんでゐたやうだつた。〉

秋田監獄官吏の接見記によると、大杉はこの時、英文の書籍八冊の差入手続をし、姉からの郷里の方は心配に及ばない、毎月一回往信するなどの伝言を伝えた。坂本からは、獄中では謹慎しており、社会学の本は無用で、仏教や文学関係の本の差入れ、また閲読済みの持ち帰りなどの依頼を受けた。(森永英三郎「大杉栄と坂本清馬」『自由連合』六五・九・一)

九日、第二回近代思想小集をメイゾン鴻の巣で開く。

正客は内田魯庵、岩野泡鳴。寄稿家から土岐、和気、新顔の上山草人ら五名と大杉、荒畑が出席した。上山は、刑事の来訪頻繁だからと寄稿を見合わせた伊庭の代りである。「西洋人と日本人との性欲の比較談が出て、大ぶ話に花が咲いた」という。(『近代思想』一・三・二)

十五日、青鞜社の第一回講演会を神田青年会館で聞く。

十二時半開会。生田長江、岩野泡鳴、岩野清子、伊藤野枝らが講演。聴衆のうちに、大杉のほか石川三四郎、福田英子、青山(山川)菊栄、堺為子、辻潤らがいた。三割が女学生や家庭婦人。

大杉は『近代思想』三月号の「青鞜社講演会」で、生田、岩野、馬場の講演を寸評。それに、新たに始まる青鞜の研究会の科目が、ほとんど文芸に関することばかりなのに失望を表明している。「欧米に於ける婦人問題の理論や運動の研究は、泡鳴氏の刹那哲学などよりも、余程必要なものぢやあるまいか」と。

十八歳の伊藤野枝は「日本の女には孤独といふことが解らなかつたやうに思はれます」といった調子で「この頃の感想」を述べた。大杉は言及していない。泡鳴のときに、聴衆の一人がいきなり演壇に登る一幕があった。「君はたびたび細君をとりかえるそうだな」などと怒鳴りたて、取っ組み合って、演壇から押し落とされた。傍聴席は拍手喝采。（「青鞜社講演会」、朝日新聞、東京日日新聞二・十六）

二十七日、売文社で開催の同志茶話会に出席。（調査書）

三月一日、『近代思想』第一巻第六号（三月号）**発行。**

著作――「羞恥と貞操」、「青鞜社講演会」、「大久保より」、翻訳「怪物」（コロレンコ）、新刊紹介「カルル・カウツキー著　堺利彦訳『社会主義倫理学』」掲載。

十七日、保子と岩野泡鳴を訪問。（岩野泡鳴「目黒日記」）

二十二日、第三回近代思想小集をメイゾン鴻の巣にて開催。

正客は島村抱月と相馬御風。抱月はこの日の談論風発を、「だいぶ風流気を離れて、活発なものであつた。徹頭徹尾論戦と駄洒落で終始するところなどは、すこぶる振つた近頃面白い会であ」り、「色々な材料を与へてくれた」と書いている。

論戦は、読売新聞に掲載された御風の「科学の人生化」に対する安成貞雄の質問から口火がきられ、芸術と実行をめぐる論議となった。御風の論は「吾々は最早、単なる美のエクスタシーに酔う事は出来ない、社会進化の大勢に於ける、新しき社会的創造の軍歌と云ふやうな、本当の意味の傾向的文芸を要求する」というもの。これに対して、大杉は「此処までは御風氏と僕等と一致する。只僕等には此の社会的創造其者に就いての一種のドグマがある。御風氏にはまだ何らのドグマもない」といい、ドグマについて「生の拡充」にこう述べる。

〈現実の上に立脚すると云ふ、日本のこの頃の文芸が、なぜ社会の根本事実たる……かの征服の事に触れないのか。近代の生の悩みの根本に触れないのか。更に一歩進んで、なぜそれに対するこの叛逆の事実に触れないのか。この新しき生、新しき社会の創造に触れないのか。……僕は生の要求するところに従つて、この意味の傾向的の文芸を要求する、科学を要求する、哲学を要求する。〉（「社会と文芸」、島村抱月「四種の人」）

二十四日、堺利彦と横浜のベルギー副領事F・ゴベールを再訪。

ゴベールはベルギー横浜総領事館を離任し、三日後にニューヨークへ向かう。山下町のベルモントホテルに滞在中で、送別の昼食会をした。彼は石川三四郎の旅券申請に、自分の通訳・教師として雇ったとする証明書を発行して便宜をはかった。三月一日に出発した石川からの書簡に、ゴベールは堺と大杉の来訪を記して返信している。（米原謙「石川三四郎の亡命を助けたベルギー外交官」『書斎の窓』九七・三、調査書）

著作――翻訳「石垣」（アンドレイエフ）『三田文学』三月号

四月一日、『近代思想』第一巻第七号（四月号）**発行。**

著作――「社会か監獄か」、「創造的進化――アンリ・ベルグソン論」、「腹がへったあ！」、「社会と文芸」、「超人の恋」、「編輯室より」、新刊紹介「大住嘯風『現代思想講話』」掲載。

六日、和気律次郎ら同志四名で上司小剣を訪問。

岩野泡鳴が来合わせたが、用談の気配なのでいったん帰った。大杉は泡鳴と喧嘩して、彼をなぐるか何とかしたら、きっと新聞に出る、するとなぐった者がそれだけ名を知られるだろう、と言ったらしい。再来した泡鳴に上司がそう言うと、そりゃあ、外国人の翻訳で、冗談に言ってるのだろうと答えたが、上司は、いや、あの人々はモッブ主義で真面目に考えているらしいと述べた。泡鳴はこのことを『近代思想』廃刊号「大杉氏等への忠告」に取り上げ、「外国の例の焼き直しではないか」と揶揄している。（岩野泡鳴「目黒日記」）

啄木一周忌の注目

十三日、石川啄木の一周忌・追悼会に荒畑とともに出席する。

発起人は北原白秋、土岐哀果、金田一京助ら。一時から浅草・等光寺で営まれ、法要・焼香の後、別室で相馬御風、与謝野寛、伊藤左千夫らが追悼演説をした。当時二十一歳の大熊信行が出席して、大杉の印象を、のちに次のように記している。

〈大杉栄氏は演壇には立たず、しかし会衆の注目のまとになっていたように思う。これは荒畑氏とはちがって、おそろしく卑しげな感じの、なにか、わるいことでもしたところを見つけられた瞬間の人間の表情が、そのまま定着したような、じつに千万人に一人もあるまいと思われる、顔だった。その眼が異様だった。かくして第一回啄木追悼会は、当時の社会主義者というものをはじめて自分の目でみる機会となった。〉

出席者はほかに前田夕暮、平出修、沢田天峰ら四十数名。座談ののち十八時散会した。(『寒村自伝』、朝日新聞四・十四、大熊信行『文学的回想』)

十六日、日比谷公園・霞亭において開催した平民会に出席。

堺と野沢重吉が呼びかけ、片山ら同志とその家族四十余名が参加した。大杉の報告によれば、「五銭の会費でみかんとせんべいとすしとを食つて、斉藤兼次郎の尺八、添田平吉のよみ売り歌、蓄音機と云ふやうな余興で半日遊び暮らした」。(『近代思想』一―三・五、沿革一)

十九日、第四回近代思想小集をメイゾン鴻の巣で開く。

ショウ論、メーテルリンク論など、例によって盛んな議論がある。初参加の久津見蕨村は、安成貞雄の博学多才に驚いて、これからは勉強しに毎回参加すると述べる。出席者は久津見、平出、片山、和気、安成兄弟、堺、佐藤緑葉、仲木貞一、小原慎三、荒畑、大杉。片山は毎回のように出席し、訳稿も寄せたが、荒畑が激しすぎると載せなかった。(『近代思想』一―三・五、片山潜『わが回想』)

二十日、神田青年会館で開催予定の近代思想講演会を中止。

弁士を堺、安成、馬場、生田、大杉、寒村として計画した「近代思想講演会」は、警察の干渉により、青年会館から会場貸与を断わってきた。他の会場探しに奔走するが、どこも同様に断られ、やむなく中止とする。(『近代思想』一―三・五、『寒村自伝』)

(1913年4月〜6月)

五月一日、『近代思想』第一巻第八号（五月号）**発行。**

著作――「何が新しいんだい」、「大久保より」、新刊紹介「白柳秀湖『大日本閨門史』」掲載。

下旬、福田狂二と渡辺政太郎が来訪。父譲りの軍刀を提供。

福田は姫路の陸軍徴治隊を釈放され、「支那革命軍」に加わるために上京。同行を誘った渡辺と来宅した。大杉は二人の支度にと、父の遺品である三尺の軍刀を譲った。二人は上海で革命軍都督・何海鳴の軍に投じた後、九月中旬に帰国する。（福田狂二「理想郷を造らんとして支那革命に従ふ」『進め』二八・八、沿革一）

三十日、岩野泡鳴が来訪。

翻訳中のフランス語の校閲を頼みに来た。この日、全部を確かめたが、追補することがあったのだろう。泡鳴宛に手紙を出している。（岩野泡鳴「巣鴨日記」）

この月、牛込の高等演芸館で演劇『脱獄の朝』を社の同人らと総見する。

『脱獄の朝』は仲木貞一作、創作試演会として上演された。アジア北方の平原を舞台に、刑務所から脱獄する場面などを取り入れた革命家の話。大杉は筒袖の着物を着て、社の同人・友人三十名ばかりを引き連れ、盛んに弥次を飛ばしながら見たという。仲木は荒畑寒村から聞いたロシアの実話をもとに脚本を書いた。楠山正雄、人見東明、秋田雨雀らと出した同人誌『劇と詩』一二年一月号に掲載されている。（『近代思想』一三・六、仲木貞一「初上演の時」読売新聞二七・八・二十一）

六月一日、『近代思想』第一巻第九号（六月号）**発行。**

著作――「征服の事実」、「チヨツト面白い」、「『女学生』――ストリンドベルヒ」、「奴等の力」、「大久保より」、「小説三篇」（批評）、翻訳「自由の前触れ（フロウベル）」、「道ばたで」（オクタヴ・ミルボウ）掲載。

七日、横浜へ行き、渡米する親友・登坂高三に送別。

登坂は順天中学時代、同室に住んだ親友。「水産でだいぶ儲け」たが失敗し、九日出帆、サンフランシスコ行きの船で渡米した。その後も成功しなかったようで、大杉は自叙伝に「今でも失意の境遇にいるらしい」と書いている。（調査書、自叙伝）

八日、第五回近代思想小集をメイゾン鴻の巣で開催。

五月を休んだかわりに、いつもより多人数で、賑やかな会となった。久津見が挙げる当夜の話題は「星学から人類学、心理学、倫理学、社会学、文学、小説、劇、詩、天地未剖、陰陽不分、渾沌としてまだ生の何たるやの明かならぬ暗い夜か赤い旦か」という具合で「談じて至らざるはなく論じて盡さざるはない」ありさまだった。出席者は、馬場、久津見、片山、和気、土岐、安成兄弟、堺、上山、伊庭、高畠、小原、江渡幸三郎、久板卯之助、荒畑、大杉の十六名。（暮村穏士「近代思想小集」『近代思想』一―三・七）

二十九日、中猿楽町・豊生軒二階で開催の同志茶話会に出席。

豊生軒は藤田四郎が経営するミルクホール。茶話会は彼が主催した。（調査書）

著作――「Tradictore-Traditore――『七死刑囚物語』を読んで」読売新聞六・二十二

七月一日、『近代思想』第一巻第十号（七月号）**発行。**

著作――「新しい女」、「生の拡充」、「中村星湖君に答ふ」、「大久保より」、新刊紹介「らいてう『円窓より』」「新仏教編『来世の有無』」掲載。

サンジカリズム研究会

六日、**荒畑寒村と、サンジカリズム研究会を発会する。**

大杉も荒畑も、『近代思想』を足場とする文学的な批評、創作や進歩的文壇人との交流では満足できない。この会は実際運動に繋がる拠り所として始められ、以後、毎月二回開催する。大杉はサンジカリズムの歴史、主な同盟罷工の実例などを約一時間、荒畑はレヴィン『フランス労働運動史』をテキストに講演した。例会には警視庁高等課の私服が臨席して、話の内容を筆記していた。出席者は片山潜ほか十五名。この月より林倭衛《しずえ》が参加。豊生軒にて開始したが、すぐに警察の干渉が入る。(『近代思想』一三・八、調査書、荒畑「『近代思想』昔ばなし」、小崎軍司『林倭衛』)

(注)会の名称は「センヂカリスム研究会」や「シンヂカリズム研究会」などの記載があり、確定できない。以後「サンジカリズム」と英語読みに変えて表記する。

十二日、第六回近代思想小集をメイゾン鴻の巣で開く。

伊庭が「チョコレート兵隊」の配役のことなどから草人と喧嘩して、近代劇協会を飛出した時であり、貞雄を裁判長に、みんなで伊庭を責めようとした。しかし逆にやり込められる結果となって、大杉は「恐ろしい被告だ」と記す。出席者は正客の長谷川天渓のほか同人十五名。堺、高畠、小原、土岐、和気、久津見、片山、安成兄弟、伊庭、横田淙次郎、島田一郎、荒畑、大杉。九州日報の横田が上京して初参加。「鴻の巣」が麹町隼町に移転した。(『近代思想』一三・八)

十六日、森川松寿が来訪。荒畑寒村を交えて懇談。

大杉と寒村が寝そべったまま、馬鹿話に笑い興じていると、玄関に来客らしい。大杉は「あやめ、あやめ、誰かお客様だぞ」と妹を呼んだ。訪問客を迎えるのは、十三歳のあやめの役で、「森川さんという人よ」と大杉に告げる。

森川は『近代思想』の読者で、古くからの同志だが、会うのは初めて。近衛野砲兵連隊に入営中の〇九年に、兵役拒否の文を残して脱営したが、逮捕されて懲治監獄に収監された。その時の過酷な扱いのことなど、朝から昼食をはさみ、午後二時過ぎまで話して帰った。来訪の直後、上海へ渡り、討袁軍に投じて戦闘に参加するが、敗れて八月下旬に帰国。すぐに大杉を再訪したようで、「調査書」には帰還後、来訪した彼から上海の南北軍戦闘の状況を聞き、かつ互いの友情を温めた、との記載がある。(荒畑寒村「或る男の影」前出、堀切利高「森川松寿」『アナキズム運動人名事典』、調査書)

二十日、神田・豊生軒でサンジカリズム研究会を開催。(調査書)

この月、お役人より依頼の「法華経」新訳を再開。

荒畑が日本新聞を失業した事情も影響したと思われる。（『近代思想』一三・八）

八月一日、『近代思想』第一巻第十一号（八月号）**発行。**

著作――「むだ花」、「寂しき家より」（上司小剣との往復書簡）、「大久保より」、新刊紹介「上田敏『思想問題』」「ドストイエフスキー　内田魯庵訳『罪と罰』」「黒岩周六『わが婦人観』」掲載。

三日、自宅にてサンジカリズム研究会を開催。

会場は豊生軒・藤田四郎宅と決めているところ、前日に所轄警察が藤田を呼びつけ、「不穏当な会だから止めよ。止めないなら検束し、ミルクホールの営業にも干渉する」と脅しがあり、やむなく自宅で開催した。出席者は、大杉、堺、小原、百瀬、福田武三郎、佐藤悟、江渡、吉川、荒畑と妻の玉、安成二郎、和気、有吉三吉、山田好友、横田淙次郎ほか三名。（『近代思想』一三・九、調査書）

十七日、自宅にてサンジカリズム研究会を開催。

安成二郎と同盟罷工について問答した。福田武三郎らが出席。（調査書、『社会文庫叢書』第七）

この月、生方敏郎を訪ね、彼の案内で相馬御風、小川未明宅を訪問。

生方の家（雑司ヶ谷）には、彼が『文章世界』八月号に、大杉の「Tradictore traditore」は「是正と添削とを受けたとの説がある」と中傷したことを「詰問」しに行った。が、弁解を聞いて拳を収め、あとで「どうも僕は口では喧嘩ができない。と知りつつも、やはり廻らぬ舌を無理やりに動かさうとするものだから、いつでもこんな風に瞞されて了ふんだ」と書いている。昼飯を御馳走になり、生方の案内で近くの相馬御風の家を訪う。小川未明の所へ行っているというので、これも近所の小川宅へ行く。相馬のほか人見東明も来ていて、将棋の合戦中だった。未明に好感を持った印象を次のように記している（『近代思想』一三・九）。

〈僕は未明と云ふ人には初めて会つたのだが、その頗る真面目なしかし激越な、心の底から湧いて出るやうな感情の声を聞いて、ちよつと寒村を思ひだした。相馬も「いや、全くさうですよ」と同感してゐた。人見と云ふ人もなかなか話す人だ。〉

未明も大杉の考えに共感し、この後も影響されるところがあった。三十八年ののち、「頗る真面目な」未明は、律義に大杉を追憶している。

〈大杉栄氏と知り合ったのは、大正二年、二女の鈴江が生まれたころのことです。大杉君は私が「早稲田文学」に書いた作品を「近代思想」誌上で批評し、また私の家へ遊びに来てくれたこともあります。初めはクロポトキンの崇拝者で、アナーキストだったのですが、私の考え方も、社会機構の改革によって社会をよくするよりも、まず人間の人格を尊重し、理解してゆくほうがよいという、空想的社会主義者だったわけですから、大杉君のサンジカリズムとかアナーキズムのほうに、合うものを感じました。それで大杉君の影響を受けて、クロポトキンのものを読み、前にトルストイを読んだ時と同じように、非常に温かいものを感じました。人道主義にうたれたのです。〉（小川未明「童話を作って五十年」『文芸春秋』五一・二）

九月一日、『近代思想』第一巻第十二号（九月号）**発行。**

著作——「野獣」、「鎖工場」、「みんなが腹がへる」、「イグノラント」、「大久保より」掲載。

七日、自宅にてサンジカリズム研究会を開催。

大杉は、九月一、二日の『万朝報』に掲載された石川三四郎の「サンヂカリズムの激進」を論評。さらにフランスの「ブルース」派労働組合の沿革と総同盟の現状について大要を述べた。ブルース派労働組合とは、ポール・ブルースらに率いられて労働党より離脱した社会主義労働者連合のこと。自治体の重視と連合主義を特徴とする。この日、福田ら出席者十六名。（調査書）

十二日、和気と巣鴨の岩野泡鳴宅を訪問。（岩野泡鳴「巣鴨日記」）

十三日、芸術座の文芸講演会で、『近代思想』を見本配付する。

『近代思想』は警察の干渉などにより、地方読者が減って、四百部あまりが残部となった。それを荒畑、安成二郎、佐藤悟とともに神田青年会館の会場前に陣取り、講演会来場者に見本として配付する。その間にこんな一場面があった。

雑誌をふり向きもしないで入ったある女が、門内から戻ってきて「あなた方はそこでなにをしていらっしゃるの」。寒村がおとなしく「ええ、『近代思想』の見本を配っているんです」と言う。すると「じゃ、芸術座の人じゃないの」と顎をしゃくる。大杉はむっとして「そうじゃないのよう」と妙に尻上がりに怒鳴る。みんなは「わぁ」と吹き出す。女はプップと膨れて門内へ引き返した。大杉は「その女かい。それは僕がふだんから大すきな……田村俊子さんさ」。（『近代思想』一―三・十）

二十日、神田・豊生軒の同志茶話会に出席する。

三カ月ぶりの茶話会。片山、堺、高畠、小原、橋浦など参会者約三十名。堺がベーベル伝を講話し、大いに賑わう。（『近代思想』一―三・十、調査書）

月末ころ、山田わかの原稿を平塚らいてうに紹介し、『青鞜』に掲載。

山田わかの夫・嘉吉は長い滞米生活の後、〇六年に帰国し、自宅で語学塾を開いた。大杉はかつて、山田に外国語の教えを受けるいっぽう、山田の書いた「西洋菓子の拵方」「ジャガ芋料理」を『家庭雑誌』に掲載したことがある。嘉吉は、わかを文筆家としてデビューさせるべく、大杉に依頼したのであろう。

平塚らいてうによれば、「重たい郵便物」には大杉の紹介状とわかの翻訳原稿が入っていた。訳文は素直で、わかりやすく、正確なので、「いいものを未知の人から貰ったことをよろこんで」、さっそく『青鞜』十一月号に掲載する。

ほどなく、わかは青鞜社に入社し、翻訳、評論活動を展開していく。わかの青鞜社入社を契機に、山田嘉吉のエレン・ケイ講読会にらいてう、伊藤野枝らも出席するようになり、後に市川房枝、吉屋信子も参加した。（平塚らいてう『元始、女性は太陽であった』、山崎朋子『あめゆきさんの歌』）

十月一日、『近代思想』第二巻第一号（十月号）**発行。**

著作――翻訳「生の道徳」（マリイ・ジヤン・ギイヨオ、「訳者のまえがき」）、「大久保より」掲載。

晩餐会の笑い声

四日、カフェ・プランタンの『生活と芸術』晩餐会に出席。

『生活と芸術』は土岐哀果が九月に創刊（一六年六月終刊）。『近代思想』の姉妹誌ともいうべき文芸思想誌で、晩餐会も近代思想小集と同様の趣向で行なわれた。午後六時開会。出席者は着席順に大杉、荒畑、伊庭、西村陽吉、土岐、佐藤緑葉、上司、黒田鵬心、仲田勝之助、原田譲二。遅刻して大杉（O）の隣に座った原田が会の模様を描写している。彼は安成貞雄の早大英文科の同期生だ。

〈隣にはこれで三度ばかり逢ふOがゐた。今日はいつもの筒袖ではなくて、柔らかい毛の背広であつた。……この座の中で誰が一番女にもてるだらうと云ふ話が出て、それにはSが推選された。美貌のIまでが、「女にもてるには、背が低くては駄目だよ」との嘆声をもらした。Oの調子の高い、何事をも忘れたやうな笑ひ声が、これらの雑談を縫ふて、後々までも好い気持を与へた。〉（原田譲二「プランタンの夜」『生活と芸術』一三・十一）

（注）カフェ・プランタンは一一年、銀座日吉町（現、銀座八丁目）に松山省三（河原崎国太郎の父）が開業。後に大杉の『労働運動』に加わる近藤栄蔵がマネージャーをしていた。

五日、自宅にてサンジカリズム研究会を開催。

総同盟罷工論を講話。出席者十三名。（調査書）

八日、気管支を病み、この日から病床につく。

九月上旬より健康すぐれず、白十字医院で肺患の診断を受けていた。十月に入ると、三十八度五分の発熱があり、病臥する。仕事などで時々は外出したが、年を越して一月八日まで寝込んだ。『近代思想』編集の仕事

は安成二郎が手伝う。(『近代思想』一三・十一〜一四・二、調査書)

十一日、第七回近代思想小集を京橋の料亭・富嘉川で開催する。

富嘉川での開催は、二、三カ月前に開業披露文を売文社に依頼した縁による。出席者は、佐藤、安成兄弟、和気、堺、片山、久津見、小原、徳永、荒畑、大杉、原田譲二、柴田柴庵、赤堀建吉、鈴木長次郎の十五名。(『近代思想』一三・十一)

十六日、有楽座で「出発前半時間」「チョコレート兵隊」を観劇。

『近代思想』『生活と芸術』の同人が合同して総見した。上演した新劇社は、伊庭孝が上山草人と喧嘩わかれして近代劇協会を出、新たに起こした劇団。この日が旗揚げの初日だった。伊庭は『近代思想』十月号に「近代思想を代表せる演劇　非武士道・功利的恋愛・恋愛非神聖・芸術非神聖・非愛国を主張する鴎外訳「出発前半時間」、伊庭孝訳「チョコレエト兵隊」を演じ……」との広告文を載せ、公演では舞台監督と出演者を兼ねた。(『近代思想』一三・十一、松本克平『日本新劇史』)

十九日、大久保・荒畑寒村宅のサンジカリズム研究会に出席。(調査書)

二十六日、岩野泡鳴が来訪。(岩野泡鳴「巣鴨日記」)

著作――翻訳「倉の中の男」(オクタヴ・ミルボオ)『生活と芸術』十月号

十一月一日、『近代思想』第二巻第二号(十一月号)発行。

著作――「大久保より」掲載。

二日、荒畑寒村宅のサンジカリズム研究会に出席。(調査書)

七日、山本飼山が自死。落合火葬場に葬送する。

『近代思想』寄稿者の山本飼山は、五日未明、大久保で鉄道自殺を遂げた。早稲田大学を卒業したばかりで、友人に残した遺書には「上僊して帝都に入らん秋の雲」の辞世が詠まれていた。この日、大杉、堺、橋浦、荒畑、安成二郎と親戚・友人十人ほどで葬送。帰途、焼芋屋に上がり込んで、芋を食いながら故人のことを語り合った。(『近代思想』一三・十二、『橋浦時雄日記』前出)

十日、山本飼山の追悼会が牛込・矢来倶楽部で催され列席。

飼山と早稲田の同級だった広津和郎が、当夜の顔ぶれを記している。「追悼会はなかなか盛会で、級友達も二、三十人集まったし、島村抱月、金子筑水、内ヶ崎作三郎等の学校で教えを受けた先生達も顔を見せたし、それに彼が思想的に交渉を持った堺利彦、大杉栄その他の当時の有名な社会主義者達も列席した。私は堺、大杉諸氏の顔を見たのはその時が始めてであった」。また、同級生が「思想自殺」した彼を英雄視し、「僕たちは恥ずかしいほど妥協的に生きています」とうなずき合うのに「我慢のならないようなこそばゆい空気」と違和感を表明する。

やがて相知るころの大杉についてはこう述べている。

〈矢来倶楽部で、彼が昂然として内ヶ崎作三郎に向って空うそぶいたのを見た時から四、五年経ってからであろう、自分は彼と知合いになった。矢来倶楽部の時から見ると、彼は人間が円熟して来たとでもいうのか、むしろ如才なさ過ぎはしまいかと思われる位に、アタリが柔かった。〉

その後も広津が家に訪ねてくるなど数回会う機会があり、「会えば談笑する間柄」になる。（荻野富士夫『初期社会主義思想論』、広津和郎「手帳」）

十六日、荒畑寒村宅のサンジカリズム研究会に出席する。（調査書）

十二月一日、『近代思想』第二巻第三号（十二月号）**発行。**

著作——翻訳「必然から自由へ」（フェルヂナンド・エンゲルス）

この月、マカオ在住の師復からエスペラント文の手紙を受け取る。

師復（別名・劉思復）は〇四年、日本に留学し、中国同盟会の創立に加わった。〇六年帰国。一二年、広州に中国最初のアナキズム組織・晦鳴学舎を創設、宣伝誌『晦鳴録』を発刊した。エスペラントの普及にも努める。一三年マカオに逃れ、『晦鳴録』を『民声』と改題して発行。大杉宛に『民声』のほか、エルヴェの「反祖国主義」などの小冊子を送ってきた。日中アナキズム運動の連帯を示す交流の始まりであり、師復とは以後も連絡を取り合う。（『近代思想』一三・一、嵯峨隆「師復」『日本アナキズム運動人名事典』）

この年、小倉清三郎の「相対」の会に出席する。

東大・哲学科に籍を置いていた小倉清三郎は、H・エリスの『性の心理』に啓発されて、性に対する研究を始め、研究団体「相対会」を起こした。一三年一月から会誌『相対』を発行する。会に出席した大杉を、内田魯庵がこう書いている。

〈小説も好きなら芝居も好き、性的研究などにも興味を持つて、性的研究に率先した小倉清三郎の「相対」の会などにも毎次出席して、能く「相対」の会の噂をした。〉

〈芝居へ行くにも音楽会へ行くにもイツデモ保子さん同道であつた。小倉清三郎の『相対』の会や踊にも保子さんと一緒に出席した。〉（内田魯庵『思い出す人々』、同「第三者から見た大杉」『改造』二三・十二）

この年、妹・あやめを和歌山の伯父に預ける。

翌年四月、秋田監獄の坂本への手紙に「大勢の妹や弟も、大がい、あちこちの親族のうちへ片がついた」と弟妹たちの養育から解放されたことを伝えている。最後まで同居したあやめは成女女学校に通学していたが、この年の秋以降に、和歌山の山田保永夫妻の許へ引き取られた。弟妹たちの落ち着き先は次のようであった。

弟のうち、伸は中国に渡り、姉・春の夫で三菱公司在勤の秋山昱禧《いくぎ》の世話により、三菱の漢口支社に勤務。勇は下宿先から職工徒弟学校（現、東工大付属高校）を卒業、就職して独立した。進は大杉の家から工手学校（現、工学院大学専門学校）に通学し、神戸の三菱造船電気部に就職した。妹・松枝は高等女子仏英和学校（現在の白百合女子高等学校）を卒業し、姉・春の家の手伝いとして中国へ行き、結婚した。秋は一二年、叔父・一昌の長女・せきの嫁ぎ先である名古屋の中根家に引き取られていった。あやめは和歌山高女に転校し、のちに従姉の義弟で在米の橘惣三郎と結婚する。（書簡七八、大杉豊『年譜・大杉東とその子ら』）

この年ころ、北一輝と交わる。

北は一一年、革命派の宋教仁支援のため中国へ渡った。清朝側の袁世凱と革命派の孫文の妥協によって辛亥革命はなるが、やがて宋は暗殺されてしまう。北は彼の葬儀を出した後、国外追放となって、一三年五月に帰国した。堺らとの交友関係が復活し、北の家へ堺、片山、大杉らが訪れ、すき焼きを囲んで辛亥革命の体験談

が語られたという。(高橋和巳「北一輝」前出)

この年ころ、女義太夫の竹本東佐を自宅に呼び、友人を招いて聴く。

竹本東佐は堀保子の兄・堀紫山と由縁のあった人。堺利彦一家、馬場孤蝶らを招いて聴いた。義太夫道楽のあった孤蝶は「集まりの性質が性質なので、この時は、堺君のあのさも心持好ささうな、高らかな笑ひ声を幾たびか聞いた」と『明治文壇回顧』に記す。

一九一四(大正三)年――二十九歳●

一月一日、橋浦時雄、百瀬晋が年賀に来訪。(『橋浦時雄日記』)

同日、『近代思想』第二巻第四号(一月号)発行。

著作――「生の創造」、「時が来たのだ」、「大久保より」、翻訳「労働者と白き手の人」(トゥルゲーニェフ)掲載。

この月から堺も『へちまの花』を発刊。一五年九月からは『新社会』として一九年十一月まで続く。

日蔭茶屋で仕事初め

十日、この日から四、五日間、葉山・日蔭茶屋に滞在する。

二カ月間の病床から、八日にようやく離れた。売文社の翻訳仕事を携え、保養をかねて滞在。そして、「病勢を全く振ひ落して」帰る。日蔭茶屋(現、日影茶屋)には二年前ころから、仕事をかかえては逗留した。(『近代思想』一四・二、書簡七三)

十七日、芸術座公演のイプセン「海の夫人」、チェーホフ「熊」を観劇。

幕間に、文士連中が談話室に集まり、円卓を囲んで談笑した。『近代思想』『生活と芸術』の常連では大杉のほか土岐、馬場、相馬、岩野、黒田、柴田。ほかに、与謝野寛、鈴木三重吉、片上伸、人見東明、徳田秋声、長田幹彦、田村俊子らで賑わった。（『文章世界』一四・二）

十八日、暮と正月の二回休んだサンジカリズム研究会を再開する。

福田、橋浦らが出席。（『近代思想』一四・二）

三十一日、鎌倉・長谷に療養中の平出修を見舞う。

大逆事件の弁護人であり、近代思想小集にも参加した平出修は、結核療養のため、一月上旬、鎌倉へ転地した。それを聞いて大杉は、前触れもなく見舞うが、病気に障ってはと長居せずに辞した。（平出彬『平出修伝』）

この月、谷田監獄局長を訪ね、獄中の坂本との交信を交渉する。

坂本清馬からしばらく手紙がこないと姉が心配しているので、司法省に谷田監獄局長を訪ねる。坂本の近況を聞くとともに、折りよく来合わせた秋田の典獄から二件の許可を得た。一つは、書籍差し入れを大杉が受け持つこと、もう一件は、坂本との書信は坂本の家族と大杉とがそれぞれ交互にすること。大杉は間もなく、英語の本を十～二十冊、差入れた。（書簡七八、坂本清馬『大逆事件を生きる』）

二月一日、自宅にてサンジカリズム研究会を開催。

この日から数回にわたって、大杉は直接行動論を、寒村はサボタージュ論を講話する。大杉「僕の転地後といえども、もちろん続けてやって行く。僕も毎回出る」。出席者は斉藤、福田、有吉、相坂、橋浦、百瀬晋、保子、荒畑夫妻、安成二郎、大杉の十一名。（『近代思想』一四・二、調査書）

同日、『近代思想』第二巻第五号（二月号）**発行。**

著作――「再び相馬君に与ふ」、「大久保より」掲載。

六日、療養のため、この日、鎌倉町坂ノ下二十二へ転地。

夫婦ともに体調を崩しての転地療養である。大杉の家には荒畑が、荒畑の家には安成二郎一家が入った。（『近代思想』一四・三）

十五日、荒畑宅のサンジカリズム研究会。十六日、売文社へ。
十五日は保子と鎌倉から上京したが、研究会は橋浦らわずかに六名とさびしい。翌日は売文社で安成兄弟、荒畑、和気、土岐、久津見、橋浦らと歓談する。(『橋浦時雄日記』)
十九日、警視庁高等課長より呼びだしがあり、荒畑が出頭。
『近代思想』にたいし「この頃は露骨に主義の宣伝をやって居る、純然たる文芸雑誌に立ち返れ」と警告される。(『近代思想』一四・三)
二十日、荒畑寒村を訪問し、二泊する。(調査書)
二十二日、『近代思想』と『生活と芸術』との合同晩餐会を開催。
午後五時より築地・精養軒にて初の会合。よみうり「文芸画報」(三・一)に写真入り、「例によつて談論風発の会合で文学、哲学、科学、宗教、演劇のことから遂には吉例によつて清濁合わせ飲むに至つた」とある。十時半散会。出席者は二十一名。写真の順に、幸内純一、安成二郎、荒川義英、阪本三郎、安成貞雄、矢口達、稲毛詛風、仲田、黒田鵬心／堺、幸内秀夫、久津見蕨村、伊庭、大杉、和気、片山、柴田柴庵／西村陽吉、市川又彦、土岐、荒畑。
大杉は月初めから下痢をしていたが、晩餐会から帰って以後、さらに悪化した。(『近代思想』・『生活と芸術』一四・三)

平出修に小魚を

この月、とれたての小魚を土産に、平出修を見舞う。

平出の体調は一月に来たときよりよい様子で、彼は『明星』同人・栗山茂の送別会に三橋(旅館)まで出かけたことなどを話した。（平出彬『平出修伝』）

三月一日、『近代思想』第二巻第六号（三月号）**発行。**

この号から、編集に安成貞雄・二郎の兄弟が加わる。二郎曰く「大杉が社長、荒畑が庶務兼会計課長、安成が主筆で、僕それ自身は編集長として行数計算の栄位を忝ふする」。

著作――「大久保より」、「『叛逆者の心理』に就て」、抄訳「叛逆者の心理」（ジョルジュ・パラント）掲載。


同日、荒畑宅でサンジカリズム研究会を開催。

福岡から上京した川口慶助が出席。横田淙次郎の感化を受けての来京である。（沿革一）

五日、葉山の旅館に滞在中の上司小剣を保子と訪問。四時間懇談する。（調査書）

六日、上京。翌日、荒畑寒村と百瀬晋を同伴して帰る。

百瀬は売文社を飛び出るように退社し、大杉の家に三十日まで滞在する。荒畑も二泊し、三人で遊び歩く。（『近代思想』一四・四、調査書）

十五日、荒畑寒村宅のサンジカリズム研究会に出席。

ドイツ人A・ローレルの直接行動論、労働時間の短縮について講話する。（調査書）

二十一日、午前十時より、神田青年会館での平出修永訣式に参列。

大逆事件の弁護士、雑誌『スバル』を発行、歌人・作家でもあった平出は、十七日に死去した。「宗教的儀式はしない。簡単な別れの会ぐらい」という遺言にしたがって清素な式が営まれたが、友知人、五百人近くが駆けつけた。与謝野寛の開会挨拶に始まり、花井卓蔵、森鴎外らが弔文を読んだ。

大杉は平出の死を知って、十八日に彼の妻・頼子宛にお悔やみの書簡を送っている（『書簡集』未収録）。

〈一月にお訪ねした時には余程お衰弱のやうに見受けましたが、それでもだんだん快い方に向つたのだとも伺ひ、其後二月に雪降りの日に三橋までお出でになつた事を聞き、又其次にお伺ひした時にはいろいろ元気なお話しを承つたりなどした私には、今急にこんな事になろうとは本当に夢のやうです。

私は今何といつてお悔やみを申上げていいのかその言葉を知りませぬ。いずれ永訣式には是非その末席を汚

(1914年2月～4月)

したいと思って居ります。[1]〉

式のあと、大杉らの一行は、夜中まで都内各所を歩き回った。はじめは、大杉・荒畑・安成二郎の『近代思想』組に、長谷川天渓、相馬御風、馬場孤蝶、土岐哀果の七人。神田の常盤で牛肉の昼食をし、そこで天渓・御風は帰るが、カフェに入って、堺と安成貞雄とを電話で呼び出す。貞雄が持ってきた『近代思想』を街行く人に渡しながら、神田橋を渡って、日比谷へ行き、スケートリンクに入って、京橋の売文社へ寄り、さらに銀座のカフェ・ユウロップに腰をすえて……というように、仲間との行動から抜け出せない群集心理から、散策は十一時まで続いた。土岐は動機の一つを、長谷川天渓が駿河台下で一人別れてゆくとき、その後ろ姿を見送つて誰かが「長谷川さんは紳士だからなあ」といったのが影響したのだという。[2]みんな「紳士」と見られたくなかったのだ。そのために、「一行七人夜おそくまでヨタリ歩いたので、馬場氏はお客に待ち呆けを喰はせ、土岐は音楽会に往き損ひ、大杉は鎌倉へ帰り損つて了つた[3]」。（(1)『定本平出修集〈続〉』、(2)『生活と芸術』一四・四、(3)荒畑寒村「大久保より」『近代思想』一四・四）

二十一日、千葉県の同志・鈴木義一が来訪し二十三日まで滞在。（調査書）

三十日、保子、鈴木と上京。堺、荒畑宅を訪問する。四月二日、帰宅。

再来した鈴木と保子、百瀬を伴い海岸を散策した後、上京する。その後もしばしば上京し、その都度、堺・荒畑宅を訪問。（調査書）

著作――「安成二郎訳『女と悪魔』序」新潮社

四月一日、『近代思想』第二巻第七号（四月号）**発行。**

著作――「主観的歴史論――ピヨトル・ラフロフ」掲載。

六日、橋浦、百瀬が来訪し、十二日まで滞在。

橋浦は売文社で小原と対立して二回も殴打する悶着があり、退社して来た。喧嘩の原因は不明だが、思想的対立があったらしく、売文社への反感も募っていた。松本文雄も続き、これで先の百瀬と併せ、四人が退社した。

滞在中の橋浦の日記には「百瀬と二人で弁当をこさえてもらって江の島から葉山まで歩るいた。夜大杉と藤沢の女郎をひやかしたこともある。……大仏の山にのぼりて大杉が犬のなきごえまねし春の日」などとくつろいだことが記されている。（『橋浦時雄日記』前出）

十四日、秋田監獄の坂本に書簡送るが、閲覧不許可となる。

一月に典獄局長と典獄から通信の許可を得たはずなのに、そのことを知らせた書簡を坂本は読めなかった。不許可の理由を、彼が出す手紙の宛先を近代思想社としたためと推察している。坂本が読むのは実に二十年後である。三四年に仮出獄するとき、この手紙を「彼の友情を思い出し、涙とともに読んだ」と記す。（坂本清馬「大杉栄からの手紙」『自由思想』六〇・十）

十五日、荒畑寒村宅のサンジカリズム研究会に出席。

前々回に引き続き、A・ローレル「直接行動論」の一章を講じる。内容は「乞ひねがふものには何物も与へられない、おびやかすものには多少与へられる、無法を働くものには総べてを与へられる」という俚言をモットーとした、「極力的暴力論」の主張。「僕も大ぶ油がのつて、ふだんの吃りにも似合はない可なりの雄弁（?）をふるつた」のだが、あとで「安閑として惰眠をむさぼつている」自分を省みて「よくもそんな雄弁がふるへたものだ」と自戒している。

なお、先の俚諺は、気に入ったとみえ、二一年の黒耀会・民衆芸術展に書として出展し、古田大次郎の心を動かすことになる。（「籐椅子の上にて」）

二十七日、保子と荒畑を訪問。また岡野辰之助を弔問し、翌日帰宅。

岡野は妻に続いて妹・テル子も亡くした。彼女は一時、幸徳の身の回りの世話をしていたが、二人の関係を知った岡野は妹を戻し、幸徳から離れる一件があった。妹は九十九里の叔母の家に行き、のちに帰京して看護婦になったが、結核のため死去した。（調査書、岡野辰之助「社会主義運動思出話・其十六」『進め』三〇・四）

三十日、住まいを鎌倉町長谷新宿八十七番地に移転する。（読売新聞五・七、調査書）

この月、ドイツ人にエスペラント語教授のため、毎週土曜日に上京する。（読売新聞四・二十一）

この月ころ、中国にいる山鹿泰治に師復の『民声』へ協力を要請。

師復から支援の依頼があったのだろう。大連にいる山鹿に手紙を書いて、師復が発行するアナキズム運動誌を手助けするよう頼んだ。山鹿は受け取るとすぐに、勤務先の満鉄発電所を辞め、上海へ向かった。『民声』は週刊で三十二頁。山鹿は秘密印刷所でエスペラント文の活字組みを手伝い、民声社の一員として共同生活の仲間入りをする。もっとも、八月に再び大杉から「『近代思想』をやめ、いよいよ『平民新聞』を出す。帰って来てそれを手伝わぬか」との手紙があり、師復との共同はそれまでの四カ月である。（向井孝『山鹿泰治——人とその生涯』）

著作——「強がり」初出誌不明、『生の闘争』に所収。

五月一日、『近代思想』第二巻第八号（五月号）**発行。**

巻頭の「智識的手淫」に、大杉は「僕等はもはや、今のままの『近代思想』の発刊を続けて行くことが出来なくなつた。形式も内容もまるで一変させなければ、もう承知が出来なくなつた。ブルジヨアの青年を相手にして、訳の分らぬ抽象論をするかはりに、僕等の真の友人たる労働者を相手にして、端的な具体論に進みたい」と述べ、十月から「違つた性質の、新しき雑誌として再生させ」ることを表明する。

また、伊藤野枝訳『婦人解放の悲劇』（エマ・ゴールドマン他）の発刊を「近来の良書」とし、「僕はらいてう氏の将来よりも寧ろ野枝氏の将来の上によほど嘱目すべきものがあるやうに思ふ」などと二頁にわたる好意的な批評を書いた。

著作——「智識的手淫」、「正気の狂人」、書評「『婦人解放の悲劇』」掲載。

三日、カフェ・ヨーロッパで百瀬、橋浦、有吉と出会い、オゴる。（『橋浦時雄日記』）

六日、岐阜県の同志・沢田穂束が来訪。

沢田は弟と飛騨の上宝村（現、高山市）で日露非戦集会を開くなどの活動をした社会主義者。その実弟・大林二郎が鎌倉で医院を開業し、そこに滞在中だ。保子と三人で海岸を散策、夜は観劇をする。（調査書、松藤豊「沢田穂束と鎮守の森の非戦集会」『大逆事件の周辺』）

七日、八日の両夜、沢田の実弟・大林二郎を訪問し、懇談する。
二日間とも二時間にわたって歓談。週刊『平民新聞』時代からの話がはずんだのだろう。（調査書）
八日、若宮卯之助が来訪。十二日、若宮が滞在中の旅館を保子と訪問。（調査書）
上旬ころ、加藤一夫が野村隈畔とともに訪ねてくる。
加藤はこのころ、鎌倉高等女学校の英語教師である。『近代思想』を読んでだろう。「その頃僕等は、思想的に云つてベルグソン党であつた。そして大杉君はサンデイカリストとしてソレルと共にやはりベルグソンの哲学に共鳴して居た。恐らく僕が大杉君に、同じやうなテンペラメントを見出したのは此の時分だつたらうと思ふ」と追懐している。加藤とはやがて、同じ運動の道を往く仲間として、お互いに認めあう近しい関係が生涯続いた。（加藤一夫「大杉栄君を憶ふ」『労働運動』二四・三）
（注）加藤の長男・哲太郎、のちにドラマ『私は貝になりたい』の原作者となる。

気炎万丈「与太の会」

十六日、銀座カフェ・ヨーロッパで開かれた「与太の会」に出席。
『へちまの花』に毎号「文壇与太話」を執筆中の安成貞雄と土岐哀果の発起により、「気炎万丈、与太を弁じた」。出席者は土岐、和気、安成兄弟、佐藤緑葉、堺、馬場、野依。大杉と荒畑は三時頃から来て陣取り、さらに五時から十一時まで大いに歓談した。それでも主客の貞雄は、食事がすむと一緒に来た野依とどこかへ行ってしまうし、伊庭、久津見は来ないしで「いつも程には油が乗らなかつた」と寒村は記す。（荒畑寒村「『与太の会』の記」『近代思想』一四・六）
三十日、大久保百人町三百五十二の元の住所に戻る。

「夏になれば家賃が三四倍あがるのと、それに此頃又少し腸をいためて其の治療の都合がある」という事情だ。（『近代思想』一四・六、読売新聞六・四）

著作――「籐椅子の上にて」『生活と芸術』五月号
六月一日、『近代思想』第二巻第九号（六月号）**発行。**

巻頭に大杉と荒畑と連名で新雑誌創刊のための「寄付金募集」を訴える。

著作――「大久保より」、新刊紹介「生田虎蔵『涙より闘ひへ』」掲載。

上旬ころ、宮嶋資夫《すけお》が来訪、初対面。

宮嶋は神楽坂の露店で買った『近代思想』を見て、やってきた。このときの印象を、『遍歴』に次のように書いている。

〈初対面のとき、何を話したか忘れたが、私は今まで出会つた人間の中で、これほど気持ちの好い人はなかつた。その後も彼のやうな人に出会つたことはない。大きな眼玉をして顎鬚を生やしてゐた。笑ふときは「いひひ」と奇妙な音を立てるのだが、それが子どものように無邪気であつた。〉

宮嶋はまた、書斎の壁に「ああ窓外は春」の絵を額縁に入れてかけてあったのを覚えている。牢獄の窓から椅子を踏み台にして、中年の外国人が外の景色を眺めている光景を描いたものだ。宮嶋が、その絵について聞くと、「うむ、あれは好きなんでね」と笑うだけだったが、絵の構図と同じ体験をした共感や、獄中生活の記念という意味は、当然あったろう。〇七年四月の『日本及日本人』の口絵写真を切り取ったもので、以来、住居を変えるたびに、あまり鮮明でないこの絵を掲げた。かつて獄中から保子に出した書簡にも、この絵を見て「僕らのこの頃の生活を察してくれ」と感懐を書いたこともある。

原画はロシア移動展派の画家ニコライ・ヤロシェンコの作品である。リアルに描いた独房の囚人に体制批判を込めたようにも受け取れる。荒畑寒村は、これを二三年にモスクワで見た。トレチャコフ美術館であろう。『寒村自伝』に「かねてその複製に親しんでいたエロシェンコの『世はいま春なり』」と記しているが、エロシェンコは読み違い。「複製に親しんだ」のは大杉の書斎か、あるいは寒村自身も切り抜いたのかもしれない。

感慨ひとしおであったようだ。

〈殊に、囚人が監房の小窓から春光うららかな獄外の景色をのぞき見ている「世はいま春なり」には、かつての監獄生活の同じ経験も思い出されて、私はしばらく立去ることが出来なかった。〉

十五日、自宅にてサンジカリズム研究会を開催。

イタリーのアナキスト・マラテスタについて講話。このころの会の様子を宮嶋が記している。

〈研究会のある晩には、家の囲りを五六人のスパイがうろついてゐた。そして狭い庭の向うの垣根の間などからときどきこちらをのぞくのだつた。二度目か三度目に行つた帰りに、私も遂に住所を聞かれた。……会では大杉がバクニンやマラテスタの事を語つたり、荒畑君が英国労働組合の事などを話し、それが終ると雑談した。スパイがすぐそとにゐるので、たわいない事を話すのであつたが、それだけ親しみが加はつた。五銭か十銭の会費で煎餅などを噛つてゐたのである。〉（調査書、宮嶋資夫『遍歴』）

「おい。大杉の馬鹿……」

二十三日、生田長江と『新潮』編集の中村武羅夫が来訪。

『新潮』の編集者であった中村は、六月号「卓上語」欄に大杉を嘲罵する文を書いた。「日本人に大杉栄という馬鹿者がある。思想内容に空虚な小僧ッ子どもが、横文字の本を二三冊読んで、直ぐに思想家面したり、革命家振つたりするのは、自分の大嫌ひとするところだ」というのに始まり、「革命家ぶる奴に真の革命家はなく、思想家面する奴に真の思想家はいない。それらは皆弱者の浅猿しい自己吹聴に外ならない」「おい。大杉の馬鹿。……お前がそんなケチな考へだから、肺病などになつて、鎌倉に行つたり、籐椅子の上に休んだりしなければならぬのだ」というように悪態を連ねたもの。大杉が『生活と芸術』五月号に寄稿した「おい、土

（1914年6月～7月）

岐」と書き始める土岐善麿評「籐椅子の上にて」を踏まえている。

これを読んだ大杉か同志たちが憤慨して、「中村を殺してやる」というような評判が専らになったらしい。それを知った生田長江が、心配して仲介にたち、二人でやってきたのだ。会見は案ずることなく、悪口とは逆に、親しみあるものになった。大杉は「とうとう九時間ばかり話がはずんだ」と書き、中村は「元より何ら宿怨のある間柄ではない。大杉の気性はあの通りだし、私の気性はこの通りだし、すぐ打ちとけて親しくなった」と回顧する。居合わせた荒畑を交え、四人の懇談は、午後一時ころから夕食をはさんで、夜十時まで続いた。

大杉が新潮社から翻訳書『種の起原』『懺悔録』と評論集『生の闘争』『社会的個人主義』を出すのは、この時に始まる中村との縁による。悪罵が良縁を生んだのである。大杉の土岐評も辛辣極まる辛口であったが、土岐は「最近これほど僕に対してくれたものはない」と感謝して友好が強まったのと重ね合わせることができる。

中村はのちに、大杉を次のように回想している。

〈初め私と喧嘩して、それから親しくなつたのは大杉栄と、岩野泡鳴と、二人である。どちらも似たやうな気持のさつぱりした男だつた。大杉は、自分では肺が悪いやうにいつていたが、そして、よく検温器なんか腕に挾んで、熱を気にしたり、そのころ新しく出来たての、ツベルクリンとか何とかいふ注射などしてもらひに、神田の方の医者にかよつてゐたが、しかし、見たところは骨つ節の頑丈な、色の黒い男だつた。〉

〈それから大杉は、外国に脱出した年まで、ちよいちよい私の家に来てくれた。……放胆なやうで、どこか人の家庭などに対しては、こまかな人情味のある男だつたが……〉（『近代思想』一四・七、中村武羅夫『文壇随筆』）

七月一日、『近代思想』第二巻第十号（七月号）**発行。**

著作――「賭博本能論」、「銅貨や銀貨で」、「大久保より」、新刊（批評）「三宅雄二郎『世の中』」「小野賢一郎『新聞記者の手帳』」「ラムスズス、佐藤緑葉訳『人間屠殺所』」「実業之世界社編『財政経済と生活問題』」「エデキント、野上臼川訳『春の目ざめ』」掲載。
同日、自宅にてサンジカリズム研究会を開催。
荒畑、斉藤兼次郎など十三名が出席。（調査書）
十五日、自宅にてサンジカリズム研究会を開催
石川三四郎「仏国の同盟罷工」をもとに同盟罷工、革命について講話する。ブラッセルにいる石川が『万朝報』に寄稿し、七・十三〜十五に連載されたもの。出席者は吉川守圀など十名。（調査書）
八月一日、自宅にてサンジカリズム研究会を開催。
大杉は十月に発行予定の『平民新聞』について談話。出席者は荒畑、百瀬、吉川ら十名。（調査書）
八月初め、荒畑寒村が秘密出版のため警視庁に召喚され、二日間同行する。
寒村がひとりで無届け出版した『総同盟罷工論』（L・レヴィン著）が、名古屋のある労働者宅で発覚し、特高課長・丸山鶴吉が出頭を命じてきた。入獄を覚悟してやりかけの原稿にかかり、そのため警視庁に出向くのが遅れ、丸山は退出した後だった。翌日に行くと、内容がそれほど過激ではないので、残部を差し出せば不問に付す、と存外に軽い処分。ただし「言動は国法の許す範囲でするのが安全有力だ。国法を蹂躙するようだと、こちらでも自由を拘束せにゃならんことになる」と釘をさされた。
大杉は前日と同様、日比谷公園そばのカフェーMで待った。連累を覚悟しただけに、結果を聞くと「ははあ、賭博本能の勝利だね。何にしてもよかった」と、発表したばかりの「賭博本能論」を引きあいにして喜ぶ。前日は帰りに堺の家に寄ったが、翌日は市電を神保町で降りて界隈を歩いた。大杉は小川町・三才社というフランス語の書店で新着の本を二三冊受け取る。店主と欧州で大戦が始まったため、書籍が届かないことなどを話した。
丸山からはこの後、『平民新聞』発行の際、辛辣な圧力に苦しめられることになるが、認めるところもあったのだろうか。丸山によれば、伊藤痴遊が講談のなかで、大杉がこんなこと言ったという。「どうも丸山という男は惜しい男で、役人をしてゐるから、あんな心にないことをいつてゐるが、あれを不遇にして野に置けば、

（1914年7月〜9月）

きつと我党の士になる男である」と。（荒畑寒村「夏」、丸山鶴吉『五十年ところどころ』）

十三日、風邪と下痢のため十九日まで病臥。

「近代思想史」のようなものを書く準備に入る矢先での病で、尾を引く。（『近代思想』一四・九）

十五日、荒畑宅のサンジカリズム研究会に保子と出席。

大杉は談話中「日本が米国に敗けて呉れればよい。そうしたら大変自由になるだろう……今度の戦争で日本が手伝いでもしたら戦後の日本の鼻息が荒くなるので英国でも有難迷惑に思ってるだろう」などと述べたという。十八日の項参照。（沿革一）

十八日、『第三帝国』掲載論文で発禁となる。

七月二十八日、欧州で第一次世界大戦勃発。日本は八月八日に対独参戦を決定し、二十三日にドイツに対し宣戦布告した。大杉は「欧州の大乱と社会主義者の態度」を執筆、十六日発行の同誌に掲載されたが、この日発禁となる。論文は「労働者階級は、国際戦争によつて、其の財産と自由と生命とを危険に陥られこそすれ、何等の利益とするところもない。従つて、極力この国際戦争に反対せねばならぬ」と述べて反戦の態度を鮮明に表す。訴えは、『新日本』九月号の「カイゼル最後の悲劇」、『平民新聞』十月の「戦争に対する戦争」「紳士閥の愛国心」と継続してゆく。（『近代思想』一四・九、調査書）

二十日、この日より葉山・日蔭茶屋に三日間滞在。

自らの思想の系統を明らかにするため、「近代思想史」の想を練るが、原稿は成らず。準備不足のうえ、発熱に頭が乱されていたので、問題を縮めて「個人主義の種々相」という筋だけつくって帰る。帰宅後、まとめようとするが、「原稿紙の舛の目を見ただけで、目がくらくらしてしまう」始末で、ついに断念する。（『近代思想』一四・九）

九月一日、『近代思想』第二巻第十一・十二号（廃刊号）**発行。**

廃刊号に花を添えようと常連ではない相馬御風、岩野泡鳴、小山内薫らの寄稿を得たが、「大ぶ咲かずに終わつたのがあり、咲いても余り見ばえのしないものが多かつた」と遠慮ない大杉の評。小山内の「血の裁判」

は、大逆事件への憤りを表明したもの。新雑誌は『平民新聞』と名づけることを告知する。

著作――「妄評多謝」、「『生の闘争』序」、「大久保より」、新刊紹介「古谷栄一『オイケン哲学の批難』」、翻訳「名判官」(アナトル・フランス、「クレンクビユ」の一節)掲載。

同日、荒畑寒村宅にてサンジカリズム研究会を開催。

フランスの社会主義者ラフハル『資本家の愛国心』原書により「普仏戦争当時のフランスの内情」などを講話。(調査書)

六日、片山潜渡米送別会が築地・青柳亭で開かれ、出席する。

参会者二十六名。片山は告別の辞で、日本を去る理由を「今日日本に於ては、予の為しうる活動は一切為すを得ず……この身を腐らせなければならぬ。加ふるに、日本に在つては常に生活の為に苦しんで居なければならぬ」と述べる。これを聞いた荒畑は「私たちのような後輩すら運動の復興再建に躍起となっているのに！そう思って情なさに涙がこぼれた。大杉は『平民新聞』のエスペラント欄に当夜の記事を書いて、カマラード片山(同志片山)とせず、シニョーロ片山(片山氏)とした。私が『それは少し酷いじゃないか』と抗議すると、彼は『なあにこれで沢山だ』とすましていた」と書く。

帰途、荒畑と「マンハッタン」に入ると、橋浦時雄、松本文雄が来ていた。四人で「ああ革命は近づけり」を歌ったりしてビールを飲む。(『平民新聞』十・十五、『寒村自伝』、『橋浦時雄日記』)

十五日、『平民新聞』の保証金調達のため夜まで奔走。

疲れて帰ると、吉川、橋浦、斉藤、百瀬、有吉、久板らが待っている。サンジカリズム研究会の例会だが、講話は休止とする。報告として「平民新聞発行の寄付金百六、七十円のうち、受領したのは五十円位で、とても保証金には足りない。きょう奔走した結果、何とか都合がついた。また月末には加藤時次郎より五十円の寄付がある」などと現状を話す。質疑のなかで外国の新聞記事により欧州の非戦運動について談話。

この日、中国から帰国した山鹿が参加した。以後滞在して、『平民新聞』の発行を手伝う。山鹿によれば、大杉の書斎は玄関右の居間の奥で、ガラス張りの本棚と壁にはクロポトキンとバクーニンの肖像額が掛かっていた。床の間の刀掛けに、父親の遺品である大小二本の刀が掛けてあった。しかし、保証金のために、この刀も金鵄勲章も手放すことになり、それでも足らず、芝の高利貸から借金をしたという。（調査書、向井孝『山鹿泰治——人とその生涯』、山鹿泰治「私と大杉」『自由連合』六四・八・十八）

三十日、警視庁に『平民新聞』発行の届け出をする。

発行人・荒畑、編集兼印刷人は大杉、事務所名は平民社。掲載事項は「政治、経済、学術、文芸、広告」とし、時事に関することを扱うことにする。そのため新聞紙条例による保証金千円が必要だが、東京市外三里以上なら二百五十円ですむので、二十四日に荒畑が吉祥寺に引っ越し、そこを発行所とした。さらに同額面の公債で納め、実質約二百円で済む。ところが、帳簿上の寄付金は二百円近く集まっているのに、集金した分の七、八十円を大杉が生活費などに使い込んでしまい、現金がない。仕方なしに近く出す『生の闘争』と『種の起原』の原稿料を当てにして百五十円を借金し、やっとのことで集金した五十円を加え、ようやくこの日に届けを済ませた。

編集には百瀬晋が泊まりがけでやって来て、大体の体裁は彼の考案による。荒畑は四日の朝から勤め先を休んで詰め、大杉は近刊二冊の校正に追われつつ、毎夜三時まで作業をし、五日までにほぼ形をつくった。（『平民新聞』十・十五）

「本当の女友」伊藤野枝

この月ころ、渡辺政太郎の紹介で、辻潤宅に伊藤野枝を初めて訪ねる。

野枝に注目したのは、彼女の訳書『婦人解放の悲劇』発刊に際して、『近代思想』五月号に好意的な書評を書いた時だ。ことに野枝が、今の社会に対して「全然没交渉の生活をするか、進んで血を流すまで戦つて行くかどつちか」だが、「イヤイヤながら我慢して先づ今の処なるべく没交渉の方に近い生き方をしてゐる」と率直に述べる心根に、その「発酵を待つ」と期待感を強く抱いた。「僕の唯一の本当の女友を見出した」のである。

「死灰の中から」に綴った初対面の印象は、意気の合い方、好感の度を伝えている。少し長いが引用しよう。

〈ほんたうによくいらして下さいました。もう随分久しい前から、お目にかかりたいお目にかかりたいと思つてゐたんですけれど。」

彼女は初対面の挨拶が済むと親しみ深い声で云つた。

「まあ随分お丈夫そうなんで、わたしびつくりしましたわ。病気で大ぶ弱つてゐらつしやるやうにも聞いてゐましたし、それにSさんの『OとA』の中に『白皙長身』なぞとあつたものですから、丈はお高いかも知れないが、もっと痩せ細つた蒼白い、ほんとうに病人々々した方とばかり思つてゐたんですもの。」

「ハハ、、、、。すつかり当てがはづれましたね、こんなまつ黒な頑丈な男ぢや。」

一言二言話しているうちに、二人はこんな冗談まで交はし合つてゐた。しかし僕は、もう二年あまり以前の僕の雑誌Kの創刊号にあつたことを、どうして彼女がこんなによく覚えてゐるのか不思議でならなかつた。そして嘗つてS社の講演会で、丁度校友会ででもやるやうに莞爾々々《にこにこ》しながら原稿を朗読した、まだ本当に女学生女学生してゐた彼女が、すつかり世話女房じみて了つた姿に驚いて、暫く黙つて彼女の顔を見つめていた。眉の少し濃い、眼の大きくはないが、やさしさうな、しかし智的なのが、その始終莞爾々々しながら綺麗な白い歯並を見せてゐる口もとの、あどけなさと共に、殊に目に立つて見えた。〉

著作――「新進作家とその作品」『新潮』、「カイゼル最後の悲劇」『新日本』各九月号、「現下の評論壇　其の将来は如何」読売新聞九・二十五

十月一日、自宅にてサンジカリズム研究会を開催。

近く出版する翻訳書『物質非不滅論』校正のため講話は休み、荒畑だけの講話となった。（調査書）

没収された『平民新聞』

十五日、月刊『平民新聞』第一号発行。しかし即日、全部を没収される。

二人とも生活費のための仕事に追われて、万全とはいかないが、ようやく発刊にこぎつけた。沈滞していた運動を再興しようと、乾坤一擲の挑戦である。「僕ら数名の新聞でなく、本当に労働者の新聞、同志の新聞として、編集者と読者と総がかりで発達させて行きたい」と呼びかけている。四六四倍判十ページ。題字の下に「労働者の解放は労働者自らの仕事でなくてはならぬ」と、労働運動を促し、その原則を示す標語を掲げた。

一面には、巻頭に大杉の「労働者の自覚」、寒村の詩「君は僕の兄弟だ」と幸徳の墓の写真、それにエスペラント文の欄を設ける。第一次大戦の勃発にたいし、大杉は「戦争に対する戦争」を執筆したほか「カイゼル論」を転載して、欧州の非戦運動を報じ、この戦争の不道理を論じている。エスペラント欄は「各国の同志と連絡を通ずる為め」であり、「近き将来に於て必ずこれが無政府主義者の国際語となる事を信じてゐる」からだ。二面以下には、労働運動関係の記事、外国の社会運動、評論、同志の消息などを掲載、「無自覚な他の人々に伝へねばならぬ」と訴える。

ところが、即日発禁となり、この日の正午頃、印刷所から持ち運ばれるや否や、直ちに全部を没収されてしまう。発禁の理由は、全紙面を通じて

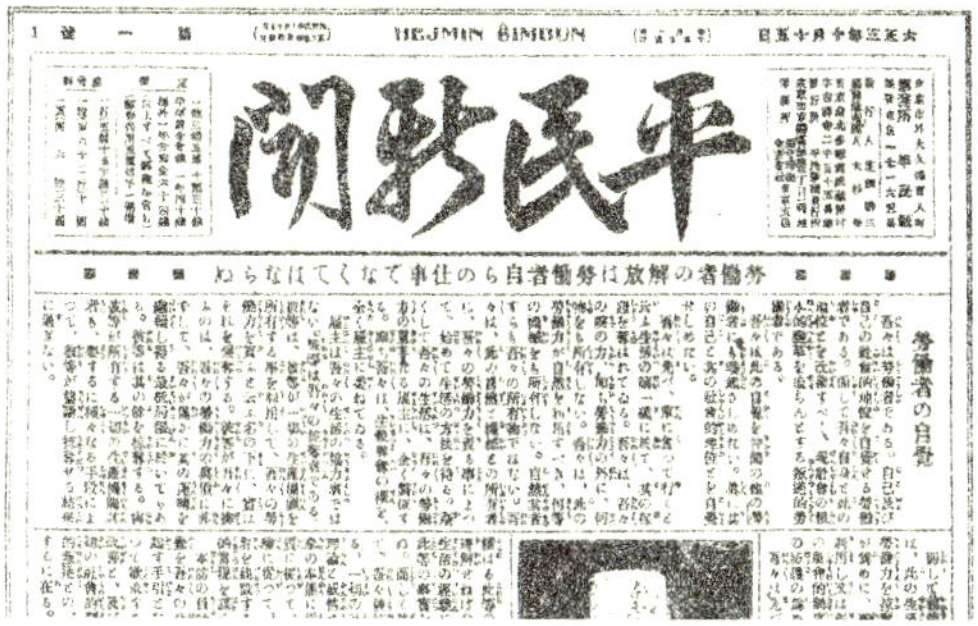
HEIMIN SHIMBUN
平民新聞
労働者の解放は労働者自らの仕事でなくてはならぬ
労働者の自覚

▲…題字は幸徳秋水の筆

安寧秩序に有害だというので、策の施しようがない。

警察のやり口は、起訴はせず、印刷直後に発禁、押収して経済的に追いつめようとする狙いである。当時の特高課長・丸山自身が「当時彼ら主義者の出してゐた平民新聞など、随分辛辣な手段で印刷前にその内容を知る方法を講じて、新聞の刷り上がると同時に、発売頒布の禁止を断行して全部を差し押さへたことなどしばしばあつた」と告白している。ずっと後に、スパイを通じて、事前に内容が漏れていたことが判るが、密偵を仕立てたのは丸山であろう。それとは知らず、以後も苦しめられる。

同情を寄せたのは、先ごろ会ったばかりの伊藤野枝だ。『青鞜』十一月号の「編輯室だより」にこう記す。

〈大杉荒畑両氏の平民新聞が出るか出ないうちに発売禁止になりました。あの十頁の紙にどれ丈けの尊いものが費されてあるかを思ひますと涙せずにはゐられません、両氏の強いあの意気組みと尊い熱情に私は人しれず尊敬の念を捧げてゐた一人で御座います。……〉

大杉はこの文を『平民新聞』第二号に転載し、「僕には彼女の此の文章がどれ程有りがたく感ぜられたか知れない」(「死灰の中から」)と感謝した。大隈内閣の言論弾圧のもと、ほかに声をあげるもののいない中で、若き女性の果敢な抗議の声は、染み入るものがあったのだろう。

著作――「労働者の自覚」、「戦争に対する戦争」、「紳士閥の愛国心」、「支那無政府党」、「平民社より」、「国際無政府党大会」、エスペラント文「僕らの目ざめ」「セン・片山氏」掲載。(『平民新聞』十・十五、十一・十五、丸山鶴吉『五十年ところどころ』)

十五日、自宅にてサンジカリズム研究会を開催。

『平民新聞』への弾圧にたいして「これ位のことでへこたれない。力の限り敵対してやる」と憤りと対抗の意思を述べ、「もう少し金があったら」と嘆いたらしい。紙面に、次のように研究会の案内を載せている。

〈昨年七月センヂカリスム(革命的労働組合主義)研究会を開いてから既に一年余を経た。……今度平民新聞の創刊と共に、吾々はこの会合をもつと旺んにしたいと思つてゐる。成るべく多くの同志諸君、殊に労働者諸君の来会を熱心に希望する。但し、初めての来会者は、同志の紹介を要する。/▽時日　毎月一日十五日午

(1914年10月～11月)

後六時より　▽会費　金五銭　▽話題　米国の革命的労働組合　荒畑勝三／近代工業論　大杉栄〉

十六日、翻訳書『種の起原』（ダヰン著）**を新潮社より出版。**

『近代思想』は収支償い、生活費を確保できたが、止めてからの収入の道と、平民新聞の資金捻出が必要だ。困って中村武羅夫を通じて新潮社に仕事を頼み、『種の起原』翻訳の仕事を得たのが八月。さらに初の論文集『生の闘争』を出版できることになった。当時の新潮社社長・佐藤義亮が経緯を書いている。

〈（大杉が）何かやらして呉れといふので、『種の起原』の訳をたのんだ。出来たのを見るとなかなか立派な訳である。翻訳について長い間苦しみ抜いて来た私は、いい訳を見ると有難くさへなる。そんなことから雑誌の原稿も頼んだり、論文集を出したりしたので、自然氏はちよいちよい来るやうになつた。〉

『種の起原』の翻訳は、九月に月島の海水館に篭居して、四章までを第一編として仕上げた。ただし急いでの仕事で、意にそまなかったらしく、改訳を心掛け、後にフランスにまで持って行く。なお翻訳書はこののちも、生活費に困ると出すようになる。（佐藤義亮「出版おもひ出話」『新潮社四十年』、宮嶋資夫『遍歴』）

二十日、葉山・日蔭茶屋へ行き、十一月上旬ころまで執筆。

『種の起原二』に加え、野依の実業之世界社からル・ボン著『物質非不滅論』を刊行することになり、翻訳の仕事に集中した。しかし、根を詰めて疲れが出る。病に伏して保子が看病に駆けつける始末となった。（読売新聞十・二十四、『橋浦時雄日記』）

三十日、初の評論集『生の闘争』を新潮社より出版。

『近代思想』に発表したものを中心に、これまでの評論と翻訳小説を併せて編集した。

十一月十五日、自宅にてサンジカリズム研究会を開催。

講演は休み、雑談会とする。（調査書）

二十日、十五日付月刊『平民新聞』第二号を発行。二十二日、**発禁処分。**

この号も刷り上がるとき、印刷所に警官が監視する状況。刷了した三千部のうち最初の五百部は、車夫の野沢重吉が大久保の社まで無事に届ける。彼と大杉、保子、寒村の四人で、帯封をし、寒村が田無の郵便局へ持っていくが、警察の干渉か、発送を留め置かれてしまう。次の五百部は、印刷所から運ぶときに、ダミーの包みを一人は日比谷方面へ、もう一人は車で銀座に走らせ、最後に大杉が本物の包みをもって無事に運んだ。残りの二千部のうち千部は、尾行が野沢の俥を見張っているうちに、仲間の車夫に頼んで、J社に運搬し、のこりの千部も野沢が仲間の所へ無事に持ち込んだ。二十二日に警官三人が発禁の命令書を持ってきたので、七十三部を渡す。

しかし配付は、尾行をまいて、工場の外で手渡す方法などに限られた。郵送できないので、大阪、名古屋などには、鉄道小荷物で送った。大阪では逸見直造が、息子・吉三や三郎ら五人の少年を売り子にして、呼び売りをした。横田は送られたうちから、女帯包のように仮装し、小包郵便で福岡の小島守一に送った。名古屋では井上奈良蔵が、自宅に平民新聞取次販売の看板を掲げて頒布したが、警察に止められる。

形は合法的出版物だが、全体が悪いという発禁処分によって、秘密出版と変わらない苦労と工夫が必要であった。

著作――「秩序紊乱」、「万国社会党平和会議招集」、「発売禁止」、「平民社より」、翻訳「平民経済学」（ジュフール）、エスペラント文「D・幸徳の墓」「獄中の同志」掲載。（「発売禁止の記」『平民新聞』十二・十五、『大阪社会労働運動史』第一巻、沿革一）

二十日、翻訳書『種の起原 二』を新潮社より出版。

ダアキン著。原著の第四章（下）から第六章まで。新潮文庫第十六編。

二十三日、翻訳書『物質非不滅論』（ル・ボン著）**を実業之世界社より出版。**

『群衆心理』の著者として知られるル・ボンの「本業たる」物理学における一大発見を、日本で最初に紹介した書。八月三十日付大杉の序によれば「此の一大発見とは、即ち原子の解体と原子内エネルギイとの発見であった。そして此の発見は物質の不滅と云ふ謂ゆる永遠の基礎の上に置かれた科学の建物を、其の根底から転覆する」ものである。

十二月一日、自宅にてサンジカリズム研究会を開催。

フランスにおける労働取引所および労働総同盟に関して講話する。なおこの年、辻潤が奥村博を伴って研究会に参加している。（調査書、宮嶋資夫『遍歴』）

十八日、十五日付月刊『平民新聞』第三号発行。翌十九日、発禁処分。

印刷所は銀座の福音印刷会社。例により、夜十時過ぎに印刷が上がる前から、警官十四、五人が取りまいて厳重な警戒である。大杉はタクシーで突破する方法を思いつく。吉川、渡辺、荒畑、大杉の四人で新聞を抱えて乗り込み、まだ発禁命令がなく、止められない警官を尻目に、囲みを突破して運搬は成功する。

翌日十数名の同志が家宅捜策を受けたが、新聞は出て来ない。吉川と渡辺の分は神田のある菓子屋に隠したが、翌日になってその二階に警部補が下宿していることがわかってびっくり。尾行つきの彼らは取りにゆけない。渡辺がその話を伊藤野枝にすると、すぐに俥で駆けつけ、自宅に隠してくれた。のちにその話を聞いた大杉は、お礼かたがた野枝を訪問する。

この号のエスペラント文欄に大杉は、官憲の仕打ちについて、「迫害にもかかわらず、僕らの仕事を続けねばならない」と、次のように書いている（訳・宮本正男）。

〈幸徳事件以後、四年という月日を、僕らは残虐きわまる抑圧の中で、眠りつづけてこなければならなかった。しかし、いま、僕らは目覚めた。多くの都市、特に大阪では、多数の目覚めつつある同志がいる。さらに、学生と労働者の間で僕らの思想が歓迎されているのを見ている。僕らの思想が、この国でふたたび花ひらくことを、固く信じている。〉

著作――「野蛮人」、「発売禁止の記」、「『新しい英字』」、「平民社より」、エスペラント文「外国の同志諸君へ」掲載。（『平民新聞』一五・一・十五、「死灰の中から」）

三十一日、生活と芸術社の忘年新年会に出席する。

新年にかけて大いにヨタを飛ばし、気炎を上げる会。午後五時より、メイゾン鴻の巣で開かれた。顔ぶれは安成貞雄、荒畑、和気、久津見、青柳有美、山口孤剣、山崎今朝弥、仲田勝之助、西村陽吉、馬場孤蝶、国木田北斗（独歩の弟）、土岐。（『生活と芸術』一五・二）

この月ころ、近藤憲二が来訪、初対面。

『生の闘争』を読み、「鎖をゆさぶるものの力と希望を感じ」て、会いにきた。大杉の応対は、近藤によれば次のようだった。

八端のドテラを着て、マドロスパイプにネヴィカットをつめ、ひっきりなしに吸っている。話すときには大きな目玉をぐるぐる動かし、ひどい吃りで、しばらく金魚が麩を食うときのような恰好をしてから、たたきつけるように話す。近藤が質問しかけると、君はどう思うかね、それで、それで、と逆に訊いてくる。迫られて困ると「それでは君の言うことは、こういうことになるね」と逆襲しながら、ぽつりぽつり意見を言う。この逆手は大杉がよく用いた手で、近藤はその後、他の人が同じ手を食っている場面をたびたび見聞きし、相手の考えをまとめさせる一つの手だと納得する。（近藤憲二『一無政府主義者の回想』）

著作――「『種の起原』に就いて」『新潮』十二月号

この年ころ、朝鮮人留学生・羅景錫と会う。

羅景錫《らけいしゃく》は一〇年、日本に留学。大杉を知って影響を受け、社会主義に希望を見出す。帰国後、三・一運動の計画に参加、二二年九月には、京城日報記者として「信濃川朝鮮労働者虐殺問題演説会」で朴烈とともに報告をした。（羅英均著・小川昌代訳『日帝時代、わが家は』、東京日日新聞二二・九・八）

この年ころ、著作――翻訳「生命の道徳〔道徳無義務無報償論〕」（ジヤン・マリ・ギユイヨー著）。

死後、序論～第二章まで未完原稿のまま発見され、刊行会版全集第六巻に収録。

一九一五（大正四）年――三十歳●

一月十五日、月刊『平民新聞』第四号発行。

尾崎行雄「欧州時局論」など、全ての記事を他紙誌からの転載で埋めて発行した。この号「平民社より」で、皮肉を込めて抗議する。

〈一号二号三号と続けさまに発売禁止を食つたので、こんどは全部転載といふ妙な編集法を試みた。ご覧の通り、第一面は尾崎法相の社会革命論とも言ふべきものだ。これでもまだ、全体の調子が悪いとなると、つまりは尾崎法相が秩序紊乱の筆頭になる訳だ。〉

ほかの記事も、永田星岡（実は堺利彦）「戦乱中に於る欧米の所謂不平党」、安部磯雄「戦後の欧州と日本の労働界」、川合貞一「戦争哲学」、大杉「新事実の獲得」などそれぞれひと癖あるものを探している。転載という奇策によって、当局への抗議のほか、事態をいったん冷却しようとの意図もあったろうか。この号は新聞売り子を雇って、路上販売を大々的に行なった。

著作――「平民社より」掲載。

同日、自宅にてサンジカリズム研究会を開催。

大杉、荒畑とも多忙のため講話は休み。代わりに大杉が上海の師復から送られた『民声』より、クロポトキンの「戦争観」を読み、紹介する。（調査書）

野枝を再訪

二十日ころ、野枝が『平民新聞』を隠してくれたお礼に再訪。

『平民新聞』三号のとき、野枝が自宅に隠してくれたという話を、ひと月ほどのちに聞いて、お礼かたがた訪ねる。新聞も少し入用だった。この前、知的でやさしそうな野枝の眼に、気持が動いた大杉としては好機である。クロポトキンの『麺麭の略取』を土産に持って竹早町へ行った。夫の辻潤を間においた会話を、「死灰の中から」に寸描している。

野枝は近所の友達に預けた新聞を取りに行こうとするが、辻は大杉の尾行が表にいることを言い、大杉も野枝を止める。辻はさらに、幸徳らが出した『平民新聞』を捜索されないかと懸念する。

〈「ねえ、うちにある日刊と週刊のH新聞ね、あれもどうかしなくちやいけないだらう。」

「あんなもの構ふもんですか。」

「なあに、あんなものは見つかつたところで何でもありませんよ。」

僕も彼女の言葉につけ足して云つた。しかしTはまだ不安らしい顔をしてゐた。〉

この会話から大杉は、辻が以前の『平民新聞』を愛読し、全部を保存していることを知って驚く。今までとは違う眼で辻を見るようになった。野枝はまた、大杉らの窮状をみて、せめて用紙だけでも寄付しようと言って好意を示した。

二十四日、日本橋・堺井証券二階での「社会講演会」に出席。

会は前年三月で中絶していた社会主義合同茶話会を引き継いだもので、売文社が中心。のちも時々開き、十一月からは「社会主義座談」と改めて、毎月開催した。

当日の講演は伊藤証信「共有に対する疑義」、馬場孤蝶「文士の取り扱える裁判」。出席者は二十八名。日本橋本石町の会場は、山崎今朝弥が長野県諏訪の同郷のよしみで借り、大杉らの例会もここへ移すことになる。

(『平民新聞』三・十五、調査書)

二十五日、保子が、堺夫妻らと大逆事件刑死者の墓参をする。

管野と奥宮、新村の墓を詣でる。(沿革一)

下旬、馬場孤蝶の衆院選立候補の件で、田中貢太郎に抗議する。

馬場孤蝶が衆議院選挙に、作家の田中貢太郎や生田長江、安成貞雄らに担がれて立候補した。選挙綱領に、選挙権の拡張、軍備縮小、治安警察の撤廃などを掲げた。その推薦広告が万朝報に「衆議院議員候補に推薦す／孤蝶　馬場勝弥君／東京社会主義者有志」と載った。有志とは堺利彦らのグループだが、これを見た田中が、「社会主義の連中が推薦するのは、馬場先生を落選させるものだ」と堺を面罵した。それを伝え聞いた大杉は、和気律二郎を道案内にして、田中の家へ押しかけた。中に入るやいきなり、「馬場先生は馬鹿だ」と言って喧嘩を売った。広告のこと以前に、選挙に立候補させるとは何事か、そもそも選挙制度というものを考えたことがあるのか、と大声でまくし立てたのであろう。田中は大杉の喧嘩早いことを知っているので、強いては対抗せず、和気のとりなしでその場はおさまった。

大杉はここで言わんとした代議政治論を、『早稲田文学』四月号に「個人主義者と政治運動」の題で力説する。敬愛する馬場、生田、安成の三人に呼びかける公開状という形の、長い論文である。具体的に詳述する自由はもたないので、とする論旨は次のようだ。

そもそも政治組織の根幹をなす代議政治とは何かを考えてみよ。「選挙人と被選挙人との間に、および選挙人相互の間に、すき間のないピッタリと接触した関係があるか。……要するに代議政治とは、自治の羊頭をかけて専制の狗肉を売るものである」。議会を通じて、種々の政治的自由を要求しようとの考えには、二重の誤りがある。すなわち、代議政治は自由を与えるものではなく、かえって個人の充実した活動を妨げるものだ。政治的自由は国民の自由と反逆の精神によって、議会からもぎとったものであり、決して議会から与えられたものではないこと。また、参政権によって国民は国政への責任を果たすことにはならず、かえって「人間としての棄権、自らを駄獣化する」にほかならないこと、である。従って有効な政治運動としてサンジカリズムの運動が重要、というのが強調したい本旨である。

この論文には土田杏村(哲学者・評論家)が『新評論』に反論を書き、手紙を添えて掲載誌を送ってきた。大杉はすぐに長文の返事を書く。『早稲田文学』の論文は、主張の僅かに半面を言ったもので、他の半面はこれだと言って、主に自由連合論を論じた。土田はさらに反論したが、これら大杉への通信のために警察の注意人物となり、尾行がつく羽目になったという。のちに大杉を偲んで、述べている。

〈大杉は愛すべき人間だつた。あの人物を、生きた一個の芸術品として見て居るだけでも、少くも生硬無比なるオペラやキネマを見ているよりは気持ちがよかつた。〉

三月二十五日に行なわれた選挙の結果、馬場の得票は二十一票で、最下位より二番目の惨敗だった。茅原華山が下から三番目で、八番目が画家の尾竹竹坡(尾竹紅吉の叔父)の六百三十六票。一位当選者の得票数も、東京市全域で三千百五十六票に過ぎない。

大杉もほかならぬ馬場の選挙だから、神保町の旅館にあった選挙事務所に顔を出して、安成とも会っていたが、冷やかし半分だったろう。（田中貢太郎「馬場先生の立候補」『博浪沙』三〇・七、土田杏村「大杉の古い手紙」『流言』）

一月末、野枝から谷中村鉱毒問題などを書いた長文の手紙が届く。

前回訪問のあと、大杉がローザ・ルクセンブルグの写真入り絵はがきを送ったその返事だ。あなた方の主張には興味以上のものを覚えていること、谷中村鉱毒問題の話を聞いて興奮していること、この問題で辻との距離を感じたこと、大杉の『生の闘争』に感銘したことなど、愛の手紙である。大杉にはその「殊更の表明」が嬉しく、ことに「谷中村」への感激は「どれ程僕を彼女に内的に親しみ近づけたか知れない」。そして「友情を超えた本当の恋らしい情熱が湧き出て来る」。それも同志的な結び合いをともなったものである。しかし「彼女に恋をしてはならぬ」と心に決めていたから、返事は書かず、辻のいるところで話をしようと思う。

この月は、野枝が『青鞜』を平塚らいてうから引き継ぎ、編輯兼発行人となって、青鞜社を自宅に移した時期である。（「死灰の中から」）

取材に来た神近市子

この月、神近市子が東京日日新聞記者として取材に来訪。

神近は東京日日新聞社会部の記者に就職して間もなく、『青鞜』の別派『番紅花《さふらん》』の同人であった友人、宮嶋資夫の妻・麗子《うらこ》を訪ねた。大杉への紹介を「新聞記者として、一度お会ひしておいたほうが好いと思いますので」と頼んだ。大杉の名は社で聞いたのだろう。このとき取材という形で会ったのが、初対面である。やがて伊藤野枝との恋と平行して「三角の」関係を結び、「事件」を生む女性だが、玄関先の軽い会話で終わった。

その後、三、四月頃に今度は宮嶋夫妻と来訪して遊んでいく。そして大杉に勧められるままに、同志の例会やフランス語講習会に出席するようになる。（神近市子「三つの事だけ」『女の世界』一六・六、宮嶋資夫「日本自由恋愛史の一頁」『文学界』五一・五）

著作――「新事実の獲得」『新潮』一月号

二月一日、自宅にてサンジカリズム研究会を開催。

荒畑が講話。出席者十名。大杉は「出席者が少ないのは、会場の場所が不便なためもあるので」と会場の変更を提起した。また、四日に荒川義英が、福岡の伯父を訪ねて東京を発つので、途中、名古屋の井上奈良蔵を訪問するように依頼。荒川は、五日と六日に彼を訪ねて、東京の同志の動静を伝え、意見交換をした。（調査書、沿革二）

上旬、茅原華山が来訪。欧州の社会主義、サンジカリズムについて対論。

華山が『第三帝国』二月五日号に発表した「『農村革命論』を読む」について話し合いたいと往復はがきを送り、約束の日にやって来た。彼が、社会主義やサンジカリズムは「外国的のもの」であって、日本が欧化しない限り、これらは日本に根づかない、などと論じたので、討論のための面談である。欧州の社会主義、サンジカリズムを主題に、約二時間議論したが、決着はつかず。大杉は時事新報に「茅原華山を笑ふ」と題して論駁し、対して華山は「大杉先生に謝し奉る」と題して戯文調の反論を書いた。直後、華山は感想として「（論争は）私に於ては寧ろ願はしくないことであつた。……大杉氏に望む、私のやうな模範落選党などはこれから構つて下さらないことを。唯私が時々君を訪ねるのを許してください」と記している。

が、間もなく大杉はふたたび華山を構う。華山が『第三帝国』八月号に、欧州では資本家の横暴や圧迫から労働問題が起きるが、日本には主従に人間的関係をもった抱合的精神があるから、この基調から解釈すれば労働問題は容易に解決される、などとまた日本の事情論を言い立てたからだ。すかさず「再び茅原華山を笑ふ」を書き、「いかさまとこけおどし」「虚偽の材料と命題とに充ち満ちた」論だと叩いている。

大杉は文中で「何事でも知つたかぶりをするバ崋山」などと毒舌を浴びせているが、『第三帝国』同人の会食に招待されて、神楽坂の料亭ですき焼きを食べるようなときも、華山とはけんか腰で議論する間柄であったという。二人とも吃りだから、まくし立てる論争にはならなかったろうが。（茅原華山「大杉栄先生に謝し奉る」時事新報二・二十六、瀬田佐武郎『瀬田佐武郎の一行詩』）

十日ころと二十日ころ、辻潤宅に野枝を訪問する。

野枝にたいする「恋の熱情」を何らかの形で伝えようと思うが、「当人の前でその人に感激したような言葉はとうてい言えない」し、辻のいる前だからなおさら遠慮もある。『平民新聞』の印刷を、どこにも断られて困っている話をすると、野枝は『青鞜』の印刷所に紹介状を書いてくれた。果たしてそこでは快く引き受けてくれ、第六号発行の運びとなる。（「死灰の中から」）

十三日、翻訳書『種の起原 三』を新潮社より出版。

ダアキン著。原著の第七章から第九章（上）まで。新潮文庫第二十八編。

平民講演会への発展

十五日、サンジカリズム研究会を平民講演会に発展させ、第一回を日本橋本石町の堺井証券二階で開催。

『平民新聞』が連続発禁、押収の弾圧によって、目的を達することができないので、例会を拡充させることにする。名称と会場を変え、広範な問題を取り上げて、新入会者を受け入れるよう門戸を広げた。労働者を引きつけ、運動を前進させる橋頭堡の意図であったろう。はたしてこの日は、新顔の労働者や学生が多く、三十二名が参加した。横浜から中村勇次郎、加藤治兵衛、小池潔が出席。

荒畑は開会の辞で、単なる研究会に終らず、研究によって得た知識と勇気とをもって実社会に行動されることを希望する、と述べた。演述は大杉が「代議政治論」を約一時間論じ、荒畑が「愛国心論」を、それと和気律次郎が話した。以後、毎月一日と十五日に開催することとする。

研究会はメイゾン鴻の巣でもやったと、宮嶋資夫が『遍歴』に書いている。

〈研究会はその頃は、来会者が多くなつて、大杉の家では手狭になったので、一二回鴻の巣の二階を借りてやつたが、山崎今朝弥の斡旋で、日本橋の堺といふ、貸席を借りた。和気律次郎なども来た。辻潤はその会で障子社の展覧会の宣伝をした。〉(『平民新聞』三・十五、沿革一、調査書)

十六日、十五日付月刊『平民新聞』第五号は印刷中に全部を押収される。

印刷中の発禁、差押え処分であった。十数名の警官がいきなり印刷所へ押しかけ、まだ印刷中の半分刷り上がった全部を押収した。組み版も、目の前で解版させられる。苛烈にして横暴。内容如何にかかわらずの、処分というより妨害というべき仕打ちだ。そのため一部も残されない幻の号となって、今日まで内容不祥のまま。官憲の「調査書」によれば、「選挙を嗤ふ」と題する論文が掲載されていた。大杉が執筆し、十五日の平民講演会で講じた「代議政治論」を踏まえた内容であったと推測される。(『平民新聞』三・十五)

抗議のデモ行進

十七日、『平民新聞』発禁、押収に抗議し、サンドイッチ・デモをする。

抗議デモは大杉が提案。それぞれ背と胸とに「平民新聞、一一三号発売禁止、五号印刷中全部没収」と大書した大判の板紙をかけ、列を組んで行進した。参加者は、大杉、荒畑、宮嶋夫妻、山鹿、有吉、野沢、市毛(野沢の車夫仲間)、相坂の九名。宮嶋の妻・麗子は妊娠七カ月の腹にボール紙をぶら下げた。「大杉は寒い風の吹く中を歩きながら『頼まれたんぢやとてもこんな事はできないね』と笑って言った」と、山鹿が述懐している。銀座のカフェ・パウリスタ(注)に集合し、日比谷から小川町へ出て、神保町、水道橋、壱岐殿坂、本郷三丁目、湯島切通、上野広小路から須田町へと、道々約一千枚の本紙第四号を配付して歩いた。須田町は夕刊売りの少年が、『平民新聞』第四号を警官に強奪されたところ。荒畑が司法相・尾崎行雄に抗議する演説をし、革命歌を歌い、「無政府主義万歳」を三唱して解散とした。寒い日で、日も暮れかかっていたが、昼飯も抜きだった。だれ言うともなくそば屋に入って、かけそばを食べ、大杉が払った。

これだけの活動も無事にはすまず、山鹿は知られて東京電灯会社を馘首されたし、相坂はこの件で野依秀一と喧嘩をして、実業之世界社を出されてしまった。報復に二人は、『平民新聞』禁止号の配付を始め、一週間にわたって各地の工場入り口に出没し、数千部を捌いた。大杉が見張りに立つこともあったが、遂には捕えられ、しかし猛抗議により失職との棒引きで事無きを得た。山鹿は失業したので、神楽坂で古本の夜店を始めた。本の仕入れに、大杉の紹介で土岐のところへ行き、新本の贈呈本を大風呂敷に包めるだけの量を一円で買い、大いに儲けるようなこともあった。(『平民新聞』三・十五、山鹿泰治「追憶」前出、宮嶋資夫『遍歴』)

(注)「パウリスタ」は一一年十一月、南鍋町二丁目(現、銀座七丁目)時事新報社前に開店。ブラジルから直輸入のコーヒーが専門で、黎明期から現在まで続いている唯一の喫茶店である。

二十三日、『種の起原』翻訳のため新佃島の旅館・海水館に宿泊。二十四日、そこへ岩佐作太郎が来訪、初対面。

岩佐は前年六月に米国より帰国し、郷里の千葉県棚毛(現・長南町)で農業に従事していたが、二十一日に上京した。堺と面談し、二十三日に大杉の家を訪問するが、留守のため荒畑と会い、大杉の滞在先を聞いて来訪した。運動の実情を見聞に来たのであろう。二十七日に帰郷したが、三月二日に大杉宛、次のような手紙を寄せている。

〈諸君の奮闘、諸君の生活の一端を窺ひ得たは何より嬉しかつた。只遺憾なるは直ちに馳せて諸君の驥尾に付いて諸君の重荷の一端を分ちたいが、それは却つて諸君の足手まといとなるのみのことである……〉(宮嶋資夫『遍歴』、沿革一、調査書)

著作――「一月の創作壇」『新潮』一月号、「茅原華山を笑ふ」時事新報二・十九~二十二(四回)

(1915年2月)

4 —「日蔭茶屋」の苦水

1915（大正 4）年 3 月〜 1917（大正 6）年 11 月

▼…15 年 9 月 15 日の平民講演会。前列左から、吉川守圀、相坂佶、荒畑寒村、大杉栄、堀保子、宮嶋資夫、川上真行、古川啓一郎、渡辺政太郎。後列・有吉三吉、斉藤兼次郎、山鹿泰治、宮嶋麗子、林倭衛、浅枝次朗

『平民新聞』を倒され、『近代思想』を再刊するが、これも発行できたのは最初の号だけ。相次ぐ発禁で経営的に行きづまり、編集や発行形態をめぐる同人間の内訌や、大杉の会計処理に対する不満が表面化し、荒畑とは隔絶、雑誌は廃刊となる。窮境のうちに神近市子との淡い恋に陥り、さらに伊藤野枝への思慕を募らせるという、もう一方のもつれ合いを引き起こしてしまう。結果は葉山・日蔭茶屋で神近に咽喉を刺される事件となり、同志から離間され、ほとんど孤絶の状態に。原稿も締め出されて、野枝との共同生活は困窮そのものの苦境に追われる。

密告者がいるらしい

三月一日、午後六時より、日本橋・堺井証券二階で平民講演会を開催。

荒畑が「愛国心論」、大杉は「米国社会労働党の宣言」を話し、ほかに山鹿、宮嶋、渡辺が演述した。参加者から会費を取ると公会とみなされるので、大杉ともう一人が五十銭ずつを出し、茶菓代と会場費に当てた。雑談のときに大杉は、この会の誰かその筋に密告した者がいるらしいと指摘したが、有吉のスパイ活動には気づいていない。出席者は岡野辰之助、吉川守圀、斉藤兼次郎、林倭衛、島田一郎、山鹿泰治、宮嶋麗子、服部金五郎、辻潤、有吉らで計三十二名。(『平民新聞』三・十五、調査書)

中旬、『種の起原』翻訳のため葉山・日蔭茶屋に滞在する。

宿帳で知人の福富菁児《せいじ》が同宿していることを知り、親しく交流した。福富は旧姓・加藤といい、父親は軍人で、長兄が新発田時代の大杉の友人。奇縁なのは、大杉の継母・かやが父・東の死後、予備陸軍少将であった彼の父・加藤丈の後妻となり、彼の継母にもなったことである。この母は加藤家に入っても意地悪で、少年の彼を虐げ、大杉を「悪人」だと言って聞かせた。そこで彼は、母が大杉を悪人だと言えば言うほど、善人だと

(1915年3月)

思うようになったという。

このとき十八歳。画家志望だったのを作家志望に転換した時だが、神経を病んで、保養に来ていた。宿では、仕事の合間にお互いの部屋を訪ねあい、船に乗ったり、散歩に出たり、数日をともに過ごした。宿の前の小山にもよく登った。上が芝生で四阿《あずまや》があり、江の島や相模湾がよく見下ろせた。ある日、大杉はたばこに火をつけたついでに、枯れた芝生の二、三カ所に点火し、それが見る見るうちに燃え広がった。海風にあおられて、山全体に広がりそうに思えて、彼はあわてて踏み消しに回ったが、大杉は平然としていて、面白そうに眺めていたという。いつも刑事が見え隠れに尾行していた。

以来、福富は親炙し、何度も訪ねて来るし、往復書簡も「随分沢山になつた」。フランス文学研究会には二回だけだが出席し、労働運動社を訪問したのちは、警察と憲兵から監視されるようになった。最後に会うのは大杉の死の一カ月前である。（福富菁児「優しかつた大杉栄」『文章倶楽部』二八・十一）

十五日、午後六時より堺井証券二階で平民講演会を開催。

大杉と安成貞雄が講話。大杉は以前訪ねてきた近藤憲二に会の案内を送り、この回から彼が参加している。話がすんで雑談のとき、大杉が、ちょっと、といって近藤を手招きし、発禁になった『平民新聞』を一揃い渡した。彼はこれをずっと保存し、八二年に黒色戦線社が復刻、出版した。現在読むことのできる『平民新聞』は、この時のものだ。出席者はほかに、百瀬、吉川、宮嶋夫妻、渡辺、斉藤、山鹿、有吉、橋浦時雄、荒川義英、林倭衛、堀保子ら二十二名。（近藤憲二『一無政府主義者の回想』、調査書）

二十日、十五日付月刊『平民新聞』第六号を発行。翌日、発禁処分を受け、廃刊を決意。

印刷所に断られて発行が遅れたが、野枝の紹介による『青鞜』の印刷所で刷り、官憲の目を逃れることができた。記事は三ページだけ。しかしこの号も、内容如何に関わらずの発禁となり、荒畑と相談して発行を断念する。のちに暴露したスパイ・有吉のために、警察に裏をかかれ、秘密出版物なみの精力を注がなければならない。相次ぐ発禁で委託販売もできず、経済的にも行き詰まっていた。「もうとても続けてやつて行くことができなくなつた」のである。

しかし、同志の機関誌を全くなくしてしまうわけにはいかない。相談の結果、後身として、横浜の中村勇次郎・板谷治平らが『解放』を四月二十五日に、吉川守圀らは『労働者』を五月二十五日に、それぞれ月刊誌として創刊する。

著作――「労働者の新聞」、「囚人」、「平民社より」(「死灰の中から」、沿革一)

二十二日、銀座ヴィアナ・カフェで行なわれた『生活と芸術』誌の座談会に出席。

「楠山・荒畑二氏の会見」に大杉ら立会人が加わっての座談会である。楠山正雄が読売新聞文芸欄に書いた「ハプスブルク王家の終わり」に、荒畑寒村が『生活と芸術』誌上で反論した。楠山は『時事新報』でさらに反論したので、荒畑が楠山に会見を申し込み、土岐哀果と柴田勝衛が斡旋して実現した。大杉と安成貞雄が荒畑の立会人になり、楠山は立会人を立てず、堺が問題の理解者という立場で出席した。

楠山の主張は、アナキズムの運動は世間を騒がせ、権力階級を暗殺したりして、かえって保守的反動の政策を招く、という。これに対して、荒畑はアナキズムの誤った解釈であり、侮辱するものだと噛みついた。この日の論争は水掛け論の様相で、発展しないままに終わった。最後にそれぞれが感想を述べたなかで、大杉は荒畑の肩をもち「楠山君が一番初めに書いた感想は単に感想に過ぎない、論理上矛盾のあるものであると云ふことだ。そこでさういふ一時の感想を遠慮なく発表することは人格に関することではないか、その反省を求めたいと思ふ。第二に楠山君が『生活と芸術』に書いた文章も、……単なる憤激に対する憤激で、大した値打のあるものでない。そうするとこれも又そんなものを公表することは人格に関することかと思ふ」と述べた。安成が言うように「検事の論告的」な断じ方だが、「アナキズム」を我流に規定してそれを非難する、という論法によって荒畑を傷つけた「人格」の問題を指摘したのである。(「楠山・荒畑二氏の会見」『生活と芸術』一五・四)

二十三日、『平民新聞』廃刊を警視庁に届け、発禁処分に抗議する。

官憲の記録によれば、大杉は次のように述べたという。

〈日本の様な国に生れて来た事をしみじみ不仕合せだと思ふ。小学校の時は日本は難有《ありがた》い国だと能く教へら

(1915年3月)

れたが、生長するに連れて益々難有くなくなる、思想の発表と云ふ事は僕等の生命で、之が出来ないと云ふ国程不幸な国はない、僕の立場から言ふと、日米戦争でも始まつて、米国に占領征服されて其の属領となった方が、幾何か幸福か知れない、思想発表の自由を憧憬して止まない、平民新聞を廃刊するに就いて、つくづく之を思ふ〉（沿革一）

二十六日、『青鞜』の印刷所で野枝を待つ。葉山・日蔭茶屋へ行き滞在。

野枝に対する思いは募っていた。『新公論』から依頼された「貞操論」は、野枝に宛てる公開状の形式をとり、「僕の今つきあつている女の人の中で、最も親しく感ぜられるのは、やはりあなたなのです。……あなたに話しかける事が、最も僕の心を引き立たせる」と書いて寄稿したばかりだ。

自宅には辻がいるので野枝だけに会う方法を考え、『青鞜』の校正に来る頃だと思いつく。前日に神田西小川町の印刷所・大精社へ行って聞くと、この日の二時ころ来るはずという。葉山へ行くことに決めてあった日だが、旅支度をして印刷所で待った。しかし、四時まで二時間待っても現れず、置き手紙をして発った。

日蔭茶屋には「保養かたがた負債になつている原稿を書きあげるために」行ったのだが、風邪を引いて熱が出たのと、野枝のことが思い出されて、翌日も、翌々日も仕事が手につかない。「少々癪にさわつて、女中を三、四人集めて、酒を飲ませて歌を唄はせて馬鹿騒ぎして見たが、ちつとも浮かれて来ない」。ついに「恋に落ちた」のだ。

熱が高くなりそうなので東京へ帰ると、間もなく待っていた野枝からの第二信が届いた。そして彼女の、ことに谷中村問題への生気ある情熱に感激する。

〈僕が彼女の手紙によつて最も感激したと云ふのは、要するに僕が幻想した彼女の此の血のしたたるやうな生々しい実感のセンテイメンタリズムであつたのだ。本当の社会改革家の本質的精神であつたのだ。僕はY村の死灰の中から炎となつて燃えあがる彼女を見てゐたのだ。〉

「谷中村」に憤慨する野枝を、夫の辻は幼稚なセンチメンタリズムと一笑に付したのに対し、大杉が「実感のセンチメンタリズム、社会改革家の本質的精神」として認める、この相違を彼女は、仕分け弁のように感じたかもしれない。

大杉はこの手紙によって、「先の情熱をさらに倍加され」、その恐ろしさに手紙を書くことも、二人で会うことも止め、家を訪問することにする。月に一回ぐらい行っては、辻潤とスティルナーの話をした。野枝は駄々をこね、甘えを言うようになって、自分の妹であるような気がしてきた。しかし、野枝と辻は、第二子・流二出産のため、七月から野枝の郷里・今宿（福岡県糸島郡今宿村。現、福岡市西区今宿）へ行くことになり、訪問は中断する。（「死灰の中より」）

二十七日、平民新聞の廃刊事情を説明した書信を発送する。

荒畑と連名で、購読者と同志宛に発送した。（沿革一）

著作──「書斎に対する希望（アンケート）」『新潮』三月号、「Sans-Patrie の祈祷」（稿末日付による。『世界人』一六・四に掲載あり）

四月一日、午後六時より、堺井証券で平民講演会を開催。

大杉は裁判制度などについて講述。ほかに荒畑、堺、山鹿、宮嶋が話した。出席者二十五名。（調査書）

三日、翻訳書『種の起原　四』を新潮社より出版。

ダアヰン著。新潮文庫第三三編。

七日ころ、荒川義英の案内で、生田春月が友人の江連《えづれ》沙村と来訪。

春月は荒川から借りた『近代思想』を読んで、大杉の思想をもっと深く知りたいとやって来た。初対面の大杉を「情熱よりも理知のよく発達してゐる事を思はせる彼のよく整つた顔は、温かに衆を抱擁する事の出来る度量を示してゐた。また彼の筒袖を着た身体は監獄で病気を授かつたといふにも拘らず、何処かしつかりした、ねばり強さを見せてゐた」と自伝的小説『相寄る魂』に書いている。

大杉は打ちとけた態度で「君は社会学の本を読んだことがありますか」と訊き、フランス文学の話から、ゾラやアナトール・フランス、そしてベルグソンやソレルの話に移り、さらに話題はサンジカリズムへと転じる。そこから自説の社会的個人主義を説いたが、春月は「抽象的、哲学的な説明にはまだはつきり会得の出来ないところもあつたが」、奴隷的境遇にあるものの忍辱の不徳を説明したときには「同感せずにはいられなかった」。このあと江連が大杉所蔵の刀やバクーニンの額のことを訊いたり、本を借りたりして二人は帰った。

江連沙村は佐藤春夫「都会の憂鬱」の江森渚山のモデルになる人物。大杉の死後、馬場孤蝶が、大杉を「憐れみの心の深い人」であった例として、江連に対したことを書いている。

〈身寄りも、さして友だちもない江連沙村が病気になつた時に、大杉君は刑事に頼んで、直ぐ施療院に入れて呉れた。江連の最後の病気の時にも、大杉君が同じやうに世話して、施療院へ入れて、其所で生を終はらして呉れたやうに聞いてゐる。江連は知人間にいろいろ世話をかけた男であつたので、余り親しくない大杉君にさへ世話をかけたことが可なりあつたらうと思はれるに拘らず、大杉君はそれ等のことに就ては、吾々には殆ど一言も云はなかつた。〉（生田春月『相寄る魂』、馬場孤蝶「善き人なりし大杉君」前出）

十二日、大杉・土岐の発起により与太会をメイゾン鴻の巣で開く。

友人たちとの久しぶりの夜の会合。荒川義英が、出席者は「安成貞雄・二郎兄弟、堺、荒畑の常連のほかに中村武羅夫、生田春月の新顔触があった」と伝えているから継続的に開かれたようだ。「近代思想社談話会と銘打つても、大抵ヨタ会になるのが落ちであるこの会合に、ヨタ会と銘打つたのだから、その混状は推して知るべし」という放談会だった。ほかに山口孤剣と和気律二郎が出席。帰途、数人連れ立って呉服橋まで歩くうちに、大杉は振りかえって春月に「今度、ゆっくり語ろうじゃありませんか」と話しかけている。この会にも誘ったのであろう。気の合うところがあって、こののち折りにふれて訪ねあう交際がつづく。（荒川義英「与太会の記」『反響』一五・五、生田春月『相寄る魂』）

十五日、午後七時より、堺井証券で平民講演会を開催。

中国のアナキスト師復が三月二十七日に上海で死去。山鹿がそれを悼む発言をし、つけ加えて大杉は「中国留学生の同志が一時三十名ほどいたが、全員帰国した。その後軟化したものや買収されたものもいる中で、熱心なる同志の師復を失ったことは実に悲しい」と追悼した。（沿革一）

中旬、吉川守圀と相談し、雑誌『労働者』発行を決める。（調査書）

二十六日、帝劇にて「飯」を観劇。秋田雨雀がエロシェンコを紹介。

「飯」は中村吉蔵作で芸術座公演、松井須磨子が出演した。秋田はエロシェンコをよく劇場へ連れて行き、知人たちに引き合わせた。この日、幕間に大杉と会って紹介するとき、「この人は社会改良家（レフォルミスト）だ」と言ったのが、大杉は気に入らず、挨拶もしなかった、という。アナキストというのを躊躇したものか。（尾崎宏次編『秋田雨雀日記』、山鹿泰治「たそがれ日記」『リベルテール』七二・五）

著作――「処女と貞操と羞恥と」『新公論』、「個人主義者と政治運動」『早稲田文学』各四月号

五月一日、午後八時頃より、堺井証券で平民講演会を開催。

大杉が労働者の直接行動について講演。出席者二十一名。中村勇次郎らが発行した雑誌『解放』第一号を参加者に配付した。大杉の「生の創造」を転載するなどして、『平民新聞』の後継誌を目指したが、六月発行の第三号をもって廃刊となる。（調査書、沿革）

十五日、午後七時より、堺井証券にて平民講演会を開催。

荒畑、大杉がロシア革命について講演。横浜から中村勇次郎が参加し、この日発行の『解放』第二号を出席者に配付した。出席者十五名。（調査書、沿革一）

著作――「自我の棄脱」『新潮』五月号、「露国革命運動史（下）」『政治及社会』五・十五（第三号）

（注）『政治及社会』への寄稿のうち、「露国革命運動史（下）」のみ現存している。ほかに同誌広告で大杉の著作を確認できるのは、第一号（三・十五）の「独逸社会党の態度」、第二号（四・十五）「露国革命運動史（上）」、第六号（九・一）「再び茅原華山の愚を笑ふ」。（仲間洋一郎「二つの幻の雑誌――『人物』と『政治及社会』」前出）

六月一日、午後八時頃より、自宅にて平民講演会を開催。

警察の干渉によって会場の使用を断ってきたため、自宅で開催した。大杉は日本での社会主義運動の経過について述べ、『平民新聞』はわずか六号で廃刊したが、地方で多数の読者を得たし、運動の萌芽も見られることを話した。

官憲の記録によれば、その後、先の『労働者』発行に関して大杉と荒畑に対し、古い同志をさしおいて宮嶋を編集・発行人としたのを不満とする声が出た。対して、入獄してもという意気込みの者が見当たらなかったのだ、陰で不服を言ったのは卑怯ではないかと抗弁。悶着は収まらず、七月十日発行の第二号を以て中絶するのは、この異議が原因と思われる。不満組は相坂、百瀬、荒川、有吉ら。ほかに荒畑、山鹿、宮嶋など出席者二十一名。二、三、五日の夜、山鹿、相坂、有吉、百瀬は隠しおいた『平民新聞』一～三号を砲兵工廠の門外で配布し、演説する。が、七日に残部を差し押さえられた。(調査書、沿革一)

十五日、水道端の平民倶楽部で平民講演会を開催。

平民講演会の会場を確保するため、小石川区水道端二―十六の大下水彩画研究所を借り、ここを平民倶楽部と名づけた。「雑誌の代りに集会の方を本物にするつもり」で、同志交流の場とし、小さな図書館を設けるつもりだった。宮嶋資夫の義兄・大下藤次郎(一一年没)のものだったが、宮嶋夫妻と山鹿、相坂が住み、大杉は家賃を稼ぐため「仏蘭西文学研究会」(以下、「フランス文学研究会」と記す)の看板を出してフランス語の講義を始めた。この日の例会は午後七時半開会し、荒畑がロシア革命について講話。出席者二十四名。(「死灰の中から」、「復活号」『近代思想』一六・十、調査書)

フランス語の生徒たち

十九日、平民倶楽部にて「フランス文学研究会」を始める。

初等科はフランス語初歩、高等科は小説・評論などの講義をした。会費はともに月一円。初等科は毎土曜日午後一時から四時まで、テキストは暁星中学校編『初等仏語撰文読本』を用いた。高等科は毎土曜日午後六時から九時まで。テキストはタルド『模倣の法則』、メーテルリンク『パッセ』、エンゲルス『家族私有財産及び国家の起源』（仏訳）の「家族」の部分、ジョルジュ・ソレルの抜粋など。神戸でフランス語学校に学んだ安谷寛一にタイプを頼み、毎週送ってもらった。

安谷は『近代思想』の読者だったが、大杉のフランス語講習会を知って、どんなものをやるのかと問い合わせてきた。返信にメーテルリンクの『パッセ』を送ると、タイプが見にくいからと、大杉の種本を安谷が作成して送ることになったのだ。以後、書信のやり取りを続け、顔を合わせるのは三年後である。

会は翌年五月までの一年間で閉じることになるが、生徒に宮嶋夫妻、神近市子、青山菊栄、尾竹紅吉、西村陽吉、山田吉彦（きだみのる）らがいた。青山は津田英学塾の同級生・神近が連れてきた。十月ころ、慶応の学生・野坂参三が、サンジカリズム研究のためにフランス語をマスターしようと、友人の岡とともに研究会に出席している。ほかに帝大生・秦豊吉（のちの帝国劇場社長）がいた。三月に出会った福富菁児も、一時入会して出席したことがある。（読売新聞六・九、『生活と芸術』一五・七、安谷寛一「大杉栄と私」『自由思想研究』六〇・七、きだみのる『人生逃亡者の記録』、野坂参三『風雪のあゆみ』）

二十日、二十五日、酒田より斉藤恵太郎が来訪。

斉藤は徴兵のため十二月の入営を控え、「個性を蹂躙してしまふ怖ろしい力が刻々と迫る」（書簡）ことに苦しんでいた。「夢のやうに欣求してゐた自由」を奪われるくらいならと、自死を決意して上京してきた。死の前に、自分への「理解を助けてもらおうとして」の訪問である。しかし突然のことで、二十日は大杉の都合により話ができず、二十五日に再訪するが、胸中を率直には語らなかった。「生きられるだけは生を続けたい」などと「心にもないことばかり」話し、大杉の対応も当然、死のことまでは及ばない。ところが彼は、この日の夜行列車に乗って宇都宮に泊まり、翌日、日光剣が峰で自殺を図るのである。人事不省になるが、蘇生して一命をとりとめ、顛末を大杉宛の手紙に書く。「これからは生きてゐようと思ひます。……選んだのは先生の御歩みになつてゐる道です」と。

斉藤は酒田に帰り、地元の月刊誌『木鐸』八月号にアルツイバセフ作『労働者セヰリオフ』の紹介文を寄稿するが、これが朝憲紊乱に問われる。大杉は『近代思想』十一月号に「秩序紊乱」と題して、慨嘆している。

（1915年6月～7月）

〈斉藤氏は直ちに山形の未決監に投ぜられて、目下公判中なりと聞く。アルツイバセフ作『労働者セキリオフ』は、嘗つて其の全訳によつては些かの秩序をも紊乱する事なかりしが、今や僅かに一頁半の其の内容の紹介によつて秩序を紊乱す。しかも其の紊乱の主因は僅かに十行の無政府主義の説明にありと云ふ。

僅かに十行の無政府主義の説明を以て、我々は此の大日本帝国の秩序を紊乱するに足る以上、我々は最早、此の大日本帝国の基礎の如何に薄弱なるかを疑はざるを得ない。〉

斉藤は結局、禁固一カ年、罰金百円の判決を受け、十二月から兵役ならぬ仙台監獄に服役する身となった。（斉藤恵「兵役自殺更生」『近代思想』一五・十、沿革一、堀切利高『夢を食う』）

下旬、『佐渡日報』の平岡栄太郎が上京し、渡辺政太郎と来訪。

平岡は一八八三年、佐渡・相川町生まれ。一四年に創刊した『佐渡日報』の発行兼編集人。上京後、渡辺と同行して、堺、大杉、荒畑、宮嶋、吉川らを訪問した。のちに神戸の新聞社に勤め、日本印刷工連盟の労働運動に活動したが、二二年五月に、佐渡鉱山で二週間におよぶ同盟罷業が起こると、佐渡へ戻って指導した。（沿革一、『佐渡相川郷土史事典』）

著作――「岩野泡鳴氏を論ず」『新潮』六月号

七月一日、平民倶楽部にて平民講演会を開催。

エロシェンコが、ロンドンでクロポトキンに会見した模様をエスペラント語で話し、福田武三郎が通訳した。荒畑、相坂が講話し、相坂は『解放』第三号を配付した。出席者二十一名。（調査書）

四日、土岐と赤坂演伎座で「金色夜叉」「死の勝利」を観劇。

近代劇協会は三月から、通俗劇と翻訳劇の二本立てという方針をとり、この回も、一条汐路のお宮、伊庭孝の間寛一、沢田正二郎の荒尾譲介という配役で、新演出による上演だった。「死の勝利」はソログープの戯曲。劇場で秋田雨雀とエロシェンコに会う。（『秋田雨雀日記』）

十日、翻訳書『種の起原　五』を新潮社より出版。

ダアキン著。新潮文庫第三十七編。全訳を完了する。

十五日、七時より平民倶楽部にて平民講演会を開催。
大杉、荒畑が兵役制度否認及び徴兵忌避に関する講話。出席者二十一名。（調査書）
八月一日、七時より平民倶楽部にて平民講演会を開催。
荒畑「日本における労働運動」、大杉「個人主義の進化」と題し講演。席上、大杉は大逆事件の受刑者・新村善兵衛が出獄し、手紙を出したところ元気なようすで近々上京の予定と報告。また、古川啓一郎が友愛会に対抗する組織をつくることについて発言したのに対し、友愛会の運動は非常に生ぬるいが、労働者に僕等が口を出すのでなく、まずは彼ら自身にやってもらいたいなどの意見を述べる。出席者二十名。（調査書）
十二日、溜池の売文社を訪問。百瀬晋らも来て、同人と雑談。（『新社会』一五・九）
十五日、七時より平民倶楽部にて平民講演会を開く。
荒畑が「英国における労働運動」に関して講演。大杉は休講。中国人・呉塵ら出席者二十二名。呉塵は師復とも交際のあった長崎在住の医学生。この会に出席して鉢植・テーブル等を寄付した。大杉が長崎にいる深町作次を紹介し、交流するようになる。のち同市の中国留学生とともに「日支軍事協定」反対運動を起す。（調査書、小野信爾『五四運動在日本』）
この月、荒川義英、佐藤春夫をしばしば訪ね、二人も来往する。
佐藤春夫とは生田長江や馬場孤蝶の家でよく顔を合わせた旧知の間柄。荒川は佐藤の家に押し掛け居候をしていたが、この月、近くの西大久保に転居してきたので、しばしば訪ねるようになり、親密になった。喘息を病む荒川の見舞いをかねてだが、佐藤も荒川とともに月に一度くらい来訪した。佐藤は前年十二月から帝国劇場の女優・川路歌子と同棲中。当時の大杉をこう書いている。
〈大杉は荒川が病気になっていると、特にしげしげ足を運んだ。見舞いのつもりなのであろう。そうして、「せっかくの愛の巣が、こんな病人に占領されて施療病院のようになり、奥方が看護婦代わりに追いまわされるのではご当家も定めしご迷惑なお話で、お察し申し上げますよ」
などと笑って帰る。はじめはからかっているような調子であったが、春から夏にかけておおよそ百日あまりも、荒川がいる間に、月に一度は必ず十日ぐらい寝つくのを見ると、さすがに、じょうだんではないと思ったものか「この浮浪人は、一時僕の方へ引き取って置くことにしましょうや」とあっさりそう言って、病み上がりの荒川を散歩につれ出して行った。

大杉はいや味のないさっぱりとした、小気味のいい男であった。談論風発の人ではなく、こんな快活に酒脱な話し手で、彼はファブルの昆虫記を愛読書といい、引っぱられる毎に各国訳のこの本を読む。ほとんど暗誦しているから、知らない言葉でもわかってしまって、その国語をおぼえる、別荘ほど勉強にいいところはない。君なんかもちょいちょい行くとよいぜ。荒川もそのうちに一度誘って行って、別荘の有がたみを味わわせてやりたいと思っているなどと、大杉の話しっぷりは、どこから本当なのか、戯れなのかけじめがつきにくい。〉

（佐藤春夫『詩文半世紀』）

著作——「僕の社会観」『第三帝国』八・十五

十七日、福富菁児宛に書簡。

福富の継母死去を知っての送信で、宛先は本名の「福富八郎様」である。『書簡集』に未収録なので、全文を引用する。

〈いつか葉山を去つてから、暫くして又行つたのでしたが、御帰りのあとだつたので、失望しました。母上ご逝去のよし、普通ならば御悔みを申上げなければならぬのですが、加藤家の皆々様の幸福のため、却つて御喜びの祝辞を申上げます。／御上京の時は是非御出で下さい。〉

福富と三月に葉山の日蔭の茶屋で偶然出会い、下旬にまた行ったのだが、引上げた後だった、というのが最初の文。母上の逝去を御喜び申上げる、という奇妙な文は、かつて大杉の継母でもあった彼の母が、意地悪で腹黒い女であったことを、よく知っていたからである。（福富菁児「優しかつた大杉栄」前出）

九月一日、七時より平民倶楽部にて平民講演会を開催。

十月から『近代思想』を復刊することにし、大杉が「そのため編集作業で忙しくなるので、この会を月一回にしようと思う」と述べる。と、古川啓一郎が「月一回では物足りないので、集まれる人だけでも来て、雑談なりとすることにしたい」。大杉は「材料を調べてまとまった講演をすることは出来ないが、諸君が集まって雑談でもなんでも、自由にお使いください」と応じ、一日は講演、十五日は茶話会とする。この日、大杉は裁判における量刑の合議について、古川は鋳物工場における主義伝道の経験談、渡辺の伝道談、山鹿の主義のための禁欲談、相坂の同盟罷工および非軍備論などの雑談をする。出席者二十五名。(調査書)

十五日、七時より平民倶楽部にて平民講演会を開催。

講演はなく雑談。出席した写真師・千賀俊月(俊蔵)が撮影した写真が残っている(本章扉の写真参照)。吉川、相坂、荒畑、大杉、保子、宮嶋、川上、古川、渡辺、有吉、斉藤、山鹿、宮嶋麗子、林、浅枝の十五名。

渡辺はこの日の出席者に『農民の福音』を配付するが、労働者等にも配付したことが発覚し、二十日、突然家宅捜索をされ、残本二百十七冊と他の書籍を押収される。(調査書、渡辺政太郎「禁止物の配付」『近代思想』一五・十)

三十日、小石川区武島町二十四番地へ転居。

平民倶楽部にたいし、大杉のような人間に家を貸しておくのは怪しからん、と地主や建物を所有する宮嶋の姉周辺の人物から苦情が出た。宮嶋が話すと、大杉はあっさり「越しちまおう」と言い、近くの二階家を借りた(現、水道二―四―二十三)。大杉夫妻が住み、平民講演会、フランス文学研究会もここで開くことになる。

山鹿泰治がしばらく食客となり、向いの家に張り込む刑事を、二人ずつ連れ出してはまいて帰るのを日課にしていた。やがて彼はミヨというお手伝いさんとよい仲になった。それを知った大杉と荒畑は、ある日山鹿を洋食の店に招いて、「君はほんとにあの女と結婚するつもりなのか?実は僕ら二人は結婚にはコリゴリしているんだよ。……君が一人で責任を負うことはないんだ。相手も処女じゃないんだから……」と慰めつつ意見をした。山鹿は「きっぱりと思い切る約束をした」と告白する。(宮嶋資夫『遍歴』、山鹿泰治「追憶」前出、同「たそがれ日記二」『ゆう』〇七・六)

下旬ころ、友愛会の主事が来訪する。(調査書)

著作――「動物界の相互扶助」『新小説』九月号、「僕の現代社会観」『第三帝国』九・一

十月一日、自宅・近代思想社にて平民講演会を開催。

午後七時半開会。荒畑が講演。大杉は二十五日に死去した野沢重吉を追悼し、彼の功績を語る。また友愛会の主事が来たことを報告し、「誰か同志の中から友愛会へ入会して、大いにサンジカリズムの話をし、真の労働運動をするようになるとよいが……」などと話す。荒川ら出席者二十名。（調査書）

三日、自宅でフランス文学研究会の新学期を開始。

毎週日曜日とし、新たに中等科を設けた。初等科が午前九時～十二時、中等科は午後一時～四時、高等科は午後五時半～八時と、一日通しての授業に精を出す。（読売新聞九・二十九）

七日、『近代思想』第三巻第一号（復活号）**発行。**

『平民新聞』を廃刊してから半年ぶりに、第二次『近代思想』を復活号として発刊。宮嶋が調布に移転して発行人となり、編集人・大杉、印刷人・荒畑である。時事に関することは直接は扱わないものの、大杉の「労働運動とプラグマティズム」「所謂新軍国主義」、寒村の「事実と解釈」「日本労働運動史」など労働運動や軍国主義の問題を前面に出して、『平民新聞』の意図を継ごうとした。「なるべく理屈でではなく、事実によって示す」ことを編集方針とするが、「そうなると又『平民新聞』の運命を其儘継承する恐れ」がある。そのとおりすぐに現実化するが、この号は無事にすみ、十日には売り切れ、増刷をする再出発であった。

著作――「築地の親爺」、「労働運動とプラグマティズム」、「二種の個人的自由―福田博士の新社会論を読む」、「所謂新軍国主義」、「復活号」掲載。（『近代思想』一五・十、十一）

十日、亡き同志・野沢重吉の法要に列席する。

野沢重吉は九月二十五日、胃癌のため慈恵医院で死去した。大杉は『近代思想』十月号巻頭に「築地の親父」の題で、切々とした追悼文を載せている。

〈築地の親父が死んだ。／築地の親父とは、東京全市の車夫、及び京橋界隈の有らゆる種類の労働者の間に、尊敬と親愛の真心から呼ばれた、車夫野沢重吉君の通名であつた。……〉（調査書）

十五日、自宅・近代思想社にて平民講演会を開催。（調査書）

二十九日、「近代思想」講演会を届け出るが不許可となる。
荒畑と相談して芸術倶楽部での公開講演会を計画。警視庁へ行ったが、やむなく中止とする。(調査書)
三十日、宮嶋と有吉が来訪、保子も交えて雑談。
赤羽火薬庫の火薬盗難事件などの話をした。大杉が「火薬の窃盗は新聞では支那革命党員だろうというが、彼等があんな危険を犯して火薬を得んとするはずがない」と述べたという。今ではスパイ・有吉による諜報と判るが、こんな私的な雑談まで官憲は記録をしている。(調査書)
十一月一日、平民講演会を近代思想社で開催。
『近代思想』十一月号の告知によれば、午後六時開会で、会費は五銭。大杉が「無政府主義の原則」を講演する予定だったが、斉藤恵太郎の筆禍事件などの話になったようだ。出席者十七名。(調査書)
同日、この日付『近代思想』第三巻第二号(十一月号)を発行。
恐れたように、発行の当日に警官が印刷所を取り囲む。『平民新聞』の場合と同じ弾圧で、二日、「秩序壊乱」で発禁、差し押え処分となる。三日に内務省に出向き、該当記事をきくと、全体の調子がけしからぬ上に、巻頭の大杉「秩序紊乱」と山川「女の抗議」が最もよくないという認定であった。なお、この号に設けた「僕等の生活」という読者欄に、のちに新内節を発展させる岡本文弥が本名・井上猛一の名で投稿している。
著作――「秩序紊乱」、「意志の教育――マクス・スティルナアの教育論」、「事実と解釈」、「所謂政府的思想――デイキンソンの『戦争是非』」、「編輯の後」、「平民経済学一」(再録)掲載。(「廿日鼠とドラ猫」『近代思想』一五・一二)

天皇に弓を引く

(1915年10月～11月)

十日、妻・保子と伝通院前の大弓場へ行き、弓技をする。

天皇即位式の日で、午後三時半に国民一斉に万歳三唱して奉祝することとされている。調査書によれば、大杉は保子と三時に家を出て、伝通院前の内田大弓場へ行き、ちょうど三時半ころに矢を射はじめ、一時間ほど弓技をした。大仰な即位式への反発、当てこすりである。二人は年春以来、余暇を見つけて弓道を楽しんでいたというが、この日に備えたわけでもあるまい。

十五日、午後七時半より自宅にて平民講演会を開く。

「無政府主義の起源」について講演。荒畑の講演もあり、出席者二十名。なお、堺が五日から「社会主義座談」の名で、毎月一回の同志会合を開始した（一七年七月まで）。（調査書、沿革一）

二十五日、評論集『社会的個人主義』を新潮社より出版。

前著『生の闘争』以来の一年間、『近代思想』を中心に発表した著作を収録。

二十五日、『近代思想』編集と経営難の問題を関係者で協議。二十六日、引き続き討議、新たに同人会の設置を決める。

第二号が発禁となったため資金難に陥り、近代思想社にて善後策を協議した。宮嶋からは、上京の経費がかさむので発行人を辞退したい旨の表明もあった。この日は決着がつかず、翌日の夜に継続し、同志十三名が出席して、次のように方針を定めた。

従来、大杉と荒畑で編集・経営一切を取り仕切ってきたのを、同志全体の仕事と方向づけ、事務を分担することとする。会計は吉川・川上真行、庶務・有吉、編集は百瀬・荒畑・大杉、広告は吉川・堀が責任者となる。大杉が発行人となるため府外へ移転する。また、経済的基礎を固めるため、近代思想同人会を設けて運営する。同人会は同志と同情者から組織し、会員は毎月一口五十銭（あるいは数口）の拠金をする。発起人には、この日集まった吉川、川上、有吉、百瀬、宮嶋、同麗子、荒畑、相坂、大杉、堀、荒川、山鹿、古川がなり、会は十二月一日を以て成立することとした。（「同志諸君」『近代思想』一五・十二、調査書）

この月、入営を控えた同志・川口慶助が福岡から上京し、来訪。

川口は前年三月に福岡から上京、すぐに帰郷したが『近代思想』『平民新聞』は購読していた。十二月一日に下関砲兵第五連隊へ入営する。（沿革一）

この月ころ、荒川が生田春月を連れて来訪する。

同席して、春月に初対面した宮嶋の追憶がある。

〈二人の前には、フランス語とイタリー語の、サンディカリズムの本が二冊おかれてあつた。どもりの大杉君はむしろ文学について多く語り、沈黙屋の春月君が、サンディカリズムについてぽつりぽつりと質問をしてゐると、荒川君が眼をぱちつかせて、早熟な俊才らしい句を時々吐いてゐたのを覚えてゐる。〉（宮嶋資夫『仏門に入りて』）

著作――「お清泡鳴別居事件」『新潮』十一月号、「近代個人主義の諸相」『早稲田文学』十一月号

十二月一日、午後七時半より自宅にて平民講演会を開催。

出席者は妻・保子を含め、橋浦時雄ら二十五名。（『橋浦時雄日記』、調査書）

連続する発禁処分

同日、『近代思想』第三巻第三号（十二月号）**発行。六日、発禁。**

発禁が続いたため、数人の同志から出せるものを出したらどうだ、という申し出があったが、大杉にとってそれは不快な忠言である。

〈僕の編集した雑誌がそんなに無茶なものだとは決して思へない。随分我を折つた、僕としては恥ぢ入るばかりの、妥協に満ちたものであつた。それでゐて発売を禁止されるのは、される僕が悪いのか、する政府が悪いのか。……只だ悪いのは、そんな場合に、編集者を責めて、政府者の味方をする奴なのだ。そんな奴等が多

いから、いつでも政府者は、遠慮なくその権威を振ふ事が出来るのだ。〉（「誰が悪いのか」）

七日には、山鹿泰治を代理として発禁処分について警視庁に抗議。どの記事が禁止処分なのか、主義者だから禁止するのかと問いただす。

著作――「労働運動と個人主義」、「『社会的個人主義』自序」、「廿日鼠とドラ猫」、「同志諸君」、翻訳「相互扶助論」（ピヨトル・クラオポトキン）、「平民経済学二」（再録）掲載。（調査書）

十一日、自宅にて平民講演会。終了後、『近代思想』の問題を協議。

前々回に引き続き無政府主義の歴史について講話。出席者二十三名。

荒畑、山鹿らが『近代思想』の秘密出版を提起したが、大杉は低調なものであっても公刊、継続することを主張し、結局一同これに賛同する。印刷代の残金五十八円支払いのため、一口五十銭の各自負担額を次のように定め、地方同志にも依頼することとした。

十口―大杉、吉川、川上、五口―五十里《いそり》幸太郎、田戸正春、茂木久平、四口―荒畑、宮嶋、神近、三口―相坂、百瀬、二口―荒川、有吉、橋浦、江渡、一口―青山菊栄、添田平吉、斉藤、古川、久板、小池透ほか三名。（調査書）

十五日、逗子町桜山へ移住。フランス文学研究会を芸術倶楽部に移す。

『近代思想』発行人として、保証金減額のための移転である。フランス文学研究会は牛込・横寺町の芸術倶楽部の洋貸室を借り、毎週土曜から日曜にかけて上京することとした。「死灰の中から」に「僕は毎週一回、二、三日づつ上京して、友人の家を泊まり歩いてゐた」と書いているのがそれ。この過程で神近市子との仲を一挙に縮める。（堀保子「大杉と別れるまで」前出）

淡い恋に戯れて

二十日、広尾の神近市子を訪ね、半日過ごす。
二十六日、研究会の後、神近と日本橋で食事をし、泊る。

野枝が出産のため郷里に帰っている間に、フランス文学研究会と平民講演会に出席する神近と顔を合わせることが多く、自然に親しくなっていた。野枝の帰京を知るのは、翌年早々だが、そのとき「僕はすでに、その半年ばかり前から僕の家に出入りし、僕等の集会にも来、雑誌の手伝ひもしてゐた、N新聞婦人記者I子とのあはい恋に戯れてゐた」(「死灰の中から」)。

その「あはい」恋愛関係に入るのが、逗子から上京して、泊ることになったこの時期。いわばおぜん立てが揃って急進した。

最初の週、神近は広尾の家に遊びにくるよう誘った。青山菊栄らも一緒だったが、大杉はその翌日に行って、半日、種々の話に過ごした。前夜の文士たちとの会合で、大杉と神近との関係がおかしいと言い出した先輩がいたことを話すと、市子が「噂を事実にやりますかね」と調子よく言う場面もあり、二人の距離は急接近した。市子は大杉を新橋まで見送って、恋人同士のようだと笑ったが、次の一週間で恋愛へと進んだ。

次の日曜日は、『近代思想』の校正が出る日で、フランス語が済むと一緒に仕事をし、大杉の知っている日本橋の料理屋で食事をした。だいぶ時間がたってから大杉は、「前回話したことは決して神近への恋愛を示したのではない、そう手紙に書こうと思っていたが、恋文と取られそうなので止した」と話した。それが端緒になって、神近は自分の気持ちは魅かれていると言い、心に起こったことの判然した姿を見たいと告白した。大杉は神近の家に泊り、この時を画して「只親しいというだけではない」新たな関係が始まるのである。(神

(1915年12月)

近市子「三つの事だけ」前出）

著作家協会を提唱

二十七日、著作家協会の設立準備会に参加する。

著作家団体設立の動きが具体化したのは、内務省による著作物への発禁処分が頻繁になり、結束して当たる組織の必要を、作家たちが痛感したからである。この日より前、相馬御風、土岐哀果、馬場孤蝶、大杉ら数名は、そのための相談会を持った。岩野泡鳴らも同様の動きをしており、計画が一致するので共同し、この日、人数を増やして、二回目の会合を牛込の清風亭で開いた。出席者は相馬、大杉、生田、土岐、中村吉蔵、堺、与謝野寛、佐藤紅緑、岩野の九名。だいたいの方針と会則（案）を決め、加入を勧める会員の名簿と大会発起人を選定することとした。名称は日本著作家協会。この後、出席者九名のほか、馬場と長谷川天渓、伊藤証信を加えて十二名が設立発起人となった。

発起人のうち大杉はもっとも若いが、熱心な提唱者であり、仕掛け人であったとみられる。発起人会の重鎮であった馬場は『明治文壇回顧』に「大杉君などの主唱で、第一回の著作家の協会を設立する相談」が行なわれたとしているし、大杉とともに毎回の発起人会に出席した佐藤紅緑はこの会合で「創立の熱心者として大杉君を知つた」と書いている。

『平民新聞』で厳しい弾圧を受け、起死回生を期した第二次『近代思想』も相次ぐ発禁処分を受け、大杉はこの時期にもっとも強い憤りを持った一人である。団結の必要は切実であって、発起人会の出席者が次第に減っていく中で、一貫した「熱心者」だったという佐藤の証言はそれを示していよう。十二名の発起人のうち八名までが『近代思想』小集の参加者だから、大杉が馬場や土岐に相談して提起した可能性が強いとみられる。
十二月には『早稲田文学』や『文章世界』などの文芸誌も処分に遭い、「秩序壊乱」のほか「風俗壊乱」を理由とされたものも累々としていた。協会設立の動きを察知した警保局長・湯浅倉平は「文学者間にいかなる示威運動が開始されるにもせよ、それがために取り締まりを寛にすることは断じてない」と、早々に牽制の構えを見せている。
発起人会は二月までに四回の会合を重ね、四月に創立総会を開催する。（岩野泡鳴「日本著作家協会の設立」『新日本主義』一六・二、時事新報一・一、朝日新聞一・四、「消息」『新小説』一六・一、佐藤紅緑「巴里に於ける大杉栄氏」『文芸春秋』三〇・一）
著作――「茅原華山論」『中央公論』十二月号、「『天下泰平 文壇与太物語』序」（高山辰三著 十二・十二発行、牧民社

一九一六（大正五）年――三十一歳●

一月一日、『近代思想』第三巻第四号（一月号）**発行、発禁となる。**
著作――「誰れが悪いのか」、「個人的思索」、「序文二種（『坑夫』の序・『貧乏と恋の歌』の序）」、翻訳「平民経済学二（つづき）」（再録）、「組織変更事情」掲載。
二日、『近代思想』発禁のため上京。夕刻、売文社を訪問
発禁の打撃は大きく、売文社で橋浦、堺らと会い、「仕方がないから再び退いて、気分の養成ということに努めようかとも思っている」と慨嘆する。（『橋浦時雄日記』）
三日、『近代思想』の対処について相談会。深夜、宮嶋を訪問。
吉川宅での相談会に同人会十名が参集した。雑誌編集に関する不平や、大杉個人に対する不満が出て、同志間に軋轢が生じたようだ。担当事務を辞任したいとの申し出もあった。大杉はもう一回は発行しようと提案し、討論のすえ多数の同意を得るが、山鹿が秘密出版を主張し、激論となって結論が出ず、再度協議することと

する。
夜、十二時近くに、大塚坂下町に宮嶋を訪ね、神近との関係が生じたことを告白した。宮嶋が保子への態度を尋ねると、「ここで保子が騒ぎ出せば僕は断然手を切ることになるだらう。そして長い間捉へられてゐた家庭から離れて、全く一人になつて僕の仕事をやることになるだらう。しかし保子がじつと黙つてゐたら、神近との間だつてそう長く続きはしまいから、やがてまた保子のとこへ帰ることになるだらう」と答えている。泊り、四日に帰宅。（調査書、宮嶋資夫「予の観たる大杉事件の真相」『新社会』一七・一）

十五日、白山下の辻宅を訪問、野枝と青山菊栄を引き合わせる。

大杉が青山に「野枝さんに会ってみませんか。きっといい友達になりますよ」と勧めていた会見で、この日訪ねることにした。『青鞜』十二月号、一月号で公娼廃止運動を巡って、二人の間に論争が行なわれたのを調停しようとしたのである。本意は、野枝が郷里から帰ったことを知って、会いに行くための企てであったにちがいない。

菊栄が着くと、大杉は青鞜の編集室を兼ねた三畳間で、小さな食卓を間にはさんで辻潤と雑談中。野枝は赤ん坊をおんぶして、かん徳利や皿小鉢などをはこぶ接待に忙しく、落ち着いた話にはならなかった。菊栄が切り出すのに「私は専門的知識を持っていませんから」と、『青鞜』で論じた以上に話をする気乗りはない。菊栄の気負いに反して、結局は雑談に紛れてしまうのだった。大杉も野枝の様子を見て、対論は勧めようとしなかった。しかし、野枝は『青鞜』二月号に「再び青山氏へ」を書いて、誌上で菊栄に応えている。

辻の家を出、菊栄と平民講演の会場に向う道で、大杉は「あの人をあんな境遇におくには忍びない」としきりにくり返していたという。（山川菊栄「大杉さんと野枝さん」『婦人公論』二三・一一）

同日、上野不忍池畔の観月亭にて平民講演会を開催。

荒畑が話したあと、大杉は「欧州の無政府主義者が平時の主義主張に反して、戦争に参加するに至った事情」を語り、「外国はどうでも日本は日本のやり方でやるべき」などと述べる。

この頃、例会には下谷近辺に住む田戸正春、五十里《いそり》幸太郎、茂木久平、渡平民ら、十八、九歳の青年が参加して賑やかになった。会場の観月亭は田戸が父亡きあと祖父と経営している貸席だ。田戸と五十里は、山鹿らが秘密出版した「青年に訴ふ」を上野広小路で配付しているときに知り合った。茂木、渡は彼らの同窓生である。（宮嶋資夫「日本自由恋愛史の一頁」『文学界』五一・五）

(1916年1月)

荒畑との隔絶

十六日、荒畑が来訪、論争となる。二十日、荒畑を訪問。

荒畑は古川、吉川、有吉ら大杉の会計処理や態度に不満をもつ同人の意を受けて、反省を促そうとするが、大杉は憤激して論争となる。衝突したまま荒畑は帰り、翌日、長文の意見書を送る。それを読んで二十日に、今度は大杉が荒畑を訪問するが夫妻とも不在で会えなかった。やむなく「君に対して言った不平ではなく、他の同人に言った不平だ。自分は何も彼もイヤになった。二十三日に在京同人会を開いてまとめようじゃないか。その手続きをやって呉れ。僕は今夜は万世倶楽部にいる」と書き置きをして帰る。

荒畑は帰宅後それを読んで、万世倶楽部に来いというのかと憤り、書付けを投げ捨てたという。そして同志に宛てて、『近代思想』の編集人その他一切の責任を辞すると通知。ここに荒畑との隔絶は決定的になる。（調査書）

二十日、第三回著作家協会発起人会に出席する。

荒畑を訪問した後、会は午後四時より万世橋駅二階の西洋料理店・ミカドで開かれた。この日は万世倶楽部に泊。（時事新報一・二十、岩野泡鳴「巣鴨日記」）

二十四日、上野・観月亭にて近代思想同人会の臨時相談会を開く。

『近代思想』をどう落着させるかは、大杉・荒畑の確執の問題でもあった。十九名が参集。席上、荒畑から「同人間に不平があり、また永続の見込みも立たないので、『労働者』風のものとし、内容を穏やかにして発行することを考えてみた。このまま継続するなら編集担当を辞任したい」と申し出がある。大杉は「荒畑君の言う同人間の不平とは、自分の一身に関することだ、このため荒畑君との間に隔意を生じている。『平民新聞』時代の保証金が行方不明だということ、また雑誌の経営に関し借金が生じたことなど、種々非難されていることは事実だ」としたうえ、「しかしこれには皆事情がある、なぜその事情を聞かない、そんな不平をいうならなぜ僕自身に聞いてくれぬ。そんな不平があるようでは僕は面白くないから同人会から身を退く」と不満を漏らす。そして荒畑に向って「こんな不平をなぜ公会の問題にしたか、それが君に対する僕の最も不満な点である」と非難した。同人の不平の要因は金銭処理に対するものであり、大杉の言い分は、それを公会で問題にする前に、なぜ友誼的打ち合わせをしなかったのか、という点にある。行き違いもあったが、折り合いのつく問題ではなく、感情的にもつれた。

結局、大杉は「運動を中止するのではない。雑誌の発行のみが運動ではない」と言い、「同人会を解散して、雑誌の後始末、残金、借財の件は一任して欲しい」と提案。一同承諾し、『近代思想』は廃刊することになる。ただし平民講演会は問題外なので継続とする。(調査書、『橋浦時雄日記』)

二十五日、吉川宅にて『近代思想』廃刊にともなう引き継ぎをする。

荒畑、大杉、有吉が会合、残金の処理や書類の引き継ぎなどの事務をする。(調査書)

著作――「大正五年文壇の予想」「物事の考へ方」『新潮』、「男女関係の進化」『新小説』、「ベルグソンとソレル」『早稲田文学』各一月号

観月亭の検束

（1916年2月）

二月一日、平民講演会の最中、上野・下谷両署に一同検束される。

会場の観月亭には、今までついぞ来なかった臨検の警官が二人来た。大杉が抗議するが、集会があると聞いたから来たのだ、と隣室に座りこむ。大杉が「万国労働同盟」について講話。その途中に遅れて出席した者が警官を発見し、一同に告げて追い払うと、やがて上野・下谷署は角そで制服巡査合わせて七十名を派遣して来た。臨検拒絶、治安妨害を理由として、全員を引致した。出席者は、大杉、保子、田戸、五十里、青山、有吉、山川、添田、百瀬、斉藤、荒川、宮嶋、ほかに明大、早大の学生らの十七名だったが、うち十四名が上野署に検束された。扱いは乱暴だった。

山川均にとっては赤旗事件の刑期満了以来、六年ぶりに上京し、初めてこの会に顔を出した日である。九カ月後に結婚する青山菊栄と出会い、初めて言葉を交した場でもあった。思い出深い事件となって、二人とも自伝に書いている。

〈その夜の上野署の留置場は、観月亭の二次会みたいになった。留置場ではカタの通り、ひとりびとり身体検査をし、着衣から所持品まで帳簿にのせるのだが、そのころ天才作家の玉子として望みをかけられていた荒川義英君だったと思う、警官がガマ口をあけて逆さにすると、なかから一銭銅貨が一つ、勢いよくテーブルの上ではね返ったので、さすがに拍手カッサイがおきた。〉（『山川均自伝』）

〈大杉夫人の堀やす子さんと私とは、ベトつく琉球表の暗い長四畳のその部屋で、一晩「保護」してもらいました。……事件は警察のひとりズモウ、私はたたかわずして捕虜になった弱虫にすぎなかったのに、おかげで英和字典編集や個人教授の仕事を一度に失ったのです。〉（山川菊栄『私の運動史——歩き初めの頃』）

なお、二人とも事件は二月十日で、翌日が紀元節であるための予防検束だったとしているが、誤認である。翌日、街で見た「日の丸」は、ローマ法王庁の特使・ペトレリー大司教一行の到着を迎えるためだった。（朝日新聞、時事新報二・二）

二日、午後釈放され、警視庁に不当検束の抗議をする。

翌日の午後に釈放されたが、大杉は出ると、その足で警視庁へ不当検束の抗議に行った。幾度も検束に遭ったなかで、今回のはいかにも乱暴で、憤りも一通りではない。三年も続くこの会を検束した理由が不明であること、田戸を縄をかけて拘束したこと、拘留所に投げ込まれて食事の自由もなく、荒川は喘息、百瀬は重い脚気、妻は肺病なのに寝具も与えなかったこと、署長との拘束者の氏名を発表しない約束に背いたこと、など幾重もの不当な扱いに憤激して追及した。

抗議の光景を同じく警視庁へ行った宮嶋が記している。

〈家に帰つて見ると林倭衛が来てゐた。彼は上野かどこかで聞いて見舞に来てくれたのである。私は彼に挨拶もそこそこに、警視庁に行つた。検束の不当をなじつて、皆の釈放を要求するためだつた。行つて見ると大杉が来てゐた。彼はいま出て、すぐここへ来たのだ、と言つた。保安課長は丸山鶴吉だつた。命令が行き届かなかつたので気の毒だつた、と言つたが、然し検束は不法でないと言ひ張つた。そして、みんなもう釈放したから、まあまあ、と若禿の頭を撫でた。大杉が、そつちがこんな無茶なことをするなら、こちらも無茶をやるから、といふと、いや決して、今度は一寸失敗したがもうこんなことはないですよ、まあ先生も腹を立てずにお引取り下さい、と「先生先生」と拝み倒してゐた。〉

災難だったのは青山菊栄で、新聞に名が出たため個人教授などの仕事を全部断られてしまう。大杉は署長に謝罪させるといきまき、その通り、二三日後に制服、帯剣の署長が青山家に現れ、彼女と母親の前でていねいに詫びていった。あとで大杉が来て、そのことに得意満面だったという。（朝日新聞・東京日日新聞二・三、宮嶋資夫『遍歴』、山川菊栄『おんな二代の記』）

四日、万世橋駅・ミカドで開かれた著作家協会発起人会に出席。

午後五時開会。すでに三回の発起人会を開いてだいたいの方針を定めたので、会則草案を決めて、仕上げとする。会の目的は「著作家相互の団結親和と権利伸長」、役員は評議員と幹事、などとした。創立総会を四月に開くことにし、のちに大隈首相を含む五百八十一名に案内状を発送する。（東京日日新聞二・三、読売新聞二・五）

二月上旬、夜の日比谷公園で、野枝と初めての自由な逢引。

第二次『近代思想』が潰れ、荒畑らの同志とも疎隔を生じて、運動の挫折と寂寥感のなかで、野枝への恋慕はいっそう増していく。先ごろ青山菊栄と訪問したのを前触れとして、ついに二人だけのデートを実行した。「三年越しの交際の間に初めて自由な二人きりになって、ふとした出来心めいた、不良少年少女めいた妙なことが日比谷であって……(1)」、それは「あの時のあなたのキッスはずいぶんツメタかった(2)」というところまで発展する。これからのことは「直よく考へてご覧なさい」と言って別れたのだが、「あなたにはもっと別の生き方があると思うんだが」と言つて、引き寄せる意図も大いにあったようだ。

『自叙伝』に当時の心境をこう書いている。

〈其年の春、二度目の『近代思想』を止すと同時に、僕は一種の自暴自棄に陥ってゐた。……〔『平民新聞』も『近代思想』も倒されて〕僕等はもうちよつと手の出しようがなかつた。それでも、もし僕等同志の結束でも堅いのであつたら、又何んとか方法もあつたのだらう。が、ごく少数しかゐない同志の間にもこれがうまくいかなかつた。……かくして、もう何にもかも失つたやうな僕が、其時に恋を見出したのだ。恋と同時に、其の熱情に燃えた同志を見出したのだ。そして僕は此の新しい熱情を得ようとして、殆ど一切を棄てて此の恋の中に突入して行つた。〉(1)「一情婦に与へて女房に対する亭主の心情を語る文」、(2)書簡九六）

中旬ころ、宮嶋資夫宅で神近、野枝と三人の会談。

神近は当の大杉のほか、宮嶋からも二人の逢引を聞いて落胆する。苦しんだ末に「あなたは私にはもう用のない人だから決して逢いに来てくれるな」と手紙を書いた。大杉は受け取ってすぐ会いに行くが「非常な剣幕で追い出され」た、と宮嶋に語って彼の家に泊った。翌朝、神近がやって来て、大杉に怒りをぶつけるが、そのうちに融和して二人で出かけた。電車を待っていると、反対側の電車が停まって、そこから野枝が降りてくる。大杉「悪いとこへ来た。困ったことになったなあ」というまさしく困惑の場面だ。

急場しのぎに思いきった手にでた。宮嶋の家に戻って、三人会談を行ない、ここで自由恋愛の三条件を出し、現状を合理化して説得するのである。すなわち「お互いに経済上独立すること、同棲しないで別居の生活を送ること、お互いの自由(性的のすらも)を尊重すること」。のちのちまで「男の勝手だ」といわれる条件だが、二人ともそれを承認したようであった。大杉は宮嶋に「理屈の魅力というものは恐ろしいものだ」と意外そうに話した。が、野枝も神近も無論、納得したのではなく、神近は大杉との恋愛が戻ることへの、野枝は逆に大杉との距離を保つ方途としての、計算が働いたのであろう。

実際に、野枝はこの日、数日前に日比谷で接吻したことはほんの出来心だったからと、大杉に断ってもらいに来たのだと宮嶋に告げた。大杉も「僕のいわゆる三条件たる説明があって以来、君はまったく僕を離れてしまった形になった」と認めている。野枝は一年近く前から辻との離婚を考えていたが、それは大杉との関係によるのではないことをはっきりさせるため、別居をしたうえで大杉ともいったんは離れようとしていた。そうして野枝の葛藤は深まり、『青鞜』は二月号を発刊したまま、ついに無期休刊としてしまう。

いっぽう保子は二人との関係を知って、離別の決心を固める。(宮嶋資夫「予の観たる大杉事件の真相」前出、「一情婦に与へて女房に対する亭主の心情を語る文」)

二十日、牛込・横寺町の芸術倶楽部で平民講演会を開催。

大杉が欧州戦乱前後におけるドイツ社会党員の態度について、山川均が「クロポトキンの国家学の梗概」と題して講演。調査書によれば、席上大杉が、堺に労働運動について質問したのにたいし、「何をやったらよいか判らないから何もしないのだ」と答えたので、「何んでもやる事があるではないか、君がそんな事でどうするか」と痛罵したという。堺との対立があらわになった。出席者二十七名。(調査書)

二十七日、保子は転居先を探しに上京。翌日、大杉に離別を迫る。

保子は「一日も早く別居するのを得策と考へ」、上京して山田嘉吉夫妻に事情を明かすと、自宅の裏に空き家があるとの話で、すぐ借り受けの約束をする。翌日、前日より上京中の大杉に逢い、「分離したほうが双方のため」と迫る。大杉は「路傍の人となることはいやだ」と応じないが、保子は揺るがない。（堀保子「大杉と別れるまで」前出）

この月ごろ、武者小路実篤を訪問し、初対面。

『新潮』一月号の「大正五年文壇の予想」に、大杉は「従来僕が最も嘱目してゐた作家は、荒畑寒村、志賀直哉、小川未明、武者小路実篤の四氏であつた。そして今後といえども、やはりこの四氏に期待を持たざるを得ない」と書いて、武者小路を評価した。これを受けて、『新潮』編集の中村武羅夫は「武者小路実篤論」を依頼し、大杉は執筆のために彼を訪ねたのである。中村はこう証言している（「大杉栄」『文壇随筆』）。

〈大杉には「武者小路実篤論」を頼んだこともある。あんな風に見えても、大杉は、筆を取ることは、なかなか細心だつたし、人物論など書く場合には、殊におろそかにはしなかつた。「武者小路論」を書くにしても、その全部の著作に目を通すは勿論、わざわざ武者小路に会ひに行つたりするやうな、用意周到なところがあつた。〉

しかし、このときの「武者小路論」は発表されなかった。「怠け者のぼくはたうたう書かなかつた」というが、書き始めはしたのだろう。しかし、三月に新潮社の佐藤社長より絶交状を差し出され、中絶したのが真相と思われる。事情は後述するとおりで、『新潮』への執筆が復活するのは六年後だ。復活すると、中村が思い出してまた武者小路論を勧められ、関心は離れていたのだが、「武者小路実篤氏と新しき村の事業」と題して執筆する。そこで六年前の会見に言及している。

〈武者小路氏は、五、六年前に、文壇の中で密かに僕が一番望みをかけてゐた人だつた。あの正直で一こくものらしい氏は、きつと近いうちに、其の思想を行為にまで持つて行く或る焦点を見出すに違ひない、と僕は思つた。そして其の焦点は大たい僕に分つてゐた。当時僕は其の事を書いて見たいと思つた。或る雑誌とその約束までもした。そして一度その目的で氏を訪ふた。僕は初めて氏と会つた。そして僕が氏の上に持つてゐた望みが益々確かめられた。〉（『新潮』二二・五）

（1916年2月〜3月）

この月ころ、横浜で外語の友人・町田と出会い懇談する。
人力車で山下町の大通りを行くときに偶然出会い、すぐに降りて、近くのミルクホールで一時間あまり懇談した。この日は天皇が葉山行幸のため、警官がその方に動員されて、珍しく尾行が付いていない。町田は誰何されることなく旧交を温めることができた。（町田梓楼「過ぎし二十年」前出）
三月三日、保子は逗子を引上げ、四谷区南伊賀町四十一に借家する。
保子は決心を実行した。転居先は、山田嘉吉・わか夫妻の東隣り、茅ヶ崎に移った平塚らいてうが二月中旬まで住んだ家である。大杉は家具などの財産と書籍やそれまでの刊行物もそっくり渡した。（堀保子「大杉と別れるまで」前出）

「別居だけ承知してくれ」

五日、山崎宅で保子との離婚協議をし、別居を決める。
午後一時から山崎今朝弥の家で、山崎、堺、保子、大杉の四人が離別協議のはずだったが、外出した大杉が姿を見せず流会となる。夜になって、大杉は留守待ちをしていた馬場を連れて来、馬場の口から「今別れ話をせずとも余地があるように思うから、一先ず取り消してくれまいか」と申し出。大杉からも「別居だけ承知してくれ」と頼む。保子は翌日、馬場を訪ねて別居の件を承諾し、その旨を山崎と堺へ伝えるよう依頼した。（堀保子「大杉と別れるまで」前出）
七日、午後七時半より芸術倶楽部で平民講演会を開催。
山川均、馬場孤蝶が講演。この会での馬場の演述は初めてだろう。アナトール・フランスの小説「ペンギン・アイランド」を話し、フランス社会への痛烈な風刺、批判を紹介した。荒川義英による講演ノートが『世界

人』第三号に載っている。出席者十九名。雑談を交え午後十一時頃散会した。（調査書）

九日、麹町区三番町六十四の下宿・第一福四万館に移住。

逗子にひとりで住めるはずもなく、大杉もすぐに転居した。第一福四万館は友人の福富菁児が前にいたことがあるので知っていた下宿屋。二階の六畳位の一室である（現、千代田区九段北四―二―一）。先月末に上京してから逗子へは戻らず、身一つで下宿生活に入ったようだ。家財一切は保子のところへ収容。しばらくは保子がやって来て、衣類や洗濯物など身の回りの世話をした。大杉はほとんど収入の道がなくなり、ここでの生活は窮乏を極める。神近が時々来たので借金したが、やがては下宿代も払えなくなる。

福富には三十一日に次の書簡を送っている（『書簡集』未収録）。

〈其後御動静はいかが。／僕は先月末逗子を引上げて、都合により僕ひとりだけ此処に下宿してゐる。御ひまの折御来遊を乞ふ。〉

福富はこの手紙の後、会いに来た。（堀保子「大杉と別れるまで」前出、福富菁児「優しかった大杉栄」前出）

十五日、評論集『労働運動の哲学』を出版。発禁とされる。

東雲堂書店より生活と芸術叢書第四篇として。自序に「ことにセンデイカリスムの、哲学的性質を多少なりとも明かにする事に於て、本書の諸論文が世界の何人のよりも優越する多くのものを持っている事を……自負してゐる」と書く。

余談だが、日本近代文学館・社会文庫所蔵の『労働運動の哲学』には、裏折り返しに、「大正五年三月二十三日購求の日、本書発売禁止となる。大杉君は中学時代の同窓たり、今、社会主義者として官憲の注視する処となる」とのメモがある。発禁日付は、『日本出版百年史年表』や官憲の記録によれば十八日で、理由は「安寧秩序を紊乱」であった。

十九日、午後七時より芸術倶楽部で平民講演会を開催。

大杉の話は「無政府主義の歴史」として、フランスにおける労働総同盟の運動から革命の性格論に及び、山川は「歴史の見方」について講演し、十一時に散会した。参会者十四名と少ないのは、大杉の女性問題にたい

する同志の反発か。（調査書）

新潮社主の絶交状

この月ころ、新潮社社主・佐藤義亮より突然絶交状が届く。

事情は次のようだ。角館にいた佐藤の父親に対して、警察から大杉を名指しての干渉があり、父の命で佐藤はやむなく絶交状を書いて送った。著書の増版もならずという厳命であり、徴証として紙型も父に渡された。大杉にとって収入源を絶つ突然の宣告だったが、これを初めとして他の出版社からも原稿を謝絶されることになる。佐藤は大杉に事情を話して諒解の道をつけるつもりでいたが、果たされないままになった。

なお父親に渡した紙型は、『生の闘争』と『社会的個人主義』の分で、『種の起原』はその後重版されており、翻訳書までには至らなかった。『新潮』への寄稿は二一年に復活するが、大杉の原稿が多くの紙誌に載るようになり、佐藤の事情も緩和されたのだろう。（佐藤義亮『新潮社四十年』）

四月二日、芸術倶楽部でフランス文学研究会の新学期を始める。

前期と同様に毎週日曜に開講。高等科ではタルド著『社会模倣論』をテキストにした。（『新社会』一六・四）

同日、午後七時より芸術倶楽部で平民講演会を開催。

大杉が「バクーニンの経歴」について講演。斉藤兼次郎、松浦長治が感想を述べたのにたいし「話が拙くて面白くないのは仕方がないことだ。僕がこの会を主催するのは法律上や会計上の責任を負うくらいのものであって、会の方針や運動方法は諸君が自由にいかようにもすればいいのだ」などと発言したという。これを受けて討議した結果、次回からは各自の見聞や感想を語り、批評しあうことにする。出席者は十三名で、十時過ぎ散会した。（調査書）

四日、世界人社の与太会がメイゾン鴻の巣で開かれ出席。

『世界人』は『近代思想』の後継誌を目論んで一六年一～五月に刊行された。会には、四月号の編集・発行人であった荒川義英、五十里幸太郎のほか、馬場、堺、大杉、山川、山口、伊庭、安成二郎、西村陽吉、高山辰三らが出席した。（堀切利高編「『世界人』細目」『大正労働文学研究』八一・三）

五日、午後七時半より、日本著作家協会の創立総会に出席。

大杉が主唱した協会の創立である。総会は牛込横寺町の芸術倶楽部で開かれ、約百名が出席した。発起人たちのほか、森田草平、岡本綺堂、岩野清子、松井須磨子、山口孤剣、尾島菊子、坂本紅蓮洞らがいた。

馬場が座長になり、会則草案を中心に二時間半にわたって討議。協会の目的として「著作家相互の団結親和と権利伸長」に加えて、新たに「（著作家の）利益を図る」の一項を入れる可否をめぐって討論があったが、臨時総会の開き方、会費の額など一部を修正し、ほぼ原案のとおり議決した。会則は、名称、目的、役員（評議員・幹事）、総会と評議員会、会員、会費（月二十銭）、事務所の七カ条からなる。

このあと評議員を決める選挙にうつり、四十票を最高として次の三十名を選出した。

馬場孤蝶、生田長江、与謝野晶子、堺利彦、長谷川天渓、大杉栄、島村抱月、姉崎正治、徳田秋声、内田魯庵、中村星湖、小山内薫、浮田和民、森田草平、田中玉堂、中村吉蔵、坪内逍遥、巖谷小波、杉村楚人冠、若宮卯之助、芳賀矢一、中沢臨川、三宅雪嶺、与謝野寛、福田徳三、山路愛山、武者小路実篤、土岐哀果、戸川秋骨、桑木厳翼。

これより前、官憲は三月初め～四月初めにかけて、雑誌への発禁処分を急増させ、圧力を加えている。三月には『中央公論』『スネーク』『日本及日本人』『白樺』『農業世界』『うきよ』、四月一、二日の二日間で『帝国文学』『秀才文壇』『講談倶楽部』『処女』『文芸倶楽部』などと続発、「出版業者に大恐慌」を来していた。異常な集中ぶりで、協会創立へのあからさまな示威、圧迫である。

総会は盛会のうちに行なわれたが、しかしその後、展望を開くには至らなかった。大団体にしようと、評議員を三十名にも広げたことに無理があった。それでも数回は開いたが、当局の圧力によって、会員数が伸びず、経費の問題も生じた。牽引力たるべき「熱心者」の大杉も、私的事情から寄与することが全くできない。活動は停滞するが、翌年六月に結成される著作家組合に継承されていく。（時事新報四・三、六、読売新聞四・六、七）

上旬、宮嶋、ついで五十里が来訪。

宮嶋によれば、飛鳥山へ花見に行った翌日、下宿を訪ねると「今までに見た事もないような淋しい顔をしてゐて、私が行くと喜んで、酒を呑むかと言つて、酒を出してくれた。その癖かれは一杯も呑まなかつた」。野枝との関係について「キスしただけだつたのかねえ」と訊くと、「うん、だつて公園だつたからな」と大杉。「それじゃ本質的にはそれ以上進んだものなんだね」と言うと、「う、うん、まあそうかなあ」とにやにや笑うだけだった。そこへ五十里が来た。二人は酒を呑んだが、野枝の話はそれきり二人ともしなかった。（宮嶋資夫『遍歴』、同「日本自由恋愛史の一頁」前出）

十六日、午後六時より芸術倶楽部で平民講演会を開催。

大杉は前回に続いて「バクーニンの経歴」について講話。金曜講演会や赤旗事件などの体験談にも及んだ。添田平吉が連れてきた北海道に住む渋井福太郎を紹介し、渋井は北海道の労働者の処遇を述べ、松浦、吉川ら二三の問答をした。また大杉に対して、社会主義運動について「僕は文盲だ、事実の上に表わして見せなければ信用出来ない」と言うと、大杉は「労働者は決して社会主義や無政府主義やサンジカズムの本など読むなと言っている。労働者は苦しく惨めな生活から脱しようと実行するだけでよいのだ。いかなることでも、いかなる方法でも自分たちがよいと思った手段をもってすればよいのだ」などと述べたという。午後十一時頃散会。出席者十六名。（調査書）

中旬ころ、青山菊栄が本を返しに来訪、山川均が来合わせる。

半年後に婚約する菊栄と山川の、二月の上野署に続いての出会いの場である。大杉と山川はもっぱら欧州の大戦の話に集中し、解決のメドもつかないこの戦争の行く先はどうなるのか、行ってみたいと大杉は強い関心を示した。（山川菊栄『二十世紀をあゆむ』）

辻潤と別れる野枝

二十四日、野枝が辻潤と別れ、神田三崎町の玉名館に滞在。

一週間ほど前、野枝が大杉への感情を辻に話したところ、彼は憤り、ついに殴り、蹴るという事態に至った。宮嶋が辻潤を訪ねると、野枝の左の眼のふちは紫色にはれ上がっている。辻は「もう駄目だよ、もう俺んとこもすつかり駄目だ、今日でこの家も解散だ」と怒鳴るように言った。「こやつはキスしただけだなんて言いやがるけれど、キスしただけかどうか判るもんか、俺はもういやだ……」。野枝は「わたし、気持ちのきまるまで当分一人で暮らしますわ、わたしだつて辻が好きなんですけど仕方がありません」と決心を言う。

この状況を大杉に話さないわけにはいかない。忽然、三日続けて会いに行き、深夜帰宅をしている。辻の母親・美津によれば、それは「嫁いでから六年間、唯の一晩だつて十時よりおそく帰つたことのない野枝の挙動としては非常な変り方」であったという。大杉は共に生活しようと言っただろうが、しかし野枝はただちに大杉の懐に飛びこむのは控えるつもりだった。隣家の野上弥生子に相談すると、彼女も同じことを言った。

弥生子には二十一日と二十三日に訪ね、辻と別れることになった事情を打ち明けて相談している。弥生子は、しばらく一人になって「時」が判断してくれるのを待ち、その間、みっちり勉強することを勧めた。野枝も同意し、御宿へ行って勉強すると伝えている。

野枝が出てゆくこの日は、いさかいもなく、しんみりしたものだった。辻潤は「別れる一週間ほど前、明白に小生を欺いた事実を知つて彼女を足蹴に致せし記憶有之候。別れる当日は、平静に互ひの幸福を祈りながら別れ申候。野枝さんは一杯涙を浮め居り候」と書いている。長男の一《まこと》は辻のもとに残し、下の子の流二は野枝が連れていくことになる。

(1916年4月)

野枝はいったん神田三崎町の玉名館に身を落ちつけた。『青鞜』の同人・荒木郁の母が経営する旅館兼下宿屋で、四、五日前に郁の妹・滋子に事情を話しておいたのである。滋子もそこに住んでいるので心強くもあった。着くと、「たうたう御厄介になりにきましたよ、辻にはすつかり了解を得ましたし、当分落ち着かせてくださいね」と頭を下げた。（宮嶋資夫「日本自由恋愛史の一頁」前出、辻潤「宛名のない手紙」読売新聞二九・十・十七、荒木滋子「あの時の野枝さん」『婦人公論』一二三・十一、時事新報四・二十八、万朝報五・五、八）

二十九日、玉名館で、御宿へ行く野枝の送別会。田中純を訪問。

野枝を送る宴には、荒木滋子のほか五十里と彼の友人（田戸であろう）が座り、大杉も飲めぬ酒を飲んで酔った。野枝はずっと流二を抱いている。御宿に向けて出立しようとする夕刻、万朝報の記者が来た。野枝に「あなたの態度は若い婦人たちにとっても打撃でしょう」と問うのに、「え、打撃？　私のほうはそうは思いません」と言うや、すぐ大杉が引き取った。

「打撃だってぇ、馬鹿にしてらぁ。打撃どころか眠っている婦人界の目を覚ましてやるんだ。礼を言われてよいはずだよ。ああ、東京はうるさい、うるさい。こんな所にいられないから逃げていくのさ。まあ新婚旅行だよ。」

大杉と五十里ら三人は、野枝を両国駅に見送り、レストランを二軒はしごした。二人が飲んでいる間、大杉は、一軒目ではりんごをかじり、二軒目では一寝入りしたあと、四皿か五皿も食べた。八時半ころに出て、神保町で二人と別れた。

下宿に寄ってから、約束の田中純（春陽堂編集者）を本郷に訪問。近く出版する翻訳書『男女関係の進化』の印税の一部前借りのためで、まだ脱稿していないが、金に窮して頼んでおいたのだ。近所にいる本間久雄も来ていて、話は自然と大杉と野枝の一件に移ってゆく。大杉の野枝宛書簡によると「僕はありのままの事実を、大ぶ激したしかし厳粛な調子で話した。この調子は、僕のことにこの頃の生活の基調なのだ。ちょうど十二時をうつまでしゃべり続けた」。

受取った金は保子に渡すためで、それを持って四谷の家へ行く。野枝を送った話をすると、保子が「あの狐さんはね」と皮肉を言いはじめたので、その口をおさえたまま眠った。（書簡八四、「一情婦に与へて女房に対する心情を語る文」、万朝報五・三）

三十日、夜、五十里が来訪。神近が来て泊っていく。

月末で下宿代三十円を払わなければならないが金はなく、番頭に十五日までの支払い延期を請う。夕飯まで寝て、なお横になっていると五十里が来た。前夜、また滋子のところへ行ったのをひやかしたりして談笑。いれちがいに神近が来る。果物を食べながらおしゃべりをし、野枝宛書簡に「何のこともなく、おとなしく寝て、おとなしく起きて、そしてまたおとなしく社へ出て行った」。「本当に、このまま進んでくれればいいが」というのは切実な気持であったろう。（書簡八五、八六）

五月一日、村木源次郎が来訪。夕刻、神田の出版社へ行く。

村木の来訪は、大杉が野枝からの手紙を何度も読み返し、この日の書簡に「逢いたい。行きたい。僕の、この燃えるような熱情を、あなたに浴びせかけたい」と書いたほど気持が高じている、間のわるい時だった。村木とは赤旗事件でともに入獄し、その後一、二度会ったきりの久しぶりだから、つもる話もあったろうに、「さっきの気持の打ち壊されてしまった不快さが、どうしてもこの男と快談することを、僕に許さない」気分になる。昼飯を食わせて、少しの間話しているうちに、うとうととしてしまい、村木は帰った。

村木は千葉からの出獄後、肺を病み、横浜の曙会で活動していたが、この二月末に来京した。いい仕事がなく、甘酒を売り歩きながら、同志の家に泊っていた。大杉を訪問したのもその目的だったろうが、受け入れる余裕がない、素っ気ない再会であった。こののち同居し、同志・親友として、固い絆で結ばれるのだが。

夕刻、神田の小出版社に行き、野枝より依頼の出版交渉をするが、二軒とも不調に終わる。（書簡八五、八六）

二日、労働組合結成を準備中の同志が来訪。

午前中は原稿執筆。正午ころに労働者の一同志が新聞配達の労組をつくりたいと来訪。その話には共鳴するが、やがて彼の身上話に移って興ざめする。旅費さえできたら御宿へ行くと野枝に手紙。（書簡八六）

四日、御宿の上野屋旅館に野枝を訪ね、六日まで滞在する。

帰ってすぐ野枝への手紙に、「たのしかった三日間のいろいろな追想の中に、夢のように両国に着いた。今でもまだその快い夢のような気持ちが続いている」と書く。二人の関係がスキャンダラスに報道される新聞諸紙の切り抜きも同封して。以後、頻繁に手紙を交換する。（書簡八七）

七日、午後七時より芸術倶楽部で平民講演会。講演なく雑談。

野枝と「夢のように」過ごしていたのだから、講演の準備はできない。経費も不足して会場費が払えず、次回からは同志の家で持ち回り開催することとする。出席者十一名と少ない。

安成二郎が、自らの編集誌である『女の世界』への原稿依頼のために来会。神近が出席しているのに驚く。十時に散会。神近、安成と一緒に帰る。安成の依頼は保子に対する心持ちを書いて欲しいというのだが、まずは断る。（調査書、書簡八八、安成二郎「大杉栄君の恋愛事件」『無政府地獄』）

八日、中村孤月が来訪。安成と読売新聞社にて土岐の取材を受ける。夕刻、築地の待合で野依らと会談し、荒れる。

「読売文壇」五、六日に掲載された中村孤月「幻影を失った時」は、「一人の男が、他の一人の男と共同生活をしてゐる女を伴れて行く場合に、その女と男との同意を得なくして伴れて行く時には、全然略奪者の行為である」などと、名指しはしないものの、ほぼ全編が大杉と野枝の行為を非難する内容。これに大杉が抗議し、釈明のために孤月が来訪した。協議の結果、「よみうり抄」に「全部を取り消す」旨の文を送ることにして、社会部長の土岐に電話すると、自分の領分の社会面で扱うとの返事。

やがて安成がまた来て、昨夜来の原稿再依頼をされ、とうとう引き受ける。彼は明日、野枝にも依頼に行くというので、野枝宛の手紙を託した。

原稿は孤月との一件にも関係あるので、安成も一緒に読売新聞社へ行き、土岐の取材に応じてこの件は落着。そこへ荒川が来て、四人で外へ出ると荒畑に会い、みんなでカフェ・ヴィアナへ入る。実業之世界社の野依秀市が、大杉と荒畑に社への出入りを断ってきている悶着について、彼を呼んで話をすることにし、指定された築地の待合・野澤家へ行く。野依は十日ほど後に四年間の牢獄生活に入るので、その前に落ち着かせようとの心積もりである。土岐は帰り、松本悟朗、堺利彦が加わって会食、懇談した。

が、この席で大杉は野依の頭を殴る騒ぎを起こして荒れた。「しまいに、僕のカンシャク玉を破裂さす言葉が、野依の口から出た。あいつ、人を侮辱することを平気でやれる人間なのだ。殴って、蹴って、うんと罵倒して、それで謝らしてようやく少々の腹いせができた」と野枝宛書簡に書く。原因は、野枝が野依を訪ねて原稿購入を頼んだところ、それは断り、大杉といい仲になっていることを揶揄する言葉を投げたためだ。それに大杉は憤激した。人をからかっておいて原稿も買わないとは何事かと、何しろ金に困っているから、その不都合を金額に換算して要求した。原稿一枚一円五十銭として七、八十円出せと。野依は断り、やり取りしている間に大杉のカンシャク玉が破裂したわけだ。しまいには堺にまで飛び火して、額に酒杯を投げつけ、堺も徳利を投げ返し、皿や盆まで投げ合う争いになった。大杉は「例の堺の冷笑」に我慢できなかったというが、やはり野枝とのことを堺が面白く思わず、何か言ったことが原因らしい。

堺は帰ったが、野依とは仲直りして握手し、その夜は一緒に野澤家に泊った。野依は、翌朝「昨晩の騒ぎはお互いに全くケロリと忘れて朗らかな話をして別れた」と記している。

九日の読売新聞社会面「豆えん筆」欄には、孤月に対し「大杉、伊藤にアテつけた項だけは全くの感違いにつき全部を取り消す」ことにさせ、また『世界人』に載った安成二郎の「妻よ、物も言はずにそんなに俺の顔を眺めてくれるな、恐い」という短歌に大杉がひどく共鳴している、とゴシップの形で記事を掲載。十日にも孤月の話を入れて続報した。

なお大杉と野枝、神近との関係を巡る三人それぞれの手記は、『女の世界』六月号に掲載された。（書簡八八、八九、野依秀市『人物は躍る』）

九日、保子から電話で呼ばれ、泊る。

すぐ来てくれという電話だったが、大杉によれば「何にも用はないのだ」という。寂しさであろうか、保子は涙ぐんでいた。やさしく接して、野枝のことを生立ちや、気風や、嗜好などいろいろ話して、親しみを感じてもらおうと懸命だったようだ。すぐ帰るつもりだったが、泊まり、朝もしんみり話をした。昨日来の出来事

を書いて野枝宛に書簡。（書簡八九）
十日、昼過ぎに馬場孤蝶を訪問し、夜十一時まで過ごす。
保子のところからの帰途、道順になる孤蝶の家に寄り、「ひどく話がはずんで、とうとう夜の十一時まで遊んでしまった」と野枝宛に手紙。（書簡八九）
中旬、再び御宿にいる野枝に会いに行き、二十七日まで逗留。
野枝は安成から依頼の原稿を執筆中だったから、大杉は十七日に安成宛に「少々邪魔をしたものだから、しかし今日中には、野枝さんの原稿ができる」とはがきで釈明。行ったのは十七日より何日も前であろう。二十一日の平民講演会は欠席、フランス語は休講とした。（書簡九〇、九一、伊藤野枝「書簡・大杉栄宛」五・二十七）
二十七日、御宿より帰京。両国駅で神近と会い、彼女の家へ行く。
神近には借金のため連絡しておいたのだろう。しかし、まだ月給を貰っていず、当てがはずれる。（書簡九二）
二十八日、フランス文学研究会に幼友だちの礼ちゃんが来訪。
フランス語講習の部屋へ入ると、礼ちゃんがしょんぼり座っていた。「十歳から十三、四歳までの間の」初恋の相手である。幼年学校を退学になって新発田に帰った時、大杉の家から隅田という軍人の家に嫁に行った。その夫が重い肺病に罹り、ほかに相談する人がいないので来てほしいという。四、五年前にも衛戍病院に彼を見舞ったことがあり、二度目だ。熊本の憲兵隊長を辞めて、いまは自宅で療養中だが、大杉の肺が回復したと聞いて、その話をぜひ聞きたいという。明日行くと言って送り出す。
次いで保子の家へ。借りるはずの家が、断られてもめている、ほかに近所の家を四、五軒見てあるからそれも見てくれという。で、翌朝にかけて「家主との交渉やら、家を見るやら」。（書簡九二、自叙伝）
二十九日、礼ちゃんと夫の隅田を見舞い、夕方、神近を訪問。
隅田の容態はよくない。大杉の見立てによれば「もう末期に幾ばくもない時のやうないろんな徴候をもつてゐた。僕はこれやもう一月とは持つまいと思つた」。が、聞かれるままに、自分の悪かったときの容態やそれに対する手当てなどをくわしく話し、大丈夫ですよなどと慰めた。そのうち咳がだんだんひどくなるので、礼ちゃんにだけ、思ったとおりのことを言って、早めに切り上げた。

神近に会うと、月給は貰えたが賞与は来月だというので、目論み外れ。それでも自分と保子の分の下宿代を何とかかと奔走を頼む。保子のところも家の話が決まっていないので寄る。他方、野枝のことも気になり、手紙送受のため、夜十時ころ下宿に帰る。身辺多事。（書簡九二、自叙伝）

三十一日、安成を訪問。借金のため実業之世界社、春陽堂を訪問。

安成のところで、野枝からの手紙の内容を聞くと、原稿は完成間近という。原稿とは、辻と別れ大杉の許へ行くいきさつを小説にするもので、大阪毎日新聞の文芸部長・菊池幽芳と交渉し、期待をもって承諾されたのだった。御宿へ行ったのも、それを仕上げて、原稿生活に入る最初の一歩とするためであり、大杉がせっせと出す手紙に、このところ返事がないのは、執筆が大詰めに入っていたからである。しかし、大杉は新聞社が載せるかどうか危ういとみる。前日発売の『女の世界』が、大杉、野枝、神近それぞれの手記を掲載して発禁になったことは、その予感を強めたであろう。原稿料もどうなるか、難しそうだ。

大杉も仕事がなく、生活は窮状そのもの。実業之世界社ではついに言い出せず、春陽堂でようやく二十円前借りできて、野枝に送った。手紙も書く。（書簡九三）

六月一日、青山菊栄、次いで朝鮮の同志が来訪。夜、宮嶋宅に泊る。

野枝宛の書簡に「きのうから仕事を始めるつもりでいたところが、朝は青山女史が遊びに来る、午後は朝鮮の同志がしばらくめで訪ねて来る、夕飯後にようやく原稿をひろげることができた」と書く。仕事は『男女関係の進化』の翻訳の続きであろう。しかし、気が乗らず、夜十時近くなって宮嶋の家へ出掛ける。泊れと勧められて床に入ったが、一時ころに半鐘の音に驚かされ、二人で見物に行った。巣鴨の電車車庫の向こうまで。（書簡九四）

二日、宮嶋宅で中村孤月と会う。昼ころ帰宅し、野枝宛に書簡。（書簡九四）

囂々たる非難

四日、平民講演会を茶話会と改め、宮嶋宅で開催。最後の出席。

講演はなく、談論自由の茶話会とする。参会者十五名。次の会は十八日に吉川宅で開かれるが、大杉も宮嶋も欠席し、七月の会は中止される。一三年七月にサンジカリズム研究会として発足して以来三年間、毎月継続されてきた会は、ここに無期休会となる。大杉の熱意が推進した会だが、その推力を失ったのは、大杉の不本意は無論、同志たちにとっても心残りの閉幕であった。

平民講演会の休止とともに、フランス文学研究会も中止とする。生徒が減り、会場費の維持も困難になっていた。

帰途、神近、青山と書店で雑誌『イーグル』に「大杉は保子を慰め、神近を教育し、しこうして野枝と寝る」とあるのを見る。この種の非難記事は、各誌に掲載され、『中央公論』には高島米峰が「実に日本の国民道徳に対する一大反逆」、『新潮』には赤木桁平が「最も熾烈なる嫌悪と唾棄との感を抱いてゐる」などと書いている。（調査書、書簡九六）

五日、礼ちゃんから夫の死亡通知、二本榎の家に弔問。

朝から何人か来客。夕刻に礼ちゃんから隅田が急死したとのはがきに驚き、弔問に駆けつける。見舞ったときに案じた通りだ。朝まで一睡もせず。（書簡九五）

六日、神近の家で仮眠。夜、あるフランス人と会う。

礼ちゃんの家で朝食を食べ、午後三時の葬儀までのつもりで、神近のところへ行って寝た。ところが寝こんでしまって葬式には間に合わず。神近と一緒に下宿に帰った。野枝からの手紙と原稿が来ているのを大いそぎで読む。原稿は大阪毎日新聞の菊池幽芳宛に郵送。フランス人に会った後、野枝宛に手紙を書く。このフランス人は、「沿革一」に「大杉は小石川区茗荷谷町七十二番地に在留する仏国人ポール・リチャール（インド革命に同情せるもの）と交際せしことあり」と記載される人物であろう。（書簡九五、九六）

中旬、野枝に会いに御宿へ行き、二十一日まで滞在。

大阪毎日への原稿は、幽芳の称賛の辞をつけて送り返してきた。原稿料で生活を支えようとした野枝の目論みは、ここで潰えてしまう。宿の支払いもできず、大杉の旅費さえない。あちこちに、借金の手紙や電報を出したが、色よい返事はなし。結局、助けになったのは、神近からの申し出による二十円ばかりの金だった。大杉は急ぎ帰京し、神近に会う。（書簡九八、伊藤野枝「書簡・大杉栄宛」六・二十二、自叙伝）

著作――「一情婦に与へて女房に対する亭主の心情を語る文」『女の世界』六月号（稿末日付は五・十二）

転がりこんだ野枝

六月下旬～七月初め、野枝は東京へ戻り、大杉の下宿に同棲する。

経済的事情で野枝は、御宿での生活を続けられない。不本意ながら、東京へ戻ることにした。子の流二は、宿の主の世話で、大原町（現、いすみ市）の若松家に引き取ってもらうこととなり、ついに実行した。身軽になってみると、やはり「東京であなたの傍にいたい。かじりついていたい」気持ちが高じてくるし、ほかに頼りもない。さしあたり、というつもりで大杉の下宿に転がりこんで同居した。金の手当てにはすぐに動くつもりだったが、「フリーラブ」ルールの明らかな違反である。（宮嶋資夫「予の観たる大杉事件の真相」前出、伊藤野枝「書簡・大杉栄宛」六・二十二、「お化けを見た話」）

七月十三日、夜、野枝が金策のため大阪へ行くのを東京駅で送る。

野枝は十四日朝八時に大阪駅着。車中で大杉の『労働運動の哲学』を読む。この日の大杉への手紙に「だんだんにすべての点が、あなたに一歩づつでも半歩づつでも近づいてゆく事をみるのは、私にとつてどんなに嬉しい事でせう」と書いている。「浴衣の上にお納戸鼠の夏羽織を着け、麻布の手提げ袋を下げて降りる」のを、駅で大阪毎日の和気律次郎が出迎えた。顔はよく焼けていたがやつれてもいた。車で上福島の叔父・代準介宅に落ち着き、午後、大阪毎日新聞を訪問。原稿の話は文芸部長の菊地が休暇中のためできず。叔父宅で滞在の間、大杉との関係を絶つように言われ、尾行はつくし、気の塞ぐ日々だった。十七日には和歌浦で海水浴をして楽しんだが、それぐらいのことで、格別の成果なく、十九日、午後の列車で帰京した。（大阪毎日新聞七・十五、二十、伊藤野枝「書簡・大杉栄宛」七・十五、書簡一〇一）

十四日、保子から病気という電話あり、見舞いに行く。

翌朝、保子は大杉の財布を見て、黙って一円札を入れる。（書簡一〇〇、一〇一）

十七日、荒川義英、吉川守圀が来訪。（書簡一〇三）

二十五日、野枝と横浜へ行き、同志たちと会見。

中村勇次郎、伊藤公敬、吉田万太郎、小池潔、磯部雅美らと会う。（調査書）

八月二十三日、横浜で小池潔と『近代思想』再興の資金等について相談。（調査書）

二十四日、野枝が金策のため大阪、福岡へ向かう。九月八日、帰京。

親戚などに借金を懇願するが不調に終わる。事態を打開するため、新雑誌発行を企て、その資金を得ようとしたのだが、局面は開けず。大杉は『男女関係の進化』翻訳の仕事。（書簡一〇七、調査書）

九月中～下旬、築地の台華社に杉山茂丸を訪ねる。

野枝は過日の金策帰郷のとき、頭山満に会って頼んだ。頭山は野枝の祖父と懇意で、金に困ったら相談するように言われていたのである。しかし彼はいま金がないからと言って、杉山茂丸に紹介状を書いて渡した。政治団体・玄洋社でともに活動し「政界の黒幕」と呼ばれた人物である。野枝は帰るとすぐに杉山を訪ねた。ところが彼は大杉に会いたいと言いだしたので、台華社を訪ねたのである。彼は「白柳秀湖だの、山口孤剣だののように」軟化するように勧め、国家社会主義くらいのところになれば、金はいるだけ出してやる、と言う。話はそこまでで、大杉はすぐに踵《きびす》を返した。

目的は達せられなかったが、この会見で杉山が時々「後藤が」「後藤が」といった言葉が、大杉にある妙案を思いつかせる。後藤とは、杉山と台湾時代以来の交友がある後藤新平のこと。彼への金策訪問をまもなく実行する。（自叙伝）

十月十二日、野枝と巣鴨の岩野泡鳴を訪ねる。

借金であろう。（岩野泡鳴「巣鴨日記」）

十五日、本郷区菊坂町八十二、菊富士ホテルに移る。

第一福四万館からは、二人で三十円の下宿代を三カ月も払わずにいたので追い出された。この頃の二人を知る山川菊栄はこう回想している。（『おんな二代の記』）

〈そのころの大杉さんは八方ふさがりで、野枝さんの話では下宿のたちのきを求められ、食事も出してくれないので、食パンと水でしのいでいるとのこと。しかし若い二人は憎まれれば憎まれるほどなお楽しそうに、貧乏の苦労もひとごとのように笑い話にしていました。ふしぎなことに、どんな場合にも大杉さんは高級な、スマートな服装を欠かさず、野枝さんも気のきいた恰好で、「片道だけでいいのよ」といって私のところから余分はおいて銅貨二、三枚の電車賃をもっていくときでも、しょげた様子は見せませんでした。〉

大杉は『男女関係の進化』の翻訳を終え、この頃までに、クロポトキン『相互扶助論』の訳を過半終えるとこ

▲…菊富士ホテル

ろまできていた。
菊富士ホテルに移ったのは、投宿中の大石七分（大石誠之助の甥）の紹介による。表三階二十三番の八畳の間に、一人三十円、二人で六十円の約束で宿泊することになった。菊富士ホテルは大正三年、東京で三番目にできたホテル形式の宿泊施設で、長期滞在客相手の高級下宿である。大杉が入ったので、本富士警察署の刑事が四六時中、監視についていた。文士二人の証言がある。
〈大杉栄がいた頃には、その頃には例の「尾行」時代だったので、朝から晩まで大杉を見守る本富士署の刑事が二人、玄関前に立ちつづけていたそうであるが、私がここに部屋を借りてから、その刑事の一人が訪ねて来て、尾行している中にすっかり大杉に魅力を感じたそうで、「私は今でも大杉先生を崇拝しています」などと云っていた。〉（広津和郎『年月のあしおと』）
〈本郷森川町の柳盛館という下宿は、静かなところであった。……わたしの部屋は、せまい通りに面した二階の六畳である。その前通りを大杉栄が尾行につけられて歩いていることもあった。〉（大熊信行『文学的回想』）
なお菊富士ホテルは、四五年の空襲による焼失まで多くの文士が止宿したことで知られる。跡地の碑に、正宗白鳥、坂口安吾、竹久夢二、谷崎潤一郎、高田保、石川淳、尾崎士郎、宇野千代、宇野浩二、直木三十五、中条（宮本）百合子らの名が刻まれている。（東京日日新聞・朝日新聞十一・十）

後藤新平に直談判

三十日、内務大臣・後藤新平を官邸に訪ね、三百円を受領。

既述、杉山茂丸との会談から内相・後藤新平への無心を思いつき、この日実行する。官邸では、二十八日から開かれた寺内新内閣初の地方長官会議が終わって、慰労会が行なわれていた。面会の申込みを断らず、応接室へ通される。秘書が来て、応接室の窓に鍵をかけて戻り、そこへ後藤が入って来た。用件は、と訊かれて、「金を貰いにきたのだ」と率直に言う。「どうして、おれのところへ、金を貰いにきたのか」と後藤。「僕は原稿を書き、その収入で生活しているが、原稿の掲載を差止められて生活ができない。差止めている親玉は内務大臣だから、あなたの所へ生活費を貰いに来たのだ」と要求する。「何ほど必要か」と問うのに、三百円と答える。後藤は黙って奥へ引っ込み、紙幣を握ってきて無造作に渡した。

五万円と言いたかったので口元まで出たのだが、気後れしたのだと、後に大杉は注釈したという。ともあれ用件は難なく済み、三百円を入手した。

その金のうち、まずは保子に五十円渡し、野枝の着物と羽織の古い質を受け出すのに三十円ばかりを使った。残りは、新雑誌発刊の保証金に当てるつもりだった。（自叙伝、石山賢吉『回顧七十年』）

この月ころ、望月桂が久板に連れられて来訪し、初対面。

望月桂は自らの『記録年譜』に「久板の紹介で、大杉栄を本郷菊富士ホテルに訪ふ。伊藤野枝と同棲す。話は芸術から運動に及び、堺と異う潤ひを感じ、意気投合す」「肌合ひが合ふのですつかり話し込んでしまつた。芸術的呼吸が合つたと言へよう」と記している。

望月は長野県明科（現、安曇野市）出身で東京美術学校出の画家だが、谷中で一膳飯屋「へちま」を開業していて、久板は常連客のひとりだった。民衆美術運動を提唱し始めたときであり、大杉の民衆芸術論と、相通じるところがあったのだろう。「芸術から運動に及び、意気投合す」の間柄は、共著『漫文漫画』を出すなどの形で以後ずっと続く。

著作――「新しき世界の為めの新しき芸術」『早稲田文学』、「道徳非一論」『塵労』各十月号

十一月二日ころ、五十里幸太郎が来て、大杉の面前で野枝を殴る。

五十里は二人の部屋に入ってくると、大変な剣幕でいきなり野枝の頭を殴り、保子から頼まれてきたと言ったらしい。野枝も負けていず、取っ組みあいになり、ついには五十里のほうが負けて、男泣きに帰ったという。大杉はこの間、拱手傍観。あとで野枝がかっかとするのを、しきりになだめる役だった。野枝は保子や神近か

ら非難されるのは、余儀ないことと思ったにせよ、突然殴られる乱暴に怒り、大杉は責任を感じて、低頭するほかないという図だった。

五十里のやり口は血気一遍のものだったが、彼は「僕と野枝さんは随分喧嘩もし、悪口も言ひ合つた。けれどもそれはその場限りで済んでしまつて、次に会つた時にはもう和解してゐた」[1]といってるから、謝って収まったのであろう。

五十里は大杉の嗜好について、のちにこう回想している。

〈彼が野枝さんと菊富士ホテルに居た時分には、よく僕に羊羹の土産を催促したものだ。彼は魚よりも肉が好きだつた。しやれた果物と落花生、駄菓子を好んだ事を未だに覚えてゐる。彼が葡萄酒の口釈《（ママ）》を言ひ出したのは仏蘭西から帰つてのことだ。彼の嗜好品として忘れてならないものが未だあつた。それは女と子供だ。彼と僕と妹と三人で歌舞伎座へ行つたことがあるが、唯『綺麗だね』といふだけだつた。〉（東京朝日新聞十一・十

⑴五十里幸太「世話女房の野枝さん」『婦人公論』二三・十一、⑵同「大杉君のこと」『祖国と自由！』二五・九））

三日夜、おでん屋で開かれた「与太話の会」に出席。神近を訪問。

生方の日記に「立太子式の日で街は朝から賑はつてゐる」とある。神田須田町の丸銀という店。安成貞雄が発起人で、世話人・生方敏郎がはがきの案内を十人ばかりに送って、出席したのは生方のほか、馬場、堺、生田長江、中谷徳太郎、近藤憲二、阿部彰、吉井勇。安成貞雄と同棲中の加島小夜子の二人は早くから来ていた。中谷は小説家・劇作家、阿部彰は安成の友人・阿部幹三の弟。吉井は久保田万太郎が病気のための代理だ。大杉は遅れて加わった。

官憲の調査書には、この日の立太子礼に絡めて、大杉らが「警察を狼狽させる何らかの行動」を計画したとの記載がある。十月二十八日、吉川、渡辺、村木、荒川らが大杉の宿所に会合して相談したというのに始まり、十一月二日、同じく宿所に大杉、野枝、吉川、有吉、荒川、村木、五十里、鮎沢寛一（長野県在住）の八名が集まったのち、「鴻の巣」で会食。翌早朝、三浦半島三崎方面へ行く計画だったが、自動車が確保できず散会したという。続く記事に「大杉は三日の午後六時頃外出し、神田佐柄木町の一料理亭で知己六、七名と会飲し、

打連れて外出。一同と別れ、折柄来れる自動車に飛乗り、間もなく情婦神近イチ方に宿泊せるを発見せり」とあるのは、前述のように確認できる。神近の『引かれものの唄』にも「同志の人達に饗応をした」とあり、会合を持ったのは事実らしい。運動の停滞を破ろうとしてか、同志への働きかけを始めたものと思われる。

与太会の後、神近宅へ行ったことは、のちに法廷で神近自身も証言している。この時、大杉は金が入ったことを言い、近く葉山へ行くのを機に、野枝と別居する意向を話した。彼女はその計画を喜び、葉山へ行くときは私を誘い、一日いっしょに遊ぶこと、と要望。大杉は「うん、うん」と生返事をした。（生方敏郎「十一月の日記」『文芸雑誌』一六・十二、調査書、東京日日新聞一七・二・二十、自叙伝）

五日、野枝と新婚の山川均・菊栄夫妻宅へ祝福訪問。

二人は、菊栄の誕生日である三日に麹町の借家で式を挙げたばかり。最初の訪問客は山川が千葉入獄中のときの、元放火犯の獄友だったという。大杉と野枝は二番目の客として、祝いに果物の盛り籠を持って訪れた。平民講演会がよき同志として結ばせた縁である。急いでいたので、玄関で祝意を述べて辞したが、親愛する二人の結婚を喜ぶとともに、我が身の立場との違いをほろ苦く感じたことであろう。（山川菊栄『おんな二代の記』）

六日、野枝と茅ヶ崎の平塚らいてう宅を訪問。葉山・日蔭茶屋に滞在。

雑誌発行のためにはもう少し資金がいる。翻訳書『男女関係の進化』は近く出版されるが、ロマン・ローラン『民衆芸術論』の翻訳や雑誌『新日本』への原稿などの仕事をかかえ、葉山・日蔭茶屋にこもることにした。出かける前日になって、野枝が「私、平塚さんのところまで行きたいわ」と言い出した。孤立した中で、らいてうとの友情を回復したいという願望は、切なるものがある。大杉は「それじゃ茅ヶ崎までいっしょに行って、葉山にひと晩泊って帰るか」と受け入れた。二人はらいてうの家で昼食をご馳走になり、二、三時間よもやま話をしたが、しかし、心中思うところには触れられず、野枝の望みは満たされなかった。

午後三時すぎ、日蔭茶屋へ着き、宿泊。大杉は何通か絵葉書を出し、その一通は「僕は今日また此処に来た。本月一杯は滞在のつもり。／六日／葉山、日陰《ママ》、／栄」。宛先は不明だが、保子かあるいは宮嶋あたりか。（自

叙伝、読売新聞一一・一〇）

七日、夕刻、日蔭茶屋に神近が来訪。三人、床を並べて寝る。

野枝と車で大崩れまで行き、そこから秋谷辺まで海岸通りをぶらぶら歩く。午後は旅館の女中お源さんを誘って、前の海で船遊び。宿へ帰って風呂に入り、夕飯を待っているところへ神近が来た。夕食までの三十分ほどは、三人ともほとんど無言の行。紛らすことのできない気まずい状況となったわけで、大杉は「いよいよもうお終いだな」と予感する。注文したうまそうな料理も、みな食が進まない。野枝は箸を置くとすぐ、帰ると言って出ていったが、汽車に乗った途中から、ホテルの鍵を忘れたと引き返してきた。三人ともほとんど口をきかずに、床を並べて寝た。（自叙伝）

日蔭茶屋事件

八日、朝食後、野枝は帰京。深夜、神近に短刀でのどを刺される。

野枝が帰った後、大杉は神近をすっぽかした弱みから、した手に構えるほかないが、相手をする気にもなれない。午後は『新小説』より依頼の原稿執筆にかかり、原稿は寺内内閣の標榜するいわゆる善政についての批評だが、「善政とはなんぞや」という題を書いただけで、いっこうに進まない。「寺内内閣は善政主義を標榜して立つた」「我等はこれに何者を期待すべきか」というような字を並べて、そこから線を引いているが、先へ進まない。神近が「どう、少しは出来た？」と聞くのに、「駄目だ、うまくいかない」と声にも力が入らない。「少し出てみない？」とも誘われたが、「止そう、どうも風に当たると気持ちが悪い」と断り、彼女は仕方なく、旅館のお源さんの案内で海岸へ遊びに行った。今まで彼女から何度か言われた「絶交」を、今度は自分から申し渡すことを考えていた。夕食後、床についたが二人とも眠れない。『自叙伝』には、一、二時間して彼

▲…葉山・日蔭茶屋

女から「ね、なにか話しない？」と呼びかけ、大杉は二人の関係を「もうよしにしようよ」と話したこと、それからまた一、二時間して金の話になり、大杉が「君に借りた分はあした全部お返しします」と切り口上で応じる場面、その決着がつかないまま彼女が布団に入ってくるのを拒絶したこと、などが書かれている。殺気を感じたが眠ってしまい、やがて用意した刃渡り十五センチの短刀で刺され、「咽喉のあたりに、熱い玉のやうなものを感じ」、呼吸は窮迫、血みどろの状態に陥る。それでものどをひいひい鳴らしながら宿の者に、医者を呼ぶこと、野枝への連絡、自殺のおそれある神近をさがすこと、を頼んだ。

時刻は三時過ぎ。逗子の千葉病院に運ばれ、六針縫合。手術台の上で「深さ……センチ、気管に達す」という声を聞きながら、死をも覚悟しつつ昏睡する。のちの裁判記録には「右下顎骨下一寸の箇所に長さ一・八センチ、深さ二・五センチの創傷」とある。

大杉が案じた神近は近くの交番に自首、葉山分署に護送された。（自叙伝、神近市子『引かれもの唄』、時事新報十一・十ほか）

九日、入院した逗子の千葉病院に野枝、保子、宮嶋らが見舞う。

大杉の容態は一時思わしくなかったが、夕刻にはだいぶ回復して、話ができるようになったので、医師は一命には別状ないだろう、と診断する。病院には朝から野枝が駆けつけて看護。午後には保子と宮嶋が、次いで荒畑寒村と馬場孤蝶が見舞いに急行して来た。検事、警部による取り調べがあり、刑事が面会を受け付け、客を謝絶するお節介もあった。（時事新報十一・十）

十日、山川、村木、弟・勇らが見舞う。野枝は宮嶋らに打擲される。

血液が肺に入る嚥下肺炎の憂いはほとんどなくなり、呼吸は正常、流動食を摂れるまでに回復した。事件は新聞各紙に扇情的に報道される。朝日「大杉栄情婦に刺さる」、万朝報「伊藤野枝子の情夫　大杉栄斬らる」、東京日日「市子、大杉と野枝との交情を激しく嫉妬」など。この日、大杉が語ったという東京日日の記事は、〈今度の事件に就ては別に深い理由はない。神近は前から私と野枝との関係に就て不平を訴へてゐた。……あの晩は神近があまり五月蝿く言ふので少し強硬に跳付けた。あの時少し柔かに出たならば此様な事にはならなかつたかも知れない。兎に角神近は狂言ではなく全く僕を殺すつもりらしい。〉

記者らから伝え聞いて、山川、村木、山鹿、安成二郎、弟・勇らが見舞に来た。山鹿は号外で知り「ワイフの着物を近所の質屋に叩き込んで汽車賃を作り、仕事着のままで駆け付けた」という。

ところが山鹿は宮嶋、有吉ほか二名の同志とともに病院に行く間に、宮嶋が野枝を罵倒する扇動に乗り、暴徒となってしまう。正午前、宮嶋は買い物から帰ってきた野枝に対し、「お前のために親友を殺したのだ」と言いながら、顔面を殴打してぬかるみの泥土に突き倒したのである。山鹿は「何の分別もなくこの暴徒に加わってドロ靴で一つか二つ蹴り付けた」と書いており、男たちによる暴行だったようだ。

野枝は駆けつけた警官に病室に連れて行かれ、大杉の胸に顔を伏せて泣き崩れたが、宮嶋らは病室にまで飛び込んできて、さらに蹴飛ばすなどの暴力を振るった。大杉は無言のまま宮嶋らをにらめつけていたが、彼は「この有り様を見て残念だと思うなら全快してからやって来い、いつでも決闘をするから」と罵りつつ立ち去った。飲むと荒れるたちで、酒の勢いにまかせてだが、同志たちの反発を表す態度でもあった。大杉は記者に「市に同情してのことだろう」と語っているが、しかし溝ができた。野枝の怒りも容易には収まらなかった。

午後、こんどは予審判事が出張してきての臨床尋問があり、前日来の新聞記者による取材や見舞客との応対も重なって、大杉には疲労がたまった。（朝日新聞、東京日日新聞十一・十一、堀保子「大杉と別れるまで」、山鹿泰治「追憶」前出）

十一日、堺が見舞うが面会謝絶。大杉、保子、神近宅が捜索される。

堺利彦が見舞いに来たが、院長は大杉の疲労をみて、この日から面会謝絶とし、枕辺には野枝一人が看護することとなった。なおこの日、何の理由か機に乗じ、警察は大杉の宿所、保子、神近の各住所を家宅捜索した。（東京朝日新聞十一・十三、沿革一）

十五日、翻訳書『男女関係の進化』（ルトウルノウ著）**を出版。**

発行所は春陽堂。ルトウルノウ著『婚姻と家族の進化』の全訳。訳者の序に「……最も微妙なる一問題、男女関係に就いての此の一名著を紹介するを得た事を、甚だ光栄とする」と記す。内容の微妙なのに加えて、発行時期は最悪だった。八月に脱稿したが、刊行が日蔭の茶屋事件の直後となり、「殆ど彼の名が悪魔の如く伝へられた当時で、本屋から忌まれたらしく、この本の訳者は『社会学研究会』となつてゐる」と刊行会版全集第七巻「編輯後記」に解説がある。のちに大杉が発行する『文明批評』一八年二月号には「大杉栄氏全訳社会学研究会」として広告が載り、二五年に大杉栄訳として再刊される。

十九日、田中佐市、吉田只次ら旧曙会の面々が見舞いに来訪。（沿革一）

この日かは不明だが、調査書によれば、大杉は面会に来た同志に、こう述べたという。「僕ハ幼年ノ頃一度刺サレ今又首ヲ刺サレタルガ　幸カ不幸カ両度共生命ヲ取留得タリ　之レ等ヨリ考フルニ僕ハ到底刃手ニ殪《たお》ルルノ運命ヲ以テ生レタルナラン　次ノ三度目ハ憲兵カ巡査ノ刃ニ伏スカ乃至ハ絞首台ノ露ト消ユルカ運命今日ヨリ定マリ居レリ」。

二十一日、千葉病院を退院し、野枝、村木とともに帰京する。

予後の経過がよく、十八日には退院して差し支えない状態になった。逗子か葉山にしばらく滞在しようと貸間を探したが、大杉と聞いていずれも断られる。警察の干渉だろうと抗議したが、この日退院して帰京する。看護をした野枝と、近くに宿泊して見舞いに通った村木が付き添い、夕刻の列車で菊富士ホテルへ帰った。

戻った後、神近からの書簡が届き、大杉は慰謝の意を込めた返書を送ったという。（朝日新聞十一・二十二、二十七）

著作――翻訳「平民劇の真意義」（ロマン・ローラン）『塵労』十一月号（現物未確認）

十二月上旬ころ、帝劇で「碁盤忠信」（河竹黙阿弥作）**を観劇。**

日蔭茶屋事件後、諸誌で大杉・野枝を論難したお歴々に対して、『新日本』一月号に「ザックバランに告白し與論に答ふ」として反論し、それを、この芝居に登場した義経の忠臣・忠信が、討手をなで切りにする立ち回りになぞらえる。討手として現れたのは、大杉が見た六誌の十二月号だけで、実に二十二人。社会的失墜を狙うキャンペーンの如きで、安部磯雄、与謝野晶子、平塚らいてう、岩野泡鳴、武者小路実篤、杉村楚人冠……といった諸大家である。大勢だから反撃は剛柔まぜて一太刀ずつが精いっぱい。結びは「せつかく帝劇見物の話までして、末代までの物語の種に勇士の最後の有様を見せようと思つたのが、すつかり当てがはづれて了つた」と軽く退場している。

芝居は他へ行く筈だったのを「つい見てしまつた」ようだ。このほうの出演は、左団次、我童、歌六、源之助、松助ら。入場料は三十銭から二円五十銭まで五区分あった。（『帝劇五十年』）

泥水の谷中村

十日、野枝と旧谷中村を訪問、残留民に会う。古河町に泊。

「谷中村」、足尾鉱毒事件は大杉が社会問題にはじめて関心を開かれ、のちには野枝との親密さを深める契機となった主題である。前年一月、野枝からの長文の手紙には、「谷中村」問題への興奮が書かれており、それを知らせてきたことによって、「どれほど僕を彼女に内的に親しみ近づけたか知れない」ものであった。

谷中村は、足尾銅山の鉱毒問題への措置として、政府が強行した遊水池計画により、渡良瀬川に呑み込まれることとされた。〇五年から村民は移住させられたが、村内にはなお、残留民十四、五軒があった。この年十一月に栃木県知事は「十二月十日限りに撤退すべし」とついに立退きを命じてきた。新聞には、残留民の談話として例えば「いよいよこうなっては村民も何処かへ移住せねばならぬし、田中翁の墳墓も樹木も移さねばならぬ」というように載り、野枝はそれを四、五日前に知って、気持ちが動いた。大杉の「いよいよこれが最後だろう」という言葉を聞くにつけても、現地への憂いを深め、期限となるこの日、彼を促して訪れたのである。例によって尾行が一人、終始ついていた。

堤防が切られたために泥水の中を歩き、残留民総代の島田宗三を訪ねるが、不在のため兄の熊吉に会った。彼は要求を主張するのではなく、収用については諦めていて、ただ食べてゆく方法がつくまでは動けない、などと実情を淡々と語った。野枝は、物置小屋と変わらない彼らの住居を見るだけで、もう何も聞かないでよいと思う。敷地内の田中正造の霊祠に参拝。

しかし、惨憺たる現地の印象は強く、村民との関係について、野枝は小説「転機」として発表し、大杉は「小紳士的感情」に挿話として書いている。

なお島田宗三はこの日、退去期限を延期するよう交渉に行っての留守だった。その結果、翌年二月まで延期となる。

余談であるが、二人が泊った古河《こが》町（現、古河市）は、筆者が少年期を過ごした所で、谷中村から移住した人々の集落もあった。残留民家の強制破壊を強行するときに、栃木県から古河町に作業員募集に来たが、当時の古河町長（鷹見銈吾）は、町民に「応じたい者は行ってもいい、しかし、二度と古河には帰ってこないように」と語り、一人の応募者も出なかったという。谷中村近辺の町村も遊水池計画には大反対だった。（伊藤野枝「転機」、調査書、荒畑寒村『谷中村滅亡史』）

十四日、名古屋にて自殺した妹・秋の葬儀に列する。十七日、帰京。

秋は十三日の朝、身を寄せていた名古屋市飴屋町の親戚・中根吉兵衛宅で、庖丁を咽喉に突き立て自害した。東京の運送問屋の息子と婚約が成って、年明けの婚儀が決まっていたが、兄・栄の事件があって、突然、破談となったために、悲観しての自死である。姉の柴田菊がちょうどアメリカより帰国中で、秋の婚約を聞いて、繻珍《しゅちん》の丸帯など祝の品を託し、吉兵衛が持ち帰ったその品を見せに寝室の障子を開けたところ、朱に染まって倒れていたという。

急報により、大杉は十三日夜行で名古屋へ行き、葬儀に列したが、自分の行跡が招いた惨劇に強い衝撃を覚え、悲嘆に暮れたことであろう。自責の念は深い傷跡となって、以後の言動を律する作用をしたはずである。事件について、保子は「この犠牲によって大杉の覚醒するならば、秋も瞑することができましょう」と語っている。保子にとって秋は、大杉の父の死後に引き取って、四年前まで面倒をみた義妹である。

大杉は名古屋に滞在中、愛知新聞社にいる同志・横田淙治郎を三度訪問している。辛い胸中も聞いてもらったのだろう。（朝日新聞、新愛知新聞十二・十四、調査書）

十九日、保子との離婚が正式に決まる。

日蔭茶屋事件での入院中、延び延びになっている保子との離婚に決着をつける意向を、山川などに漏らしていたが、この日、山崎弁護士と堺利彦を仲介役として、正式に決めた。条件として大杉が以後二年間、毎月二十円を保子に支払うこととした。保子は『新社会』一月号に「私事此度いよいよ大杉栄氏と従来の関係を絶ちましたので、是まで何かと御心配下された方々に対し、取あへず御報告申上げます」と告知した。（東京日日新聞十二・二十九、調査書）

この年、同宿のインド人・シャストリーと交際。佐藤春夫が二度来訪。

シャストリーとの交際は、菊富士ホテル同宿の仲で始まり、続いた。佐藤春夫も大杉を訪ねたときに彼を見た。大杉は「ここには西洋間もあるんだ。さうだ、西洋間を見るつもりで一つ、すじ向ふの印度人のところへ行つて見ようよ。女の話ばかりする面白い奴がゐるんだぜ」とそんなことを言って彼を連れていった。「印度人といふのは青年で学生か何からしかつた」と佐藤は書いている。官憲の記録には「無政府主義者との評ある者にして早稲田大学哲学講師」とあり、のちにインド第三代首相になる人物である。印パ関係を改善するタシケント宣言を発したことで知られる。

佐藤春夫が菊富士に来たのはこれが二度目。最初は冬で、荒川義英と一緒だった。大杉は碁盤の前に座っていて、来るとすぐ佐藤と五目並べを三、四回。それから獄中生活のことなどを夜更けまで話した。二度目は佐藤が菊富士に下宿しようかと思いついて訪ねてきた。用件を言うと大杉は「それぢやこの部屋へ来ちやどうだ。僕は金をきちんとやらない上に、ここのものは不味いなどと難くせをつけて自炊をしたり、我儘な上にだらしのない客は多いし、その外何かと面倒がられて一日も早く追放を命じられてゐるのだがね」と歓迎されざる下宿人である実情を打ち明けたりした。新進作家の話になって、大杉が「武者小路だけは面白いよ」と言い、佐藤が「武者小路の人道主義は要するにセンチメンタリズムぢやないか」とやや軽くみたのに対する大杉の答えに佐藤は注意している。

〈さうさ、センチメンタリズムだよ、まさしく。だけどすべての正義といひ人道といふものは皆センチメンタリズムだよ、その根底は。そこに学理を建てても主張を置いても科学を据へても決して覆へらない種類のセンチメンタリズムなのだよ。〉

大杉にとってのセンチメンタリズムは、かつて野枝の谷中村問題を訴える手紙に、生々しい実感のセンチメンタリズムを感じたことと通ずる、「社会改革家の本質的精神」なのだった。(佐藤春夫「吾が回想する大杉栄」、近藤富枝『本郷菊富士ホテル』、沿革一)

一九一七(大正六)年――三十二歳●

一月、山鹿泰治が青年を連れて来訪。

山鹿はある青年を紹介するために来たが、日蔭茶屋事件のとき、宮嶋と一緒になって野枝を泥靴で蹴った一件がある。大杉は山鹿の用件の前に「それより不愉快な以前の問題を解決しようじゃないか。だいたいあんな暴行を働いた以上は謝罪から先にすべきものだ」とけじめを促した。山鹿は野枝に「僕がいまもし謝罪したら、あなたは愉快になるんですか」と訊き、野枝がそんなことはないが、謝らなければ今後安心して交際できないとを言うと、「それじゃ謝らない」と断って帰ってしまった。翌月、兄急死の知らせで京都へ戻り、大杉とはしばらく離れることになる。(山鹿泰治「大杉とエスペラント語」前出)

著作――「ザックバランに告白し與論に答ふ」『新日本』一月号

二月十七日、明治大学「駿台文芸講演会」で講演する。

講師は大杉のほか生田長江、馬場孤蝶、有島生馬、紀平正美。明治大学の文芸部は雑誌『駿台』と『明大新報』を出しており、この雑誌部が講演会を企画して開催した。当時、明大の学生で文芸部員の佐々木味津三（のちに作家、『旗本退屈男』など）は、『第三帝国』に毎月文芸評論を執筆する同人でもあり、大杉に講演会の相談をしていた。大杉は講師に生田長江を紹介するなどしたが、自分は出ないことを心得ていた。ところが開会後、予定していた岩野泡鳴が急に来られなくなったので、突然に電話で依頼されたのである。赤痢のような症状が出て、体調不良だったが、歩いて明大へ行った。講堂は千人余りの聴衆で、廊下にまであふれている。

▲…前列左から生田長江、大杉栄、馬場孤蝶、有島生馬、紀平正美。後列左端・佐々木味津三

佐々木の自伝的小説『悩める太陽』に講演会の描写がある。最後の演者として登壇すると、拍手の雨。

〈にこにこと微笑を浮かべてゐたが、やがて氏は有名な吃音で、どもりどもり語りだした。

「予は今日ここで、ソ、ソ、ソシアリズムのせ、せ、宣伝をしようとするのではない。い、い一個のソシアリストが、ど、ど、どんな風に今の社会を見てゐるか、それを少しばかり、が、が、学術的に講義したいのである。……」〉

こんな調子でか「苦しいのを我まんしいしい、一時間余り喋舌り続けた」と「遺言」に書いている。何を話すか考えていなかったが、弁士席でそばに座った馬場孤蝶を見ている間に、彼が話した亡兄・馬場辰猪の遺言というのを思い出した。日本のような国では、何か少し人間らしいことをしようと思えば、どうしても牢に入らなくちゃならぬ。だからお前もそのつもりでうんと勉強しろ、というもので、急きょ、これを話の核にして組み立てた。

文芸部員だった貞瀬卓男によると、辰猪の業績をかなり詳しく述べた。辰猪は土佐人らしく、自由民権運動にもきわめて熱烈で、ために官憲の圧迫甚だしく、ついにアメリカへ亡命のやむなきにいたった。これを例にして、支配階級に都合の悪いことは、いかなる正義も真当な思想も弾圧される実状を述べ、結論とした。

最後まで話しおおせたが、警察の干渉は煩く、終了後、本館階下の小室で講師と部員とで会食をしたときには、警官が立ち入らないよう、内側に机や椅子でバリケードを作った。佐々木は大杉を呼んだことから、警察にしばらく尾行をつけられた。（佐々木味津三『落葉集』、馬場孤蝶「大杉栄君と佐々木味津三君」『佐々木味津三全集・月報第六号』、貞瀬卓男「大正の駿台事件」『素面』六九・九）

六日、東京日日新聞の宮崎光男記者が取材に来る。

宮崎とは彼が実業之世界社にいた二年前からの知己。前日に横浜地裁で神近に懲役四年の判決があり、感想を聞きに来た。食堂へ案内して夕食を共にし、シャストリーを紹介したりしてから、神近については「少しの懲役は、彼女のためにも修養になつていいかも知れんが、三年（ママ）の懲役は薬がききすぎて気の毒だ」などと述べる。そして「時に、新聞記者は、僕が事件を提供して食はしてゐるやうなものなんだから、どうだい相談だがね。モナカ、それも塩瀬のだよ、一折りも買つてこないか」と本気とも、冗談ともつかずに注文をつけた。宮崎は真に受けて、翌日持ってゆくと喜んで、「この相撲は僕が負けた」と笑いこけたという。

なお、神近の刑は控訴審判決で二年に減刑。上告後、取り下げて確定する。（宮崎光男「反逆者の片影」『文藝春秋』二三・十二）

三月上中旬ころ、近藤憲二・久板卯之助と出会い、菊富士で懇談。

東大前のいちょう並木を、古ぼけた筒袖のドテラ姿で散歩中に二人と出会い、菊富士ホテルに招いた。日蔭茶屋事件以来、同志と離れて久しいので、なつかしがって話す。近藤は逗子の病院で野枝と会ったとき、雑誌の肩書きの名刺を出したので、追い払われたことを話し、彼女は「雑誌社の人だとばかり思いまして……」と陳謝。それで、近藤はこのときが野枝との初対面になる。（近藤憲二『一無政府主義者の回想』）

貧乏と孤立と

二十四日、菊富士ホテルを出て、同じ菊坂町九十四に移住する。

下宿代が底をついて鍋釜を抱えて自炊する、貧乏のどん底時代だ。村木源次郎が見かねてよく食事を運んだ。ほとんどの同志が離反していった中で、村木だけが伴走して付いていた。ホテルからは追い立てを食って、ついにこの日、近くの下宿に移転する。菊富士では、昼夜応接間に詰めていた二人の刑事も追い払うことができて、喜んだという。(朝日新聞四・十一、調査書)

四月九日、野枝と江渡狄嶺を訪ねる。

訪問は江渡の妻・ミキの日記に「大杉さん、野枝さんと来る」と書かれているのみだが、当面の生活費、さらには運動への後援、資金の懇望のためだろう。彼は応じたらしく、さらに『文明批評』発刊時にも、資金援助をしてもらったとみられる。江渡は府下高井戸村(現、杉並区高井戸東一丁目)で「百姓愛道場」を開き、農業経営を実践していた。(鳥谷部陽之助『地涌の人』)

十八日、堺の衆院選立候補に際し、折り込み広告を配付。

「調査書」によれば、「堺利彦君　右東京市選出衆議院議員候補者に推薦す　日本社会党有志　政見　▽普通選挙　▽言論集会結社の自由　▽労働運動の自由　▽土地資本の公有　▽死刑廃止」などの文言を印刷し(翌日禁止処分)、約五千枚を村木に託して、都心四区の新聞販売店に翌朝の折り込みを依頼した。また、寺内首相、警保局長、山県元帥等に郵送したという。

堺は「十九日の新聞紙の間に、私を推薦する奇抜な文章を書いたハサミ広告がはいつてきました。これは誰がしてくれたものやら、今に至るまで分りません」と述べているから、勝手にやったことには違いない。現物をスクラップしていた近藤憲二は、「堺利彦推薦」とは印刷してあったが、内容は幸徳秋水からの引用で、代議政治反対を訴えるものだったという。費用は江渡からの融通を流用したことが考えられる。選挙を利用した悪戯っ気たっぷりの政治アピールであった。

なお、第十三回総選挙は四月二十日が投票日。堺は有権者数三万七千人余りの東京市部から立候補し、得票二十五票で落選だった。（堺利彦「候補運動の経過」『新社会』一七・四、近藤憲二『一無政府主義主義者の回想』、調査書）

著作——「丘博士の生物学的人生社会観を論ず」『中央公論』、「ヴアガボンド魂」『新小説』各五月号

六月二十四日、翻訳書『民衆芸術論』を和蘭陀書房より出版。

ロマン・ロラン著「平民劇場」の翻訳。一六年後半から一八年にかけ民衆芸術論が盛んで、多くの著述家が論争に加わった。中村吉蔵、楠山正雄ら早稲田派の人々が「民衆演劇」を唱えはじめ、それに加えて、ロランに依拠したかのような本間久雄の「民衆芸術の意義、及び価値」（『早稲田文学』一六・八）が口火となった。大杉もロランの真意を踏まえ、運動者としての立場から論戦に参加してゆく（「新しき世界の為めの新しき芸術」が、論議の展開をみるにつけ、本書刊行の必要を強く感じたにちがいない。

この月ころ、野枝と生田春月を訪問。

春月の自伝的小説『相寄る魂』によれば、雑誌社に原稿購入の依頼に行く用と合わせての訪問である。本棚に『義人田中正造翁』があるのを見た野枝が、大杉に「あなたのとこにも、その本があったわね」と指摘したことから、渡良瀬川に没する谷中村へ行った話をした。そのときの応対について、野枝が「あの人達はどうしてあんなに冷淡なんでしょうね。まるで反感でももっているようだわ」と言ったのに、大杉は次のように応答したと書いている。

〈別に反感を有ってゐると云ふ訳でもなからう。殊更らしい感謝や、女々しい感情を見せないだけ、そこにしつかりした諦めと決心とが見えてゐるぢやないか。なかなかああは行かないものだ。それに、どんな場合でもさうだが、我々はたとひ自分達を理解されなくたつて、虐げられてゐるものの為めに働かなきやならないの

だ。〉
大杉は世間や同志の非難や反感については何も言わず、一時間ほどいて、春月と一緒に近くの雑誌社へ向った。

著作――「近代文学と新犯罪学」『新小説』六月号

七月六日、東京市外巣鴨村宮仲二千五百八十三へ転居。

巣鴨には岩野泡鳴がいたのでその縁であろう。百メートルほどの距離に泡鳴の住まいがあり、等辺三角形を作るもう一つの頂点には横関愛造がいた。横関は当時、東京毎日新聞の記者で、大杉を取材し、相知る間柄である。『改造』の初代編集長になり、交際はのちまで続くが、巣鴨時代の大杉について書き残している。

〈巣鴨新田の細い道に面した三室ほどの家の前には、見張りの尾行のたまり場があり、大杉家に出入りする人物を、いちいち点検し、人によってはその後を追って住所氏名を誰何されたものである。〉

大杉は首すじに残った傷も治り、野枝と同棲、岩野は正妻・遠藤清子と離婚訴訟中で愛人・蒲原英枝と同居中。いずれも道ならぬことと、世間の風当たりは依然厳しい。ある日二人が、横関の家で顔を合わせた。岩野は野枝をつかまえて無遠慮に、

「ほお、あなたが野枝さんですか、聞きしにまさる別嬪だなぁ」

と賛嘆。さすがの野枝も照れくさそうに顔を赤くしていたが、大杉は吃りながらニヤッと笑って

「君にほめられちゃぁ本望だろう、せいぜい大事にするか、ね」

と笑殺してしまった。泡鳴も「自由恋愛」論者だから、その点では意気が合った。

〈初対面の大杉は、実に魅力的な男だった。ガッシリした体躯、肉付きもゆたかで、厚味のある、整った目鼻だち、ギロリと光る目玉がまことに印象的で、天下一品のするどさがあった。そのくせ一たび笑えば、浅いながらも笑くぼがあらわれ、まことに親しみ深い人相骨柄である。いささか吃る。が、その吃りがいかにも朴訥者らしい感じで、いいようのない愛嬌が漂う。……人情にもろい男だった。もちろん自分の気性に合わない人間に対しては、あくまで譲ることをしなかったが、いったん「この男」と見込んだ上は、情誼を尽くしたも

のである。〉

ところで横関が、見張りの尾行（所管の板橋署警視三人が専属）が出入りの人物を「いちいち点検」、と書いている事情は、大杉の説明によるところだ。

〈巣鴨の家と云ふのは、実は、ほんの半月か一ケ月かのつもりで借りたんだ。板橋ではそれを知らないもんだから、さあ大変な奴が来た何とかして逐つぱらはなくちやと云ふんで、ひつこした翌朝早々先づ家主をおどかした。それから出入りの商人等を門前で喰ひとめた。僕等のやうな、時々、と云ふよりもしよつちう、財布のからな人間には、本当にいい責めかただ。〉（「亀戸から」）

で、「少々癪にさわつた」ので、半月ではなく半年、この家に住むことになる。家賃は月十三円五十銭。現在の豊島区北大塚三丁目三十一番付近に当たる。（時事新報八・九、横関愛造『思い出の作家たち』）

八月下旬ころ、中国へ去る荒川義英の送別会に出席する。

荒川は長春にいる父の許に身を寄せるため、九月三日に渡航。その前に五十里たちの世話で送別会が開かれた。会場は数寄屋橋の笹屋。出席者は、五十里、堺、荒畑、大杉、生田春月、安成貞雄、生田長江、馬場孤蝶ら二十名くらい。生田春月の小説『相寄る魂』は、荒川（作中では朝川）を送る大杉の発言を次のように書いている。

〈「いや、僕は別に言う事もない。ただ、朝川（荒川）君がいつものやうに口先きばかりでなく、本心から真面目になつて遣つてくれる事を、君自身の為めに希望する。君のやうな有為な青年が、いい加減な生活をやつてゐるのは惜しい事だからね。大いに真面目になつて勉強して貰ひたい」と、いかにも情熱家らしく思わせる少し吃つた口調で言つて、そのギョロリとした眼を朝川に上に落した。〉

会が進んで雑談中、大杉に「女の方から電話」の取り次ぎがあり、戻ってくると「用事が出来たから失敬する」と、照れたような笑い方をして出ていった。（生田春月『相寄る魂』、堀切利高「荒川義英の生涯」前出）

（1917年7月〜9月）

名前は魔子だ

九月二十五日、長女・魔子が生まれる。

名前は「僕等があんまり世間から悪魔！悪魔！と罵られたもんだから、つい其の気になつて、悪魔の子なら魔子だと云ふので魔子と名づけて了つた」（『二人の革命家』序）ことによる。安成二郎宛のはがきにはこう書いている。

〈一昨々日女の子が生れた。まだ名前はきまらないが、僕は魔子と主張してゐる。女中はなし、忙しくてやりきれない。二十八日夕〉

十月一日に野枝が叔母宛に出したはがきには「廿五日に女児出産魔子と名づけました」とあるから、この時までに大杉の主張が決まったのだろう。安成が訪問したとき、野枝はこの名前に反対したが、通らなかったと笑った。

魔子は両親の死後は真子と改名、大杉の長女として数奇なる生涯を送ることになる。（安成二郎「大杉君の五人の子」『女性改造』二四・十一）

▲…魔子を抱く野枝と、右は大杉。後列右から弟の伸、勇、進。左下に飼犬・茶ア公

三十日、この頃から村木源次郎が同居する。

村木は山川の家にいたが、魔子誕生を知って、助っ人を買って出た。山川菊栄に、魔子の世話のほか「台所の手伝い、尾行やかけとりの撃退までひきうけていて、乳母兼執事兼何とやら、さきの関白太政大臣そこのけの肩書きだ」といばって笑ったという。しばらくは浴衣の洗いざらし一枚きりだったが、やがて大杉が着ていたのを、野枝が四角い袖になおして着せた。所帯持ちのよい保子が袖を筒袖にたちきらず、あとのためと思って縫いこんでおいたものだ。彼は十二月十一日まで同居。

村木は、巣鴨での貧乏生活の挿話を、のちに「大杉君のどん底時代」として書いている。米びつに少しばかりの米は産婦のお粥用に取っておき、二人で芋を五銭で買って来てふかして食べる、こんなことがよくあった。服部浜次の娘・お清さんが台所の手伝いに来たが、米を買ってくれないので、逃げるように帰ってしまった。そんなある時、野沢重吉のおかみさんが、金に困ってやってきた。大杉は野枝の着ていた羽織を村木に渡し、質屋から五円を借りたが、自家の米代は残さずに「甚だ少ないが、今日はこれだけ――」と言って、全部を無造作に渡した。それを見た村木の感想――「温い血潮のやうなものが、何んだか斯う腹の底の方から湧き上がつて来るやうに感じて来ました」。（山川菊栄『おんな二代の記』、村木源次郎「大杉君のどん底時代」『改造』二三・十一、沿革二）

十月十五日、安成二郎が来訪。

安成の日記には、「家具の乏しいガランとした家で、バカに薄暗い電灯の下にもう野枝さんは起きていた。……金を〇円置いて来た」と記され、依然としての困窮ぶりが知られる。

しかも十〜十二月は病床にいることが多く、ほとんど無収入の状態が続いて、毎月の家賃も差し支えた。ほかに出入りしていたのは林倭衛ぐらいで、米代に困ると林の名で買い入れをしていた。山川などにも借金をしていたようだ。（安成二郎「大杉君の五人の子」前出、『文明批評』一八・一、調査書）

二十四日、翻訳書『相互扶助論』を春陽堂より出版。

クロポトキン著、同名書の全訳。ダーウィンの「進化論」を読み違えての生存競争説を強く批判し、相互扶助こそ進化の一要因と説いたもの。隔離するような同志の態度に対置し、「相互扶助が重要」と、満腔の思いで訳したであろう。

（1917年9月〜11月）

終刊となった『近代思想』に第一章の初めの部分を訳出して、「近刊……新潮社発売」と予告しているから、出版の話は出来ていた。しかし、既述の事情で壊れ、春陽堂の田中に頼んだと推測される。

当初はあまり売れなかったが、版を重ね、やがては大きく部数を伸ばした。影響を受けた人も多い。例えば、小川未明は晩年まで座右の書としていたし、宮本常一も三回は読んで、大いに影響を受けたと次のように述べている。

〈私は貧しい農家に生まれた。その私が民俗学というよりもむしろ民俗調査に興をおぼえ、自分の生きている時間のうち、もっとも多くの時間をそのことにあてるようになったのは、いろいろ考えてみてクロポトキンの『相互扶助論』が大きい影響を与えているように思う。そのことについて私は長い間気付いていなかった。……私がまだ二十歳にならなかったころ、大杉栄の訳したクロポトキンの『相互扶助論』を読んだことがある。この本は後に『世界大思想全集』に採録され、また春陽堂文庫の一冊としても出されており、それらをいずれも買っているから三回位は読んでいたと思うのであるが、私はこの書物のことをすっかり忘れていた。それを最近大杉栄全集が刊行されることになり、『相互扶助論』の紹介を図書新聞からたのまれて読みなおしたとき、はしなくもすぎし日のこと、歩いて来た過去のことがいろいろ思い出されてきた。そして、この一冊の書物がいかに大きく私の精神的な支柱になっているかを思いおこした。〉(「民衆の歴史を求めて」)

著作――「野枝は世話女房だ」『女の世界』、「人類史上の伝統主義」『新小説』各十月号

十一月、このころコズロフ夫妻に会い、意見交換をする。

イワン・コズロフは一八九〇年ポーランド生まれのロシア人で、四歳の時、米国へ渡った。IWW(世界産業労働者)の組合員。ロシアに二月革命が成ったので、それまで米国に亡命していた革命派のグループは、日本を経て帰国するため、四月ころから来日する。その一人で、五月に家族と来た。彼らは売文社と交流があり、コズロフは日本のアナキストへの紹介を依頼、高畠が引き受けて、大杉との会談が実現した。グループはロシアへの入国を拒否されて目的を果たせず、米国に引き返すことになるが、彼は日本にとどまり、やがて大杉と親交する。(沿革一)

5―立ち上がる労働運動

1917（大正6）年12月～1919（大正8）年8月

▼…望月桂・画「ある日の大杉」

大正七年五月一日 （毎月一回） RODO SIMBUN （一日發行） 第一號 1

勞働新聞

勞働者の解放は勞働者自らの仕事でなければならない

勞働者の自覺とは何

『文明批評』を創刊して再起し、同志例会を再開、和田、久板との共同で『労働新聞』を発行して運動に復帰。例会は信友会などの組合活動家を引きつけ、彼らを通じて労働運動への影響力を強めていく。同時に吉田・水沼が始めた「労働者相談所」や黒瀬の「労働問題引受所」を支援するなど、労働者への直接的接触を図る。それを押し広げ、「大杉一派」の運動として展開するのが、「演説会もらい」である。労働運動は次第に高まりを見せるが、警視庁は狙い撃つように大杉を拘束する。

『文明批評』で再起

（1917年12月）

十二月上旬、『文明批評』創刊のため編集作業を開始する。

懸案の雑誌発行。長い屏息状態から起ち上がるための機関である。計画は秋口から立てたが、体調の問題もあり、具体的に動き始めたのは十一月から十二月初めにかけて。経過を創刊号「巣鴨から」に記している。

〈たつた一枚の伊藤の羽織を質に置いて、原稿紙を買つて来る。僕の外出の電車賃にする。山川夫妻と荒畑との寄稿の約束も出来た。原稿も出来た。多少の広告もとれた。四五人の友人の十円ばかりづつの寄付金も出来た。とにかくこれで創刊号だけは出せる。……ただ少々まごついたのは或る友人の手で出来る筈の保証金が遂に間に合はなかつた事だ。そのために折角腹案し準備した編輯の方針を大急ぎで変へて了《しま》つた。〉

荒畑とは『近代思想』廃刊時の不和以来である。再三訪問して、これまでの不行き届きを詫び、再び提携しようと懇請し、旧交を復した。山川夫妻も寄稿を引き受けてくれた。「調査書」には大口の寄付として、黒瀬春吉と江渡狄嶺（幸三郎）が約百円を拠出、との記載がある。黒瀬は、東京瓦斯社長・久保扶桑の庶子。橋浦と交際があり、彼を介して知り合ったと思われる。

「保証金が間に合はなかつた」と残念をにじませるのは、保証金を納めて時事問題も扱う予定だったが、引受けてくれた大石七分が株で失敗したため、かなわなかったことによる。*大石は資産家の兄・西村伊作の援助や叔母・くわからの相続遺産を以て、この後も大杉を支援する。(「巣鴨から」『文明批評』一八・一、*調査書)

下旬、『文明批評』校正の印刷所へ通う途上、田中純を訪ねる。

田中純がいる本郷の下宿・環翠館はかつて荒川義英が住んでいて、勝手知ったところ。そこへ毎朝、同じ時刻に野枝と現れては、別に要談があるでもでなく、二十分ほど雑談をしては裏口から出ていった。田中は気づかなかったが、印刷所へ行くのに尾行をまくためである。創刊する『文明批評』の校正に通ったのだ。

それまで田中には、主義・思想上のことを話さなかったが、この時は何時にない熱情的な言葉で、文筆の活動ではなく、実行が必要であることをしきりに説いた。「あれほど焦燥してゐた彼を見たことがない」と田中は記している。二年近い停滞を早く取り戻したい、一途の心情であろう。(田中純「喜雀庵雑筆」読売新聞二八・三・二十)

二十四、五日ころ、橋浦時雄が来訪。

橋浦とは二年ぶりに近い。野枝が出かけたため、泣き叫ぶ魔子を抱いてミルクを飲ませたり、おむつをかえながら懇談。彼が住む亀戸あたりに引越したいと案内を頼む。以前から労働者町に住もうと思っていたのと、家賃も払えない窮状から「夜逃げ」を考えていたので、橋浦がひょっこり来たのは絶好のタイミングだった。(『橋浦時雄日記』)

二十七日、一月一日付の『文明批評』創刊号を発行。

『近代思想』終刊以来二年の苦境を経て、再起を図っての機関誌である。経済難のために企図を果たせず、前年の秋、内相・後藤からせしめた資金で、と準備にかかったところを日蔭茶屋事件で潰えてしまった。「この頓挫には僕自身の責任のある事は勿論だ」としつつ、鬱憤を記して意気軒高を示す。

〈あの事件で最も喜んだのは敵だつた。そして正直な奴等や不正直な奴等は、或は無意識的に或は意識的に、少なくとも其の結果に於て敵に利用された。肉体的に殺されなかつた僕をこんどは精神的に殺して了はうとした。愚鈍な奴等だ。卑怯な奴等だ。しかし、よく聞け、憎まれ児は世にはびこる。何処までもはびこつて見せ

る。死んでもはびこつて見せる。〉

編集・兼発行人が大杉、印刷人・野枝と二人だけの新たな出発である。執筆は、荒畑と山川の協力と、林倭衛の短詩を載せたほかは、大杉が七篇、野枝が小説「転機」ほか二篇を書いて、ともかく六十二頁を整えた。千部印刷、各地の同志や『近代思想』の旧購読者に送って、読者の勧誘を要請した。三号までだが、再生の確かな足がかりになってゆく。

著作――「僕等の自負」、「正義を求める心」、「はあ真当な事だ」、「社会問題か芸術問題か」、「社会主義者を退治せよ」、「飛行術的言論家」、「最近思想界の傾向」、「巣鴨から」、「発行兼編集人から」掲載。(「巣鴨から」『文明批評』一八・一、沿革二)

二十八日、野枝が亀戸の貸家を探し、決めてくる。(『橋浦時雄日記』)

二十九日、巣鴨から南葛飾郡亀戸町二千四百に移転。

家賃を払えず夜逃げとまで思っていたのに、お誂え向きの事情が生じて、急に引越し実行となった。監視にてこずっていた板橋署が、家主をけしかけて立ち退きを促したのである。『文明批評』の校正で印刷所に通った三日間は、「お得意の忍術」で行方不明になったが、これに警察は困ったらしい。「亀戸から」にこう書いている。

〈……帰つてみると来月の十日までにひつこしてくれ、それまで家賃はいらない、又前に預かつた二ヶ月分の敷金はひつこし料として返すから、と云ふ大家の話だ。ちようど十円金が出来たら、大晦日までに何処か労働者町の長屋へでも夜逃げしよう、と云ふ内々の相談があつた際なので、早速其の二十円を貰つて、翌日今のここへひつこして来た。〉

で、今度の所管は小松川署。橋浦の家に来て、「どんな便宜でもはかるからどうか忍術だけは使ってくれないようにと、切に伝言を懇願した」という。それで、すぐ前の新築の空き家には「僕の三太夫さんが二人、戸を細目にあけて終日僕の家の入口を見張つてゐる」、いつもの光景が現出する。橋浦の家も同番地、現在の江東区亀戸六丁目である。近くに東洋モスリンの工場があり、黒い煙突が聳えている。家賃は月十三円だった。

(1917年12月)

引越しのとき、黒瀬春吉の妻・青柳雪枝が手伝いに来ており、彼との交際が進んでいたとみられる。（『橋浦時雄日記』、『文明批評』一八・二）

三十一日、野枝、魔子と山川均宅を訪れ、正月を迎える。

山川の家は大森の春日神社裏（現、大田区中央一）にある。訪問記を菊栄夫人が残している。二人は、にぎやかな笑い声をあげながら入ってくると、

「家にいると掛け取りがうるさいから、ここで一緒に正月をしに来たよ」

と、厚かましく上がり込んだ。野枝は魔子を寝かしつけると、食客に押しかけたお返しに、

「お正月の支度まだでしょ。私が台所ひきうけてあげるわ、あなたは寝てらっしゃい」

と滝縞のお召に錦紗の羽織を着たまま、両方のタモトのはしを帯の間へはさんで台所へ出ようとする。菊栄が自分の羽織やタスキ、前掛けをもちだすと、大杉が横からさえぎって、

「いいんですよ、この人はいつでもこのままなんだ。内も外も、台所をするのも銭湯にいくのもね。このほかに着るものは何もないんだ、あとは寝巻きだけさ。質に入れるとき、これがいちばん役にたつからこれだけおいておくんだ。」

かくて、野枝が台所を引き受け、菊栄は「お陰で私は手一つ濡らさずにお正月のご馳走にありついた」次第であり、大杉と山川、菊栄は火鉢を囲んで懇談した。話は革命中のロシアをどうみるか、という情勢判断になった。

大杉は「急いで政府を作るのがまちがっている。革命でいったんめちゃめちゃになったふるい社会組織とその構成要素は、ちょうどお盆の上に大小の石が積み重なってめちゃくちゃになってるようなもんだ、それをむりにキチンと揃えたりしちゃまたもとのようになってしまう、うっちゃっとけばいいんだ、そしてお盆をゆすっていれば、しぜんおさまるところにおさまるもんだ」というような話をした。力まかせにレールを敷かないという大杉らしい議論だ。（山川菊栄「大杉さんと野枝さん」前出、同『おんな二代の記』）

著作――「大正六年文芸界の事業・人・作品」『早稲田文学』十二月号

一月一日か二日、山川の家から帰る。

大杉の一家三人が帰ったあと、山川家のお手伝いさんは「おもしろい奥さまですね、私あんな方初めて見ました」と腹をかかえて笑ったそうだ。おしめはゆかたをバラバラにしたなりで、袖やおくみをほどかずにそのまま使い、「少しばかりぬれたのはいちいち洗わないでいいのよ」と、洗いかけたのを抑えて竿にかけ、よごれたのを干してそのまま使う、といった調子で驚かせた。菊栄は「まあなんと愉快そうな二人でしたろう。まったく大きな少年少女といいたいようでした」と感嘆している。山川夫妻のさりげないもてなしで、居心地もよかったのだろう。

他方、小松川署は二人の行方不明に大慌てで、元旦、橋浦が起きるとすぐに、担当の刑事が行方を尋ねにやってきた。さらに高等係の大谷が年賀に寄って「大杉が来たので新年が出来ぬ」とこぼしていった。（山川菊栄『おんな二代の記』、『橋浦時雄日記』）

一月初め、橋浦宅に毎日のように遊びに行く。

橋浦の日記、一月七日に「大杉君は毎日のように遊びにくるし、急に賑やかな日が続いた……」と連日押しかけの記録がある。（『橋浦時雄日記』）

十七日ころ、大阪から上京した岩出金次郎を、橋浦が連れて来訪。

岩出は『近代思想』一二年十二月号に、白雨の名で短歌を寄せ、うち一首に「乃木の死をたゝへて泣きしその日より、牧水といふ詩人きらひになりぬ」と作歌。月刊『平民新聞』の配付にも尽力した。業界紙『時計と貴金属』を発行し、前年五月までは橋浦が編集をしていた。その好調に続いて、新たに地域紙『美なみ新聞』発行を計画し、編集者求人などの用で来京した。翌年三月からは『日本労働新聞』に発展する新聞である。（沿革一、『橋浦時雄日記』）

（1918年1月）

和田・久板との共同

二十一日、和田久太郎と久板卯之助が来訪、同居する。

二人が労働者向けの平易な新聞を発行しようとしているのに、大杉が一緒にやろうと誘い、応じてやって来た。話すうちに意気投合し、同居して共同することに進展する。

和田は前年から売文社で雑誌『新社会』の編集などに従事したが、そこで文学にばかり傾斜してもいけないと、十二月に退社し、転身を図っていた。久板は自力で労働者向けの小雑誌『労働青年』を発行したが、前年十一月（七号）までで資金が尽き、停刊に追い込まれていた。

二人はそれまで、渡辺政太郎との結びつきがあった。久板は彼と毎月「労働青年講演会」という茶話会を開いていたし、前年九月から、二人とも渡辺、添田平吉らと「実生活研究会」なる例会を開催している。しかしこの日、渡辺、久板、和田、添田らは渡辺宅に会合し、両研究会とも解散としたのである。渡辺はその理由を、久板、和田が彼の行動に満足せず、大杉のもとに走ったからと説明した、という。[1]

渡辺の研究会に出席し、久板の『労働青年』寄稿者であった中村還一は、次のように述べている。[2]

〈和田と久板とは、渡辺老人の穏健な教壇的伝道にあきたらなくなり、彼等の暴烈な意志を投げ込むべき実際運動を欲しつつあつた。情熱を抱いて風雲をねらつてゐる大杉と、彼等二人とが接近して行つたのは当然のことだ。〉

この間、久板は巣鴨の大杉を、しばしば訪ねた数少ない同志である。運動を進める上での大杉の考えは、十分吸収していたであろう。そして、以前から盟友であった二人は、日暮里の労働者町に借家をし、新たな展開を期していた。移ったばかりだが、大杉との話が決まると、和田はすぐに日暮里の家をたたんで、翌日にやってきた。

二階の部屋へ入ったが、二人とも徹底した簡易生活で、大杉はのちに「久板の生活」と題して、この日の驚きを書いている。

引越し荷物は大きな風呂敷包みが一つあるだけで、野枝が
「布団のようなものがちっともないようですが」

と不思議に思って聞くと、たった一枚の煎餅布団は和田がのり巻きのようになって寝るのであり、久板は薄い座布団を三枚だして、「これが僕の敷布団なんです」と言いつつ、来ている洋服とたった一枚のどてらを指して、

「僕の着物の全部を掛けるんです。これが僕の新発見なんです」

さすがの大杉と野枝も、あきれてしばらく黙ってしまう場面だった。久板が京都から初めて東京に出てきたときに、大杉ら七、八人の仲間で布団を作ってやったのだが、それはこの新発明以来、誰かにやってしまったのだという。（和田久太郎『獄窓から』、(1)沿革一、(2)中村還一「大杉をめぐる同志の人々」『改造』一二五・八）

二月一日、久板・和田と友愛会本部で開催の労学会例会へ行く。

官憲「沿革一」の記事だが、このような形で三人の活動を開始したとみられる。労学会は前年十一月、友愛会で青年労働者と東大、慶応、早稲田の学生との連合演説会が開かれたときに発議され、青年労働者と大学生による社会問題の共同研究会として組織された。和田はそのときに入会を申し込んだが、社会主義者と目せられる者は不可になった。この日の三人も参加を拒否された。会は社会主義をめぐって当初より対立があり、六月に社会問題研究会と改称して以来活動は停滞した。

なお、和田は翌日、日比谷公園で開催の閥族撲滅全国青年集会に参加。警官の退散命令に抗して演説をし、治安警察法違反として起訴され、十五日、東京区裁判所にて罰金十円の判決を受ける。（沿革一、野坂参三『風雪のあゆみ』）

上旬、二月一日付『文明批評』二月号（第一巻第二号）**を発行。**

野枝が病気になり、「大杉が女中と子守と看護婦との仕事を一どに引受け」たため、編集に取りかかったのが二十五日で、実際の発行日は「少々遅れ」た。山川夫妻が寄稿して協力。大杉は亀戸に移住した心境を、「小紳士的感情」で触れている。

〈それでも、とにかく此の労働者町に押しやられて来た事だけはいい気持だ。大小幾千百の工場ががんがんする響きともうもうする煙との間に、幾千幾万の油だらけ煤だらけの労働者の間に、其の実際生活に接近してゐる事だけでもいい気持だ。だらけた気分が引きしまつて来る。斯うしちやゐられないと云ふ気持が日に日に強まつて来る。〉

著作――「僕は精神が好きだ」、「盲の手引する盲――吉野博士の民主主義堕落論」、「国家学者R」、「亀戸から」、「小紳士的感情」、「発行兼編輯人から」、新刊紹介「昇曙夢『トルストイ十二講』」、「バーナード・ショオ著　野上豊一郎『結婚論』」、「昇曙夢『露国革命と社会運動』」掲載。

八日、横浜の小池潔、吉田只次を訪問、雑誌刊行について相談。

『文明批評』のこともあるが、新たな労働者向け新聞の計画について、資金や印刷（小池は印刷会社を経営）の相談に行ったものと思われる。一泊して、九日に帰京。（沿革一）

十四日、荒畑を訪問。

『文明批評』への原稿依頼もあり、荒畑の家には時折訪れ、亀戸の家まで引張って来ようとしたこともあった。この日は、翌日に開く同志会合の件で、挨拶に行ったのであろう。橋浦時雄が先に来ていて、お汁粉を一緒に食べた。（『橋浦時雄日記』）

同志例会を復活

（1918年2月～3月）

十五日、夜、上野桜木町の有吉三吉宅で同志会合を催す。

同志の定例会を再開する相談会として、大杉、和田、久板の名で呼びかけ、十二名が参集した。「調査書」によれば、大杉の発意によるものだが、当人は「同志の意向を確かめるため出席を遠慮」した。日蔭の茶屋事件以来の反感が残っているなら、会は成立しないので、まずはそれを確かめたのである。

この会で協議、定めたことは、一、大杉にたいする反感を止め、一致団結する。二、純アナキストの会合とする。三、実際問題の討議、運動方法の研究を主とし、講演は従とする。四、例会を毎月一日と十六日に開く。五、会合の都度、相当の運動資金を徴収する。六、友愛会員の私宅を訪問して参会を勧誘する、など。以前あるいは他の会派が行っている講演を主としたものでなく、討議・研究を中心に、純アナキストの集会とした点で、性格を明確にしようとした。

途中少しだけ参加した橋浦は日記に、幸内、斉藤のほか顔なじみは少ない、「誰が発起か和田が大杉の意向を受けているようだった」と記している。ともあれ、大杉にとっては一年半ぶりに、同志例会が復活することになった。

会の名称は、刊行会版全集（第三巻）の「大杉栄年表」が「労働問題座談会」としているのに従って、従来この名が用いられてきた。しかし、他に同時期の記録は見出せず、前記の方針や大杉の感覚とも合わず、疑問がある。他方、久板・和田が発行した『労働新聞』第二号（一八・六・一）に次の告知（案内）記載がある（傍点は筆者）。

〈労働運動研究会／毎月一日十五日の晩、下谷桜木町卅四有吉三吉宅で、労働運動研究会がある。集るものは大がい労働者で、めいめいが自分の工場の様子だの、それに就いての感想だのを話して、お互いに運動方法の研究をする会である。／本社の社員や同人も皆なそこへ集まる。労働者諸君の御来会を歓迎する。会費金五銭〉

また官憲の記録（特別要視察人情勢一斑第八）にも二月十五日の項に「本会合（表面ハ労働運動研究会ト称シ居レリ）ハ爾来継続シテ毎月二回開会シ居レリ」の記載がある。「表面ハ」とは、別項に記した「無政府主義研究会」が実の名という憶測からであろう。正規の名称は案内記事にある「労働運動研究会」と判定できる。

以後、十二月まで続く同志例会を、この名で呼ぶこととする。「座談会」が使われる場合もあったとするなら、案内にもあるように、以前のような講演方式ではなく、自由討議の座談を主としたので、その方式を呼んだ異称であったと考えられる。（沿革一、橋浦時雄日記）

三月一日、有吉宅の労働運動研究会例会に出席。

大杉も出席し、例会として正式に発会した。各自それぞれの問題を出して座談する。若い労働者たちも参加してきた。出席者二十一名。十一時頃散会。以後、有吉の家で開催する。官憲記録によると、大杉は次のように語った。

知識的運動者のものとして『文明批評』を出し、労働者のものとして『労働新聞』を計画している。発行したときの配付、広告募集のため、過日来、近くの工場、会社を訪問している。今後ストライキが起ったら、他の工場なり我々の団体が運動資金を集めて助けるようにすると、互いに親密にもなり、ついには大団結になる。私や和田らは、今後同盟罷業が起った場合は直ちに赴いて、応援をする考えだ。この会合も、実際的な元気あるものとして、真の労働者の群にその運動を向けてゆきたい。（調査書、沿革一、「獄中記」）

二日（一日深夜）、四人で例会の帰り、不当に拘留され、日本堤署、警視庁を経て、四日に東京監獄に収監。

とんだ木賃宿事件

四人とは大杉、和田、久板と売文社にいる大須賀健治。大杉が「とんだ木賃宿」と題して事情を書いている。池之端のレストランで食事をし、直接行動と政治運動との是非を論じ合ううちに終電車がなくなってしまった、その後だ。

遅くなってもう電車はなし、和田の古巣の泪橋の木賃宿にでも泊って見ようかと、三ノ輪から日本堤を歩いて行った。午前一時ころである。「吉原の大門前を通りかかると、大勢人だかりがしてわいわい騒いでゐる。一人の労働者風の男が酔つぱらつて、過《あやま》つて或る酒場の窓ガラスを壊したと云ふので、土地の地回り共と巡査とが其の男を捕へて弁償しろの拘引するのと責めつけてゐるのだつた」。そこはいろはバーという酒場で、男はしきりに謝っている。大杉は中に入って、男から事情を聞き、「此の男は今一文も持つてゐない。弁償は僕がする。それで済む筈だ」というと、酒場の男も周りの者も承知したが、警官だけが承知しない。「貴様は社会主義だな」と食ってかかり、結局、一緒にいただけの三人もろとも留置場に押し込まれてしまう。

翌朝、「どうぞ黙つて帰つてくれ」と朝食までふるまいながら、署長が出てきて、職務執行妨害とでっちあげて拘留された。警視庁が大杉と知り、ささいなことでも起訴に持ち込もうとしたのであろう。新聞に発表されたのは、大杉の文章とは異なり、「……大杉はその男を警官の手より奪い取り、さらに四人にて巡査に食ってかかり、酔漢はどこかへ逃亡したるより……」（朝日新聞）というのであった。その結果、日本堤署に一晩、警視庁に一晩置かれ、四日に検事局に送致、東京監獄未決監へ収監される。「とんだ木賃宿のお客」となったわけだ。

（1918年3月）

初体験の和田が、収監時のようすを「恥かしながら」と題して書いている。まずビックリ箱という二尺四方の箱に入れられ、看守が一人ずつ原籍、氏名、罪科などを聞いて書き留めていく。次いで湯舟で身体をきれいに拭い、襟に呼称となる番号を縫い付けた藍染めの着物を着せられる。そこで和田は大杉に聞いた。

「これからすぐ監房ですか」

「いや、これから六道の辻って処に行って、前科割りの爺さんに面を見て貰って、それから閻魔さんの言い渡しがあるんだ。」

といった段取りである。和田は話に聞く監房経験ができることを、内心は「嬉しや」と思ったほどだから、二日間では物足りなかったかもしれない。

他方、家で待っていた野枝は「ろくに眠れなかつた」くらい心配した。夕刻に橋浦から聞いて、「この忙しい最中に、何をつまらない事を仕出かしただらう、と少々忌々しい気」にもなっていた。『労働新聞』の作業中なのだ。

これらの経過をもっとも詳しく書いたのは大須賀健治で、「ある記録」(『三河平野』)によれば、同行者は初め五人であった。大杉は木賃宿までタクシーで行こうとしたが、五人は乗れないと断られている。そして警官に連行されたとき、三人は付いていったが、もう一人は、そこで別行動をとった。大須賀と同方向というから売文社の人間であろう。お陰でそのルートから野枝は四人の留置を知ったのである。(朝日新聞三・四、東京日日新聞三・十、『悪戯』、伊藤野枝「獄中へ」)

二日〜六日、野枝は連日面会に行く。六日、大杉を除く三人は釈放。

野枝が面会記を書いている。

二日の夕刻、大杉らの検束を橋浦から聞いて、すぐに日本堤署へ駆けつけ、親子丼を差入れた。留置のわけを大杉に聞くと、すぐに放免と思ったのか、「何でもないことさ」と取り合わない。翌日は友人と毛布を四人分持って、警視庁へ行った。大杉との関係を「一緒にいる者です」と答え、「内妻ですな」と言われて妙な気持に。毛布は、大須賀が「厚意の毛布にくるまつてぐつすりと眠ることができた」と書く暖かい差入れであった。四日は東京監獄。堺と出会うと、「大須賀は一月に上京したばかりなのに、方向の違う大杉たちが引張って行った」と非難がましく言われて困惑する。五日は区裁判所へ。四、五時間も待たされる。六日の東京監獄も同様。魔子を橋浦がまだ床から離れぬうちに預けて来ているのに、控え所に小半日も置かれる。村木も来て、大須賀に会うつもりのところ、斉藤兼次郎が彼に面会に来たので、和田と会って先に帰った。野枝は五時近くにやっと呼ばれ、「三尺四方のうすぐらい箱」で用件のみ、あっけなく終ってしまう。

この日、大杉以外の三人は、理由も言われずに放免となり、夕方、野枝が帰宅したあと、和田・久板が帰ってくる。二人はもっといいたかったような話をする。村木が来て泊った。

野枝は獄中の大杉への手紙に、かねてより「裁判の傍聴と監獄の面会にはぜひ行ってみろ」と勧められていた意味が解った、おかげさまで、いい見聞や経験を沢山しました、と書いている。また面会所は非常に面白い所で、「何か書けそうですわ」と感激したことは、後に『改造』に掲載される小説となって実現する。(伊藤野枝「獄中へ」、*同「監獄挿話　面会人控所」、大須賀矢川「ある記録」前出)

七日、村木が警視庁の特高課長から聴取を受ける。

特高は、雑誌は続けるのか、新聞はやはり出すのか、金の出処はどこか、大杉の留守中はどうするか、などとお節介なことを訊いた。大杉拘留による支障の具合を探ったのであろう。しかし、留守宅は音を上げてはいない。この日、野枝は大杉への手紙に、「新聞は和田さんと久板さんの三人で出来るだけ骨を折ります。皆も是非出すことにしたいと云つてゐます。雑誌の方も校正がすみしだい、直ぐに来月の編集にかかります」と奮起ぶりを伝えた。しかし、結局は『文明批評』の三月号は休刊とし、『労働新聞』創刊は四月に延期せざるを得なくなる。(伊藤野枝「獄中へ」)

九日、野枝が後藤内相宛に抗議の書簡。大杉は午後、釈放される。

野枝の書簡は、巻紙四メートル近い筆書きである。「あなたをその最高責任者として　今回大杉栄を拘禁された不法に就いて、その理由を糺したい」と面会を求め、用件として、大杉拘禁の理由、日本堤署の申立と事実の相異、警視庁高等課の態度の卑劣、など六項目をあげている。大杉の釈放を求めたものではなく、不法逮捕に抗議し、警視庁の不当を追及したものだ。後藤ならという期待も、半分はあったのだろう。

抗議行動を起こす決意の告知でもある。「こんな場合には出来るだけ警察だの裁判所をてこずらせるのが私たちの希ふ処なのです。彼は出来るだけ強硬に事件に対するでせう」と記しているのがそれで、具体的な行動は、七日の大杉宛書簡から想定できる。「公判の日には大勢でゆきます。そして、あの晩、会であなたがお話になつたと云ふ公判廷での示威運動が、思ひがけなく事実に出来ることを、皆んな愉快がつてゐます」と告げる。大杉が提起した方法とは、被告が裁判官に向って大声で抗論し、同時に傍聴者の一人も演説を始める、その者が外に出されたら、他の一人が立つというように、相呼応して抗議する行為だ。ほかにも種々考えたにちがいない。

ところが、書簡を出したこの日の午後、大杉は「証拠不十分」として釈放され、帰って来る。面会も抗議行動も必要なくなった。

それにしても、野枝の手紙は気魄十分。「私は一無政府主義者です」に始まり、「あなたは一国の為政者でも私よりは弱い」と結ぶ文章は、官憲の不当に屈しない迫力に満ちて特筆に値する。掲載された『初期社会主義研究』（二〇〇四）の堀切利高氏解説によると、水沢市立後藤新平記念館所蔵で、二〇〇一年に「新平によせる女性からの手紙」と題して同館の企画展で初めて公開されたものである。（東京日日新聞三・十）

十日、望月桂宛に書簡。

「昨夜帰宅す。不起訴なり、種々御配慮を謝す。十日　大杉栄」（『書簡集』未収録）。望月のほか、大石七分にも援助を受けた。留守中世話になった人への礼状を送った。（沿革一）

十一日、労働運動研究会を繰り上げて開催。

先の四名入監の報告のため、繰り上げて開催した。出席者二十八名。「調査書」によれば、和田が顛末を述べ、大杉は次のような話をした。

一日の会合のとき、今後の運動は全くの実行でなくてはならない、種々の問題を捕えて民衆に演説するようにならなければならない、と述べたが、日本堤ではそれを実行したわけだ。他の三名にまで迷惑を及ぼしたことは謝らねばならないが、一日の会合で僕の考えに同感したものと思う。各個の生活の間に、場合によって日本堤におけるような実行運動に出なければならない。僕はそこでこう言った。「このような問題は一々巡査を呼んで来ることではない。大がいのことは、そこに居合わした人間だけで片はつくんだ。何事でも巡査のすることには文句を言わず、なすがままにさせているから、彼らはつけ上がるのだ」と。こうした形で、世間に対して、いかに法律でも強権でも、真剣に立ち向かって無視してやればよいことを見せてやればよいのだ、と。

大須賀も出席したが、拘禁されたのを祖父や両親が憂慮し、祖父が上京して、十六日に愛知県藤川村の自宅へ連れ帰った。（調査書、沿革一）

二十日、公開の『文明批評』講演会を赤坂の新日本評論社で開催。

午後六時開会。新日本評論社（赤坂一ツ木町五十五円通寺坂下）とは福田狂二宅で、彼は大阪へ行って留守。公開としたため多数の警官が会場を取り巻いた。『文明批評』四月号「発行兼編集人から」に記事がある。

〈……恐ろしい風の日で二十人ばかりしか集まらなかつた。警察からは先づ高等視察が来る、次に警部が来る、最後に署長が来る。都合三十人ばかりの私服刑事でとり固めた。そしてまだ会の始まらない前に至極やんわりと解散を命じた。皆んなはお茶でも飲んで話さうとなつて、階上で十一時頃まで雑談に耽つた。そして其の間に、僕の欧州連邦論に就いての一時間ばかりの雑談が済んだ。階下では、皆んなが帰るまで、ギツシリとガチヤガチヤ連中がつまつてゐた。〉（読売新聞三・十八、刊行会版全集第四巻）

この月ころ、売文社を訪れた菱山栄一に、新渡戸稲造『農業本論』を手渡す。

恩方村（現、八王子市）で村の改良運動に活動している菱山栄一が、売文社を訪ねたとき、たまたま大杉が居合わせた。彼は小学校の旧師が転任するので、謝恩会で贈る感謝状の文案を依頼に来て、堺が面会した。堺がペンを執っている間に、大杉は「君は農村の人らしいから、これを読んでみたら」と新渡戸稲造『農業本論』を勧め、扉に大杉栄と署名した。この本はずっと同家に保存されているという。（『松井翠次郎遺稿集』）

四月一日、同志例会を開催。

講演はなく、各人が「主義」に近づいた動機を述べ座談した。

なお三月から、渡辺が「社会主義研究会」なる例会を、毎月十五日に自宅で開始した。しかし、彼は五月十七日、病死する。（調査書、沿革一）

同日、『中央文学』に寄稿。

この日発行の『中央文学』（第二年第四号）「文章を学ぶ青年に与ふる語『座右銘』」に「何よりも先づ汝の人間を造れ」と寄せる。同欄には、有島武郎「自分で見て自分で考へろ。……文章を作るな、文章を生め。……」、小川未明「書く時に大胆なれ、ただ自己を出せよ」、内田魯庵「名文よりは意味の通る文……」など、二十五人が寄稿している。

七日、赤坂・新日本評論社にて、ロシア革命記念会を開催する。

大杉が発起した会だが、六人の世話人（服部、有吉、渡辺、吉川、北原龍雄、尾崎士郎）の名義で通知し、各派が顔を合わせた。ロシア革命の戦術問題をめぐって、大杉のアナキズム論と高畠の革命謳歌論が議論となり、会場の空気がだいぶ緊張した。高畠がロシア革命を賛美する気炎や、その傍若無人な態度に、村木が立って反逆の信條を述べ、幸徳事件を話し、最後は感に堪えずに泣いた。ところが高畠は大声で笑い、軽侮する場面があった。

翌日、村木は売文社三階の高畠を訪ね、その面前へピストルをつきつける。驚いて立ち上がる彼に「なに、冗談ですよ」と言って、悠然と出て行ったという。このピストルは、米国製三十二型六連発のもの。警察に知られて、五月三日に提出した。

当日の出席者は、ほかに堺、荒畑、馬場、福田狂二、遠藤友四郎、中村還一、近藤憲二、小池潔、中村勇次郎ら、世話人のうち渡辺、吉川は欠席。官憲の記録では二十八名だが、近藤は「そのころとしては珍しい盛会で四十名ばかりも集まった」としている。（沿革一、近藤憲二『一無政府主義者の回想』）

倒される機関

九日、一日付『文明批評』四月号（第三号）**を発行。全部を押収される。**

発刊前の六日に発禁処分、製本所にて全部押収という警視庁の狙い打ち、妨害である。やりくり資金でようやく出していたので、痛撃であった。廃刊とならざるを得ない。現物が残されていないので、四月号の細目は不詳だが、一部はのちに刊行した単行書や全集に収録されている。

大杉の「とんだ木賃宿」、「模範囚人」、和田の「恥かしながら」、伊藤野枝「獄中へ」の五篇（『悪戯』）と「編輯人から」（刊行会版全集第四巻）である。また警保局保安課「禁止要綱抄」（謄写版）に、この号の禁止項目が記載され、文章の引用がある。指摘されたのは、伊藤野枝「少数と多数」、荒畑寒村「怠惰の権利」、大杉栄「盲の手引する盲」の三稿である。

このうち大杉の「盲の手引する盲」は、二月号に掲載の同題論文の続編だ。「発行兼編集人から」の欄に、次号の予告として「僕は『盲の手引きする盲』の続きとして、こんどは大山郁夫、室伏高信などのデモのクラシイをやっつける筈だ」と記している。「禁止要項抄」の引用箇所は、弾圧側にとって「矯激不穏ナル言辞」なのだろう。主要部分を再引用しておく。

〈此瞞着手段が最も巧妙に且つ最も組織的に行はれたのは謂ゆる国民教育であつた。国民教育とは要するに被征服階級をして征服階級との共同の文化、共同の伝統、共同の歴史を有するが如く妄想させて共同の追憶と共同の栄辱感情とを強制するものである。利害関係の全く相反する両極階級を含む一社会の中に共同の文化、共同の伝統、共同の歴史、共同の追憶、共同の栄辱感情なぞが本当にある筈はない。若しあるとすれば其れは瞞着され強制された妄想である。〉

これは後に「民族国家主義の虚偽」と題して『自由の先駆』に所載された評論の一部と合致する。伊藤野枝「少数と多数」はその後も発表は不明。次はごく一部である。

〈玉者及圧制者の権力に反抗して一歩一歩自己勝算の道を踏みしめつつ悪戦する……の如き巨人が沢山出て来なければ人類は永久に絶対的奴隷状態を脱する事はむつかしいであらう〉

〈如何なる時代に於ても少数者は常に偉大な思想と自由旗幟を真先に翻すのである。鉛のやうに縛られた群集は何事もなし得ない。この事実はロシアに於て最も力強く証明された。数多の生命は血政の為めに犠牲になつた。しかも玉座のモンスタアは依然として滅らされない……〉

（読売新聞四・十二、荻野富士夫編『特高警察関係資料集成』第十八巻）

十六日、同志例会を開き、出席者十四名。（調査書）

無料の『労働新聞』

五月一日、和田・久板とともに『労働新聞』第一号を創刊する。

予定より二カ月遅れ、発行にこぎ着けた。発行人・久板卯之助、編集兼印刷人・和田久太郎で、大杉と野枝が支援する体制である。B4判八面。題字の下に「労働者の解放は労働者自らの仕事でなければならない」の宣言を掲げて、かつての月刊『平民新聞』と同じ体裁をとる。意志を継いで、陣を築く決意表明でもあった。

特筆すべきは、一般労働者への無料配付という、読者を限定しない宣伝紙としたこと。和田、久板、村木が本所深川や近郊の工場で配付した。経費の大半は、広告料によって賄うこととし、近隣の小工場や商店の広告を取る活動を精力的に行なった。

そのほとんどは、久板の倦むことを知らない努力の結果だ、と和田は記す。彼は毎日、実によく歩き、亀戸から本所深川へかけて、小さな工場を訪ねては一円か二円の広告を貰ってきた。とくに小工場を選んだのは、彼に言わせれば、小さな工場主は、大てい自らも職工とともに働く、いわゆる「親方」といった風で、友だちのように話が出来るから、大会社の支配人と話すような嫌な気持ちは少しも起こらないからである。そうした小工場や商店の広告が、各面に六枠（一面はダイヤモンド社の一社買い）、八面には三十二枠も載った。

新聞の目的と配付の意義について、大杉はのちに次のように述べている。

〈大戦の進行すると共に、戦後の労働運動の勃興は、何人にも予想された。そして日本の社会主義者等は、嘗つて日清戦争後に片山等が辿つた道に帰つて、労働者の間の伝道と組織とに専心するの必要を痛感した。そして此の目的のために、大杉は月刊『労働新聞』を、荒畑と山川均とは『労働組合』を、殆んど同時に発刊した。此の二小新聞は、殆んど隔月発売禁止の厄運に遭ったが、少なくとも東京の労働者の間には、毎月数千部づつ配付された。(注)〉（「日本における最近の労働運動と社会主義運動」）

第一面に大杉の、改作した「築地の親爺」を掲載。車夫・野沢重吉の追悼文だが、彼の経歴、活躍を追加して紹介している。発刊の辞にあたる「読者諸君へ」は無署名だが大杉の文で、巻頭の「労働者の自覚とは何ぞ」など四本の記事と有島武郎の小説「蔵の鍵」は他誌からの転載だと断わる。発禁対策に転載を多用して、まずは無事を期したのだ。ほかに土岐哀果の「新かぞえ歌」、和田久太郎の「兄弟へ」、《労働文芸》欄に時計工・中村還一「夜業」など硬軟おりまぜた苦心の編集である。（『労働新聞』五・一、和田久太郎「久板君の追憶」『労働運動』二二・六、調査書）

（注）大杉の文のうち、荒畑と山川が発刊したのは『労働組合』ではなく『青服』。前年まで荒畑が発行していた『労働組合』の後身として刊行され、三月の初号は無事だったが、二号からは発禁に遭い、四号を以て終刊となった。

同日、同志例会に出席。

中村還一（時計工）、高田公三らは、この日発行の『労働新聞』を、それぞれ五十部持ち帰った。職場での配付用である。高田の所属する信友会（活版印刷工組合）は、三月に全印刷工の労働組合へと組織化に着手。

二カ月で新入会員は千名を超えていた。同じく信友会員の竹村菊之助とともに、例会の常連になり、組合の幹事会に社会主義論議を持ち込んでいたが、今度は新聞を通じて、一般労働者との連係を図っていくことになる。

研究会はこうして、参加してきた労働者会員を通じ、また『労働新聞』というメディアを通じて、大杉らのグループ〔アナキズム〕と職場の労働者を結びつける触媒作用をする。さらに信友会副幹事長の水沼辰夫が参加するように、組合幹部を通じて、労働運動に影響を及ぼす基盤となるのである。

「調査書」によれば、出席者は十二名。大杉は次のような談話をした〔抄〕。

〈欧米では、本日はメーデーを盛んにやるが、我国でも何か記念になる慣習を作っておきたいと思う……最近のロシアの新聞によれば、ロシアでは無政府主義の運動をするには黒旗を用いるとのことだ。従来の赤旗よりは黒旗の方が、面白くもあり又芸術的でもあるから、今後我々の運動には黒旗を印として使うことにしたい……〉〔調査書、水沼辰夫『明治・大正期自立的労働運動の足跡』〕

五日、橋浦時雄を二度訪問する。

橋浦の日記を引用する。

〈殆んど終日雛を相手に暮す。大杉君が二度ばかり来る。牛肉で一杯やっている時にも来た。「お酌をしないのですか」と陸子《りく》〔橋浦の妻〕に対《むか》っていうので、「お酌して貰ったとてちっとも美《うま》かない。却って気味が悪い」と僕がケナすと、大杉君は荒畑君の話を思出して、「おカズにならんか……」と笑った。「おカズにならん」という訳は、昔、お玉さん〔荒畑の妻〕と百瀬とが差し向いで飯を食った。その後、荒畑が玉さんに、「百瀬と差し向いで食って美まかったろう」とひやかすと、お玉さんが、「あのツラがおカズになるかねえ」といった。それからちょいちょいと使用される。別に新しい言葉ではないが、この一節によって時代がついた文句だ。〉〔『橋浦時雄日記』〕

六日、友愛会小松川支部講演会に、和田とともに聴衆として参加。

亀戸町の真宗派説教所で行なわれた。参会者に『労働新聞』第一号を配付するためで、閉会時に実行する。活動方針の一項として定めた「友愛会員の参会を勧誘する」ことの実践である。

『労働新聞』第二号に、「労働尊重論」と題して、友愛会教育部長・油谷治郎七の講演大要を掲載しているのが、この時の講演であろう。友愛会の勢力は、百二十支部三万人に達している。こうした支部を通じて、組織労働者への浸透を図る作戦だ。（調査書）

十五日、同志例会を開催。

大杉は「無政府主義と労働者」と題し「無政府主義によらなければ労働者の真の幸福は得られない」旨を述べたという。例会の開催日を、この月から毎月一日と十五日に変更した。（調査書）

三十一日、六月一日付『労働新聞』第二号を発行、禁止処分とされる。

ほとんどをオリジナル記事としたが、この日、印刷所で全部を差し押えられた。のちの判決では、「パンを奪う機械」という記事は、「機械の発達に反抗を慫慂する」から秩序紊乱だとする滑稽さ。ほとんどが評論や投稿の文だが、多くは無署名にした。

巻頭「労働者も人間だ」は和田の文か。一面はほかに唖蝉坊「アキラメ節」、望月桂画「故渡辺政太郎君」。二面は中村還一「労働者の運命」、平沢紫魂「飯と菓子」など。三面――「働くほど困る」。四面――「女工さん」「水商売へ」など各無署名。五面――山路信「労働者の日記」、腰弁生「蛆虫の呟き」、「噴火口」(投書)。六面――「俺は泣く子だ」、「労働と法律」（一機械工の質問に山崎今朝弥が回答）。七面――《労働文芸》和田信義「野良犬」ほか。八面――全面広告。広告は全部で四十五枠と、この号も多い。（調査書、『平民法律』二〇・二）

六月一日、労働運動研究会に出席。（沿革一）

十二日、『労働新聞』第二号を一部改定して第三号を発行、発禁となる。

発禁処分にたいしては裏をかく方法を考え、対策を講じた。紙型を二枚作るのがその一計である。一枚はおとなしく押収させて、他の一枚を隠す、あるいは持って逃げるという計画だ。この号であろう、和田がそれを実行した。ところが張り込んでいた私服に見つかって追跡され、紙型をかかえて横っ飛びに逃げ出した。追っ手は多勢、逃げるのは一人。白昼の京橋区内で、映画そっくりの追跡劇が展開された。和田は新聞配達の経験もあって、走るのに慣れている。八重州海岸から、茅場町の公園へかけて、ぐるぐる逃げまわるうち、一人落伍し、二人落伍し、とうとう逃げおおせてしまう。かくて新聞は無事に発行された、という。

こうした警察との追いかけっこを、大杉は「ジゴマごっこ」と呼んだ。フランス映画「ジゴマ」をまねて、警官と怪盗ジゴマの追跡遊びが、子どもたちの間に流行っていたのになぞらえたのだ。（沿革一、中村還一「大杉をめぐる同志の人々」前出）

十八日、労働運動研究会例会に出席。

講演はなく、座談する。中村還一、山路信之助（東京計器）は大杉と和田が持ってきた『労働新聞』第三号を四、五十部持ち帰る。（調査書）

二十九日、野枝が郷里の福岡県今宿村へ発つ。

夏の保養を兼ねて金策のため、魔子を連れて郷里へ向かい、三十日に到着。（沿革一、『橋浦時雄日記』）

この月ころ、神田錦町・松本亭の学生集会で講演。

和田と一緒に行くと、松本亭の二階には、学生が五、六十人集まり、後からも詰めかけて来る。階下の八畳二間には錦町署の警官がぎっしり待機。大杉は、まず友愛会の労使協調主義を批判、そしてレーニンのボルシェビキをこき下ろし、得意のクロポトキンとバクーニンの比較論をやった。学生から「天皇陛下は、ロシア皇帝と同じ人間でしょうか」と質問が出て、「もちろん！　われわれと同じ血の出る人間だ」と答える。そのとたん、演壇横の臨監席にいた署長が「中止！」と叫び、大杉は「まだ何も言ってないじゃないか」と噛みついた。学生からは「官憲横暴！」などの怒声。和田は用意のビラをまく。「解散！」の命令とともに待機の警官が駆け上がって、会場は大混乱。大杉と和田は会場から姿を消したが、学生四、五人が拘束された。貸席主の松本フミは「商売人を逃がしてしまって、学生だけを捕まえるなんてっ」と憤慨し、署長に抗議して釈放させたという。（川合貞吉『神田錦町　松本亭』）

七月一日、同志例会を開催。

大杉はロシア革命を描いた小説について話した。活版印刷工の信友会より会員八名が出席している。ほとんど毎回出席の水沼、高田、竹村のほか、鈴木重治、宮川善三、原田新太郎、車隆三らとみられる。信友会とのパイプが太くなった。信友会幹事で、のちにアナ系労働運動を率いる水沼は、組合活動との関連について、組合機関誌『信友』（七・二十五）に「我等の労働運動に関する知識は自己の経験によるほかは、社会主義者から得たのであつて、将来も社会主義者によつて啓発されるところは少なくないと思ふ」と述べ、アナキズムへの傾斜については、後年、次のように書いている。

〈大正六年頃、堺利彦や大杉栄などに近づいて社会主義や無政府主義の理論に接して初めて前途に光明を見るような気がした。……特に大杉栄の主張したアナルコサンジカリズムは、それまでに単に生活改善運動を通じて資本家と官憲に反抗する以上に出なかった私たちの労働組合運動に新しく理論的支柱を与えるものだったから、私はそれにたちまち傾倒した。私の労働運動がアナキズムに結びついたのはこの頃からともいえる。〉（調査書、沿革一、水沼辰夫「私はなぜアナキストになったか」『平民新聞』四七・十一・二十一）

八日、北豊島郡滝野川町田端二百三十七に転居。和田・久板も移住。

移転の事情は前回と同じく、金銭絡みである。家賃を滞納して立ち退きを迫られる身分なのに、それは棒引きにしたうえ、立ち退き料を出すという、おいしい話なので乗ったのだ。経緯は橋浦の日記が明かしている。

〈六月十六日　大杉君は近い内にひっ越すという。それはこの日比谷地所内の親方甚万というのが、大杉君とこへいって、「貴方が来られてから地所内に刑事が盛んに出入りするので、賭博が出来ない。現に大分あげられているさまで、これまで滞った家賃を棒引にし、五十円出すから、助けると思って立退いて呉れ」といって来た。そんなら助けてやろうというのである。それで四五日前に甚万から大杉君へ生魚を送って来た。僕の宅へも黒鯛とコチと□《不明》とを貰って、鯛の皮付で一飲みしたワケだ。勿論甚万は口を利いただけ、これは大家から出したのだろう。〉

家賃九円の小さい家だが、和田・久板も一緒に移住した（現、田端一丁目七番付近）。「茶ア公」というポインター種の大きな飼犬も連れていった。ある時、和田がスパイを尾行したが、茶ア公が付いていきて、先に行っては戻って来て、和田の顔を見るので失敗したことがある、その犬である。（『橋浦時雄日記』、伊藤野枝「化の皮」）

十日、この日、大石七分らが創刊した文芸雑誌『民衆の芸術』に協力。

『民衆の芸術』は、西村陽吉が四月から発刊した『庶民詩歌』を、六月に大杉が仲立ちして大石らと合同し、発展させた文芸雑誌。大石が編集・発行人となり、西村、奥栄一、永田衡吉の四人を同人として発刊した。奥・永田はともに新宮出身で、大石の文学仲間。十一月までに五号を出し、大杉は編集、寄稿などに協力した。創刊号には大杉の「民衆芸術の技巧」、野枝の随筆「再度の惑はし」を掲載。四号には、大杉の構成による「労働者の民衆芸術観」、野枝の小説「白痴の母」が載った。

十一日、林倭衛とともに野枝の帰省先・今宿へ向う。

十四日、到着。金策のため、野枝と三人で福岡へ行き、林が描いた洋画の販売や個展を計画するがうまくいかず。林は二十三日に発って帰京した。大杉と野枝は八月六日まで今宿に滞在、くつろいで保養の日々を過ごす。尻っぱしょりをしておむつの洗濯をした、と伊藤の家に伝わっている。野枝の両親とも語り合い、「実家」気分を味わいつつ英気を養う休暇となった。井元麟之（元水平社書記局長）は野枝の叔父・代準介の自伝を紹介する中で次のように述べている。

〈大杉栄は、大正七年に野枝夫人とともに、海浜に近いその実家に滞在して、時には海水浴に興じながら一と夏を過ごした。恐らくこれは大杉夫妻にとって、生涯を通じての最も平和で幸福な日々ではなかっただろうか。しかし当時の警察にとって……降って湧いたような大問題であったに相違ない。監視のために臨時派出所が設けられた。皮肉なことに、その夏はおかげで些細な犯罪もなく村人は無事太平を喜んだという。〉

しかし、そう長くはいられない。待っていた旅費が三十円、久板から四日に電送されてきた。大石七分からの融通である。野枝が親戚から同額を借りて、六日に出発した。

滞在中に地元紙・糸島新聞の取材にたいし、次のように述べたという。

〈自分ハ社会改善ノ為メ全力ヲ傾注スル考ナルガ、如何ナル方法ニ依リ改善スルカハ具体的腹案モナク、又発表スル限リニアラザルモ、中央ノ権力ヲ今少シ自治団体ニ移シ、現在ヨリモ強大ナル団体ヲ作リ、以テ人民ノ生活ヲ容易ナラシメタシト考フ。然ルニ本年春頃ヨリ政府ハ著シク吾等ニ圧迫ヲ加ヘ、伝達機関タル印刷物ノ発行都度発売頒布ヲ禁止セラルルヲ以テ、他ノ方法ニ依リ伝達スルノ外ナキニ至レリ。政府吾等ト思想ヲ同フスル者ノ団結ヲ恐レ、斯ル圧迫ヲ加フルト雖、吾等ト思想ヲ同フスル同志亦多数ナルヲ以テ、圧迫モ憂フルノ要ナシ云々〉（調査書、書簡一一〇、井元麟之「ひとつの人間曼荼羅」『部落解放史・ふくおか』七五・三）

八月一日、『労働新聞』第四号発行、即日、発売頒布禁止処分に遭う。

「大杉夫妻を九州に送つて、満腔の思ひを吐露した」と和田が言う記事は、現存を確認できないが、官憲に記録された数行が、わずかにその思いを伝えている。「労働階級の使命」と題する次の一文は、和田の作であろう。

〈労働者諸君……俺等は人間らしく生活したい、向上したい。そうするにはお互ひ団結して労働組合を作らねばならぬ。吾等の敵の戦術を見破って飽迄戦はねばならぬ。〉

この号も差押えをうまく逃れたが、それには村木の大胆な応援がある。彼は信友会員で、研究会のメンバーである延島英一の家に同居。延島の母・ゆきを愛人とし、病臥していたのだ。本郷台町にあり、前の号も、この家を利用しては「後ろの塀を乗り越える籠脱け式活動」によって守った。

警察も注意していて、第四号の捜査には本富士署の高等係が、延島の家へ行った。村木は「どうぞ捜してください」と言って、二人の高等を家に上げ、そこら中をあけ放して見せた。戸棚から布団をおろそうとさえした。この態度にすっかり気を呑まれて、彼らは「いや、そのまま。なあにここにはないと思ったのですがね」と安心して捜索を止め、お茶とお菓子を呼ばれて帰った。ところが村木が開け放した押し入れの中には、二千部もの『労働新聞』が隠してあったのだ。

和田のとった方法はスケールが大きい。別に作ったもう一つの紙型を名古屋へ持って行き、愛知新聞の横田淙治郎に刷ってもらって、関西方面に配るという手である。この第四号のときは、刷り上がるまでの時間待ちに、鶴舞公園の池で泳いでいたという。

しかし、官憲の側は弾圧の手を強める。新聞紙法違反として和田と久板を起訴。『労働新聞』はこの号をもって倒されてしまう。（和田久太郎『獄窓から』、前出『特高警察関係資料集成』十八）

（1918年7月〜8月）

六日、野枝と今宿を発ち、下関経由、九日、大阪着。

管轄ごとに入れ替わる尾行の記録によれば、六日は門司泊。七日、下関に渡り、関門報知新聞の記者で同志の林京祐、次いで浅枝次朗を訪問。林より二十円を借り、門司に戻って宿泊。八日、大杉だけ再び下関の林宅を訪ねて懇談、二人で門司へ。同日、門司港から汽船にて、親子三人水入らずの一室で神戸へ向かい、九日着。夜遅く阪神電車で大阪へ向かい、梅田駅前の池の屋旅館に宿泊した。（沿革一、信夫清三郎『大正政治史』第三巻）

十日、和気律次郎を訪問。大阪の同志を旅館に招いて歓談する。

大阪毎日新聞社に勤務中の和気とは久しぶりの再会。ついで大阪の同志を宿泊先の旅館に招き、野枝も加わって歓談した。岩出金次郎、武田伝次郎、逸見直造、松浦忠造、安部らが来てよもやま話。逸見からは労働者相談所を設けて、労働者の泣き寝入りを救済する企図についての話があり、大杉は「それは結構なことで、もし実現したなら誰か応援に来てもよいと思う」と答えた。（調査書、武田伝次郎「大杉君と僕」『祖国と自由』二五・九）

米騒動の現場

十一日、岩出宅に移動し、夜、米騒動の現場を視察する。

野枝は帰京し、十二日に帰着した。大杉は南区笠屋町の岩出宅に移り、夕食後、岩出、武田らと外出。すぐに「わっしょ、わっしょ」と大勢が走る米騒動の場面に遭う。難波河原から南区日本橋筋三丁目付近を一巡して現況を視察した。岩出が発行する『美なみ新聞』記者・宮内正も途中から加わる。この間、誰何してきた警官と争論。同行の同志とは、騒動の一団が米穀商を襲って廉売させているのを見て「窮民が米を奪取するのは当然だ」などと語り合い、また二三人の主婦が集まっているのを見て、米の廉売所を教えたりした。岩出宅に泊る。

七月二十三日、富山県魚津町に端を発した米騒動が波及して、この日、大阪で発火したことは新聞にも報じられている。午後七時より、天王寺公会堂にて市民大会を開催して警官隊と衝突。他方、満員のため入場できなかった群衆は、釜ヶ崎の広場で野天演説会を始め、さらに三千余名の大集団となって、次々に米穀店を襲い、一升二十五銭での販売を承諾させるなどの騒動が起きていた。大杉らはこの動きを知って、出かけたのだ。

（調査書、大阪毎日新聞八・十二、読売新聞九・十一）

十二日、岩出、逸見らと外出し、米騒動の現況を視察。

官憲の記録（沿革一）は、夜九時ころより外出し、釜ヶ崎の貧民街を一巡し、日本橋筋をまわった、とだけだが、前夜の騒動を見た大杉がじっとしているはずはない。尾行をまいたのだろう。逸見の子息・吉三が「父は朝から大杉らと出かけた」と記す次の文章が、この日の実態とみられる。

〈父は朝から……大杉等と視察に行った。釜ヶ崎の人々は元価二十銭（一升）を五十銭は暴利だ、二十五銭で売る様ジカ談判に米屋へ行こうと婦人達がわいわい集まっていた。大杉は父をうながして、各新聞社を歴訪し今釜ヶ崎で二十五銭で米売れ運動が始まっている、俺はこの目で見てきたと扇動して廻った。早く出る赤新聞の日々等はもう一時頃夕刊が出た。釜ヶ崎で米屋が値下げさせられたとデカデカ出た、もう夕方の四時ころから数万の人々がその安い米を買いにきた。かくして二十五銭の金を置いて行く者も初めの内はあったが、もうタダで持って行きだした。〉

そうした様子を見に、さらに釜ヶ崎へ逸見、武田、岩出らとゾロゾロでかけ、「さもうれしそうに騒ぎを見物していた」という。（逸見吉三「正気の狂人の群」『新過去帳覚書』）

十三日、京都の仲間を訪問。先斗町の待合に宿泊。

山鹿泰治、上田蟻善、続木斉、吉見二郎らを訪ねたが、山鹿は留守だった。以前『へいみん』を発行し、薬局を営んでいる上田が歓待し、新京極で喜劇を一緒に見た後、先斗町《ぽんと》鴨川辺の待合に登楼した。あとからやってきた山鹿の回想記がある。彼とは喧嘩別れのようになって以来だ。

（1918年8月）

〈僕が行つて見ると、杉は大勢の芸者に取りまかれて汚れた浴衣一枚で豪然と構へてゐた。そこで一夜を明かしたが、いろいろの話の内に大杉は、「地方の同志は僕なんかが来た時にこんなに優待してくれるが運動上には殆んど援助しないのは不思議だ」と嘆いてゐた。〉

後に警察がこの待合を嗅ぎだして、その夜のことを尋ねると舞子が出てきて「この家は、御維新の時分は国のためにつくしはつた高杉はんなんかて泊らはつたのどつせ。今度は世界中の人のためにつくしてやはる大杉はんが泊つとくれやしたのは名誉やとおもてまんのどつせ、大きにごせはん！」とぴしゃり障子を閉めた、という。

▲…山鹿泰治「マンガのヤマガ」より

なお、続木斉は、外国語学校の同窓で、大杉と同じころ通学していた。パン店進々堂を経営。この後も京都へ来ると支援を仰ぐ。（沿革一、前出『特高警察関係資料集成』第一巻、山鹿泰治「追憶」前出）

十四日、岩出宅に戻り、彼の雑誌編集を手伝う。

岩出が出している業界誌『時計と貴金属』と地域紙『美なみ新聞』の編集だ。（調査書）

十五日、大阪の同志や山鹿と会談、また安谷寛一と会い、帰京する。

十五日、京都から来た山鹿と岩出を交えて鼎談。また逸見、相坂ほか一、二名来訪し、懇談した。京都では上田から旅費を六円五十銭貰ったが、ここでも岩出、逸見から各五円、山鹿から三円というようにカンパを貰った。大阪の米騒動について次のような趣旨を述べたという。

「今回の事件を見て、社会状態は想定していたほうに近づきつつある。現在の勢いをもって進めば、ここ幾年もたたないうちに意外の好結果を来すかもしれない。政府も今度ばかりは、少し目を覚ましたであろう。労働者の団結の力、民衆の声、ああ愉快だ。……」

夕刻、長旅から帰途につくことにして大阪駅へ向う。見送りの岩出、武田、逸見、山鹿らとホームにいると、三年来文通をしていた安谷寛一が来ているとの知らせがあった。

安谷は大杉から、大阪に来たから遊びにこないかという葉書を受けて、すぐに滞在先の岩出の家に行った。岩出夫人の話では、大杉は急行に乗って帰るところで出かけたが、大阪駅に行けば会えるかも知れないというので、ホームに駆けつけたのだ。安谷によるその場面の描写がある。

〈なにしろ顔を知らないので、ホームでちょっと困っていた。すると向こうから浴衣で腰にタオルをぶら下げたのが、やはりヘルメットをかぶっていたと思いますが、体をふりながら、安谷君はいないか、安谷君は来ていないか、と大きな声を出しながらやって来るのです。ああこれに違いないとみると、葉山で殺されそこない事件などで新聞で見覚えがある。……〉

うまく会えたので、みんなで食事をすることになった。大杉はもっぱら食うほう、ほかは呑むほうだったが、安谷は「こっちで酒を飲んでいる間に二人前でも三人前でもこちらの分までさらってしまうのですね。恐ろしく食うのが速い人で何でもよく食べるひとだった」と驚きを記している。（調査書、安谷寛一「大杉の憶ひ出」『祖国と自由！』二五・九、同「大杉栄と私」前出）

十六日、帰着するが、板橋署に予防検束され、二十一日解除。

米騒動に関与するおそれがあるとしての無茶な検束だが、扱いが丁重だったためか、不服をとなえていない。

〈何にも僕が大阪で悪い事をしたと云ふ訳でもなく、又東京へ帰つて何かやるだらうという疑ひからでもなく、ただ昔が昔だから暴徒と間違はれて巡査や兵隊のサーベルにかかつちや可哀想だと云ふお上の御深切からの事であつたさうだ。立派な座敷に通されて、三度三度署長が食事の註文をききに来て、そして毎日遊びに来る女をつかまへて

「どうです、奥さん。こんなところで甚だ恐縮ですが、決して御心配はいりませんから、あなたも御一緒にお泊りなすつちや。」

などと真顔で云つていた位だから僕もさうと信じきつてゐる。〉（「獄中記」）

（1918年8月）

ほかに検束された研究会関係の同志に、村木、和田、久板、水沼、山路、竹村、高田、和田信義、中村、橋浦らがいる。

これより後の九月五日〜十八日、東京地裁検事は大杉の旅行先に出張し、福岡の森繁、門司の浅枝・林・大賀、京都の続木・上田・山鹿らに、大杉との関係について取り調べを行なった。また九日、大阪の逸見、岩出らは大阪地裁検事より家宅捜索を受け、書類を押収された。他方、二十一日、寺内内閣は米騒動の責任をとって総辞職した。（沿革一、朝日新聞九・十二）

二十四日、有吉宅で「米騒動記念茶話会」を開く。

米騒動で予防検束された同志が多く、十五日の例会が流会になったので、あらためて記念の会として開催した。出席者二十八名。和田が開会の辞。出席者それぞれが体験談、報告、感想・意見を語るなかで、大杉は大阪での米騒動目撃談を、約十五分述べた。

調査書によれば、「民衆が大集団となれば何事をかなし得ること疑ない。その場合、警察力はそれほど恐れるに足らない。軍隊まで出動したが、これにより軍隊に対して人民が反感を抱くようになったのも興味深いことだ」などと語り、民衆の力を確信する具体的体験として胸に刻んだとみられる。和田信義は「僕等は大杉君の此の民衆観ともいふべきものを加味した関西地方の米騒動見聞記を聞かされて一様に喜んだ」と書く。確かに米騒動の歴史的意味は大きく、その後の影響も踏まえて、大杉は次のように評価している。

〈米騒動は日本の権力階級にとつて非常な脅威、非常な恐怖であつた。此の脅威と恐怖がなかつたら、或は権力階級は、労働階級の生活の不安に目もくれず、又世界にみなぎる民主思想にも目もくれなかつたかも知れない。彼等はあわてふためいて労働問題を議論し出した。其の弥縫的解決の方法を講じ出した。〉（「労働運動の転機」）

ただし、この日水沼辰夫が報告した博文館ストのばあい、依然として厚い壁に阻まれている。米価が一升五十銭を超えているのに印刷工の日給は一円以下の状態で、この月、賃上げのストを打ったが、妥協して中止という結果であった。その上、水沼らは解雇され、信友会員の脱会が相次ぐ事態となり、強圧も現実であった。

この問題に関しては、同じ組合の高田、竹村らとも討論をした。

このストで水沼は宣伝チラシを配布し、富坂警察署に検挙された。高等係の巡査部長は北村利吉といって、のちの文学座俳優・北村和夫の祖父である。水沼は、北村が大杉と知り合いで、「そのせいもあってか、私は富坂署で割合に優遇された」と弁当の注文や風呂に入れてくれたことなどを述べている。実は、北村の妻・悦は東京の産婆会の会長で、小石川で助産師をしており、野枝が魔子（であろう）を出産するときにとりあげた人だ。野枝の助産をしたことは水沼が書いているほか、北村和夫もTBSラジオの番組「土曜ワイド・ラジオ東京」で、そう話している。大杉との関係はそのためと考えられ、和夫は祖父から聞いた話として、「警視庁勤めの祖父が大杉栄と仲がよかったそうなんです」と記している。あるとき刑事に追われた大杉が、彼の家に逃げ込んだことがあるが、追ってきた刑事は「北村さんの家ではなあ」とあきらめて帰った、という。姿勢の柔軟な人だったのだろう。警官には慨して厳しい大杉が、珍しく繫がりをもった一人だった。翌年の六月、借家探しを頼んだ形跡もある。

五十年後の六八年、和夫がいた文学座で、大杉・野枝が登場する「大正ロマンティシズム」の演劇『美しきものの伝説』（作・宮本研）を上演するのも縁であろう。（沿革一、和田信義「初めて知った頃のこと」『祖国と自由！』二五・九、水沼辰夫『明治・大正期自立的労働運動の足跡』、北村和夫『役者人生・本日も波瀾万丈』）

この月ころ、山本智雄が来訪。

山本は秋田県在住だが、以前から連絡はあり、三月に大杉から葉書と『文明批評』二冊、その他を送っている。兵役につくことになったが、徴兵忌避の意志強く、五日に出奔して上京。大杉の許に出入りし、同志たちと交際、例会にも出席した。しかし、村木、延島らの見送りを受け、十二月一日、やむなく弘前連隊へ入営する。ところが身体検査の結果、近視眼のため、うまい具合に兵役免除になる。（沿革一）

九月一日、午後八時頃より開催の同志例会に出席。

大杉は「『労働新聞』の件で和田（久）、久板、和田（信）、中村が検事の取り調べを受けた。山川、荒畑の『青服』も同様だ。迫害がいよいよ強められている。和田、久板は入獄するかもしれず、この会を二人の送別会としたい」と提唱。和田は「入獄のことは大杉君が経験豊富なので、入獄後の心得を承りたい」と尋ねる。大杉は「入獄後はあまり外のことは考えないほうがよい。典獄に話して運動を日に二回にしてもらうとよい。寒い時は厚手のものを貰うとよい」などと話し、斉藤兼次郎も裁判の経験談を述べた。近藤ら数人が五分間演説。初参加の栃木県人・斉藤明が自己紹介。出席者二十二名。(調査書、中村還一「大杉をめぐる同志の人々」前出)

十五日、同志例会に病気のため欠席。

十月一日も同じく欠席。十五日は出席するが、他の出席者なく、流会となった。(調査書)

十七日、家出をしてきた落合周助が来訪。大杉はその決意に賛同し、十九日より二十二日まで食客となる。が、生活ますます困窮の状況なので、和田が彼に因果を含め、辞去してもらう。(調査書)

二十八日、東京地裁で久板・和田に対する判決公判を傍聴する。『労働新聞』は新聞紙法違反だとして、和田・久板にたいし発行人として、各禁固五カ月罰金三十円、また和田に編集人として、さらに禁固五カ月(計十カ月)を科した。安寧秩序を紊乱した記事として、一号の「同盟罷工」、二、三号「パンを奪う機械」、四号「労働階級の使命」を認定し、また内容が新聞紙法によるものなのに、出版法による手続きをした、という理由を加えた。同志多数が傍聴。

この日、山川・荒畑が発行した『青服』に対しても、同じ検事・裁判官により、それぞれに禁固四カ月と荒畑に罰金三十円の判決があった。(沿革一、『平民法律』二〇・二)

著作――翻訳「此の酔心地だけは」(エ・リバアタリアン)『民衆の芸術』九月号

十月五日、和田、久板の東京監獄入獄を見送る。二人が入獄のため区裁判所へ出頭するのを、同志とともに送る。山川、荒畑も同じく入獄し、こちらは売文社関係者が見送りに来た。(『橋浦時雄日記』)

上旬、結核が進行する村木に対し、同志の見舞い金を募る。

「調査書」によれば村木の結核が昂進し、一時は生命への危険も懸念される診断だった。その後回復して、この頃、大杉と来往するようになる。大杉は村木に対する見舞金を募り、大石七分から五十円、林倭衛も相当の金額を送ったという。（調査書）

上旬、このころから和田信義が毎日のように来訪。

和田は『労働新聞』第二号に短編小説「野良犬」を執筆、同志例会にも出席している。このころ、『不平』という評論雑誌の記者になり、大杉の家に毎日のように遊びに来た。田端時代の大杉と野枝をよく知る一人である。以下は彼による大杉家の情景。

〈よく三人で無駄口を叩き合つては笑つた。或日なんかは、野枝さん自慢の歌沢を弾ひて貰つて、大杉君と二人で聞ひたことがある。おまけに其時は、酒を飲めない筈の大杉君が僕と野枝さんのお交際《つきあい》みたいにして湯呑で酒をナメたりなぞした。併し大杉君は三味線が嫌ひだとみえて、何か一言二言皮肉つたと思ふと忽ち野枝さんを怒らして終つた。

「駄目よ、この人は芸術なんかわかりやしないんだから……」

野枝さんは苦笑しながら三味線をしまつた。大杉君は皮肉そうにクスクス笑つてた。〉

家計は逼迫そのもので、その心配には主として野枝が歩いた。夕刻、戻ってくる彼女との最初の話は、金が出来た出来ないという問答だった。そんなある日の気前のいい話がある。十二月頃のその日は、一日中研究会や信友会の連中が遊びにきていたが、野枝が帰るまでは、むろん昼飯も夕飯も出ない。そこへ、野枝が十二円という金を拵えて帰ってきた。大杉の妹・あやめが来ていて、彼女の指輪を質入れするなどしたのだ。大杉の下駄を買ったり、帯の質受けをする必要に迫った金である。ところが、そのうちの五円を近々三人目の子が生れる和田に与え、残りは皆に寿司を取ったり、酒を買ったりしておごってしまったのである。

貧乏生活の中で、山羊を一匹飼っていたというのも面白い。和田は腹を空かして、よくこの乳を搾って貰った。（和田信義「初めて知つた頃のこと」前出）

上旬ころ、宮嶋と高畠が来訪。高畠と喧嘩になる。

（1918年10月）

何を話してか、ほんの言葉の端から、立ち上がって殴り合いになったらしい。宮嶋が間に入って、つかみ合いを離させているとき、こんどは野枝が襖を開けて、宮嶋めがけてくくり枕をたたきつけ、「俺は止めているんだ」と言うと、ぴたりと襖を閉めてしまう場面があった。日蔭茶屋のお返しである。

その方はともかく、宮嶋は二人に対し、君たちはジェラシーを持っている人だ、と言う。彼によれば、大杉は高畠に対して、「あいつはあたり前に行ったら、プロフェッサーになる奴だ」と言い、「高畠の方では、大杉の才気縦横と、彼の度胸のよさにジェラシーを持っていた」。それに「無政府主義と国家社会主義、それは到底融和できないものであろう」という背景があるから、相性の悪さに火がついたと解釈できる。この一件は仲間うちにも伝わり、橋浦の日記に記載がある。（宮嶋資夫『遍歴』）

この月ころ、入獄した山川均の留守宅を見舞う。

菊栄夫人には前年、長男・振作が誕生している。彼女の回想記を引用する。

〈留守の間に大杉さんがひょっこり見舞いに来て、野枝さんもいっしょに来たいっていったんだけど、「着物がなくてそとへ出られないんだ。この寒空にゆかた一枚でふるえているんだから」との話。私はびっくりして、私の着物を一枚あげようかと思ったものの、目の前の大杉さんのリュウとしたなりを見て、考え直しました。野枝さんの場合は……明日にもいい風がふいてくれれば錦紗の羽織をひっかけて二人仲よく一流の料亭に車を走らせるのだからと思ったので。そういう明日をひかえているせいか、そんなにみじめな話をするときでも大杉さんはいっこう深刻な悲壮な顔つきをせず、面白そうに楽しそうに見えましたし、それがこの天才的社交家の魅力で、悪口をいわれても、金を借りられても、いやな顔をせずにつきあうファンが多い原因でしたろう。〉（山川菊栄『おんな二代の記』）

この月ころ、水沼が寺田鼎を連れて来て紹介する。

水沼は博文館を解雇されたのち、信友会幹事長・杉崎国太郎の推薦でジャパン・アドヴァタイザー（のちジャパン・タイムスが吸収）に入社した。杉崎が発行名義人である。寺田鼎は編集担当のアメリカ人記者・マゼソンについた給仕で、時には通訳も兼ねている。十七歳の美少年だが、大杉にあこがれ、水沼に紹介を頼んでやって来た。大杉と交わりができ、この時から新聞社に送ってくる外国の新聞、雑誌のうち、社会問題に関係あるもの、ことに『フリーダム』などは欠かさず回してくれるようになった。欧米の情報を得るうえで頼りになる援軍である。のちに『労働運動』の同人となり、大杉の家に同居する。（水沼辰夫『明治・大正期自立的労働運動の足跡』）

著作――「労働者の民衆芸術観・序」、「泥棒と町奴」『民衆の芸術』十月号

十一月一日、同志例会に出席。

調査書による大杉の談話は、「和田、久板等の入獄前後の状況報告、話題を転じ、近くドイツには革命起るべきこと及び戦後は各国共失業を生ずべく日本に於ても種々の労働問題を生ずべきこと論及せり」とある。ドイツ革命を予見できたのは、外国紙誌の情報からであろう。出席者は斉藤兼次郎ら十三名。

十五日、労働運動研究会例会に出席。

前回の予見通り、ドイツでは三日にキール軍港水兵の反乱、四日に労兵協議会設置、九日には皇帝が退位し、ワイマール共和国が誕生するドイツ革命が進行中であった(注)。大杉はこのドイツ革命の情勢と影響を話し、欧米に波及した潮流が日本にも及んで、社会民主党くらいは出来るかもしれない、などと述べたという。なお十二月一日の例会には欠席した。（調査書）

（注）十一日にドイツは連合国と休戦協定に調印、第一次世界大戦が終る。

十二月七日、ロシア「革命婆さん」の招待会を企てるが中止となる。

ロシアの「革命婆さん」プレシコフスカヤは七十五歳。〇五年の平民社の小冊子『革命婦人』に闘争歴が紹介されている。農奴解放に伴う惨状を見て憤激、反政府運動で二年間の監獄、次いで六年間の苦役徒刑、十四年の流刑、うち懲役四年など三十～四十代の二十一年間を囚人として過ごした。革命社会党を創立したが、のちに政府の追跡を逃れて米国に亡命した。

大杉は翌月の『新小説』に「獄中記」を執筆し、自分の前科を数えて「三年と少ししか勤めていない。先月ちょっと立ち寄った革命の婆さん、プレシコフスカヤの三十年に較べれば、そのわずかに一割だ」と書いてい

る。野枝も『新小説』十二月号の「ロシアの一友に」で、「彼女がまた本当に意気を失はずに、レニンの独裁政治に反抗したと云ふ事は何んと云ふ愉快な事でせう」など、ボルシェビキ批判を展開しつつ、彼女を書いたばかりである。

そのプレシコフスカヤが三日に来京した。大杉らは、売文社と合同して彼女の所説を聞こうとしたが、「調査書」によると、次のような経過で中止となった。七日に村木が吉川を訪れ、彼の家を会場にと申し入れると、自分は異議ないが、社の連中がどうかという。村木はすぐに売文社へ行き、意向を聞くと、高畠らは彼女の思想はもう陳腐で、経済的革命の真理が分かってないから招待しても得るところない、と反対した。

結局中止とするが、実は高畠と堺は、四日に女史を基督教女子青年会館に訪ねている。三十分ばかりの会話だが、彼女はボルシェビキ独裁への批判も言い、二人との呼吸は合わなかった。おまけに帰り際、頬っぺたにキスをされ、高畠が「この位ゾットしたことはない」ともらすくらいで、とても招待会という気分ではなかった。（調査書、高畠素之「革命婆さんのキス」『新社会』一九・一）

二十日、『民衆の芸術』の編集記事により、罰金百円の略式命令。

『民衆の芸術』第四号は十月八日発行、十日に発禁とされた。その後十二月になって、記事中の「恵まるる政治」「生の反逆」と題する詩歌を秩序紊乱として、東京区裁より発行・編集人の大石七分に罰金百円、大杉に対して事実上の編集人であるとして、同じく罰金百円の略式命令を言ってきた。大杉は「なんら公安を害する記事ではない。警視庁が自分に対して心証を害しているために起訴したものだ。本件が有罪となるようなら今後は裁判所も敵となる」として、正式裁判を要求する。（調査書、沿革一）

十二月、妹・あやめが帰国して同居、弟の進も滞在した。

あやめは一六年に米国ポートランドのレストラン料理人・橘惣三郎と結婚して渡米。病を得て帰国し、ほかに頼る人もなく、兄・栄のもとで養生することにしたのである。連れて来た子・宗一《むねかず》は、大杉の魔子と同じ歳で、野枝にもすぐ懐いた。あやめの兄である進も、ちょうど遊びに来ていて、家中は賑やかになった。進は勤務先の休暇で来たのだろう。保子のもとにいたときは、すみの方に縮こまっていたのに、ここでは「如何にも太平楽な顔付きで座敷の真ン中に寝転んだりなんかしてゐる」のに、あやめは驚いている。
飼っていた山羊の乳を搾るのが彼の役目だった。山羊のほかに亀戸から連れてきたポインター種の犬（茶ア公）も飼っていて、あやめはこう書いている。

〈魔子ちゃんと宗坊とを犬や小羊《ママ》の背に乗せてアッハアッハと嬉しさうに笑つてゐる栄兄さんを時々見ては、私はただもう嬉しさで一杯でした。貧乏で困つてはゐられましたが、しかし私は楽しく感じてしばらく一緒に暮らして居りました。〉

彼女は翌年十月まで滞在して帰米するが、後に「正月の餅も買えなかった状態を見ているので」と少しずつ貯めた金を送ってくることもあった。宗一は大杉・野枝とともに軍隊の手で虐殺される子である。（橘あやめ「憶ひ出すまま」前出）

一九一九（大正八）年——三十四歳●

一月一日、有吉宅で同志の新年会を開く。

大杉は「革命の新年を迎えたような心地がする……」などと挨拶、ささやかながらの酒食で賑わった。会費十銭で、不足分は大杉、有吉が負担した。先の『民衆の芸術』への罰金百円にたいし、大石から融通してもらったのを当てたらしい。出席者十九名。兵役免除になった山本智雄も顔を見せた。彼は若林やよの家に寄寓し、博文館印刷所に校正係として就職。同志例会に再び出席する。（調査書、沿革一）

北風会と合同

十五日、労働運動研究会と北風会とが合同し、初会合を開催。

北風会は、渡辺政太郎が死去した後、遺志を継ぎ、彼の号を会名として続けた会合である。近藤憲二らが渡辺の妻・若林やよ宅で、毎月第一、第三日曜日に開いていた。ところが労働運動研究会と参加者がほとんど同じなので、村木が斡旋して両者が相談し、一本化することにした。

その第一回会合を、小石川区指ヶ谷九十二の若林宅で午後六時から開催、次の方針を定めた。一、有吉宅での会合を止め、今後毎月一日、十五日に若林宅で例会を開催する。二、「主義」の研究と講演会とにとどめ、会としての実際運動は行なわない。三、会員は出席毎の会費のほかに毎月二十銭を納め、会場の家賃補助とする。四、同家を同志のクラブとし、書籍等も備え付ける。五、講演者は大杉、高畠、堺に依頼し、あるいは出席者の中から意見を発表する。六、世話人は三名とし毎月交替する、など。

出席者は大杉、村木、有吉、高田、水沼、延島、中村、吉田一、大井永太郎ら二十六名。会としての実際運動は行なわない、としたものの、この後、演説会もらいなどの「実際運動」に会員たちが参加することになる。以後、例会は毎月二回行なわれ、出席者は三十名前後から次第に増加し、四十名を超えることもあった。大杉はほとんど毎回出席し、荒畑らとともに講演をする。会の様子を、翌年に参加する詩人・岡本潤が伝えている（『詩人の運命』）。

〈小石川指ヶ谷町の狭い路地裏にあった四畳半と三畳の小さな平屋で、毎週《（マヽ）》定期的に労働者を主体とする小集会がひらかれていた。丹に誘われて、ぼくもときどき、その集会に出るようになっていた。……そこではいわゆる大杉一派がリーダー格になっていたが、インテリぶった発言はまったく聞かれず、もっぱら労働者の自主性、自発性をうながし、「労働者の解放は労働者自身の力で」というモットーが常に先行していた。……その思想的根拠は、大杉らの強調する、労働者の自主的直接行動によって、それをゼネストにまでもっていこうというアナルコ・サンディカリズムにあった。当時、友愛会などの大組合が労使協調に傾いていた状勢のなかで、あくまで労働者の革命的自主性を強調したところに、北風会の存在意義があったといえるだろう。……北風会の「研究会」で、ぼくは、大学などでは決して学ぶことのできない、実践的な反強権思想を身につけた。〉

会場については「六畳と三畳と勝手の板敷を開放して会場に充てた」とする説もある。＊（調査書、沿革一、＊

岩佐作太郎『痴人の繰言』）

二十日、『民衆の芸術』への正式裁判で命令と同じ判決。控訴する。

罰金百円の略式命令を山崎弁護士をつけて正式裁判にした。が、東京区裁での判決は、安寧秩序を紊《みだ》す記事を編集し、新聞紙法四十一条、九条に該当とされた。（『平民法律』二〇・二）

自宅が丸焼け

二十六日、売文社で蟻川直枝と会い、浅草の「グリル茶目」で食事、吉原に泊。二十七日早暁、自宅が全焼する。

蟻川は群馬県からこの日に上京したばかり。気が合ったのか、二人で浅草十二階下にある黒瀬春吉の店「グリル茶目」で食事をする。そこから吉原にと思ったが、店を知らない。黒瀬についていた尾行に案内を頼んで、吉原に泊まった。夜中に揺り起こされ、取り次ぎから名刺を受け取ると、象潟署の特高刑事の名がある。それを見てのいたずら心と刑事の話を、大杉から聞いた安成二郎が書いている。

〈わざとびつくりしたやうにぶるぶるふるえながら女に抱きついて、実は俺は大泥棒だがいよいよ年貢の納め時が来て仕舞つたとか何とか、でたらめを言っておどかしたのである。すると、そこへ高等視察が上って来ると、大杉は、こんなところへ遣つて来るやつがあるかと怒鳴りつけたところが、役人は、御愉快のところを誠にすまないが、実は田端のあんたの家が丸焼けになつたと言ふ電話が田端の方の署から象潟署にかかつたと言ふのである。〉

火事は午前三時、隣接の工場・東洋ブルーム製造所から出火し、十軒ばかりが類焼する災厄であった。住居は全焼し、家財道具も、書籍もみんな焼失してしまう。急きょ、日暮里町の同志・山田斉宅（日暮里一千五十五）に仮寓した。

火災のために損失したもう一つの話がある。田端の家の隣家には博徒がいて、夜になると数人の遊び人がやってきて博打を打っていた。ところが、大杉が越してきてから、昼も夜も警官が門口で張り番をしているので、遊びができず閉口していた。そこで引っ越し料百円を払うから出てもらうよう大家に頼み、二、三日前に大杉はその話を聞いて、うまい話とひそかに思っていたのである。が、火事でその百円はフイ。貧者の大杉にとってなんとも惜しい話で、「そうだ、おまけに百円の引越し料も焼いてしまったんだ」と残念がった。（調査書、安成二郎「かたみの灰皿を前に」『改造』二三・十一、東京日日新聞一・二十八、大阪毎日新聞四・四）

この月ころ、東京区裁で荒畑の筆禍事件の公判を傍聴する。

荒畑は『青服』の出版法違反とは別に、東京法律事務所の機関誌『法治国』に掲載した米騒動批判の文章によっても起訴されていた。前年十二月の第一回に次ぐ公判だが、法廷秩序に関するちょっとした問題が起った。終り近くなって、被告に最後の陳述が認められ、荒畑が雄弁を振った。それが終った途端に、法廷の後ろの方でぱちぱちと大きく拍手をする者があったのである。担当弁護士・長野国助の描写がある。

〈裁判長は顔色を変え、誰だッと怒鳴った。するとその男は、俺れだッと言って突っ立った。名前をいえ、と叱咤するように裁判官がいうと、その男はつつッと裁判官に近づいて来て、大杉だ大杉栄だッとこれも怒鳴るように答えてあごをしゃくった。憎らしいほど糞落ちつきに落ちついている。見るとまだ若い方だがあご鬚を生やしているのが眼についた。廷丁が横から飛び出して来た。判事さん引っ張り出しましょうかと言ったが、判事は一寸ためらったあと、いやもう審理は終った、それには及ばんといって、少しおちつきをとり戻してやがて退廷した。喧嘩するには少し相手が悪過ぎるとおもったのかも知れない。〉

この裁判は、区裁で無罪になったものの、控訴、上告の結果、翌年五月に罰金三十円の大審院判決が確定する。（長野国助「我が法廷の記」『判例時報』六三・十）

著作――「獄中記――前科者の前科話（二）」『新小説』一月号

二月一日、合同した北風会例会を開催。

堺が欧州各国の労働・革命運動について講演。大杉、桜井松太郎、有吉、中村、高田らの談あり。次回世話人を中村、近藤、宮川善三とする。出席者二十八名。（調査書）

三日、滝野川町西ヶ原前谷戸三百十三へ転居。

田端の家より大きい高台の家で、山羊と犬も連れて来て飼った。現在の北区西ヶ原三丁目七番の位置。（調査書、読売新聞二・五）

五日、山川と荒畑の出所を、東京監獄前で迎える。

朝早く、門前の差入屋へ。同志一同で迎え、しばらく雑談する。その中で荒畑が、島村抱月が死んだとき、教戒師にわが恩師だとでたらめを言って、回向をしてもらった話を、おかしそうにした。抱月には一度会っただけだが、教誨堂を見ておきたかったのだ。松井須磨子の後追い心中も、その教戒師が知らせてくれたという。このとき、久しぶりで安成二郎に出会い、連れ立つて自宅へ帰った。田端の家が丸焼けになった話を、面白くしながら。（『獄中記』、安成二郎「かたみの灰皿を前に」前出）

十五日、山崎宅で臨時労働者の訴えを聞き、芝浦製作所と交渉。

山崎今朝弥宅の事務所にいるとき、芝浦製作所の臨時労働者が相談に来た。作業中に負傷した治療費を、会社が支払い拒否している窮状を訴えている。そばで聞いて同情し、彼とともに会社へ行って交渉をすると、打って変わって要求を容れた。彼は大杉らの主張は弱者の味方だと、大いに徳としたという。（沿革一）

同日、北風会例会を荒畑・山川の出獄歓迎会として開催。

出獄したばかりの荒畑が「英国の労働組合条件復旧問題」に関して、事件の概要を講演した。高田、水沼、吉田一、大石七分、斉藤、延島が感想談。山川は病気のため欠席、出席者は三十一名。

毎月二十銭の会費を、この日までに納入したのは二十四名とし、「調査書」に次の氏名が記載されている。近藤憲二、荒畑寒村、村木源次郎、水沼辰夫、日吉春雄、江渡幸三郎、有吉三吉、吉田一、山本智雄、中村還一、高田公三、斎藤兼次郎、原田新太郎、車隆三、幸内久太郎、延島英一、添田平吉、吉川守圀、野村英治、松本文充郎、宮川善三、大野宗太郎、鈴木某、ほか一名。（調査書）

（1919年2月～3月）

労働者相談所

二十三日、吉田・水沼が始めた労働者の小集会に、荒畑とともに参加。

吉田一と水沼辰夫が、共同生活をしていた浅草区田中町の裏長屋で、小集会を始めた。組織されていない人夫や屋外労働者を対象とした運動を企てたのだ。「労働者相談所」の看板を掲げ、大杉が執筆した同じ題目のチラシを、近隣の労働者にくばった。その一節はこうだ。

〈斯うして僕の家に、毎晩毎日曜日に、五人なり十人なりの、労働者が落ち合ふやうになれば、それで僕の労働者相談所は成立つわけだ。誰れかが何にかの話を持つて来る。それをみんなで相談し合ふ、解決し合ふ。特に相談と云ふ程の相談を持つて来るものがなくつても、皆んなで雑談でもしてゐる間に、お互ひが、今まで気のつかなかつた何にかの事に、いい智恵が浮んで来ないとも云へない。〉

「沿革二」によれば、このチラシは千枚印刷して三月九日に配付したところ、翌十日に労働者十二、三名が来訪した。以後、毎月ほとんど三回集会を持ち、大杉、荒畑や同志も出席。次第に増えて労働者二十名以上が参加することもあった（以下、「労働者相談所」例会という）。しかし、談話中に中止解散を命じられたり、七月に吉田が収監されるなどの弾圧を受け、つぶされてしまう。（水沼辰夫「大杉栄と労働運動」『自由思想』四号）

二月ころ、療養中の山川均を茅ヶ崎に見舞う。（山川均「大杉君と最後に会ふた時」）

著作――「獄中記――前科者の前科話（二）」『新小説』二月号、「三好愛吉先生」読売新聞二・二十三

三月一日、北風会例会に出席。

「調査書」から大杉の談話を抄記すると、次のようであった。

「近く久板が出獄するのでなるべく大勢で迎えてやりたい。彼は罰金三十円に当たる労役を勤めるはずだっ

たが、京都の山鹿が送金し、出獄できることになった。その山鹿も出版物の件で拘引されたと新聞記事にある。
次に代議士の鈴木富士弥から書面があり、近く議会で演説をするが、資料としてこれまで政府より受けた言論出版の迫害事実を詳しく知らせてくれ、とのことだ。返事には、君は社会主義にも種々あり、温和派はともかく、国家に害毒を流す過激派は十分取り締まるべきだと言っているではないか、私は君のいわゆる国家に害毒を流す過激派だから、君によって政府に質問してもらう必要はなく、問い合わせに対する返事はしない、と言ってやった。」

図書館創立委員三名を選出。吉田、斉藤、中村等の所感談あり。三月よりの世話人は、水沼、延島、鈴木重治、水沼熊、吉川、中村とする。出席者二十四名。

前述大杉の談話にある山鹿拘引の記事は、この日の朝刊に「大杉栄の一味　京都に検挙さる」（報知新聞）などと載る。山鹿は『パンの略取梗概』『サンジカリズム』などの秘密出版が発覚し、二十七日に上田蟻善らとともに検束。山鹿は禁固二年、上田は四月を科され入獄する。（調査書、沿革一）

五日、久板が満期出獄。同志多数が出迎え、大杉の家に帰る。（沿革一）

九日、黒瀬春吉が設けた「労働問題引受所」の顧問となる。

黒瀬は自宅に「労働問題引受所」の看板を掲げ、「労働問題引受所規定」を発表した。「当所は大小難易を撰ばず一切の労働問題を引受け、労働者の隔意なき相談相手たるを期す」（第二項）などとしている。大杉は顧問になるが、黒瀬が発行した『月刊資本と労働』に「顧問になるに就いて」を執筆し、「労働問題を引受け」ることには反対だと、次のように書いている。

〈労働者のことは労働者がやる。これが僕の主義だ。……人の事を引受ける。それ程専横な事はない。この意味で僕は労働問題引受所には反対だ。……ただ相談に乗るだけで、やれるだけの事は労働者自身にやらせてくれ。さういふ風に相談してくれ。そして日本の労働運動をして本当に人格のある労働者の運動となるやう骨折つてくれ。その積りで大いに加勢しよう。〉

黒瀬は二十日に「労働同盟会」を組織して自ら会長となり、五十里幸太郎を副会長、中村還一を常任幹事とする。労働問題引受所をこれに合併したが、この段階で大杉は顧問を辞した。「資本家と労働者との意思を疎通して労働問題の円満なる解決を期する」という会の目的に同じなかったのであろう。
話は変るが、既述のように黒瀬は、この引受所と同じ自宅で、居酒屋「グリル茶目」を営業し、常連客に伊庭孝、石井漠、安成貞雄などがいる。二階の六畳間をそうした常連客に使わせて、隣家との間の壁が酔客たちの落書きの場になっていた。中村還一は、その落書きのなかに「目の底に灼きついてしまった文字」を見つけたと、大杉と野枝の落書きを次のように書いている。
〈そこには次のような文句が書かれていた。
お前とならばどこまでも　栄
市ケ谷断頭台の上までも　野枝
おうら山吹の至りにぞんじそろ　潤
もちろん黒瀬の演出であったことが想像できる。大杉と野枝が立ち寄ったおりに書かせておき、後日辻が飲みに来たとき、頃合いに酔わせて筆をとらせたものであろう。文句の配列は植字の煩わしさを考慮して変えてある。実物は大杉と野枝との行間に多少の空白があったところへ、割り込んで辻が書いていた。しかし列べて書かず、三字分くらい下げて書いたのはどういう心理によるのか謎のままになってしまった。〉
この部分、黒瀬はのちに経師屋に頼んで、壁紙をはがして保存したが、関東大震災で失ったという。（一九七〇年オリオン社）（沿革一、『月刊資本と労働』一九・三・九、中村還一「スチルナーと日本の思想風土」『辻潤著作集』別巻）
十五日、北風会例会を久板卯之助出獄歓迎会として開催。
荒畑が前回講演の続きを述べる。大杉は自らの思想を「無政府主義的新労働組合主義（アナルコ・サンジカリズム）だ」と述べたという。（沿革一）
十七日、『民衆の芸術』新聞紙法違反の控訴審判決があり、無罪となる。
東京地裁の判決が、珍しく一転したのは、山崎弁護士がこれまで、『労働新聞』や『青服』のときにも突いてきた弁論を、今回はどういう風の吹き回しか、検事が受け入れたらしい。大杉が「さすがの裁判所でも一審では有罪としたのを、二審では検事が無罪の請求をした」（「新獄中記」）と明かしている。

従来の裁判では、出版法には秩序紊乱を処罰する条項がないため、時事を掲載しない出版法に基づく雑誌の内容を問題にするばあい、新聞紙法によって発行すべきなのに、それに違反したとして出版法違反をとがめ、その上に新聞紙法を適用して処罰してきたのだ。二重の処罰といういかにも奇妙な論理で、どの法に基づくのかが政治的に決められることになる。判決はその矛盾には答えず、しかし、新聞紙法は適用しないという形で、次のように無罪を言い渡してきた。「……記事の編集を担当したのは事実だが、雑誌は出版法により取り扱われるもので、その記事が出版法の範囲外にわたるも直ちに新聞紙法を適用するべきものではなく、結局新聞紙法において処罰すべき犯罪を構成しない」と。（『平民法律』二〇・二）

浅草でペラゴロに

三月〜五月ころ、浅草オペラの楽屋へ出入りする。

浅草オペラの劇場へ時おりに行くようになったのは、十二階下にあった黒瀬の店「グリル茶目」や浅草田中町に住む吉田と水沼を訪れるうちに、馴染んだのであろう。

「グリル茶目」は演出家にして俳優の伊庭孝、作曲家・佐々紅華、ピアニスト・沢田柳吉、舞踏家・石井漠などオペラ関係者のたまり場になっていた。金龍館は二月まで、のちの「ノンキナトウサン」曽我廼家五九郎の喜劇団が常打ち興業していたが、この一座に、文芸部長兼雑役の吉野夢生という大きく光る眼の男がいた。大杉は「眼だけ見ていると兄弟だなあ」と言っていた、と小生夢坊《こいけむぼう》は伝える。小生は添田唖蝉坊らと浅草に自由倶楽部をつくって運動していたが、このころの大杉と野枝の姿をこう書いている。

（1919年3月）

〈大杉栄と伊藤野枝が、いとも仲よく（若し二人にして一人が欠けたら反射鏡のない顕微鏡のやうなものだらう）時に私のシヤツポとマントを野枝さんがかむつたり着たりして、十二階裏から吉原の仲ノ町と流れ歩いたつけが、演歌を真似て唄つてゐるうちに、それがいつの間にか革命歌に変つたりして、冬の夜を驚かしたものよ。〉（小生夢坊『浅草三重奏』）

金龍館はこの後、オペラ専門の劇場になり、清水金太郎、田谷力三の七星歌劇団などが公演して賑わった。楽屋の落書きについて、浜本浩が記している。

〈金龍館の楽屋に、「犬猫刑事入るべからず」と落書きをした者があった。半分は上塗の剥げ落ちた汚染だらけの壁に右肩上がりの達筆が、昂然と睥睨していたことを、作者はいまだに覚えている。

当時の楽屋には、大杉栄、近藤憲二、辻潤などの思想家が入り浸り、若い俳優の中にもその影響を受けた者が少なくなかったものだから、警察は頻りにスパイを入れて、情報を集めていた。落書きの冒頭にある犬は、そのスパイを指したものであろう。〉（『浅草の肌』）

当時、文士劇やオペラの演出や作品を発表していた獏与太平（後の映画監督・古海卓二）も、大杉らの影響を受けた一人だ。女優で彼の妻だった紅沢葉子は、のちに竹中労が「古海がアナキズム運動に入っていったきっかけは」と尋ねたのにたいして、「大杉栄とか近藤憲二といった人たちが、浅草が大好きで、金龍館とか日本館といったオペラの常打ち劇場の楽屋に、しょっちゅう出入りしてたからでしょうね」と答えている（竹中労『日本映画縦断一』）。

女優の楽屋にも平気で入って、とりとめないおしゃべりを愉しんだ。一時は当時の用語でいうペラゴロだったのだ。楽屋向い側の文芸部にいた劇作家・高田保はあきれ顔で見ていた。

〈大杉はときどきてん屋ものを金龍館の三階に届けさせる。それを女たちと食べるから、三、四人前だったりもする。文無しのくせに、と思う高田らを意に介するまでもない。「カネは下で待っている人から受け取ってくれたまえ」。下で待っている人といえば、楽屋口で待機している刑事しかいない。〉（岡村青『ブラリ浅草青春譜』）

宇野浩二も金龍館の楽屋へよく通った一人で、芥川龍之介を連れてきたりしたという。

伝法院のそばにカフェ・パウリスタがあり、大杉も顔を見せていた。二番テーブルが仲間たちのたまり場である。ここの飲食代金はテーブルの上に置き、釣り銭は貰わない、金のないやつは伝票を釘に差しておけばよい、という方式。オペラ・演劇のスタッフや俳優、文士やアナキストがよく集まって来た。

ある時、沢田柳吉、小生夢坊、獏与太平、辻潤、作曲家で指揮者の竹内平吉、詩人の佐藤惣之助らが雑談するうちに、劇場での出し物の構想が持ち上がった。話を持っていくと、根岸興業社長の根岸吉之助が太っ腹で、編成中の常盤楽劇団での上演が決まる。作品は「トスキナ」というコミックオペラで、小生の経験談をもとに獏が作った。「トスキナ」とは、アナキストを逆さ読みし、アを除いたもの。官許のスリを主人公にして、アナキズム流を盛った奇想天外のミュージカルだ。これに文士劇を入れて売り物に仕立て、ほかに劇やバレー、沢田のピアノ演奏などで編成した。舞台監督は獏、作曲・竹内、装置・小生である。

第一回公演は観音劇場で五月六日~十三日に上演された。文士劇はシング原作の「谿間の影」で、佐藤惣之助、陶山篤太郎、辻潤、小生夢坊らが出演。つづく第二回公演は十四日~二十三日、文士劇はゴーリキーの『どん底』であった。

大杉や野枝、近藤憲二、宮嶋資夫らが声援に行ったほか、谷崎潤一郎、武林無想庵、今東光、佐藤春夫、尾崎士郎、沖野岩三郎、堺利彦、添田唖蝉坊ら錚々たる面々が来場したという。が、文士劇はやたらにわめく自己陶酔に陥って、評判は上らず、継続せずに終った。(古海巨編『映画に生きた古海卓二の追憶』、『高田保著作集』第二巻、松本克平『日本新劇史』、増井敬二『浅草オペラ物語』)

四月二日、吉田一宅の「労働者相談所」例会に出席。

大杉、黒瀬、五十里、久板、近藤の五名は、黒瀬がつくった労働同盟会の印袢纏を着て出席したという。(沿革一)

三日、自宅に同志二十数名が集合、飛鳥山にて観桜会を催す。

世話人数名の名で案内状を送り、大杉の家に二十数名が集合した。花見会だから理屈や運動の話は一切抜きにしようと申し合わせ、浪花節、都々逸、物まねなどを演じつつ大いに飲食。三時ころ、うち十七、八名は浅葱色の地に赤い布で「ＡＷ」と縫い付けた二尺四方ほどの旗を押し立て、飛鳥山へ。革命歌を歌う者あり、演説のまねをする者ありで、気炎を上げ、六時ころ大杉の家に引き上げた。そこで同志のうち私服警官に殴打されたものがいたことへの憤りが再燃し、大杉を先頭に十三、四名は王子警察署へ押しかけ、抗議した。（調査書、沿革一）

十二日ころ、上京した岩佐作太郎が来訪、北風会に誘う。

岩佐は千葉県の郷里で、特設の駐在所三カ所から監視を受けて暮らしていた。九日に上京。在米中の友人・山崎今朝弥を訪ねて逗留し、東京での生活を始める。二、三日東京見物をしてから、滝野川の大杉を訪ねて来た。のちにこう書いている。

〈大杉君はかなり大きな二階家に住んでいた。庭の空地には山羊が一匹遊んでおり、犬さえ飼っていた。立派な体格の青年が犬とふざけていた。家の中にも二、三の青年がいた。大杉君は二階に案内して、野枝女史を紹介してくれた。〉

北風会に誘い、彼は十五日の例会から参加する。（岩佐作太郎「私の思い出」『アナキストクラブ』五二・一）

十三日、浅草の等光寺で催された啄木七周年追想会に出席。

啄木の友人・土岐善麿（哀果）が主催。馬場孤蝶、大杉、島田清次郎、藤森成吉ら四十二名が出席した。この日、『石川啄木全集』全三巻の第一巻が刷り上がる。土岐が啄木の遺児の養育費にと、新潮社主・佐藤義亮に懇望して刊行した。（冷水茂太編『人物書誌体系五・土岐善麿』）

十五日、北風会例会に出席。

友愛会の活動について演説する。初参加の岩佐を、大杉は長らくアメリカで放浪していたと紹介。彼は、思慮を欠いた運動は危険であるなどと挨拶した。会場には「三、四十人がすし詰めになっていた」。（調査書、岩佐作太郎『痴人の繰言』）

十六日、黒瀬春吉主催の労働問題演説会に参加する。

浅草馬道の貸席江戸屋にて開催、聴衆百五、六十名。中村還一が開会の辞を述べ、黒瀬らが、資本家の横暴を非難し、労働組合の必要を訴える演説をした。大杉らの同志も多数参加。（沿革一）

二十日、「労働者相談所」例会に出席、『労働者』第一号を配付。

『労働者』は、大杉の自宅を発行所・労働社とし、石井鉄治を発行・編集・印刷人として刊行したリーフレット。内容は「労働者の自覚を促し、団結の必要なことを平易に説いたもの」（沿革一）という。四月二十二日付で第一号を発行。ほかに各種の集会で配付した。冊子の現物は確認できないが、大杉の短い論文「何よりも先づ」（稿末日付五月）と「僕等の主義」（八月）はこれに掲載されたものとされる。[*] なお、例会の会場である吉田の住いは、南千住千束に変わった。（沿革一、*『自由の先駆』）

「演説会もらい」始動

二十一日、杉原正夫主催の演説会に同志と参加し、「演説会もらい」。

杉原による労働問題演説会が王子演芸館で行なわれ、大杉、久板、石井、吉田、延島らは聴衆として参加した。演説会は、下級官吏や会社事務員等俸給生活者を組織化する運動の一環として開かれた。(注) 大杉らは出演者に社会主義を論難する弁舌があると、一同で演壇に押しよせて「嘘を言ってる」などと追及。大杉は杉原の許可を得て登壇し、下村という弁士の説に反駁する。「僕は社会主義者ではない。主義はほかにあるのだが、まずは労働者の生活改善をすることだ。すなわち労働時間の制限、賃金の要求、工場の設備改善などをかちとることだ」などと述べる。そして聴衆に『労働者』第一号を配付した。

官憲の資料（調査書）だが、「演説会もらい」の最初の記録とみられる。他の演説会を乗っ取って自分たちの主張を展開する活動であり、「演説会こわし」になる場合もある。自由な演説会を開けない大杉たちにとって、有効な宣伝方法であり、このころから、北風会のメンバーとともに盛んに行なった。

詩人・岡本潤は翌年、北風会に参加するが、その時もよくやっていて、「演説会乗っ取り」と記している。

〈そのころ、いわゆる大杉一派のアナーキストたちは「演説会乗っ取り」という戦法をよくつかっていた。他で主催する演説会へ押しかけていって、聴衆の中へもぐりこみ、反動的な演説に対しては猛烈な弥次をとばしたり、機をみて演壇へ駆けあがって、反対演説をぶったり、各所でいっせいにビラをまいたりして、会場を混乱におとしいれるのである。〉(『詩人の運命』)

先鋒であった和田(久)は意図するところを、こう書いている(要約)。

「演説会貰いは北風会の戦術、宣伝方法だ。演説の短評を猛烈にやり、いわゆる労働運動指導者の面皮を剥ぐ。労働運動をエライ人に指導してもらわねば出来ないと思い込んでいる労働者に、労働者自身の力を意識させる。かつ公開の禁じられている僕等の意見を発表する。弁士に迫り、演壇を乗っ取る場合もある。僕等には公開演説が許されないのだから。それに僕等は文なしだ」(「集会の記」『労働運動』二一・二・十)

こうした宣伝方法、戦術が可能になったのは、この年になって労働組合の設立数が大幅に増加し、労働運動が高揚し始めたからである。労働争議は二千三百八十八件、ストライキに入ったもの四百九十七件と記録されている。「大杉一派」も実際運動へと活動の場を広げたわけで、「連日連夜」だったと述べている。

〈春頃からの労働運動の勃興以来、僕等の同志の労働運動同盟(当時は北風会と云つた)は、殆んど連日連夜何処かしらに開かれる労働団体の演説会を利用して、僕等一流の宣伝運動を試みた。そして其の度びに新聞は、「大杉一派」云々の初号か一号かの大みだしで、其のあばれ方をプロパガンダしてくれた。〉(「新獄中記」)

この運動は継続して行なわれたが、大正期の労働運動に及ぼした影響について、近藤憲二はこう断言している。

〈行動はさらに熱を生んで、目ざましいものがあった。筆者もこの北風会の一員であったが、今なお遠慮なく断言することができる。北風会のこの時期に際しての運動は、日本の労働運動を戦闘化し、労資協調への堕落を防ぐうえに一つの功績を残したものである。〉(近藤憲二『私の見た日本アナキズム運動史』)

こうした運動のあり方の問題とともに、大杉は、労働者一人ひとりの自己獲得運動としての意味を重視している。演説を受け身に聞いたり、リーダーに追随するのではなく、自由発意を発揮して、自分の道を開いて行くんだ、と強調する。労働運動を労働条件の問題にとどめず、労働者の人格獲得運動と位置づけた大杉の考え方の特徴がここにも現れている。

〈僕等は、新しい音頭取りの音頭につれて踊る為めに、演説会に集まるのぢやない。発意と合意との稽古の為めに集まるんだ。それ以外の目的があるにしても、多勢集まつた機会を利用して新しい生活の稽古をするんだ。稽古だけぢやない。さうして到る処に自由発意と自由合意とを発揮して、それで始めて現実の上に新しい生活が一歩一歩築かれて行くんだ。

新しい生活は、遠い或は近い将来の新しい社会制度の中に、始めて其の第一歩を踏出すのではない。新しい生活の一歩一歩の中に、将来の新しい社会制度が芽生えて行くんだ。〉(「新秩序の創造」)

演説会もらいの対象になったのは、友愛会などの労使協調的な演説会だったが、当の友愛会会長・鈴木文治が大杉を買い、この運動を有力な宣伝方法と認めているのはおもしろい。

〈大杉君は独り理論を以つて労働者を率ゐていたのみならず、其風采性格――飄逸な、恬淡な、純情な、情熱的な、生一本な――を以て同君に接近して行つた多数の労働者を魅惑してゐたやうである。同君はその頃よく其一党を引具しては、例の筒袖の和服の着流しかなどでいろいろな労働者の集会に顔を出し、野次其他の方法で、満座の空気をざわめかして居た。無政府主義者に殆んど言論の自由の認められなかつた当時としては、これも亦可なり有力な宣伝方法であつた。〉(鈴木文治『労働運動二十年』)

(注) 杉原正夫は翌年六月、SMU(サラリーメンス・ユニオン)を結成。「いわゆる野心的労働運動家と見られ、労働ブローカアと見られる」(『労働運動』二〇・一・一)と評された。

二十三日、**千葉県東葛飾郡葛飾村に移転**。

住所は葛飾村小栗原十番地、斉藤仁方。現在の船橋市本中山で総武線下総中山駅が近く、「中山の家」と呼んだ。西ヶ原の家が家賃滞納で追い立てをくったのと、野枝が病気がちで、空気のよいところへ移ろうと思ったからという。妹のあやめ親子も同居した。（沿革一、石井歓『舞踏詩人石井獏』）
著作――「生物学から観た個性の完成」『新公論』、「徹底社会政策」『月刊資本と労働』、「続獄中記――前科者の前科話（三）」『新小説』各四月号
五月一日、東京毎日新聞社の労働者演説会に参加。
例会が開かれ、出席者は十五名だったが、大杉ほか多数が神田青年会館で開催された演説会へ行った。「演説会もらい」であろう。茅原華山のほか新井京太ら労働者十数人が演説。（調査書）
四日、横浜市磯子町で催した京浜間同志の遠足会、集会に参加する。
小池潔、中村勇次郎らが料亭・偕楽園で催した。機関誌発行や例会について意見交換した模様。（調査書）
上旬、葉山・日蔭茶屋へ行き、十日に帰るが風邪のため臥床。
クロポトキン『革命家の思出』翻訳のためか。（読売新聞五・十三）
十五日、黒瀬春吉主催の労働同盟会大会に参加し、演説会もらい。
大会は神田青年会館で催され、野枝や同志多数と参加した。午前十一時開会。決議事項に入るや、用意した張り紙を掲出、荒畑が演説をするなど「直接行動」を訴える。
黒瀬が組織した労働同盟会は会員数百名に達し、創立の会員大会であった。しかし、労資協調の決議をはかったので、同志多数で反対した。黒瀬が依頼した茂木久平、岡千代彦らが講演。決議の討議に入ると、近藤憲二が登壇して「……労働者の経済的直接行動を以て最も有効なる本同盟唯一の運動方法と認む」との案を張り出し、その理由を説明しはじめた。臨監の警察官がすぐに中止を命令。大杉は「そんな圧制があるか」と食ってかかる。さらに議事を続けると、今度は荒畑が壇上から直接行動の説明を始め、これも中止を命じられる。かくて警察の干渉に助けられる形で議事は進行した。
次は、獄中の延島英一宛に、右記と同じこの大会の模様を伝えた斉藤兼次郎の手紙である（「中山の和尚さん」『漫文漫画』）。検閲を通すための苦心の諷喩によって、大杉のいう漫文の味がよく出ていておかしい。まだ十七歳の延島も、すぐに分かって軽笑したであろう。括弧内は大杉が書籍収録時につけた注だ。

〈御手紙拝見致しました。御丈夫で結構です。お問合せの先月十五日の神田の見世（青年会館での労働同盟会発会式）は大売出しの事ですから店員総出です。芝の仲間（友愛会）もやって来て、こちらの見世のジヤマを仕様とかゝりました。憲二（近藤）が大安売りの大きな札を（直接行動の決議）をぶらさげたら、お巡りさんがジヤマに成るからいかんと云ふ。源公（村木）がおこる。勝三（荒畑）がどなる。栄吉（僕）が家内を連れて来たら、お巡りさんが、こんなところに女子供は邪魔だと申すので、栄吉はおこる。お巡りさんが見世を仕舞へとやかましくおこる。とうとう終ひまでやりましたが、ずいぶんさわぎでした。伯父より〉（沿革一、『労働運動』一九・十・六）

同日、北風会例会に出席。（調査書）

中旬、大場勇と県立千葉病院に石井漠を見舞い、労働歌の相談。

大場勇は石井漠の妻・八重子の弟。池貝鉄工所に勤務し、大杉らに影響されて労働運動の闘士である。「労働者を鼓舞するような歌をつくりたい」と、自分で作詞した歌詞を、わら半紙に書いて持って来た。千葉病院（現、千葉大付属病院）へ行く順路だから、見てもらうために寄ったのだろう。大杉も気に入って、彼と一緒に結核で入院中の漠を見舞い、新しい労働歌について相談した。

漠は大場の作った歌詞を預かり、次に行った時に「アムール川の漣《さざなみ》」が合っている、と選曲の結果を話した。見舞いに来た東海林太郎に歌ってもらったところ、彼も同意したという。この歌詞と曲がもとになって、のちにメーデー歌「聞け万国の労働者」が誕生するのである。大場勇作詞のこの曲は、二二年の第三回メーデーから戦後まで、長く歌い続けられた。（石井歓『舞踏詩人石井漠』、竹中労「衆生病む8」『潮』八五・九）

二十日、吉田宅の「労働者相談所」例会に出席。

外国の新聞（「フリーダム」であろう）記事をもとに、イギリスの労働者は、長年運動を続けたことによって、労働時間短縮と賃金アップの成果を獲得した、など労働情勢を話す。（沿革二）

二十三日、退去を求めた尾行警官を殴打。後に尾行巡査殴打事件となる。

大杉の弁による事情はこうだ。尾行巡査は長年つけられているが、船橋署の巡査は犯罪人のような扱いで、うるさくつきまとい、近隣にも迷惑をかけている。この日も他人の家の中に入り込んで、しつこく問いただしているので、出るように言ったが、命令を受ける必要はないと反発するばかりなので、殴った。腹立ち紛れの活劇である。

左唇の中を切って出血したが、たいした傷ではない。大杉は自ら巡査とともに署へ行き、事実を述べ、監視の作法について抗議した。警察署は謝ったともいうが、ともかく傷害事件はその日のうちに捜査を終り、不問となった。これで済んだはずだが、二カ月ののち、警視庁は事件としてむし返し、大杉を獄に繋ぐ材料とする。(朝日新聞、万朝報八・五、布施辰治「大杉栄氏の公判」『新社会』一九・十)

二十六日、**吉田只次宅での京浜地区同志の集会に出席**。

吉田の家は横浜市戸部町二丁目。出席者二十余名で、「労働と社会主義」「資本家と労働」について討議。地域の同志による会を結成する準備会でもあった。(『日本労働年鑑』大正九年版)

二十八日、**労働同盟会演説会に同志とともに参加**。

亀戸の寄席・長楽館で開催された。この会で時計工組合を創立し、労働時間短縮及賃銀増額を決議した。三十日に黒瀬は精工舎時計工場にこの二条件を要求し、翌日、ストライキに入るが失敗に終る。労働同盟会の結束は乱れ、黒瀬は会長を辞して、関係を絶ち、中村も脱退した。(沿革一)

二十九日、**村木と東京監獄の和田・延島に面会、差し入れ**。

和田に父親が病気危篤であることを知らせる。延島は、五月十一日、吉田一と銭湯に行く途中、小石川署巡査を尾行と見て暴行。傷害現行犯として十四日、東京監獄未決監に収監された。六月十八日、懲役三カ月を科せられ、二十五日から入獄した。(調査書、沿革一)

六月一日、北風会例会に出席。

渡辺政太郎一周忌を行ない、例会に入る。大杉は「労働運動の精神」と題し、労働運動の目指すことは労働時間の短縮、賃上げ、生活向上に止まらず、さらに進んで自由・平等を実現することでもあると説く。出席者二十四名。十時過ぎ解散。(調査書)

六月二日、吉田宅の「労働者相談所」例会に出席。（調査書）

京浜の同志集会

六日、横浜の吉田只次宅に泊。七日、同宅での京浜地区同志の会に出席。
七日は東京から来た吉田一らと掃部山公園で行楽、革命歌を歌う。夜の会合には、京浜の同志十名と横浜の労働者ら計十八名が出席。大杉ほか数名が講話をした後、横浜労働組合期成同盟会を結成し、毎月二回の例会などを決めた。

この会には大杉、荒畑など在京同志数名が参加、出席者四、五十名に達することもあった。吉田・小池は月刊「横浜労働新聞」を発行。第一号は発禁とされたが、第二号は大杉に託して東京で印刷、二百部を工場などで配付した。（沿革一）

十五日、北風会例会に出席。
前回に続いて、「労働者の自治的運動」と題して講話。近代思想の説くところが労働運動の精神となるべきものだ。労働者も自己の人格を認められたい、人間らしい生活をしたいとの要求がある。人に支配されるのではなく、自分のことは自分で決めたいとの要求がある。ところが、現在の労働者は全く人格を無視されている、など精神面での要求と実現への道について詳説した。荒畑は労働組合論を講演。

このころから、学生の出席者に高津正道がいる。「大学生は特権意識を捨てるんだね」とか「物好きでこの運動はやれないよ」とか言われ、歓迎されざる風だったが、それでもよく出席した。「私の記憶では、どうも大学生でこの集まりに顔を出したのは私が最初だった」という。大杉らの先輩が「軽妙卓抜な批評のできる最高のインテリなのに驚かされた」と、初期の感想を次のように述べている。

〈四、五回も出席したとき、発禁もののクロポトキンの『麺麭の略取』を一冊わけてもらったので、自分にたいするある程度の信頼のように思えてうれしかった。大杉はじめ彼らは偽善が大きらいで、むしろ偽悪者的にふるまうので最初は冷淡な人種のように見えた。〉

なお、山川と荒畑は同志の例会として、別に「労働組合研究会」を始めることとし、二十二日、山崎の平民法律所で第一回会合を開き、七月二十八日よりは服部浜次の日比谷洋服店（有楽町一ノ四）に移して続けた。しかし、大部分が北風会のメンバーと重複している。岩佐は山崎が発行する『社会主義研究』を書店に配荷する仕事をしつつ、労働組合研究会にも出席していたが、「あたかも北風会に荒畑、堺、山川の三先輩を招聘したような観があった。だがそこに肝要な違いがあった。研究会は学校のように先生が講義をし、生徒はそれを聴いている形であった。が、北風会には先生はいない。自由討議の場だった」と北風会の特徴を述べている。（調査書、高津正道『旗を守りて』、岩佐作太郎『痴人の繰言』）

▲…弟妹と。左からあやめ、野枝、魔子、進、大杉。後は伸と勇

十八日、中山の家を引き払い、野枝と若林やよ宅に泊。（調査書）

十九日、本郷区駒込曙町十三番地に移住する。

中山の家を引き払ったのは、野枝の体調が回復せず、三日おきに東京の医院に通うようになったことと、先にこの家へ移住した久板から誘いを受けたからである。茂木久平が借主だったが、彼が家賃滞納で十日に出ていった後を、同居の久板が預かっていた。住む家に困っていた大杉は久板の勧めで、ここに移り、茂木との話がついたら後を借りたいと申し入れた。が、六月末が立ち退き期限だとして、七月二日、家主の室田景辰から明け渡し訴訟を起こされる。室田は前警視庁消防部長である。（東京日日

新聞七・二十二、伊藤野枝「拘禁される日の前後」、調査書）

七月一日、北風会例会に出席。ＩＬＯ代表問題を討議。

国際労働会議に日本から労働者代表を送ることの当否について討議。出席者の約三分の二が反対の意見で、大杉も「権力階級、資本家階級の参加する会議に出席するのは拒否すべきだ。真に労働を理解する者を派遣するなら政府に一任するのも可だが（そうはならないだろう）」と反対を表明した。可とするものは、服部、岩佐、斉藤、近藤、添田、水沼らが、また否とするものは、高田、石井、車、原田らが意見を述べた。

また十七日に予定している川崎屋での労働問題演説会について協議した。出席者は一般の労働者を合わせ三十七名。午後十一時半散会した。

国際労働会議（総会）とは、六月二十八日に調印されたベルサイユ講和条約で、国際連盟に設置を定めた国際労働機関（ＩＬＯ）の総会のこと。労働条件の国際的規制を促進するための機関で、総会は国際労働基準を設定することが重要な任務である。その第一回会議が八時間労働制などを議題に、十月二十九日から十一月九日まで、ワシントンで開かれることになった。各国から政府、使用者、労働者代表が出席するが、政府には思惑があって、労働者代表の選定方法がのちに問題となる。（沿革一、岩佐作太郎『痴人の繰言』）

五日、横浜の同志例会に出席。

吉田只次らが前月から始めた労働組合期成同盟会に近藤らと出席。「最近、労働問題が焦点となっているのは物価騰貴のため、労働者の生活に不安を与えているからだ。こうした問題からロシア革命もドイツ革命も起った。余波は世界各地に及んで、日本でも昨年は米騒動が政府、資本家に恐怖を与えた。暴行によってという訳ではないが、労働問題の解決のためには、資本家を脅かすことにならないと効果がない。米騒動のときは米価を一時下げさせたが、一日半しかもたなかった。これを永続させることが必要で、そうなれば、労働者の要求がとおるわけだ。……」などと述べたという。（沿革一）

著作家組合の大会

七日、午後七時より、著作家組合第一回大会に出席。

午後七時より、三田四国町統一教会で開かれた。大杉は五日の横浜の会合で述べたようなことを発言し、労働運動を西洋なみの強固なものにしていく必要性を強調した。

著作家組合は、大杉が設立に加わった著作家協会の後身として、六月十八日に馬場孤蝶、生田長江、大庭柯公、杉村楚人冠ら協会の旧評議員八名が集まって結成した。協会の活動が停滞していたので、もう一度著作家の団結を図ろう、と呼びかけたのである。大庭と生田を当分の幹事とし、主な著作家百四十名に勧誘状を送り、加入者は九十七名、この日、三十一名が出席した。

設立の目的は、著作家が団結して政府・社会・出版社に対し、権利・利益を伸長すること。著作権法、出版法、新聞紙法の定めは、とくに表現の自由への規制など著作家にとって大きな支障となっており、看過できない状況は変わっていない。綱領にはほかに、会合は毎月一回、新進著作家の推薦、出版業者との仲介斡旋、などの項目を入れた。

評議員に有島武郎、生田長江、大庭柯公、久米正雄、馬場孤蝶、島崎藤村ら十五名を選出した。「協会」のときには、会費徴収で失敗したので、当分は会合時の費用のみとした。組合員は翌年三月に百六十七名に達し、機関誌『著作評論』の発行、大会や講演会など活発に活動。二一年十一月の総会まで継続する。（読売新聞七・一、六、朝日新聞七・八、時事新報七・九、調査書）

上旬ころ、森戸辰男からの要望を受け、面談する。

森戸は、論文「クロポトキンの社会思想の研究」を執筆するにあたり、会って著作、資料のことなどを尋ねたい、と懇請してきた。初対面ではあるが、互いに共鳴し合ったことが想像される。
森戸の論文は十二月に脱稿し、東大経済学部の紀要『経済学研究』一月号に発表するが、危険思想として起訴され、「森戸事件」として社会問題化する。結局、有罪とされ、編集者・大内兵衛とともに東大助教授を失職、森戸は独房三カ月を過ごすことになる。
その後もクロポトキンの作品について「教えを乞いたい」と言ってきて、二、三度会う。監獄生活のことも共通の話題として、意気投合し、思想を語り合える仲として認め合った。のちに森戸が書いた社会思想家としての大杉観は、立場の違いこそあれ、よき理解者であったことを示している。たとえば、大杉が言論を封じられ、自ら規制していた内実をこう記している。
〈彼の発表し刊行した論著は彼の社会思想の全部ではない。従つて、彼の読者は常に或る程度の推理力と想像力と著者に対する同情を持つことなくしては、彼の真意を理解し得ないであらう。……大杉君は多くの進歩思想の代表者と同じく、彼の表白したる思想は官的圧迫のために、常にその本来の形をゆがめられ、傷けられ、混水してゐるのである。なを、此の思想表白の不自由は、大杉君をして直接労働者の中に行かしめ、彼等との個人的接触による宣伝に向はしめた一原因をなしたらう。〉（森戸辰男「大杉栄君の追憶」『改造』二四・四）
大杉の思想はアナルコ・サンジカリズムである、と明確に言う。
〈大杉君は、バクーニン、クロポトキンらを猛烈に勉強して、思想または哲学としては、アナキズムを信奉するようになったけれども、クロポトキンとはちがって、理想とする無政府共産主義を実現する手段として、あるいは実践組織としてサンジカリズムに強く傾いていきました。大杉君の社会思想は、アナルコ・サンジカリズムである、と一言をもって言いあらわすことができます。〉（森戸辰男『思想の遍歴』）
そして大杉をサンジカリズムに走らせたのは、当時の社会状態そのものであったと分析する。まず、当時の社会運動はまだ十分に労働運動と結びついていなかったのにたいし、それまでの革命的伝統をひきつぎ、労働運動の新しい局面をひらいたのがサンジカリズム運動であったこと。また当時の日本では、普通選挙によって労働者の利益が守られる希望がほとんどなく、労働者の政治運動が絶望的であったこと。さらに、組織労働者

（1919年7月）

がきわめて少数で、組合の財政的な力も弱かったことから、少数の自覚をもった運動家の英雄的な闘争に希望を託そうとしたこと。こうして大杉は理論と実践の両面から日本のサンジカリズムの指導者になったのだとして、「社会運動家としての大杉君の力量を高く評価」する。そして「大杉栄とは、『忘れ得ぬひとびと』のうちでも筆頭の人間であることは、間違いない」と位置づけている。

十五日、日本労働連合会大会に同志多数と参加。演説会もらい。

東京市内の木工、塗工、電気・機械工等からなる労働組合の発会式を兼ねた大会で、午後六時から神田青年会館で開かれた。会衆約千名。大杉らは北風会の例会を中止して二十数名で押しかけた。

大会は新井京太の主義綱領の説明、東京市長・田尻北雷らの挨拶に続いて会員の演説があり、決議文及び宣言の採決に入った。宣言は「吾人は労働と資本との協調に依り労働問題を解決せん事を期す」というもの。このとき、中ほどに陣取っていた北風会員たちは「異議あり」「討論せよ」などと、司会者の制止を押して、大杉を壇上に立たせる。会場は弥次、怒号で大騒ぎ。錦町署長が突如解散を命じたが、大杉は演説を続け、ついには拘引される。同志たちは、大杉を奪還しようと二十名の警官と衝突。根岸正吉、桑永龍男、原田新太郎、竹村菊之助の四人も引致された。会場は混乱のため閉会となり、決議案はウヤムヤとなった。参加者はほかに、荒畑、吉川、水沼、高田、宮川らがいた。

▲…神田青年会館

大杉らは錦町署へ検束されたが、会場から出た会衆が門前に押し寄せる一幕を経て、十時半解除となり、帰される。この結果は、朝、野枝に話した予想のうち、軽いほうですんだのだという。伊藤野枝「拘禁される日の前後」はこう書いている。

〈其の日は神田の青年会館で或る労働組合が成り立つことになつてゐた。その発会式をかねた演説会に、Oは多勢の同志と一緒に行くと云ふ相談を四五日前からしてゐた。／「いよいよ今日ですのね。」／私は笑ひながら云つた。／「ああ、大抵大丈夫なつもりだがね、どうかするとわからない。しかし引つぱられ

た処で一と晩か、高々治安警察法違反と云ふ処で二三ケ月くらいなものさ。」〉

野枝はこの日、魔子をおぶって大杉と一緒に家を出、有楽町の服部浜次の家で終るのを待った。十時過ぎに電車通りへ出ると、近藤と若い同志が駈けてきて「やられましたよ、大杉さんが」と伝える。差入れの準備をして、すぐに錦町署へ行ったところ、釈放となり安堵するのである。

のちに八幡製鉄所の大争議を指導する浅原健三が、このころ労働運動社に出入りしていて、この演説会にも参加した。『溶鉱炉の火は消えたり』に書く。

〈神田の青年会館の演説会を弥次りに行つた。この道でも先輩格の大杉栄、岩佐作太郎、和田久太郎、服部浜次の錚々たる連中が、巨弾を浴びせかけた。会場の混乱に乗じて予定どほり演壇を占領し、大会は完全に打ち壊して仕舞つて痛快を叫んだ……〉

なお浅原は労働運動社で大杉にも会うが、とくに和田久太郎と話して、強い影響を受けた。「アナルコ・サンヂカリズムの思想が私の頭に吸ひとられた。思想の革命だ!」と書いている。翌月、八幡（現、北九州市）に帰り、十月に八幡製鉄所職工を中心に日本労友会を結成、会長になる。（報知新聞、読売新聞七・十六、沿革一）

川崎屋の演説会

（1919年7月）

十七日、川崎屋での各派合同・労働問題演説会にて検束される。

川崎屋は京橋区南八丁堀の貸席。この会は大杉ら北風会が企画し、荒畑・山川らなど各派に呼びかけて合同、大逆事件以来初の公開演説会として開催した。午後五時開会予定だが、参会者八百名余に及び、築地署よりの署員数十名が来て入場を拒んだ。二時間にわたって交渉し、七時にようやく入場するが、しかし、警察は開会をさせない方針である。数名が入場したところで突然、解散を命令した。憤慨した大杉・荒畑・近藤らは場外に出て、抗議の演説を始める。すると付近の建物に配置していた三百名の警官が出動して、もみ合いになり、十六名が築地署に検束された。会場付近はその後も数時間にわたり混乱する。聴衆の一隊が弥次馬を加えて銀座から警視庁へ押し寄せ、ときの声を上げるという一幕もあった。

検束者のうち岩佐、石井、中村、吉川、有吉、松本、服部諭、土岐豊は当夜のうちに釈放。残留となった大杉、荒畑、近藤、吉田、鈴木、宮川、水沼熊は、三時ころまで革命歌を歌って騒いだという。翌日十一時ころより解放された。

この残留組の中に、聴衆の一人で巻き添えをくった高尾平兵衛がいる。大杉や近藤らの「出たら遊びに来るんだぞ」という声にうなずき、以後、北風会に参加する。和歌山を出てきて間もない河本乾次の参加もこの時からだ。騒動は新聞にも大きく報道され、北風会の運動を鼓吹する場となった。

野枝は一昨夜と同様に、演説会の間、魔子と服部の家で待機したが、検束と知って急いで築地署へ。服部の息子（麦生）と寺田鼎を連れ、途中でパンや桃などを買って差し入れた。翌日は、警視庁へ行って特高課長に会い、その日に帰されることを確かめる。服部家で待つと、二時ころ一同は戻ってきた。

帰宅すると、警視庁刑事課から、別件でこの日に出頭せよという召喚状が届いている。しかし、疲れているので早く寝た。翌日は横浜の集会に、大勢で出かけることになっている。（朝日新聞・読売新聞七・十八、伊藤野枝「拘禁される日の前後」、戦線同盟編『高尾平兵衛とその遺稿』、沿革一、調査書）

十九日、警視庁に拘引され、詐欺罪容疑で、地方検事局へ送られる。

朝、数名の刑事が自動車で来て、警視庁に出頭せよという。容疑は、曙町の家への家宅侵入と過去の下宿代未払いなどの詐欺罪である。家主との話がついているものも含め、むし返してきた。刑事課長・正力松太郎は、新聞記者を集めて、「大杉は大正五年以来、取り寄せた米みその代金を払わず、また現在の家は家主が立ち退きを迫っても応じない」から詐欺、恐喝での取り調べだと発表する。言いがかりをつけ、的を絞った告発であった。

野枝は三田の奥山医院からの帰り、服部の家でそれを聞いて、警視庁に面会に行く。大杉は正力の底意を剥いで言った。

〈「どうしたのです。」

私は近づいて声をかけた。

「家の事だよ、それと四五年前からのチヨイチヨイの払い残りを詐欺だと云ふんだよ。随分細かく調べてあらあ。」

Oは笑ひながら云つた。……

「つまらない事でやられるのもおもしろいよ一寸。何あに此処ぢややるのなら普通では面白くないから、破廉恥罪と云ふ事にして、世間に対する僕の人格的な信用を落してからぶち込まうと云ふてさ。極まつてらあ。」

「随分卑怯ですね。」

「ああうんと卑怯なまねをする方がい丶んだよ、それだけあはて丶ゐるんだよ。まあせいぜい馬鹿な処を見せるんだね。」〉（伊藤野枝「拘禁される日の前後」）

小事件なのに区裁ではなく、東京地裁検事局へ送られるが、さすがに不起訴となり、夜遅く自宅へ帰る。服部宅で待った野枝も、十二時過ぎに同志から知らせを聞き、近藤憲二と三人で、終電前の市電に飛び乗った。

山崎弁護士も服部宅へ来たが、正力のこのような記者発表は、名誉棄損にあたると憤慨し、のちに告訴する。

他方、正力は別件を持ち出して、大杉を起訴しようと執拗に策動する。（朝日新聞七・二十、二十一、東京日日新聞七・二十二）

二十日、吉田宅の「労働者相談所」例会に出席。

水沼辰夫が談話中に臨監より中止解散を命じられる。また吉田は電気窃盗事件で翌日から収監されるため、会合は、この日をもって閉幕となる。（調査書、沿革一）

（1919年7月）

済んだはずの事件

二十一日、五月の尾行巡査殴打事件で警視庁に留置。二十三日、検事局送致、東京監獄に収監される。

警視庁刑事課（正力）は何としても起訴しようと、二カ月前に決着済みの一件を、事件としてむし返してきた。近隣の家から退去しない尾行巡査を殴って、唇を微かに切ったという事件である。書類は、二十一日に船橋署から千葉地裁検事局へ、二十三日、さらに東京地裁検事局へ送られ、大杉はそこで約一時間取調べられたうえ、東京区裁に移されて起訴となり、午後四時、東京監獄に収監される。このため警視庁は二十二日ころ、千葉へ、船橋へと、検事や刑事を出張させて準備した。十五日以来、連続した拘引の経過を、大杉が「新獄中記」にまとめている。

〈七月十五日に青年会館の演説会で神田署に引つぱられて、その晩のうちに帰され、一日置いて十七日に築地川崎屋の演説会で築地署に引つぱられて、一と晩留め置かれ、さらに一日置いて十九日に家宅侵入兼詐偽で警視庁と検事局とで一日取調べられて、夜遅く不起訴で帰り、さらにまた一日置いて二十一日に、たうたう傷害罪で警視庁に送られ、ふた晩留め置かれた上でおなじみの未決監東京監獄に投りこまれた。〉

野枝は二十二日、村木と警視庁へ行き、刑事部屋で面会した。大杉は刑事に、

「どうも蚊がひどくって一睡も出来ないんだ。あれは君、何とか方法を講じて貰いたいなあ、また今夜もあれじゃ、やり切れたもんじゃない。」

と苦情を言う。たばこと差入れの菓子で雑談。そこへ入ってきた忠君愛国主義者が、愛国新聞を出すために署名を、と差し出す奉加帳をめぐって、大杉がからかいながらこの男と話す問答を面白がって聞いた。「僕の主義も、国家や政府のご厄介にならずに自分たちで何でも治めて行こうというのだから、君の主義と全く同じ事

になるじゃないか」なんて話している。そのうち男が署名をと言って差し出す帳面に、大杉は「肩書きに『無政府主義』と入れるがどうか」と訊くと、「それは困ります」と帳面を覆う。「では『警視庁留置場にて』と書こう」と言うと、「それは面白い」と元気になるが、今度は刑事が進みよって「それは困ります」と血相を変える。大杉たち三人が声をあげて笑う。そんな中で二時間ほど過ごした。そして、「もし明日未決監に送られるやうな事になれば直ぐ必要な品物や毛布や、そんなものを差入れて食事を取りよせる手続きをしたりして」帰った。

大杉は獄中で、蚊と南京虫に何十カ所も食われ、「無抵抗主義に迎える」んだと修練するが、野枝のシーツ差入れで治まり、救われるのだった。（東京日日新聞・万朝報七・二十四、伊藤野枝「悪戯」、書簡一一二）

八月一日、著書『獄中記』を春陽堂より出版。

『新小説』一、二、四月号に掲載した「獄中記」「続獄中記」と獄中からの書簡「獄中消息」を併せ、単行本として出版。入獄に合わせたようなタイミングとなった。馬場孤蝶の勧めによって執筆したもの。和田信義によると、掲載時に「（出版社が）ここが悪い、あすこを消して呉れなぞと、いやにびくびくしゃがるから、もうお断りだ。これを帰りに投げ込んでくれたまえ！」といわれて断りのはがきを投函したことがある。それでも続けたのは、評判がよく、出版社との折り合いがついたのだろう。このころから、大杉の原稿は売れ出し、今回の収監も「新獄中記」として『新小説』に執筆した。

なおこの獄中では、前年から興味を持ったファーブルの本を手紙で依頼したが、生憎く売りきれて、翌年まででおあずけになる。（和田信義「初めて知つた頃のこと」前出、「訳者の序」『ファブル昆虫記』）

四日、巡査殴打事件、東京区裁判所の初公判に出廷。

野枝や荒畑ら同志三十余名が押しかけた。ところが、傍聴席には付き添い（尾行）の刑事たちが詰めて、席につけず。武田伝次郎がこう書いている。

〈法廷はスパイで満員だ、猛者連は承知せず、怒叫する、遂に裁判は一時中止になつて、全部を法廷から出し、改めて公判を開いた。今度は吾々同志で大部分を占めてしまふことが出来た。〉

（1919年7月〜8月）

そのため遅れて、五時開廷。弁護には、山崎今朝弥、塚崎直義、布施辰治らが買ってでた。大杉は「尾行巡査は私を犯罪人扱いにし、隣近所まで迷惑をかけた。安藤巡査の態度が余りに図々しいので、藤山家から出ろと大声で言うと、命令は受けないと返事するので殴った」などと述べる。六時閉廷。（朝日新聞・万朝報八・五、武田伝次郎「大杉君と僕」前出）

五日、和田久太郎が満期出獄し、大杉の家に帰る。

罰金三十円は、村木が七月中に納め、この日、同志多数が出迎えた。（沿革一、和田久太郎『獄窓から』）

検事論告に起立せず

八日、巡査殴打事件の第二回公判。検事論告時に起立せず。

野枝、菊栄ら女性三、四人を含め、二十数名の同志が構内に参集して待ったが、八時開廷のところが、どういうわけかまたも午後五時と大幅に遅れた。検事が論告に入るとき、裁判官が被告・大杉に起立して敬意を表するよう再三命じたのに対し、拒否して応じなかった。結局、検事が折れ、裁判官も黙認して、着座のまま論告が行われた。また裁判官の訊問に答えるときは、のどが乾いて言葉が出せないから水か湯を貰いたいと要求し、お湯を飲んでから答弁をした。

検事の論告中、被告に起立を命じる慣例への異議申し立ては、山崎弁護士の示唆を実行したのである。山崎はこの慣例の不可解さ、官尊民卑の弊習を批判していう。

〈けだし裁判長は、検事は国を代表する官吏なるが故にその人の物言ふ間は起立して敬意を表すべきが当然なりといふにあらん。しかれどもこの議論を煎じ詰めれば罪人は死刑執行官にたいしても敬意を表して首を延べよといふことになり無理の話なるのみならず、法廷においても検事を特に尊敬する観念はやがて判決におい

てもとくに検事の主張を信用する観念とならん。〉
布施弁護士は二カ月前のむし返しを、「処罰を必要とすべき性質のものなら、誰が考えても当時直ちに処罰していなければならない訳ではないか。五月二十三日に告訴状が出されたというなら、それがこの二カ月間警察に放置されていたのは、いったいどうしたわけなのか」と、不当を追及。市井の一瑣事、一山百文の事件を問題にした策は、愚であり、拙であると批判した。
また塚崎弁護士は、「この裁判所にて古着商を半死半生に殴った六人のうち、ただ一人を科料十五円に処した例がある、本件における検事の求刑に比べて如何か、科料又は罰金刑に処せられたい」と弁じた。十時過ぎ閉廷。〈読売新聞・万朝報八・九、山崎今朝弥「被告の取扱と法廷の改良」『平民法律』一九・九、布施辰治「大杉栄氏の公判」前出〉

九日、巡査殴打事件に傷害罪で罰金五十円の判決。保釈がきまる。

罰金の判決は不服として検事は直ちに控訴。裁判官は検事が控訴しようとも身体の自由を拘束する必要なしと、保釈を許可する。保証金二十円也。十日、大杉は手紙で、野枝にその手続きをするように依頼する。〈朝日新聞八・十、書簡一一三〉

十一日、保釈となり、自宅へ帰る。

十日が日曜日なのでこの日、午後四時近く、服部浜次が自動車で迎えた。〈調査書〉

十二日、大石七分を訪問。日本労働組合本部長・井上倭太郎と会談。

巣鴨の大石宅には保釈金を出してもらった謝礼に行ったのであろう。

日本労働組合事務所は芝公園第八号地にある。篠沢工業社長・篠沢勇作が基金を出し、同社の機械工・井上倭太郎を主に、時事新報記者・中西伊之助が助けて、七月に創立した。市内三千名の鉄工を集めたと称している。大杉は午後八時ころ訪問。組合の目的や運動方針を糾し、九月に行なわれる講演会への出席や、関西への遊説に信友会の同志を参加させることへの承諾を求めた。

彼は九月の国際労働会議代表選定の会議に出席するが、大杉はその際「もっとも見苦しい態度を示した」のは、日本労働会会長・新井京太やこの井上であった、として批判。水沼が「労働組合の名に値しない団体であった」と見限ったように、間もなく自然消滅する。（調査書、「最近労働運動批判」、水沼辰夫『明治・大正期自立的労働運動の足跡』）

十三日、林倭衛が来訪。肖像画「出獄の日のO氏」を描き上げる。

林は、大杉が大石の家に立寄ったことを聞いて、翌日見舞いに出掛ける。その場で肖像画にとりかかり、半日ほどでかき上げた、という。右上にフランス語で「同志大杉出獄の日に」と入れた。「出獄の日のO氏」と題して、九月一日からの二科展に出品するが、警視庁の撤回命令が出て問題になる。（小松軍司『林倭衛』）

十五日、北風会例会が大杉と和田の出獄歓迎会を兼ねて行なわれる。

大杉は、先の判決が比較的軽く、保釈が許可になったのは、公判廷での荒畑ら同志・傍聴人による声援が奏功した結果だと述べる。論議は、労働団体やその運動にたいする「打ちこわし」の可否について行なった。（沿革一）

十六日、平民大学夏期講演会で、「労働運動の精神」を講演する。

平民大学は「社会主義の宣伝研究」を目的に山崎今朝弥が発起、自ら学長となって、八日から二週間の会期で開講した。講師は堺、荒畑、大杉、大庭柯公、宮武外骨、白柳秀湖ら十数名、演題は「日本社会主義史」、「労働運動史」、「社会民主主義」など、会場は芝新桜田町の三田統一教会である。聴講には「三十歳前後の袴をはいた者や着流しの者や詰め襟洋服や職工らしい男など」四十～九十名が参集した。大杉は十二日に出講予定だったが、急きょ場所を変え、有楽町の服部浜次宅で行なった。参加者は四十七、八名。午後七時からで八時半に閉会した。（都新聞八・十三、時事新報八・十六、調査書）

中旬ころ、望月桂宅にて北風会の運動方針案を練る。望月が墨絵「ある日の大杉」を描く。

近藤と千駄木町の望月家に入るなり、大杉は「出入りの同志が邪魔で落ち着いて締切原稿が書けない。一寸避難して来たよ」と言って、望月の一閑張りの机を占領して書きものを始めた。原稿は『新小説』九月号に発表する「死灰の中から」と想定される。

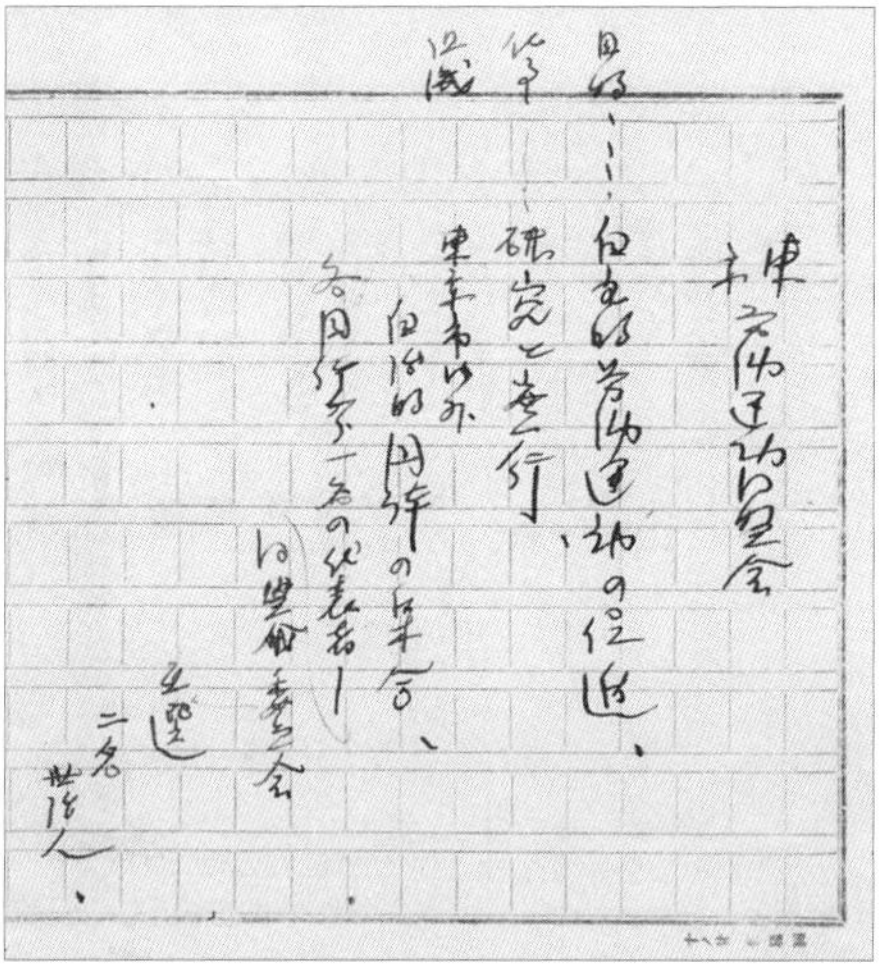
東京労働運動同盟会
目的……自主的労働運動の促進、
仕事……研究と実行、
組織……東京市内外 自治的団体の集合、
各団体一名の代表者―同盟会委員会
互選 二名 世話人、

(1919年8月)

書き終えてからだろう、「十ノ廿松屋製」原稿用紙にメモを二枚書いており、現存している。一枚は「東京労働運動同盟会」と題して、「目的……自主的労働運動の促進、／仕事……研究と実行、／組織……東京市内外／自治的団体の集合、／各団体一名の代表者―同盟会委員会／互選／二名 世話人」と記載してある。次回の北風会例会で協議する今後の運動方針、組織変更などについての原案となるメモである。近藤とも話しながら書いたのであろう。春以来の「実際運動」の実績を踏まえ、新たな展開を期しての起案とみられる。

もう一枚は一から十六まで算用数字が並ぶ。判読すると「1□□話論 2内国時事 3外国時事 4教育問題 5クロの教育論 6スマイリイ 7マラテスタ 8 9関西労働界 10青年に訴ふ 11 12□□に与へてサンヂカリズムの非議会政策を論ず 13議会政治批判の批判 14 15 16 」と書かれている。一見して『労働運動』の各ページ内容の構想と判明する。北風会の改組と新機関誌発行を両輪として、運動を一段階押し上げようとする計画を練ったのだ。

この訪問を記念するもう一点は、大杉が机に向かう半裸像を描いた望月の絵である（本章扉参照）。「ある日の大杉」と題され、各種の展覧会に展示された。刊行会版全集第四巻の口絵の説明に「大正九年夏、『労働運動』の編輯に専念している大杉君」とあるために、これまで二〇年の作とされてきた。実際はその一年前に制作されたもので、林の作品とともに、大杉を描いた二枚の絵は、同時期の作であった。（『望月桂ノート（未発表）』）

二十二日、吉田一の電気窃盗・電気事業法違反事件の公判を傍聴。

吉田は電灯料不払いのために切られた電線を接続して電気を盗用したとして、七月十九日、警視庁（刑事課）

に召喚され、二十一日から東京監獄に収監された。この日、東京区裁に同志多数とともに傍聴、支援する。（調査書、沿革一）

二十四日、荒畑らの労働組合研究会に出席。閉会後、機関誌発行について協議。

機関誌『労働運動』の発刊を計画し、山川、荒畑、吉川に協力を求めるため、前日に服部宅での会合を頼んだ。が、山川、荒畑は避け、吉川だけでまとまった話にならなかった。そこでこの日、研究会の終了後に、機関誌発行について相談するが、荒畑と衝突し不調に終ってしまう。（調査書）

二十八日、服部宅に関係者が会合し、『労働運動』の発行資金等を協議。

二十六日、山川は荒畑を訪問して、大杉との関係を調停した。荒畑は、大杉が傲慢な態度をとったことを詫びるなら、助力をすると軟化する。山川はそれを服部と吉川に伝え、二十七日に吉川が大杉を訪問して経緯を話し、この日の会合となった。出席者は大杉、荒畑、山川、吉川、服部、近藤、和田、中村の八名。まず大杉が荒畑との不和について陳謝し、『労働運動』の発行資金等について協議する。発行の準備金三百円は大杉が大石七分より借入れて用意し、保証金千円は高利貸から借りるが、大杉の名では貸してくれないので吉川と服部が責任を負うこととする。吉川は新聞広告取次業を、服部は洋服店を営んで、収入が安定しており、支援を引き受けた。誌面についても荒畑、山川らは側面から協力することとした。また、北風会を改組して、荒畑らの例会と合同することについても話し合われた。（調査書）

三十日、横浜の吉田宅に泊。三十一日、京浜地区同志による出獄慰安会に出席する。

村木が二十九日に行って先に滞在。三十日は大杉、野枝、和田、近藤、中村が合流して泊まった。三十一日は、吉田の家で十二名が会合した後、小池潔、根岸正吉を加えて本牧の三渓園を散策。歯科医・古幡貞吉を訪問して会談し、大杉らは帰京した。慰安会に出席したのは、吉田のほか、中村勇次郎、平岡栄太郎、鹿島喜久雄、重松弥生、塩瀬三郎。吉田はこれを機に、同志の機関として「赤旒会」を自宅に設置し、赤旗を掲揚する。（沿革一）

6—勇躍、実際運動へ

1919（大正 8）年 9 月～1920（大正 9）年 12 月

▼…1919 年 10 月 5 日、ＩＬＯ労働代表選出反対の芝公園大集会からデモに向かう労働者

巡査殴打事件の裁判で検事論告に不起立の抵抗をしたのに対し、見せしめのように懲役三カ月を科される。大審院まで争う間も、同志集会を運動実践の団体へと変容させるいっぽう、争議支援や労働者、学生の集会、ＩＬＯ労働代表反対運動など精力的に活動した。出獄後はアナ・ボルを含め大同団結した社会主義同盟の結成に協力。突如現れたコミンテルンの使者から、極東社会主義者会議への招請があり、受けて単身、上海へ密航する。ヒモの付かない形で運動資金を得て帰国、アナ・ボル共同の機関誌発行を計画する。

本物は絵より危険だぜ

九月一日、二科展の「出獄の日のＯ氏」撤回問題で、野枝と上野の会場へ行く。

▲…絵を見る大杉と野枝、右下は「出獄の日のＯ氏」

第六回二科展は上野公園の竹の台陳列館（現在の噴水付近）で開催され、この日が招待日である。二日から公開だが、それを前に林倭衛の作品「出獄の日のＯ氏」が、撤回させられる問題が起こった。八月三十日、警視庁より事前検閲に来た熊谷保安部長と本間官房主事は、検事控訴されて保釈中の刑事被告人の肖像が、公衆の前に展示されるのは面白くないとして撤回命令を出した。二科会が抗議したので、翌日、岡警視総監が来場し、撤回は命令ではないとしたが、結局は幹部に圧力をかけ、林が自ら任意撤回したことにして引っ込めさせたのである。

大杉は野枝を連れてこの日、林とともに会場に現れ、撤回された絵の跡に立って「本物は絵よりもいっそう危険だぜ。これも撤回かい。僕は二科で日当を出せば、毎日でもここに立っているよ」と皮肉たっぷりに訴え、野枝も続いた。

（1919年9月）

林はこのあと、警視庁で本間主事と会い、自ら任意撤回と公表したことに抗議し、この際むしろ禁止命令をせよと迫った。本間があらためて命令をすると言うので、二科会は先の絵を再び展示し、大杉と野枝も見た。午後四時に上野署から来た警部が正式命令を発し、これを受けて取り外した。理由は広い意味での安寧秩序の紊乱だという。

居合わせた有島生馬は「あの絵はまるで稲妻のようだったね。今日の二時間半ばかりピカッと光っただけでね」と林に同情する。大杉は収まらない。（朝日新聞、東京日日新聞・読売新聞九・一、二、小松軍司『林倭衛』）

同日、北風会例会に出席。会の目的変更について討議。

会の目的を、これまでの「研究」から「実際運動の推進」へと変更することを提起し、討議する。反対者が退場し、変更は全員賛成。組織、方法については次回とした。

「調査書」によれば、討議の要旨は次のようであった。

近藤が立って、当夜の主要問題として「北風会は合同して以来盛況で、もはや単なる研究会ではない。新しい同志も加わり、実際運動に入っているのは承知の通りだ。北風会の名も、茶人風で労働者の会合らしくないから労働○○会のように変更し、将来は具体的運動に発展する会合としたい。他の労働団体や社会から労働団体として認められれば、他の団体に接近したり、内部に入ることができ、運動や宣伝上有利であろう。具体的運動に関しては、組織を決定した後に定めることとし、本件は十分討議した上で決定したい」と提起した。

次いで大杉が同じ趣旨の補足をする。水沼は反対し、「組織を変更すれば、必ず官憲の圧迫を受け、唯一の会合が継続できなくなる。運動方法を具体化するのは賛成だが、労働者が労働を棄て運動者となると、吉田一のようになってしまう[注]。労働のかたわら運動をすることとしたい」と述べる。中村はこれにたいし、「労働者であるなら労働運動者でもあるべきだ」と言い、斉藤が賛成。和田、服部も近藤の提案に賛意を表した。

そこへ宮嶋が憤然として発言。「馬鹿野郎、何とぬかす。俺は水沼に大賛成だ。労働者が労働しつつ労働問題を説く処に権威があるのだ。大杉、荒畑のような筆の人は労働者ではない。社会に役立つ何の生産をしているのか」と攻撃して退場する。続いて服部、荒畑等も退場した。残った者に具体的運動の可否を諮ったところ、いずれも賛成し、組織方法に関しては次回として、十一時に散会した。

なお大杉は雑談中に「三日の吉田一の公判になるべく大勢で出席し、示威的傍聴をしたい。また大杉、近藤、和田、中村の四名を以て、『労働運動』と題する雑誌の発刊を計画している。詳細は次回に報告するが、支援を願う」と述べて喚起した。（調査書）

（注） 吉田は車両会社の鍛冶職を辞めて生活基盤をなくし、警察からも狙われて、遂には収監された。

二日、警視庁・正力松太郎にたいし、名誉棄損および名誉回復請求の告訴。

刑事課長・正力は七月十九日、警視庁詰めの記者にたいし、「（大杉が）日用品等の支払いをせず、家賃を支払う意志なく住居を借入れ、現住宅に無断侵入し……故に家宅侵入詐欺並びに恐喝取財の犯行確実」などと語り、二十日の各紙はこれを報道した。この件について、事実に反し名誉を棄損するものであり、日刊十五紙に謝罪広告をせよと、山崎弁護士を通じて告訴した。名誉棄損の告訴を東京区裁に、東京地裁に名誉回復訴訟を提起した。

仕掛けたのは山崎であろうが、大杉は即座に同意したに違いない。山崎の『地震・憲兵・火事・巡査』（岩波文庫）に「告訴状」と「刑事課長の職にありながら、鹿逐う猟師山を見ず一意専心ひたすら検挙に熱中の余り……」とする痛快な「名誉回復訴状」が載っている。（読売新聞九・三）

三日、警視庁へ行き、「出獄の日のO氏」展示禁止の処分に抗議する。

禁止の理由が「秩序紊乱」と聞いて、官房主事・本間に抗議に行く。「弁護士・布施、山崎ほか五十名」による「鑑定書（依頼人・大杉栄）」を突きつけた。鑑定書は、「出獄の日のO氏」撤回命令は不法であって、刑法一七五条、治安警察法一六条、および美術展覧会規則その他の規則にてらしても、禁止を命じうる法規はない、とする内容である。法的根拠を追及した。本間は苦し紛れだが、開き直って治安警察法一六条だと答えた。

治安警察法第一六条とは「街頭其ノ他公衆ノ自由ニ交通スルコトヲ得ル場所ニ於テ文書、図画、詩歌ノ掲示、頒布、朗読若ハ放吟又ハ言語形容其ノ他ノ作為ヲ為シ其ノ状況安寧秩序ヲ紊シ若ハ風俗ヲ害スルノ虞アリト認ムルトキハ警察官ニ於テ禁止ヲ命スルコトヲ得」である。たとえ「安寧秩序ヲ紊シ」たとしても、「公衆ノ自由ニ交通スル」場所においてという条件だから、適用するのは無茶だ。しかし、強引に押し通した。

それを聞いて大杉は、夜、上野精養軒の二科会懇親会場に赴き、有島生馬、林倭衛と面談。林担当の幹事にも会って、警察のいう禁止理由を確認し、二科会として命令に服す必要はないのではないかと質した。再掲しないなら、六日に大挙して押しかけ、一般公衆の通路と見て観覧料を払わずに通行する、と言い置いていった。

そのため六日、上野署は制服巡査二十名に角袖巡査二十名ほどを加えて、会場内外に張り込ませる警戒ぶりだったが、いくら待っても大杉は現れない。林が来ないようにと説得し、大杉も、林や二科会に迷惑を及ぼすのは友誼上忍びないとして、実行を取り止めたのである。法解釈の問題だから、弁護士と警視庁とにやってもらうことにして収めた。当番幹事の有島は、取材記者に「肖像画が問題を起こした例は世界的にもまれで、かつて某国で君主の裸体画がパリで問題になったくらいだ。大杉君の肖像画が公安を害することは決してないと思う」と語り、警察を引き取らせた。

時事新報は五日の社説に「出獄日のO氏」と題し、「日本の諸制度中、警察が最も文明の進歩に後れたるの観あるは畢竟依然たる旧時代の旧思想より脱却するを能はざるに因るものと云ふべし」などと批判した。また、川路柳虹は画家の立場からこう反発する。

〈(当局は)危険な社会主義者という以外に大杉氏の存在を認めていないのである。然し画家がその対象のモデルに対するのは「淫猥」の目的のために裸体を見、「社会主義者」といふ概念の上に立つて大杉氏を見るのではない。林氏もどこかで語つた通り大杉氏そのものの顔を芸術的興趣を以て描いたのである。……決して撤回の必要はどこにもない。〉(「奇怪なる撤回問題」読売新聞九・四)

林はこの問題について書き残していないが、有島生馬が「一時は普段大人しい林君も中々亢奮して怒つてゐた。怒るほうが尤で、孔明ではあるまいし、幾ら大杉君でも油絵の首はプロパガンダする筈がない」と書いている(読売新聞二〇・三・二十九)。

「出獄の日のO氏」は林の死後、幸い戦災を免れて遺作展や各種の展覧会で公開された（例えば二〇〇二年の国立近代美術館「未完の世紀――二〇世紀美術がのこすもの」）。八十二文化財団が所蔵しているから、今後も見ることができよう。（『平民法律』一九・九、読売新聞九・七、『中央美術』一九・十、調査書）

同日、東京区裁にて吉田一の電気窃盗事件公判を同志とともに傍聴。（沿革一）

八日、神田青年会館で開催の信友会大会に寄金。

信友会（活版印刷工組合）はこの日、国際労働会議に対する態度を決めるための臨時大会を開いた。その費用カンパとして、大杉は十円ないし二十円を寄付し、ほかに岡千代彦が三十円、吉川、服部各十円などと官憲の記録にある。信友会には北風会のメンバーとして、水沼、高田、鈴木、宮川、原田、日吉、車、厚田正二ら大勢いるから、会として支援する意味でもあろう。この大会で水沼は、国際労働会議の労働者側委員を選出する同会代表の協議員に選ばれた。（東京毎日新聞九・七、『労働運動』十・六、調査書）

十日、八日に続き吉田一の公判を同志と傍聴。（調査書）

同日、午後六時半、砲兵工廠の「事件」報告演説会に同志とともに参加。

東京砲兵工廠をはじめ大塚兵器支廠、王子火具銃砲製造所、板橋・目黒火薬製造所の職工二万五千人のうちの有志は八月三日、旋盤工・芳川哲を会長に小石川労働会を組織した。組合の承認、八時間労働制などを田中義一陸相に要求し、二十三日には六千人の職工がストに入る。その後も参加者は増え続けるが、三十日、代議士・蔵原惟郭と本田仙太郎が仲介に入り、陸相の「及ぶかぎり、要求を入れよう」また「職工の解雇、処罰は行なわない」との言明で収束に向かい、九月一日から就労した。ところが三日から組合役員への検挙が始まり、四日には東京憲兵隊で二十名を取り調べ、五日には六名を東京監獄に収監というように起訴、収監が続く。組合側をペテンにかける狡猾な仕打ちであった。

この日、神田青年会館で開かれた演説会は、スト仲介者の本田が主催だが、組合の芳川会長、安達幹事長も出席し、「工廠事件」を報告、訴求する場である。大杉らの狙いは演説会もらいであり、岩佐、中村らの同志とともに参加した。

本田の演説は日蓮宗の宣伝臭強く、大杉は発言を求めるが拒絶され、芳川、安達らの演説の後、さらに発言を要求。場内喧騒の中、岩佐が壇上に立つと、本田は警官と何やら打ち合わせ、閉会を宣する。その上で、岩佐を警察に拘引する強引さで狙いは潰されてしまう。

小石川労働会活動家の起訴は、十六日までに芳川会長以下二十二名に達し、その後も行なわれた。（朝日新聞九・一〜、岩佐作太郎『痴人の繰言』）

実際運動への前進

十五日、北風会例会に出席。運動方針、組織変更について討議。

前回に続き、運動の具体的方針について、大杉から次の原案を提起して討議した。一、会の名称を東京労働同盟会とする。二、自主的労働運動を促進することを目的とする。三、労働運動の研究をし、実際運動に従事する。四、東京市内外に自主的団体を設け、それぞれが代表者一名を選出し、その互選によって会に二名の常任幹事をおく。

このうち名称について異論があり、東京労働運動同盟会（以下、「労運同盟会」と略記することあり）と修正したほかは、原案通りに決定した。これに基づいて、各自小団体をつくり、次回までに届けることとする。

一三年にサンジカリズム研究会を始めて以来、同志結束、学習・討論の場として継続してきた会は、ここに「実際運動に従事」へと飛躍することになる。四月からの実績に確信し、労働運動の高まりを見据えて、陣営の前進をはかったのである。十二月には、この会のメンバーを中心とする活動家の努力によって「新聞工組合正進会」が結成されるのもその現れである。信友会を背負う水沼は、「闘士養成所」と述べている。

〈これまで労働組合運動の研究を目的としていた「北風会」は、今や事実上、労働組合運動の闘士養成所の観を呈するにいたった。北風会に集まり、大杉を思想的中心とする青年労働者の活躍を見て、新聞などはいつか「大杉一派」と書きたてるようになった。*〉

水沼はこの日、農商務省で開かれた国際労働会議労働代表選定協議会に出席した顛末を報告した。協議会は、国際労働条約の規定を無視して労働側代表を選ぶために政府が設置したもので、全国の二百人以上を使用する工場の代表から府県ごとに選んだ協議員五十五人と、官業工場の代表十五人、それに政府が認定した五つの労働団体の代表によって構成される。五つの団体とは、友愛会（鈴木文治）、信友会（水沼辰夫）、日本労働連合会（新井京太）、日本労働組合本部（井上倭太郎）、大阪鉄工組合（坂本孝三郎）である。つまり労働組合代表は、ほんの形だけ参加しているにすぎない。政府は国際労働条約そのものを、「極秘」として示さなかったのである。この一方的な協議員選定方法に憤慨して、まず鈴木文治が退席し、水沼も続いた。

二日にわたる協議会は、このあと労働代表の候補として法学博士・本多精一、第一補欠——東大教授・高野岩三郎、第二補欠——鳥羽造船所重役兼技師長・桝本卯平を決めた。本多は労働組合の反対を見越して辞退し、高野は受諾したが、評議員をつとめている友愛会の了解が得られず取消し、結局、桝本が代表になった。

高野は世間を騒がせた責任をとるとして、東大教授を辞し、この年発足した大原社会問題研究所の所長となり、以後三十年にわたり主宰する。（調査書、＊水沼辰夫「大杉栄と労働運動」『自由思想』六一・二、大河内一男・松尾洋『日本労働組合物語　大正』）

二十日、正力を告訴した件で東京区裁検事局に召喚される。

弁護士はつけられず、原告の身で、午前、午後にわたって事情聴取をされた。（朝日新聞九・二十一）

同日、ＩＬＯ代表官選反対「全国労働者大会」に同志とともに参加。

大会は、十五日の協議会における選定は政府・資本家の思惑通りで、受け入れられないとして、友愛会・信友会の合同主催で開いた。午後六時開会、神田青年会館の周囲は入りきれない労働者で溢れた。鈴木、水沼や各組合代表らの後、安部磯雄、福田徳三が演説、官選的な代表は認めないとする決議を宣言した。大杉ら同志たちも信友会のメンバーと一緒に、吉川、近藤、山崎、岩佐ほか多数が参加。もっとも決議の趣旨とは別に、名称を「全国労働者大会」としたことに、大杉らは「友愛・信友だけが労働組合じゃない。それを『全国』とは何事か」と大呼する訴えもした。

　この労働者代表反対運動は、労運同盟会が「実際運動に従事」と定めた最初の運動であり、以後も重点的に取り組んでゆく。労働運動全体としても、この日の提携にみられるように共闘が進み、急速に活発化した。抗議運動は、ワシントン会議のときまで続き、国際的にも日本政府への信用が傷つく事態に至る。（東京日日新聞・読売新聞九・二十一、沿革一）

二十四日、延島英一の巣鴨監獄出獄を、同志と出迎える。

　懲役三カ月の刑期満了である。延島は大杉の家に同居して、労働運動社社員として採用される。（沿革一、伊藤野枝「或る男の堕落」）

二十六日、『労働運動』発行を警視庁に届け出。

　発行所は駒込曙町の大杉宅、労働運動社、印刷所は京橋区桶町の愛正舎、発行編集兼印刷人は近藤憲二。毎月一回、一日発行（初号のみ十月六日）。内容は主として労働問題とし、ほかに政治、経済、学術、広告を掲載することとして届け出た。（調査書）

二十七日、巡査殴打事件、東京地裁の控訴審初公判に出廷。（調査書）

著作――「死灰の中から」『新小説』九月号

十月一日、東京労働運動同盟会の第一回例会を開催。

　例会の期日を毎月第二、第四日曜日に変更する。（沿革一）

二日、巡査殴打事件の第二回公判に出廷、検事論告に不起立。

　この裁判で被告の大杉は、検事論告中にふたたび起立せず。裁判長と押し問答となった。裁判長は「検事は国家の代表機関である、被告が起立して敬意を表するのが多年の慣例である。裁判所は改めて起立を命ずる」と怒気を含んで言うが、被告の大杉は「悪い慣例は破られるべきだ」と従わない。ついには裁判長、色をなして「勝手にせよ」と言い放ち、論告に入った。検事は懲役三カ月を相当とする論告。次いで弁護士の花井卓蔵、塚崎、山崎が控訴棄却を論じ、閉廷した。

裁判の後、馬場孤蝶は被告人不起立について「検事が判事すなはち裁判長に対するのと同等の敬意を被告人から求めようとするのは、長く習慣になつている官尊思想によつたものであることは明らかである」と批判する。

検事論告中の起立拒否は大杉の後、荒畑寒村や高尾平兵衛も行なって問題となり、法曹界でも論議された。しかし翌年、大審院は、「裁判長の命令に従わないものは、退廷させても正当である」という判例を出し、不当な行状としてしまう。（朝日新聞十・三、馬場孤蝶「現下の二問題」読売新聞十・九、森永英三郎『史談裁判』）

三日、神近市子が出獄。「会ひたいとは思わない」と感想。

神近は日蔭茶屋事件の殺人未遂により、一七年十月から八王子女囚監にて、懲役二年を受刑した。出獄に当たって大杉は記者の取材を受け、次のような感想を語った（読売新聞十・三）。

〈入つたものは死にでもしなければ出てくるに決まつてゐるのだから、出てくると聞いても格別変わつた感想もないよ。殺されてゐたら、草葉の影で恨めしいと思つたかもしれないがね。何でも女子青年会で引き取りたがつてゐるとも聞いたが、あんな耶蘇教などへ行くよりは、また行きもすまいと思うが、秋田雨雀君のグループに帰つて文学生活に入るのが、あの人のために一番好いだろう。獄中で科学の本でも読んで来ると好いのだが、ワイルドの「獄中記」を訳したとかいふ話で、読んだものも恐らく思想的の本だらうと思ふ。たいして変つた女になつて来るとも思はないね。会ひたいなどとは思はないが、偶然会ふ機会でもあつたらさあ、その時どんな顔するかね。〉

そばにいた野枝の談話も、一部を引用しておこう。

〈今後あの人がどうするとも私は別にそんな事に対しては思ふこともありませんね。まあ小説でも書いて文壇を賑やかにするのが一番いいでせう。随分私たちも材料になるかもしれませんがね。私の家にでも遊びに来てくれたら一寸面白いおつき合ひが出来るかも知れませんね。〉

神近は十一月下旬、堀保子の家へ詫びに行った。保子は「オイオイ泣くので困りました。穴があれば入りた

（1919年10月）

いと言ひましたが、私も掘れるものなら穴を掘つてあげたいと思ひました。大杉を刺した時の模様を話してくれと、からかい半分に気を引いてみたら、喋り出したので驚きました。何でも結婚する心の準備がチヤンとできてゐるということでした」などと述べたという。（読売新聞十一・二十八）

四日、警視庁・正力を名誉棄損で告訴した件は、不起訴となる。

また東京区裁にて、吉田一に窃盗罪として懲役二カ月の判決。（朝日新聞十・五）

同日、山崎今朝弥の招待による平民大学講師の晩餐会に出席。

八月に開催した夏期講習会講師への慰労の会だ。山崎の「講師招待状」によれば、「当日は基本金の処分方法及びその筋の干渉に依る平民大学講演集の発行中止」などが話題になった。築地精養軒で開かれ、出席者は荒畑、大杉、堺、高畠、山川、水沼ほか十名。（山崎今朝弥『地震・憲兵・火事・巡査』、沿革一）

五日、野枝が友愛会婦人部の労働者大会に来賓として出席。

本所・業平小学校の雨天体操場に、五百人以上の女工が参集して、大会は夕刻から開かれた。「婦人労働者主催の此の種の演説会は先づこれが我国最初の催しであらう」と野枝は書いている。市川房枝の司会で開会、東京モスリンの山内みな、ほか八人の女工が演説し、労働時間の短縮と夜業の廃止を訴えた。来賓には平塚らいてうが顔を見せ、ＩＬＯ国際労働会議政府代表の顧問・田中孝子も出席した。しかし彼女が演壇に立つと、顧問反対のすさまじい野次がとんだ。（伊藤野枝「婦人労働者大会」、大河内一男・松尾洋『日本労働組合物語 大正』）

労働運動の道しるべ

六日、月刊『労働運動』（第一次）**第一号を発行。**

待望の発刊である。タブロイド判十二頁を労働運動の報道と評論に充て、国内外の動向・ニュース、論評、運動史、団体紹介、統計と宣伝誌の域を超えた多彩な記事を盛っている。(注) 労働運動の機関、道しるべたろうとし、発刊の意図を「本誌の立場」として、次のように表明する。

大正八年十月六日　主幹　大杉栄　第一號

労働運動

□労働運動の研究機関□

労働運動の精神

〈日本の労働運動は今、其の勃興期の当然の結果として、実に紛糾錯雑を極めてゐる。頻々として簇出する各労働運動者及び各労働運動団体の、各々の運動の理論も実際も甚だ明確を欠き、従つて又其の相互の間の理解も同情も殆んど全くない。局外者から観れば、日本の労働運動の現状は、全くの一迷宮である。……日本の有らゆる方面に於ける労働運動の理論と実際との忠実な紹介、及び其の内容批評、これが本誌の殆んど全部だ。〉

むろん、第三者的に報道、論評するのではない。労働者を真に解放する道としての労働運動という立場は貫く。労働運動を賃金の増加や労働時間短縮の要求にとどまらない、「自主自治的生活獲得運動」と位置づけ、その目指す方向に沿った機関であろうとする。巻頭に掲げた大杉の論文「労働運動の精神」は、結語にこういう。

〈労働組合は、それ自身が労働者の自主自治的能力の益々充実して行かうとする表現であると共に、外に対しての其の能力の益々拡大して行かうとする機関であり、そして同時に又斯《かく》して労働者が自ら創り出して行かうとする将来社会の一萌芽でなければならない。

繰返して云ふ。労働運動は労働者の自己獲得運動、自主自治的生活獲得運動である。人間運動である。人権運動である。〉

主幹・大杉が社員の紹介をしている。中村還一、二十二歳、時計工。和田久太郎、二十七歳、人夫。近藤憲二、二十五歳、早稲田大学政治科卒業。延島英一、十八歳、活版工。それに伊藤野枝、二十五歳。山川、荒畑

（1919年10月）

は寄稿などの形で社外から支援した。山川夫妻は原稿のほか、毎月二十円ずつ送ってきて、「ある人が君達の方へまわしてくれと頼まれた金である」と書き添えてあったが、大杉は「ある人」とは山川自身だとみる。

定価二十銭と、他誌より高く設定したのは、購読数を少なめにみて採算を計ったからで、発行部数は抑え気味にした。が、十二日の朝日新聞一面に「『月刊労働運動』創刊号、即日売切、再版出来」の広告を出すくらい、滑り出しは順調だった。第二号には「売行予想が大ぶはづれて、そんなに遠慮して控目に見る事はないときまつた」とあり、増部したのだろう。

報道記事を重視、継続発行を旨とし、検閲による抹消などの措置もとって、ともかくも発禁を免れることにした。

著作——「労働運動の精神」、「出しやばり者」、「労働運動理論家　賀川豊彦論」、「国際労働会議」、「本誌の立場」、「読者諸君へ」掲載。ほかに、二ページにわたる「外国時事」の記事（「累卵の英吉利」、「米国労働不安」）も大杉の仕事であろう。ジャパン・アドヴァタイザーの寺田から送られる外国紙誌から、英米の労働情勢を摘訳して紹介した。（近藤真柄『わたしの回想』）
（注）ページ別の内容は、一——巻頭論文、二・三——スト、組合大会など国内ニュース、四・五——「外国時事」労働運動の外信、六——論文、七——労働団体の紹介・解説、八——評論「労働運動家」、九——「評論の評論」、十——労働団体別短信、十一——月間同盟罷工統計（社名、人員、目的、結果、日数）、十二——広告。
九日、庄司俊夫主催の労働問題演説会で演説会もらい。

近藤、村木、服部、中村その他数名の同志と出席、演説会もらいである。神田猿楽町の明治会館には聴衆六百五十名が参集。主催者・庄司の講演に続いて、岩佐が飛入り講演をするが、臨監に中止される。さらに二三の演説の後、中村が「普通選挙は唯一の手段ではない……」と述べ、同志たちが「直接行動……」と呼応するなど気勢をあげる。しかし結局、解散を命じられた。

庄司俊夫は陸軍中尉だったが、休職して日雇労働者になり、労働問題に取り組んで「労働中尉」と呼ばれた。のちに大杉が殺され、軍法会議で甘粕が有罪と宣告されたときに「軍法会議の権威はすたれた。告森《つげもり》（裁判官）

これをやる」と叫んで、泥草履を投げつけた人物。前日、親友に「思想に対するには思想を以てすべき」と語ったという。彼の父親・庄司鉄蔵は陸軍大学教授で、大杉が新発田から上京したときに通ったフランス語学校を主となって始めた人である。（沿革一、朝日新聞一三・十二・九、自叙伝）

十一日、東京地裁にて、尾行巡査殴打事件に懲役三カ月の控訴審判決。

欠席裁判であった。区裁判決の罰金五十円を棄却し、一転して重くしてきた。森長英三郎はこれを、検事論告中の起立拒否に対する意趣を含んだもので「大杉にとっては不起立料であり、裁判長にとっては感情判決のように読める」と述べている。

上告しても棄却されるだろうが、『労働運動』立ち上げのときであり、十二月に野枝の出産も控えている。服役が一月以降になるようにと、弁護士と相談して、この日のうちに上告を申し立てる。山崎今朝弥は「大馬鹿判決」とする申立書を提出した。

〈上告申立書／刑事被告主　大杉栄／右私に対する殴打事件に付き本日東京地方裁判所第二刑事部裁判長田山卓爾の言渡したる私を懲役三月に処する旨の大馬鹿判決に付き上告す／大正八年十月十一日／大審院刑事部御中〉（朝日新聞十・十二、森長英三郎『史談裁判』、調査書、『平民法律』一九・九）

十二日、労働運動同盟会の第二回例会に出席。

大杉はギルド社会主義について講演。根岸、橋浦から政治運動の可否について質問があり、現在の代議政治は人間を獣的にするなどと談話する。なお前回の取り決めに基づき、この日までに十二の自治団体（支部）がつくられた。各団体の代表は、大杉（労働運動社）、添田平吉、斉藤兼次郎、高田公三、服部浜次、岩佐作太郎、根岸正吉、栗田五郎、望月桂、有吉三吉、ほか二団体は未定。（調査書）

十五日、国際労働会議代表の出発に反対し、同志多数が運動に参加。

ＩＬＯの労働代表反対運動には、これまでも、労運同盟会から多数参加した。他の労働団体と接触し、運動に直接参加する方式をとり始めたのである。

五日には、友愛会、信友会、鉱山労働同盟会などの組合員二千人が芝公園に集まり、日本橋・明治座までのデモ行進を行なった。先頭に「桝本労働代表者反対」と墨書した葬儀用高張提灯二本を立て、信友会の隊伍には、労運同盟会の近藤、中村、斉藤、和田、延島、岩佐らが加わった。大杉も参加したとみられる。劇場では水沼、中村、岩佐らが反対演説をした。七日には、労働組合が合同して反対運動の戦術会議を開き、水沼と中村が出席。九日は、横浜の友愛会海員本部で行なわれた反対演説会で、水沼と岩佐が演説した。

桝本らが出帆するこの日、横浜埠頭には五百人を超える労働者が、弔旗、位牌、榊などを持って押しかけ、反対の示威運動をする。高田、石井、吉田只次ら同志たちも多数参加した。

会議はワシントンで開かれたが、日本は「特殊国」として陳弁につとめ、さまざまな特例を認めさせた。労働基準の総括審議の際に政府代表の岡実は「英米で行なわれている条件を日本労働者の習慣にそのまま適用することは、黄金の卵を生む野鴨を殺してしまう危険がある」などと述べるのである。

大杉が『労働運動』創刊号に「国際労働会議」として「国際労働会議は、国際労使協調会である。したがってそれが資本家的会合であることはもちろんである」と書いたことが、明示されたわけだ。しかも、この会議で「特殊国」として認めさせた一日九時間労働、一週一回休日などの条項さえ、国内法によって全部ご破算にされた。

なお、ＩＬＯ総会は、二〇〇八年に第九十七回総会が開かれた。国際労働基準としてこれまでに百八十八の条約が制定されたが、日本は未だその四分の一、欧州諸国の半分しか批准していない。とくに「最低限は」と定めた中核的八条約のうち、一〇五号（強制労働の廃止に関する条約）と一一一号（雇用及び職業についての差別待遇に関する条約）が未批准の、いわば後進国となっている。労働団体の批准要求は、大正期労働者の意志を継ぐものといえる。（沿革一、赤松克麿『日本社会運動史』）

印刷工の争議支援

十七日、信友会の「八時間労働制」要求演説会など闘争を支援。

信友会は「八時間労働及び婦女幼年工六時間制」を東京印刷同業組合に要求し、この日、神田青年会館で演説会を開催すると同時に、七工場がストライキに入った。大杉は同志、社会主義者に働きかけて、争議支援に力を注ぐ。大阪・関西方面へは和田と中村を派遣して訴え、東京では、この演説会の応援をはじめとして、各所での演説会や示威運動などに参加して闘争を支援した。また堺などと著作家組合を動かして、臨時大会を二回開くなど助勢の輪を広げた。

信友会幹事の水沼はのちにこう証言する。

〈大正八年十月、国際労働会議問題に引続いて、信友会が、八時間労働問題で、ゼネラルストライキを決行するや、各方面から多大の援助があつたが、東京、横浜、大阪等の社会主義者が一致して助力されたことと、著作家組合が応援されたことは、彼〔大杉〕の努力に負ふところが少くなかつた。〉（水沼辰夫「大杉と日本の労働運動」『労働運動』二四・三）

闘争は一カ月にわたって続いたが、資本側も結束を固め、スト破りなどもあって、結果は組合側の惨敗に終る。（沿革一、水沼辰夫『明治・大正期自立的労働運動の足跡』、『労働運動』二〇・一・一）

十八日、東京地裁で吉田一の控訴審公判を傍聴。

野枝をはじめ同志と傍聴。懲役三月の判決が確定し、二十三日から豊多摩監獄に移監される。（沿革一）

十九日、前夜より徹夜で『労働運動』の記事を執筆。

この日付、関西出張中の和田、中村、村木宛の手紙に「かぜが治らんので気持が悪くて仕方がない。ゆうべは徹夜で三ページばかり書いた。今夜もう一晩徹夜して二ページやっつける。それで全部おしまいだ」（書簡一一五）とある。『労働運動』の紙面を五ページ分担当した奮闘ぶりが窺える。評論のほか、外国紙の記事を編集して運動の実態を報道する「外国時事」欄も引き受け、他紙にない特色を出した。

二十二日、正力への名誉回復請求事件に、東京地裁が請求棄却の判決。

正力に大杉の名誉を毀損するとの故意がなかったという理不尽な理由での棄却であった。山崎弁護士は控訴したが、間もなく警視庁が汚職事件で多数の市会議員を検挙したので、「些か祝意を表する」ために、翌月二十四日、訴訟を取り下げた。（山崎今朝弥「大杉栄対警視庁事件」『平民法律』二〇・二、同『弁護士大安売』）

二十六日、労働運動同盟会例会に出席。

「ギルド・ソシアリズムの批評」と題し講演した。内容は『労働運動』二〜三号に大杉が執筆し、無署名で掲載した論文「ギルドの話　ギルド社会主義の批判」にみることができる。（調査書、『労働運動』一九・十一、二〇・一）

東海労働者大会

三十日、東京を発ち、二三の同志と名古屋へ。

十一月一日、東海労働者大会で演説のため、名古屋市・万松寺へ赴く。

「東海労働者大会」は、名古屋の活動的労働者を糾合しようと、東海新聞記者・横田淙治郎、片桐痴民らが計画し、日刊紙『大公論』を経営する松井不朽（広文）が主催を引き受けて開催の運びとなった。横田が大杉らを招いたのであろう。会場の中区・万松寺には「東海道最初の労働問題演説会」の大看板が立てられ、辻々に張ったポスターが反響を呼んで、夕刻から市民がぞくぞくと集まった。が、門前署は主催者・松井を開会の数時間前に拘引したうえ、会場周辺には多数の制服警官を配置した。そして主催者がいないことを理由に、聴衆を一人も入場させなかった。和田久太郎、中村還一や『大公論』東京支社の丹潔《たんきよし》らは主催者を返せと門前署に抗議したが、拒否され、やむなく流会とする。有志十数人は中区大津町の大公論社二階に集まり、懇親会を持った。

この席に伊串英治が参加し、大杉を知る。翌日、和田が彼の勤めていた撚糸工場へ行って、横田を訪ねるよう勧め、接触を開始した。横田は『労働運動』の頒布や勧誘を依頼。伊串はそれを受けて、翌年一月には労働運動社の名古屋支局主任となり、横田とともに『労働新聞』の配付など運動に加わる。

『労働運動』の捌き方について、伊串は次のように語っている。

〈二百部ずつ送ってきましてね、百部を静観堂、名古屋書房、中京堂という書店に置いて、百部を労働者の講座の帰りを待ち受けて売ったんです。それを買った労働者は僕等と近づきになり、その連中が二、三十人集まって蝉鳴会というのを作ったんです。『パンの略取』をテキストにして学習会をしたんです。[1]〉

伊串は知識人にも積極的に売りこみ、『名古屋新聞』と『新愛知』の各主筆である小林橘川と桐生悠々を読者にした。読者になって、彼を助けた安藤巌は、大杉が結婚前に名古屋へ行くとき同行した当時の社会党員である。

なお、大杉と二人の同志は帰途、中央線経由、諏訪で途中下車、ある同志を訪ねるつもりだったが住所が分らず、湖畔の温泉に入って帰った。[2]（斉藤勇『名古屋地方労働運動史（明治・大正篇）』、伊串英治『私の生い立ち』、(1)同「大正期労働運動と知識人」『思想の科学』六三・十一、(2)「雲がくれの記」）

九日、労働運動同盟会例会に出席。

大杉は前回に続き、ギルド社会主義に関して一時間ほど講話。次いで高田公三が信友会の争議の経過報告。野枝は前日、神田・松本亭で三秀舎の印刷女工たちと会見した状況と感想を述べ、中村還一は、京阪神の運動を支援、取材した報告をした。（調査書、『労働運動』二〇・一）

十三日、『労働運動』第二号を発行。

大杉の評論「怠業と勤業」が検閲により禁止されたので、該当箇所を抹消して発行した。「婦人労働者」のページは野枝が担当して、友愛会婦人部の活動など、取材記事を執筆している。

著作――「徹底社会政策」（再録）、「怠業と勤業」、「ギルドの話――ギルド社会主義の批判（上）」、「労働運動理論家　鈴木文治論」、「最近労働運動批判」、「手前味噌」、「関西号の計画」掲載。ほかに前号と同様、「外国時事」の記事（「全英鉄道罷業」、「労働組合大会」、「米国鋼鉄罷業」）も大杉の仕事とみられる。（調査書、『労働運動』一九・十二）

十四日、信友会の八時間労働制要求ストを支援する著作家組合臨時大会に出席。

臨時大会は大杉、堺などの働きかけで決定され、この日、神田猿楽町の明治会館で午後六時から開催された。主な労働争議団を招いて争議の内容や経過を聞き、大会の決議をもって義援金の寄付と同情宣言の公表を決めた。出席者には、大杉、荒畑、堺のほか馬場、大庭柯公、安成貞雄、森田草平、秋田雨雀、遠藤清子らがいた。十時閉会。馬場と大庭が起草した次のような宣言書が、翌日発表される。

〈吾人は吾人と密接なる職業的関係を有する東京印刷工諸君の八時間労働要求の運動に対し、茲に深厚なる敬意と同情とを表明す。……吾人は又、敢て世界の大勢に背反して此の正当なる労働者の要求を拒絶したる印刷業者に対し其の資本家的横暴と浅見と私欲とを糾弾せざるを得ず……〉

なお島崎藤村は、彼に師事する植字工から争議の話を聞き、個人として五十円を信友会に寄付した。（東京毎日新聞十一・十五、『労働運動』二〇・一、水沼辰夫『明治・大正期自立的労働運動の足跡』）

二十日、東洋大学生らによる「民衆文芸会」に出席。

「民衆の社会的創造」と題して講演。丹潔を中心に学生が組織し、十五日に大杉が出講して、東洋大学内で開く手筈だった。「文芸に関する座談会」という形にしたが、それでも大学側の反対にあったため、神楽坂倶楽部に変え、そこも警察から干渉されて、急きょ労運同盟会の例会場で開催した。参加者は会場にあふれるほど。演説後、大杉は出席した東洋・早稲田・慶応大学の学生と実際運動や軍隊にたいする態度について質疑応答。議論百出の実のある会になった。

丹は先ごろの名古屋・東海労働者大会で大杉と顔を合せて以来、労運社にも足を運んで打ち合せを進めてきた。警察の干渉に対しては、労運社の社員（中村か）が署長に抗議し、神楽坂倶楽部を断念する損料として十円を出させ、丹が「拾円」と題した小説に経緯を書いている。会が終ったとき、参加者が茶菓代など会費として十五銭を置こうとすると、大杉は「丹君が警察から十円貰ったから出さなくてもよい」と断わったので、参加者はどっと笑って合点した。

この会には中村、延島などの同志も議論に参加している。労働運動の高揚とともに、学生の間にも社会思想や労働運動への関心が高まっており、大杉らの運動の理論や体験が、そうした初期の学生運動に浸透していく一つの経路とみることができる。（沿革二、調査書、丹潔「拾円」『青年雄弁』二〇・二）

二十二日、藤田貞二の入獄送別会に出席。

藤田とは、片山潜の労働倶楽部茶話会以来、旧知の仲だ。彼は当時（一〇年）から「東京新聞」と題する小新聞を発行しており、前年八月、関西の企業を訪ねて広告募集活動をした。そのうち、神戸・勝田汽船で「天下の注意人物藤田浪人」と記した大杉の名刺と「東京新聞」を示し、前夜鈴木商店が群衆に破壊された例を挙げるなどして、新聞への援助を要求した行為が、恐喝未遂罪とされた。一審は懲役三年の判決だったが、控訴審、上告審で二年を言渡され、入監が決まった。会は裁判の弁護をした山崎今朝弥が、神田小川町「常盤」で開いた。（調査書、「いろいろ消息」『新社会評論』二〇・二、沿革一）

二十三日、高田公三入営送別会を兼ねた労働運動同盟会に出席。

高田は徴兵適齢となって検査を受けたとき、無政府主義だから軍備の必要は絶対に認めず、したがって兵役につくことも望まない、と述べたという。同志例会では、入営の晩は軍国主義整頓の状況を実験するんだと言い、十二月一日、麻布歩兵第三連隊に入隊した。出立の際は、住いの若林やよ宅にて、同志の鈴木、高尾、延島、近藤、山本、車、松本、若林らが見送り、入営地の門前にも、同志たちが「横浜赤旒会」、「祝入営社会主義者高田公三君」「戦争は罪悪なり」などと書いた旗を立て、信友会員十数名とともに営内に入って、社会党万歳を唱えるなどして送った。（調査書、沿革一）

早稲田の学内集会

二十八日、早稲田大学民人同盟会の学内小集会で学生と懇談。

民人同盟会は二月、早稲田大学雄弁会左派が中心になって結成された思想団体。高津正道、和田巌、浅沼稲次郎、三宅正一、本多季麿、中名生幸力らが中心メンバーだったが、分裂して和田、浅沼らは別に建設者同盟を組織した。この日は大杉の講演会として開催するはずで、石井鉄治ほか同志六名とともに出席した。しかし、大学と警察の干渉によって途中解散となり、午後八時半頃より恩賜館三階で、ゼミナール形式に切り替えて行なわれた。

大杉を呼ぼうと言い出したのは、民人会の同人・古田大次郎である。出演交渉に行って対面した。

〈……民人会で講演会を開催しようということになった。講演者として大杉栄君を選んだ。その出演の交渉に行って、大杉君と会ったのが、僕の最初の対面であった。

高津と中名生と僕と、も一人本多という一風変わった「才子」との四人が、曙町の大杉君の宅を訪れて行った。その時に大杉君はちょうど原稿を書きかけていた。

……やがて大杉君は、机を離れて僕らの近くにいざり寄って来た。その時、僕は初めて大杉君の顔や姿をよく観察することができた。ドテラをゆったりと着こなした骨太の身体、漆黒の長髪、浅黒い顔、ギョロリと光る大きな眼、口を歪め眼を瞑《つむ》ってポツンポツンと吐き出すようにする話ぶり、指に煙草を挟んでブルブル慄えている手、僕にはなんだか人間離れのした人のようだった。彼のすべてが散々苦労して来た人のように思われて同情の念が起きて来た。それとともに忘れ難い慕わしさを覚えた。

……人もあろうに大杉君のような危険人物を、恩賜館に案内したのは、勿体至極もない、怪しからん次第だというので、高津は大分学校から叱言を喰ったらしかった。〉（古田大次郎『死刑囚の思い出』）
古田が書いたように、大杉を呼んだと学校側の狼狽はひとかたならず、会員に警告をし、会には解散を命じた。その影響もあったか、その後民人同盟会は会員が減って解散するが、高津らは翌年五月、暁民会を結成して復活。大杉はこの会にも出講するようになる。（絲屋寿雄『日本社会主義運動思想史』、調査書、高津正道『旗を守りて』）

十一月末～十二月初め、足尾銅山争議に現地取材や、上京団の演説会支援を行なう。

足尾銅山では九月に三千五百人の坑夫を組織して、大日本鉱山労働同盟会が結成された。鉱業所に三十項目の要求を提出し、ほとんどを認めさせた。しかし十一月、会社は坑夫・職員三百八十人の解雇を発表。憤激した坑夫は解雇撤回と飯場制度の廃止を求めて、二十六日からストに入った。二十七日には事務所に乱入、所長らは屈服したが、翌日早朝、警官三百名、憲兵百余名が乗り込んで組合幹部を検挙し、会社は強気に転じる。同盟会は古河本社と交渉するため、上京団を派遣した。

労働運動社は二十九日に中村還一を、五日には和田久太郎を足尾銅山の現地に派遣し、『労働運動』の取材をかねて争議支援をする。和田は城崎座の会員大会に参加、千五百人の坑夫を前に三十分ほど演説し、足尾館での役員会を視察。足尾署に検束されていた同盟会顧問の小山勝清（のちに作家、『それからの武蔵』など）に面会、さらに同盟会本部を激励、などの活動をし、中村とともに『労働運動』にルポを書いた。

東京では四日、信友会、友愛会など五団体が協議会を開いて、上京団に連帯の決議をし、大杉は同志とともに新富座の上京団演説会に参加するなど市内での活動を支援した。(注)（足尾銅山労働組合編『足尾銅山労働運動史』、『労働運動』二〇・一、石井鉄治のラジオ番組での証言五八・九、東京毎日新聞十二・三、沿革二）

（注）朝日新聞十二月二日に「大杉栄入山して画策」の見出しで「一日午後四時来足」の記事があるほか、他紙にも大杉が足尾に入った、の報道があるのは誤報。労働運動史の文献にも同様の誤記が見られる。

十二月三日、荒川義英の追悼茶話会に出席する。

一七年に中国に渡った荒川は、持病の喘息のため、十月一日に大連にて死去。二十五歳だった。追悼会は、堺、生田、大杉、保子、黒瀬、百瀬の六名を発起人とし、有楽橋際「笹屋」で開かれた。案内状に「荒川の生前の不良行為を語り合う」趣意と書いたのは、大杉であろうか。三十〜四十人が出席、生田が開会の辞を述べる。もろもろ荒川の逸話が出た中で、大杉が語った話を寒村が紹介している。荒川にあったようで無かったような女の話である。荒川に交際している女性のことを聞くと、真顔で打ち消すのだが、それはいつも本当だなと思わせるような否定の仕方だった。そうに違いないのだが、そう思われると困るから、違うと言っていると思わせるように否定する。それで、こちらが荒川の秘密は心得ているという顔をしているのを見て、面白がるという入り組んだやり方であった。

大杉は荒川の著書『一青年の手記』に「うそつきの芸術」と題する跋文を書き、次のように追想する。

〈荒川は随分おしやべりで、うそつきだつた。そして此のおしやべりとうそつきとが、皆んなに嫌はれると同時に、又皆んなに多少好かれるもととなつた。其処にあの男の不良少年かたぎが現はれてゐると同時に、其の小憎らしい程の才能が光つてゐた。

荒川の小説は皆な此のおしやべりとうそつきの芸術化であつた。

いかにも自分の事らしく、自分の経験らしく書いてある事が、大がいはうそだつた。そして其のうそを、自分にもひとにも出来るだけ面白く聞かせようとした、おしやべりだつた。〉（読売新聞十・十四、時事新報十二・一、荒畑寒村「歳晩雑録」『新社会』二〇・一）

九日、新聞工組合・正進会の発会式に社から中村還一が出席。

製版などに従事する新聞職工は、六月に革新会を組織し、労働時間短縮と最低賃金制を要求してストを決行。八月一日から四日まで、都下十六新聞社の新聞発行を停止させる前代未聞の闘争を行なった。しかし、会長の憲政会代議士・横山勝太郎は、警視総監に警告され、新聞同盟との交渉で無条件降伏。活動家五十余名の解雇者を出して、革新会は解散してしまう。

その再挙を図って起ち上げたのが正進会である。中心となった新聞工有志二十余名のうち半数近くが、労運同盟会の会員であった。報知の布留川桂・綿引邦農夫、読売の北村栄以智・小林進次郎、万朝報の和田栄太郎

（栄吉）・木全増太郎、時事の諏訪与三郎・渡辺幸平らである。盛大な発会式がこの日、京橋の貸席・川崎屋で催された。労働運動社を代表して中村が出席し、信友会、自由労働者組合などとともに激励の声援を送った。

翌年一月の総会では、布留川・北村が常務理事に、木全・小林も役員に選出されるなど、陣容を整えて再生した。以後、信友会と歩調を合わせ、大杉の提唱する自由連合派の組合として、自主、自治の労働運動を推進してゆく。（水沼辰夫『明治・大正期自立的労働運動の足跡』）

十八日、尾行巡査殴打事件の大審院判決で懲役三カ月が確定。

上告が棄却され、刑事課長・正力の執念がついに実行されることになった。彼はのちに官房主事の椅子に就くが、大杉は「気味の悪いことが起き」たと、次のように書いている。

〈警視庁の官房主事には岡つ引の令名の高い正力某がきました。そして、特別高等課の係長として、その子分の山田某を引張つてきました。……正力と云ふ男と山田と云ふ男とは、嘗つて、と云つてもまだ一昨年の事です。僕を詐欺だの、家宅侵入だのと勝手な事をぬかして、引張つては放し、引張つては放して、とうたう傷害罪の古傷でぶちこんだ前科のある男です。〉（「一網打尽説」）（『労働運動』二〇・一）

十九日、料理屋「笹屋」で大杉の入監送別会が開かれ出席する。

服部浜次が主催したようだが、南助松以外の出席者は不祥。南は八月に日本連合坑夫組合を設立し、『鉱業新聞』を発行している。

大杉は遊び心にか、変貌して出席した。

〈僕が入獄する数日前、僕のための送別会があつた時、僕は頭を一分刈りにして顔を綺麗にそつて、すつかり囚人面になつて出かけて行つた。そして室の片隅のテエブルに座を占めてゐたが、僕の直ぐ前に来て腰掛けたものでも、直ぐそれを僕と気のついたものはなかつた……〉（調査書、沿革一、『日本脱出記』）

二十日、入獄後の『労働運動』発行について、同志と協議する。

出席者は吉川、服部、近藤、和田、中村、延島、石井ら。（調査書）

二十二日、入獄に備え、丸善で書籍を購入。

買った本を『昆虫記』の「訳者の序」に書いている。

〈いよいよ既決監にはいらうとする前の日、或る友人から金を貰つて丸善へ行つた。そして、こんどは刑期も短いのだし、それに冬の寒い間でもあるのだから、なぐさみ半分に旅行記でも読んで来ようかと思つて、そんな方面の本を探してゐた。クロポトキンの友人で、と云ふよりも寧ろ先輩の、やはり無政府主義者で地理学者であつた、エリゼ・ルクリユの『新万国地理』第七巻『東部亜細亜』と云ふ大きな本が偶然に見つかつた。其他にも、ダアヰンの『一博物学者の世界周遊記』だの、ウオレスの『島の生物、動植物の世界的分布』なぞがあつた。三ケ月間、三畳敷ばかりの独房におしこめられながら、こんな本で世界中を遊び廻るのも面白からうと思つてゐるうちに、遇然又、ファブルの『昆虫の生活』に出遭つた。そして、そんな本を二十冊ばかり抱へて、中野の豊多摩監獄へ行つた。〉

ところが、はいると直ぐ、丸善の新着本からファーブルの英訳書が五冊差入れになる。で、ファーブルから「読み始めると、とても面白くて、世界漫遊どころではない。たうたう、ほかの本はあと回しにして、『蟋蟀《こおろぎ》の生活』や、『糞虫』や、『左官蜂』や、『本能の不可思議』なぞを読み耽」った。

巡査殴打事件で収監

二十三日、東京監獄に収監、翌日、豊多摩監獄に移監となる。豊多摩監獄はのちの中野刑務所である。(注) 翌年一月十一日付、野枝への第一信に囚人ぶりを伝える。

〈仕事はマッチの箱張りだ。……一日に九百ばかり造らなければならぬのだが、未だその三分の一もできない。それでも、今日までで、二千近くは造ったろう。ちょっとオツな仕事だ。……朝七時に起きて、午前午後三時間半ずつ仕事をして、夜業がまた三時間半だ。寝るのは九時。その間に本でも読める自分の時間というも

のは、三時の夕飯後、夜業にかかる前の二時間だ。夜業が一番いやだ。〉

この後に、差入れの本は読了して、正月は字引を読んで暮したと退屈ぶりをいう。作業の合間に読書時間をつくるのは、身に付けた技能である。（調査書、書簡一一七）

（注）刑務所は八三年に廃庁になったが、跡地は平和の森公園（中野区新井）となり、表門が残されている。

二十四日、二女・エマ（のち幸子）**が生まれる。**

出産のことは、看守長からの伝言で聞く。野枝宛、書簡一一七の続きに、

〈母子ともに無事だという話だったが、その後はいかが。実は大ぶ心配しいしいはいったのだが、僕がはいった翌日とは驚いたね。はやく無事な顔を見たいから、そとでができるようになったら、すぐ面会に来てくれ。子供の名は、どうもいいのが浮んで来ない。これは一任しよう。〉

とある。野枝は、かつて翻訳した『婦人解放の悲劇』の著者であり、「思想の母」であるアメリカのアナキスト、エマ・ゴールドマンの名をとって「エマ」と命名した。のちに「さち子と云ふ飛んでもない名に変へられて」しまう子である。（「『二人の革命家』序」）

この年、長谷川海太郎が来訪。

長谷川はのちに、谷譲次・林不忘・牧逸馬の三つのペンネームを使い分け『丹下左膳』などに健筆を揮うが、この時は明治大学専門部法科に在籍する学生。函館中学でストライキ事件に関係し、卒業の直前に退学となって、一七年に上京してきた。弟の作家・長谷川四郎は十歳年下だが、兄が「学校から帰ってきたとき、刑事の尾行がついてきたとかで、なんとなく家の周囲にそわそわしたものがただよったことをおぼえている」。のちに、そのころ大杉を訪問したことを聞いた。

〈東京でかれはアナーキスト大杉栄の家に出入りしていた。後年、かれの語ったところによると、大杉栄は安パイプをくゆらして籐椅子にどかりとすわり、刑事に自己の存在をおしえるため、外国語の本を大きな声でよんでいたということだ。〉

海太郎は翌年に渡米、大杉が虐殺された後に帰国したが、話がその事件に及んだ時「あの魔子ちゃんは生き

ているんだな」と確かめるように語ったという。海太郎の弟・濬《しゅん》は満映にいて甘粕の最後をみとった人物だから、大杉事件の話はずっと後にも出たであろう。

なお、長谷川四郎の子息・元吉は映画カメラマンで、大杉と野枝を描いた「エロス＋虐殺」（吉田喜重監督）の撮影を担当した。これも縁の妙というものか。（長谷川四郎「随筆丹下左膳」、長谷川元吉『父・長谷川四郎の謎』）

この年、玉名館で岩野泡鳴と時々会い、野枝、荒木滋子を交えて遊ぶ。

玉名館は、野枝が辻潤と別れたときに一時滞在した旅館である。荒木滋子、郁子の姉妹とは『青鞜』時代からの友人で、魔子を連れて大杉と、ときどき訪ねた。泡鳴も二人と親しく、とくに郁子とは相愛の仲だったから、よく訪れた。

荒木滋子は、野枝を追悼する文に、こう書いている。

〈時々Ｏ氏と魔子さんと三人連れで、よく遊びに来ました。亡くなつた岩野泡鳴さんとも、よく私のうちで、落ち合ふこともありました。あんなにお互ひの主義の違つた方々でしたのに、いつも一緒にトランプや花合せなどをして、四五時間遊び続けてしまうことも、よくありました。岩野さんは例の調子で、声高に物を仰有《おっしゃ》るし、Ｏさんは静かに、調子を落着けて話をなさる、魔子さんが、トランプの札を掻き回しに来るのを、野枝さんは、お母さんらしい鷹揚さで、なだめて、魔子さんの持ってゐる餡粉で、懐中汚されても、大して気にもならないやうなのを私は、感心して見てゐたことがありました。〉

このころ玉名館の女将だった郁子も加わっていたであろう。岩野が翌年五月に病死したとき、郁子は葬儀いっさいをとりしきった。

余談だが、滋子の一人娘は文学座女優だった荒木道子、その息子は「空に星があるように」のシンガーソングライターで、俳優の荒木一郎だ。（荒木滋子「あの時の野枝さん」『婦人公論』一三・十一）

この年、奥むめおと知り合う。

奥（旧姓・和田）が『労働世界』の記者か、富士紡の女工として、北風会に参加してであろう。自伝に「大杉栄さんの無政府主義のグループの人びととも親しかった。大杉さんは豪放らいらく、愉快な人だった。……

どもりながらむずかしい理論をやさしく説くと、若い労働者たちは目を輝かせながら熱心に聞き入っていたのを思い出す」と書いている。野枝に似ていたらしく、大杉は「野枝の妹のような気がするよ」と言ってかわいがった。奥栄一と結婚し、翌年男の子が生まれると、お祝いに「使い古しだが」といって黒塗りフランス製の乳母車を贈呈。これは奥が活動した新婦人協会の機関誌『女性同盟』の荷車として活躍したという。奥は戦後、主婦連合会を結成した。（奥むめお『野火あかあかと』）

一九二〇（大正九）年――三十五歳●

一月一日、『労働運動』第三号を発刊。

創刊号から印刷所との交渉は難航したが、十二月号はきっぱり断られて休刊とした。その代りに一月号は二十ページに増やし、関西号と名打って、関西の動向に六ページを充てている。もっとも、京都のボルガ団を取材した記事は、検閲で禁止され、一部を抹消しての発行だ。暮れの三十日に納本、三十一日に配本を終えた。この号で、関西支局（武田伝次郎方、主任・和田久太郎）、南出張所（逸見直造方、主任・逸見直造）、名古屋支局（横田淙次郎方、主任・伊串英治）の開設を発表する。

大杉は「又当分例の別荘へ行つて来ます」と「入獄の辞」を寄せ、この号にも、巻頭の「知識階級に与ふ」のほか五ページ分を執筆した。

著作――「知識階級に与ふ」、「労働運動理論家　賀川豊彦論・続」、「労働運動と知識階級」、「ギルドの話・二」、「英国労働運動特徴――クロポトキン自叙伝の一節」、「入獄の辞」、「関西の読者諸君に」、「御断はり」、ほかに「外国時事」の外信記事「米国炭坑罷業」掲載。

同日、留守宅に岩佐が来訪。例会で有吉三吉スパイ事件が起る。

岩佐は市電ストのため、本所から本郷まで歩いてやってきた。野枝が雑煮でもてなし、岩佐は労運同盟会の例会に向う。会場の若林やよ宅に着くと、会は異様な雰囲気で、見ると畳の上を点々と鮮血が染めている。吉川が手招き、外で話を聞くと、有吉が中村還一を刺し、彼を病院へ運んだところだという。有吉をスパイだとする風評を流したと、恨みの凶行に及んだのだ。有吉は茫然としてまだそこにいた。

一部の同志は有吉への疑いを持っていたが、暴いたのは和田久太郎である。彼はそのために一芝居を打った。前年の暮れも押し詰まったある日、二歳半になる大杉の子・魔子を乳母車に乗せ、本郷曙町から上野桜木町の有吉の家まで行った。そして「預けておいた大杉の発禁書『労働運動の哲学』をもらっていくよ。大阪の連中に読ませたいから」と告げ、有吉の問いには「今夜八時の汽車で行こうと思うんだ」と答え、雑談の後、本を積んで帰った。その晩、和田は尾行をまき、大きな風呂敷包みを背負って、東京駅に現れる。すると洋服の男が三人、その荷物を見せろ、と詰め寄ってきた。和田はいやだと言って、押し問答になるが、日比谷警察まで連れてゆかれ、包みを解かれてしまう。しかし、出てきたのは煎餅布団、それに丸めこまれた一枚の古褌だった。和田はニヤリと笑い、曙町へ引き返したのである。

労運同盟会は六日、和田ら会員八名の連名をもって、各地の同志に宛て「有吉三吉、右の者は諸種の事実に依り、明かに或る筋の間諜なりと認む」と通知し、関係を絶った。顧みれば、月刊『平民新聞』の押収をはじめ、例会、活動などみな警察と内通し、妨害の源だったのである。以後、官憲の記録は大幅に減る。（岩佐作太郎『痴人の繰言』、近藤憲二『一無政府主義者の回想』、『労働運動』二〇・二）

二十二日、**吉田一が出獄し、しばらく滞在する。**


ほかに行くところがなくて寄食するが、野枝は彼の粗野で無遠慮な図々しさに辟易する。たとえば、共同の金は使わず、野枝の小遣いをねだってくるのなんかが厄介だった。共同の金とは、野枝の説明によれば次のようだ。

〈当時私共の家には四五人の同志がゐて仕事をしてゐましたけれど、私共の経済は非常に苦しかつたのでした。雑誌も出るには出ましたが、それで大勢の人が食べてゆく事などは到底出来ないのでした。広告料や、〇の二三の本の印税や、彼方此方《あちらこちら》から受ける補助や、でやつとどうにか〇の留守中を凌いで行つたのでした。その経済状態はみんなによくわかつてゐました。茶の間の茶だんすのひき出しに、何時もありがねが入れてありました。みんな、誰でも必要な小づかいは其処から勝手にとる事になつてゐました。が、私共の仲間では、

誰れも、一銭も無駄な金を其処から持ち出す人はありませんでした。〉

野枝は別にようやく足りている小遣いを持っているのだが、彼はいつもそれを狙ってくる。そのくせ働く気はもっていない。こうした野枝の反感は、実は以前からのもので、それをこぼすと大杉は、

「あなたのやうな人は、あんな男は、小説の中の人間でも見るやうなつもりで、もつと距離をおいて見てゐるんだよ。さうすれば、あの男のいやな処だつて、だんだんに許せるやうになるよ。」

とおおらかだった。野枝はそのとおり、彼を「小説の中の人間」に仕立て、生前には発表しなかったが、一篇の小説として遺した。*愚痴のかわりに、書き込んでいたのである。（沿革一、＊伊藤野枝「或る男の堕落」）

二月一日、『労働運動』第四号を発行。

大杉抜きなので、巻頭はやむなく彼の「征服の事実」を再録し、獄中からの書簡を掲載。野枝が「婦人欄」と「労働運動理論家」欄の「堺利彦論」との二ページを、和田が「評論の評論」欄を受け持って精出している。この号から久板がスタッフに加わり、また、新たに神戸支局（主任・安谷寛一）を開設した。

著作――「征服の事実」（再録）、書簡「豊多摩監獄から」掲載。

十日、野枝が面会に来る。

野枝は門の控所で待つ間、あるおかみさんの話を実感をもって聞いた。

「私共では日曜が二十三すぎると出て来ますので、私はコヨリをこしらへて日曜が来る毎に一本づつそれを抜きます。そしてその数はもう数へなくてもよく分つてゐるくせに、しよつちう数へずにはゐられませんのですよ」

というので、それは「誰にでも彼処に来てゐる人間には同意の出来る話」だと、大杉への手紙に書いている。

大杉の月末の書簡は主に体調の話である。千葉監獄でもやった屈伸法の効果か、痛いような監獄の寒さや下痢を克服したし、風邪もひかず、胸も異常ない。

〈この屈伸法がきかないのは霜やけ一つだ。ずいぶん注意して予防していたんだが、とうとうやられた。そして一月の末から左の方の小指と薬指がくずれた。……一日のうちふところ手をして本を読んでいる間と寝

（1920年1月～3月）

床にはいっている間とのほかは、絶えずピリピリだ。／天気のせいもあったが、この霜やけのお蔭で、本月はまだ一度も運動にそとへ出ない。菜の畑のまわりの一丁ほどの間をまわるんだが、僕は毎日それを駆けっこでやった。初めは五分くらいで弱ったが、終いには二十分くらいは続いた。それ以上は眼がまわって来るのでよした。〉

野枝の手紙には「新小説にクロの自伝の中の城塞脱走が出ます」とある。クロポトキンの自叙伝『革命家の思出』は入監前にほとんど訳了したが、獄中でも手入れをし、第五、六章が『新小説』に載ることになった。野枝が校正し、三月号に百ページ超を占めて掲載された。（伊藤野枝「書簡・大杉栄宛」二・二十九、書簡一一八）

三月二十三日、刑期満了して出獄。

朝七時、あご髭ぼうぼうで、元気な姿を見せた。門前に野枝、近藤ら同志二十数名が革命歌で迎え、市電で曙町の自宅へ帰る。『労働運動』第五号「出獄の辞」に「ほかではとてもできないほんたうの保養をして来ました。……そして最近の僕には全く不可能であつた、たつた一人きりの生活を娯しみながら、三ケ月をただ瞑想と読書とに耽つて来ました」などと挨拶。（読売新聞三・二十四、調査書）

二十八日、『労働運動』関係者を招き、慰労と出獄祝いの小宴を催す。

慰労会は野枝の手料理でもてなそうと、前日に二人で食材を買い、この日、筍、さやえんどう、茄子、胡瓜など野菜物の下ごしらえを手伝う。野枝は「私が料理をするときには何時もするやうに、下ごしらえの手つだひ」をした、と書いているから、台所の手伝いもまめにしたようだ。野枝は炊事をしながら、よく「ケンタッキーのわが家」を歌った。

招待客は、野枝がいう「内にいた四五人」の近藤、和田、中村、久板、延島と、「雑誌の上に直接援助をくれた二三の人」に相当する服部、吉川、大石であろう。水沼と吉田一がひょっこり来たが、客ではないからと帰された。（伊藤野枝「ある男の堕落」、調査書）

三月末、馬場孤蝶を訪問。

出獄挨拶を兼ねて表敬訪問か。孤蝶が「君が五分刈りにしたら大変若く見えるね」というと、「今度の監獄生活は具合がよかった。持病も出なかったし、食欲もあったし、お陰で大分肥《ふと》ったようです」と大杉は笑う。すると孤蝶も「ほほう、官憲が君に健康を与えるとは、そいつはけしからん話だね、ハハハ」と朗笑して、顔を見合わせた*。

この時であろうか。孤蝶が「君の顔と斉藤緑雨の顔は、どこか似ている」と言うと、大杉はニコリとして、「緑雨なら異存はない」とこたえた。（*読売新聞四・五、高三啓輔『鵠沼・東屋旅館物語』）

著作――翻訳「クロポトキン自叙伝―要塞脱走　西欧」『新小説』三月号

四月一日、大杉の出獄歓迎兼荒畑の大阪行き送別の会に出席。

労運同盟会主催、午後六時より神田・松本亭で開かれ、百余人が出席して盛会。大杉はトルコ帽姿で演壇に立ち、獄中生活を語った。堺は「獄中の新知識を話してくれたのは我々旧知識の者に取つて非常に面白かつた」と記す。荒畑は、大阪で岩出金次郎が出している『日本労働新聞』の編集を引き受け、この後大阪へ行った。（『新社会評論』二〇・五、『寒村自伝』）

二日、改造社の賀川豊彦歓迎会に出席する。

『改造』に連載した賀川の社会小説「死線を越えて」が評判よく、神戸からの上京を機に改造社が開催した。銀座のカフェ・パウリスタにて、午後五時開会。出席者は文芸家、思想家、新聞記者、大学教授など五十四名で賑わった。文芸家では厨川白村、有島武郎、北原白秋、江口渙、広津和郎、沖野岩三郎、相馬泰三、加藤一夫、宮地嘉六、宇野浩二、土岐哀果ら、思想家は森戸辰男、堺利彦、北沢新次郎、高畠素之、室伏高信らである。大杉はこの日もトルコ帽を被り、カラーの代りに白いハンカチを首に巻いていた。

初対面の賀川豊彦と江口渙がのちに大杉の印象を書いている。賀川の回想。

〈社会運動界の猛者連が沢山集まつてゐたので、監獄生活に色々と花を咲かせた。大杉君は、出獄後女と食物を慎まねばならぬと云ひ、堺君は獄内で色情があまり猛烈に起らないと云ふことを話してゐた。

大杉君は第一印象から「可愛い」人だと思つた。その顔は淋しい濁つた輪郭が無いでもなかつたが、少しも憎らしいところを発見しなかつた。快活で、明け放しで、（自分の性欲生活まで少しも隠し立てしない）賢い人だ

と思つた。〉（賀川豊彦「可愛い男大杉栄」『改造』一二三・十一）

江口は会が終った後、残つた人の中に、有島武郎が大杉の向い側に座つて、入獄談を熱心に聞いているのを見て、大杉の隣の椅子へ腰かけた。それが言葉を交える最初となる。

〈その時、大杉は当時の社会主義者の誰もがしてゐたやうに、筒袖の日本服の上へ分厚なオーヴアを着込んでゐた。そして、金口の巻煙草をうまさうに吹かしながら、時々、口先を徳利のやうにとがらしたり、きゆつと一方へ引つ釣らせたり、時にはポンと高い音をさせたりしては喋つてゐた。ひどいドモリの彼はかうしなければ物がいへなかつたのだ。

「だが、おれもこんどの監獄ぢや、さすがに歳をとつたと思つたね。何しろ寒さが応へるんで、しょっちゅう体操をしてゐなけりやならなかつたのには弱つたよ」

こんなことをいつて、彼は人一倍大きな眼球をぎろりと動かしたりした。高い鼻、鋭く輝く大きな眼、秀でた高い額、浅黒い顔、肺病でやせてはゐたが、たつぷり丈ののびた体躯。その外観からうけた第一印象だけでも、社会運動、労働運動の第一線に立つて闘ふ猛将として、たしかに一般大衆から信頼をうけるに充分なものがあつた。〉（江口渙『向日葵之書』）（「賀川氏と東京思想団」『改造』二〇・五）

討論的演説の試み

三日、**森戸事件裁判の支援演説会に、飛入りで問答式演説。**

森戸辰男と大内兵衛は既述のように、筆禍のため三月に有罪判決を受けた。二人を支援する思想団体連盟が結成され、神田青年会館において控訴支援、言論の自由擁護の演説会を開催した。

午後六時開会。大杉は賀川豊彦の演説中しきりに弥次り、割り込む形で登壇した。持論の対話式演説を実行する。朝日新聞（四・四）の記事はこうである。

〈大杉氏が帽子にカーキ色外套のまま登壇、ポケットから取りだした煙草に悠々点火して会場の空気を一新させ、先づ自由質問を許し、聴衆の「自由とは」「絶対自由を主張するや」等の質問に対し、改良は各自の自発的ならざるべからずと力説し「衆合《がっ》すればその集合の中に改造を見出さなければならぬ」と論じ「我々の行動は最も生々と、最も大胆に、最も堂々と……」といふ時、出張中の錦町署長の「演説中止！」の声がひびいて、聴衆総立ちとなつたが、無事降壇。……〉

演説途中で譲った賀川はこう書いている。

〈大杉君は……十数分も話してゐたやうだつた。そして云ひたいことを云ふた後に、臨監の警官が「弁士中止」を命じて、大杉君は弁士室に這入つて来た。そして大杉君は、フランスの議会の例を引いて、演説も会話的でなくてはいかぬ、一人が一時間も、二時間も一本調子で喋るのは専制的だ、聴衆と講演者が合議的に話するのが真のデモクラチツクな遣り方だ、と教へてくれた。私はそれに感心した。……〉（「可愛い男大杉栄」前出）

大杉自身も、気分のよい演説だったと書いている。少し長いが引用しよう。

〈僕は演壇の上と下との会話や討論を弁士として試みようと思つた。実は、僕自身にとつても、数百若しくは数千と云ふ会衆の前では最初の試みであつたのだ。僕のどもりと訥弁とで、また大演説会と云ふやうなものに場所馴れない臆病さとで、果してそれがうまくやれるかどうか、僕は心中甚だそれを危ぶんでゐた。が、僕は演壇に上るとすぐ、すつかりいい気持ちになつて了《しま》つた。何にを話しするかの準備も何もなかつた。僕はただ、今現に会場のすべての人の間に実際問題となつてゐる会場の秩序そのものに就いて、皆んなと話し合はうと思つた。しかし其の話し合はうと思つた事が、既にもう、皆んなの間に立派に了解されて了つてゐたのだ。新しい秩序の気分が全会場に、漲ぎつてゐたのだ。

僕はふだんの吃りも場馴れない臆病さも全く忘れて、酔つたやうないい気持になつて、聴集の皆んなと会話した。討論した。僕はあんな気持ちのいい演説会は生れて初めてだつた。

（1920年4月）

弁士と聴集との対話は、ごく小人数の会でなければ出来ないとか、十分に其の素養がなければ出来ないとか云ふ反対論は、これで全く事実の上で打ち毀されて了つた。

僕等のいわゆるヤジは、決して単なる打ち毀しの為めでもなければ、又単なる伝道の為めでもない。いつでも、又どこにでも、新しい生活、新しい秩序の一歩一歩を築きあげて行く為めの実際運動なのだ。〉（「新秩序の創造」）

大杉に続いて在日朝鮮人・鄭泰成《ていたいせい》の演説があり、十時散会。高尾、岩佐が検束された。

同日、第一回黒耀会展覧会に「自画像」を出品する。

四月三〜四日、牛込区築土八幡停留所前の骨董店・同好会で開催。二日間で千二、三百人の入場者があった。

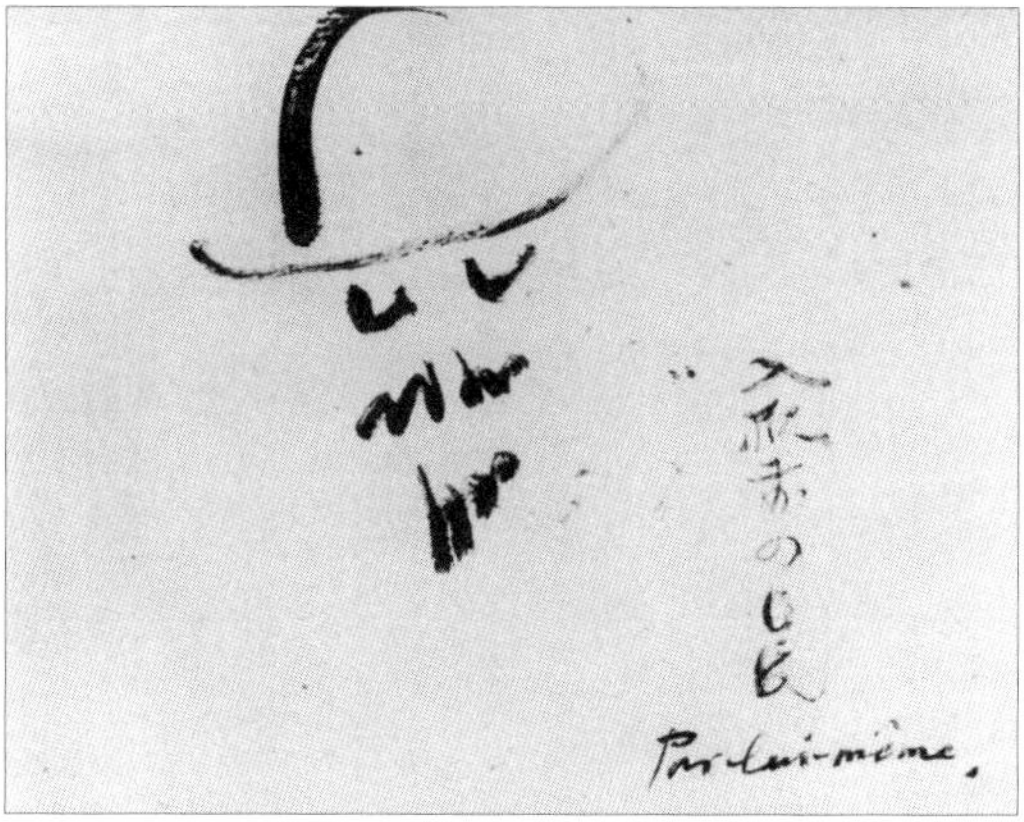

▲…大杉の自画像「入獄前のO氏」

黒耀会は望月桂が提唱して結成した民衆芸術の団体。「奪われた芸術を取り戻し、自主的芸術を樹立する」目的での展覧会である。出品したのは、大庭柯公、馬場孤蝶、久板卯之助、荒畑寒村、生田春月、和田久太郎、林倭衛、望月桂らで、出品作は百数十点に及んだ。

無審査ですべて展示するという望月の意見に対し、大杉は「有島（武郎）でも交えて審査をやろうか」と提案した。「文句を言う奴がいたら俺が引受ける」といって頑張ったが、林倭衛が間に入って、結局無審査に収まった。

黒耀会の発起には長沢青衣、添田唖然坊、丹潔が加わり、参加したメンバーには林倭衛、小生夢坊、高橋白日、橋浦泰雄、柳瀬正夢、宮地嘉六、京谷金介らがいる。（丹潔「黒耀会作品展覧会拝観記」『新社会評論』二〇・五、望月桂「頑張り屋だった大杉」『労働運動』二四・三、望月桂「黒耀会」『美術グラフ』七三・九）

六日、関西旅行に魔子、和田と船で発つ。七日、神戸の安谷宅に

泊。八日、賀川豊彦を訪問後、大阪へ向う。

　関西旅行に横浜から船を利用したのは、汽車賃が一人分しかないのに、船なら二人乗れて食事までつき、魔子の分は無料という、和田の情報による。神戸に着くと安谷の勤務先の商社を訪ね、のっけから
「栄養をつけないことには商売が始まらない、君んとこへ来たのは何かうまいものを腹一杯食わしてもらうためだ」

と遠慮がない。例のトルコ帽にレインコートを着て、上着はなしの格好だ。安谷が近くの旅館に案内し、風呂と遅い昼飯を食べると、

「ヤレヤレこれで本望、栄養をとりもどした」

と大げさにはしゃいだ。そのうちに安谷の家でも泊まれると分かると、「同じ泊まるなら君の家に行こう」と言い出し、彼の家へ。夕食もすき焼屋でたっぷりと食べる。夜、安谷が購読しているフランスの新聞・雑誌を、ほとんど寝ずに読み、翌朝、整理して借りるものを決めた。

　翌日は、神戸在住の弟・進を呼び、五人で葺合の賀川豊彦を訪ねる。つい一週間前に知り合ったばかりだが、賀川は大いに歓待した。ソレルとサンジカリズムの話など、しばらく懇談。魔子が賀川夫妻に革命家を歌って聞かせた。

　訪問の目当ては『昆虫記』英訳本を借りることだ。ファーブルへの興味は、賀川が書いた「ファブレの生存競争の研究」（『科学と文芸』一八・三）に触発されるところ大いにあったので、進化の話が弾んだ。大杉はド・フリースの『突然変異論』を翻訳したいと意欲を述べ、やがて馬の進化の話をするうちに、急に真顔になって、

「君は思ったより馬鹿だ、進化の途中の名前が幾つあろうが何だい、そんなの一々おぼえているのが馬鹿だ！記憶力のいいなんてのは馬鹿にきまっているんだ」

と大声をあげる場面となった。賀川は穏やかに受け止め、のちにこう述懐している。

〈大杉君の馬鹿呼ばりは、私には少しも悪感を催させなかつた。なぜなら、大杉は人を馬鹿と云ふ代りに、人の善いところも善く知つて居るからであつた。〉


（1920年4月）

賀川が「大杉君、君の学説は何と定義すればよいのだね」と質問したのには、「個人主義的（インディヴィジュアリスティック）サンジカリスチック・アナキズム」と簡単に答えたという。

賀川から借りたファーブルの英訳本六、七冊と安谷からの借用本を合せると、行李一杯にもなって、和田が駅から送り、彼は大阪に先駆した。魔子は進に預けたのだろう。大杉も夕刻、安谷と大阪に向かい、日本橋の商家で開かれた同志座談会に出席する。ここで、しま馬の話をした。

しま馬が猛獣に襲われると、頭を中にした輪を作って危難を免れる。それを賀川は数によって猛強を防ぎ得ると言うが、「数ではない、しま馬が作った輪の外側は足の陣列だ、蹴ることが馬の本領なのだ、馬は武器をそろえて敵に対したのだ」と。（安谷寛一「晩年の大杉栄」『展望』六五・九、同「大杉の憶ひ出」前出、賀川豊彦「可愛い男大杉栄」前出）

関西の活動家集会

九日、大阪、十日、京都で組合活動家の集会に出席。

関西旅行は尾行をまき、大阪での同志集会も極秘に行なって内容は不明。和田が関西での活動で連係した活動家グループである。また、赴任間もない荒畑を訪ね、岩出の饗応に与っている。

京都では、ボルガ団（左京区岡崎）に労働団体の活動家が集まり、大杉と意見交換の会をもった。このころ、関西では衆院選が近いこともあり、普選運動が高まって、この会でも普選論議になった。前年末に十数の労働団体が「普通選挙期成関西労働連盟」を組織し、京都からも友愛会連合会、織友会、印友会が参加している。大杉は当然、当時の普選運動を徹底的に批判したが、それを織友会会長・辻井民之助が書いている。

〈氏は散々普選論者の愚を罵倒し、理論と実際の両方面より之が有害無価値なるを論証した。之に対して

二、三の出席者は議論を戦はしたが、何れも訳なく無残に破られてしまつたのである。普選に対する皆の固い信仰がグラつき始めたのは、確かに此頃からだと思はれる。〉*

集会を設定した和田は、協力してもらった同志に『労働運動』紙上で謝礼を述べ、会合が続いていることを報じる。

〈四月上旬、大杉君が近畿地方を飛び回つた際、秘密裏に二ケ所の会合に種々ご助力を乞ふた諸君へ、厚く御礼を云ふ。そしてその後、京都に於て二ケ所（一ケ所は古くからやつてゐる）と神戸で一ケ所と月三回或は四回の会合が密かに続けられてゐることを申し添へて置く。（九太）〉（『寒村自伝』、＊辻井民之助「過去一年間に於ける京都労働運動の進化」『日本労働新聞』二一・一・十六、『労働運動』四・三十）

十一日、京都の高山義三宅を訪問、旧友と邂逅する。

高山は友愛会京都支部長で、前日行なったボルガ団の会長でもある。一年志願兵として輜重兵舎に起居していたが、日曜日なので、小松谷の自宅に帰っている。大杉は魔子を連れて訪問した。そこへ偶然に、新発田中学の後輩で旧知の松下芳男と井伊誠一がやってきた。松下は弘前連隊の陸軍中尉だが、大阪の父を訪ねたおりに、神戸にいる同期の友人井伊を誘ったのである。反軍思想を抱き、友愛会に入って仙台にその支部を設立する意図を持っている。昼食を摂りながら、四人は大いに談論した。松下が「労働問題では堺の跡を進みたいのに、労働組合をも支那の運動がなかなか自由主義」の理想に来るので、大杉は友愛会のあり方とともに批判する。高山は「同士討ちなどすべき時機ではない。小異を捨てて大同につこう」と言い、他の二人も同調したが、大杉は基本のところは小異ではないと、相違点を重視する。そんな論点を含め、関心がかみ合い、夕刻近くまで論じあった。

松下はのちに「大いに快談した忘れられぬ思い出」と述べるが、軍隊を追われるきっかけとなる会談でもあった。後日、高山宛に手紙を出し、「私は軍隊に反対の意思を有し」「階級闘争を是認するもの」、「私共は大杉氏に対し大同団結を叫びました」などと書いたところ、高山はそれを鈴木友愛会長に送った。その内容が東京日日新聞に載ってしまい、田中陸相が激怒して、七月に停職処分となる。やがて軍政史の専門家になった。

井伊誠一は、翌年保険会社を退社、弁護士になり、農民運動に身を投じていく。のちに社会党から代議士数

(1920年4月)

期を務めた。名前の如く誠実な人柄で、大杉が松下に語ったという人物と名との関係についての説が当てはまらない。大杉の説とは、「人間の名前は何でも、不という文字をつけると、当たるものだよ。例えば賢一なら不賢一、勇なら不勇、敏雄なら不敏雄という具合にね」というので、自分の場合は「不栄」である。名が義三の高山は戦後の京都市長を四期務めた。（松下芳男『幼き日の新発田』、井伊誠一「日記」未発表、中島欣也『銀河の道』、書簡一一九）

十二日、『改造』から初の原稿依頼があり、帰京する。

京都では、比叡山にこもっている宮嶋に会うつもりでいたが、時間がとれないまま、急用ができて帰京した。雑誌『改造』から初の原稿依頼である。宮嶋には十三日に「こんどの旅の重要な一要事であったのに、本当に残念」、ド・フリースの本は、翻訳をするのでもう少し借りておく、と手紙。

『改造』への原稿は、五～七月号に「クロポトキン総序」、「近代科学と無政府主義」として掲載された。（書簡一一九）

十五日、労働運動同盟会例会に出席。

午後八時開会。「現時の社会運動でマルクス主義を上回って無政府主義が隆盛だが、この流行も長くて一年だろう。この間に大いに活躍しよう」などと述べ、関西旅行の報告をする。アナキズムの隆盛は一年以上続くが、その後の後退を予測したような発言である。（調査書）

三十日、『労働運動』第五号を発刊。

「三、四月号共に休刊するの止むなきに至つた」のは、やはり印刷屋が忙しくて「とても出来ません」と待たされたためと断りがある。資金繰りの問題もあったのではないか。印刷所を変えて発行した。遅れたために、大杉の原稿も入って、巻頭「労働運動の転機」と評論や「青年に訴ふ」の改訳を含む翻訳など六ページ分に充てている。「関西版」欄二ページは和田の担当。関西支局堺出張所（主任・丹吉三郎）を新設した。

著作――「労働運動の転機」、「出獄の辞」、「革命的センデイカリスムの研究――新文学博士米田庄太郎氏を論ず」、「無政府主義の腕」、「謂ゆる評論家に対する僕等の態度」、翻訳「青年に訴ふ」（クロポトキン）、「無政府主義と社会主義」（同、『一革命家の思出』の一節）掲載。

同日、鎌倉町字小町瀬戸小路二百八十五に転居。

子どもが増えたことや、静養、執筆の都合を考えてか、鎌倉に移った。十九日に村木が密かに行って、知人の刺繍屋に頼んで借りてもらった家だ。運送屋には逗子へ越すと言っておき、警察が逗子一帯の貸家調べをしている間に、引越しは無事終了。その後は差配を通じて、追い立てを画策されたが、家主に承諾させたので、それも不発に終る。

家主が承諾したのは内密の事情があったからだが、しかし大杉が借りたため、翌日の新聞に「横浜大谷嘉兵衛氏所有の……新築家屋」と出て、暴露されてしまう。つまり、家の持ち主は女名だが、大谷の内緒の女性であり、家賃が生活費に充当されるよう彼が与えた貸家だったのだ。大谷は製茶貿易で財をなし、〇九年以来、横浜商工会議所会頭である。「桧造りの立派な」邸宅だが、彼の「不品行を助長する」家賃は六十円もした。原稿が売れるようになって奮発したのだろうが、野枝は「さてこの住居が何時まで続きますか知ら」と、先を危ぶんでいる。

一家四人と村木が住み、門前に建てた監視小屋には、大杉に二人、野枝と村木に一人ずつと四人の尾行が見張ることに。総勢二十人ほどの鎌倉署としては大問題だが、翌日、大杉の外出を見逃すなどの失敗をみて、横浜の各署から一人ずつ選抜されることになった。（報知新聞五・一、伊藤野枝「引越し騒ぎ」、大杉栄「鎌倉から」、沿革二）

メーデーの検束

五月一日、上京し、服部浜次宅に泊。二日、初のメーデーに参加のため家を出たところを、日比谷署に予防

検束される。
労働者が参加する最初のメーデーだからと、前日から東京へ出て備えたのに、服部とタクシーで上野の会場へ行くところを、検束されてしまう。メーデー発起人である水沼も、同様に上野に向う途中を検束され、参加できなかった。

メーデーは、水沼の提案によって信友会、正進会が主唱し、友愛会などに働きかけ、三月に十五組合の代表が集まって開催を決定した。会合の費用には、幸徳秋水の遺志により堺が保管していた幸徳の遺著『基督抹殺論』の印税若干が使われた。この日、上野公園両大師前には、労働者約二千人が集会。治安警察法一七条の撤廃、失業防止策、最低賃金法制定を要求して決議した。解散後の隊列が期せずしてデモ行進となり、あちこちで警官隊と衝突、多数の検束者を出した。大杉の同志たちも労働運動社の黒地に赤いＬＭの旗を掲げて参加、『労働運動』の号外を配布するなどして、宣伝に務めた。

このメーデーは、各組合が一時的に結束しただけでなく、これを機に連合体として労働組合同盟会が組織された意義も大きい。友愛会、信友会など七団体が、当面の問題を研究したり、共同行動をとる機関として生まれ、まもなく七団体を加えて東京の労働組合の大部分を包含する勢力となる。翌年、友愛会―総同盟が脱退し、対立を生じることになるのだが。（「鎌倉から」、水沼辰夫『明治・大正期自立的労働運動の足跡』、近藤憲二『私の見た日本アナキズム運動史』）

四日、横浜地裁で吉田只次の公判を傍聴、彼の留守宅で会合をもつ。
鈴木重治らの同志と行った。吉田は恐喝取財罪として起訴されたが、「裁判所ぬけ」と大杉が書いている（「新獄中記」）から、判決は無罪で通過したのだろう。

〈横浜で横浜労働同盟を組織し、『横浜労働新聞』を出した吉田只次は恐嚇。南千住で朦朧人夫を集め、『労働者の友』を出してゐた吉田一は電気窃盗。僕は家宅侵入兼詐欺取財。此の三つの告発が殆ど同時に来た。お上も随分考へたものだ。

が、只次と僕とは例の裁判所ぬけとなつて、僕は更に、もう幾月か前の尾行巡査傷害事件の蒸し返しと来

た。〉（調査書、沿革二）

十五日、労運同盟会例会に出席。

このところ例会では、労働運動と革命運動との関係について、論議に「火花を散らして」いると大杉は書いている。

〈同盟会では折々面白い問題が出る。最近には、『組合運動か革命運動か』と云ふ問題が、一月以来の討論主題となり、それが研究会〔労働組合研究会〕の方にも移つて、今までどちらの会にも毎回火花を散らして議論されてゐる。〉（「組合運動と革命運動」）

この問題に関して大杉は、荒畑の言うような組合発達必然論も、堺の言う組合による生産機関管理説もとらない。労働運動の進行は、運動そのもののなかの種々の傾向や外部の傾向との関係による蓋然的のものであって、定められているわけではない。運動それ自身の中に、また一般社会の中に、何らかの建設的傾向を確立して行く一大方法であって、それが社会そのものの基礎になるほどの十分な発達をとげるかどうかも、あらかじめ決定することはできない。そこで運動の方法は、その建設的傾向を求め、それを助長していくことにある、と説く。（『労働運動』六・一）

十六日、服部方の労働問題研究会に出席。

堺派の研究会に珍しく出席したのは、前日の例会でも議論された「組合運動か革命運動か」の問題に、大杉の意見を述べて堺への反論を試みるためと思われる。

なお、この日、福富菁児に宛て、次の書簡を送った（『書簡集』未収録）。

〈先月末、鎌倉へ引越した。停車場前で郵便物はつく。停車場を出て直ぐ左に曲り、二丁程行つた右側の新しい家。当分は大がい其処にゐる。今月バカに忙しいが、来月の初めになつたら、其処へ遊びに来ないか。きのふ上京した。四五日はこちらにゐる。其の間に会つていいのだが、毎日泊るところが違うので困る。有楽町の労働運動社は、かりに友人の家に看板を置いただけの事で、其処には滅多にゐない。尤も其処で聞けば、僕が上京してゐるか鎌倉にゐるかは大がい分る。其処は服部と云ふ洋服屋で、電話は丸の内一三七一〉

「今月バカに忙しい」のは、『改造』の原稿のほか、『革命家の思出』や野枝との共著『乞食の名誉』の出版を控えているためだ。（調査書、福富菁児「優しかった大杉栄」前出）

十八日、翻訳書『革命家の思出――クロポトキン自叙伝』を春陽堂から出版。

『クロポトキン自伝』の翻訳は、一八年二月に三浦関造が『革命の巷より』の題で出版したのを見て、その「不正確、無責任な全訳」に憤慨して始めた。一部は〇七年一月の日刊平民新聞に、「ル・レヴォルテ発刊の記」として訳したことがあるが、原著を持っていなかったので、田中純から借りた。クロポトキンの著書は『相互扶助論』と『ロシア文学の理想と現実』を除いては、すべて輸入禁止になっていて、入手が困難。そこで田中が珍蔵していたのを、さらうように借りてきた。相馬御風が糸魚川に隠棲するときに、記念として田中の書架に置いていったもので、御風は島村抱月から譲られたのだという。四代の持ち主に渡ったこの書で、前年十二月に全訳を終え、この日の上梓となった。（「編集後記」刊行会版全集第五巻、田中純「喜雀庵雑筆」）

二十八日、伊藤野枝との共著『乞食の名誉』を聚英閣から出版。

野枝が一八年に発表した「転機」「惑ひ」「乞食の名誉」と大杉の「死灰の中から」を収録。小説の形をとっているが、二人の結びつきが成就するまでの格闘をリアルに描いた作品集である。大杉のは野枝に魅かれていく過程を、野枝の三作品は主に結婚生活の実相から、習俗打破・自己完成、そして社会制度へと向う苦闘を描く。「死灰の中から」に付けた「自序」に「五月八日　鎌倉瀬戸小路にて」とある。

この月、安谷寛一、望月桂が来訪する。

安谷は曙町の労働運動社へ来た。大杉は「金がなくてご馳走が出来ぬから大石の所にでも行って頼もう」と言って、雨の中を巣鴨の大石七分の家へ連れていった。

望月は鎌倉の家を訪ねた帰りに検束されたという。（安谷寛一「大杉の憶ひ出」前出、望月『記録年譜』）

この月ころ、近藤茂雄が来訪。江川ウレオと出会い、彼の友人・高橋英一（岡田時彦）**と来宅。**

当時、大杉宅に出入りしていた近藤が生前語った話によれば、散歩に出た大杉が江川ウレオという若者を連れて帰り、雑談をしたという。翌日、江川は友人の高橋英一を連れて来訪した。二人はトルストイの『アンナ・カレーニナ』や『復活』について大杉に質問し、語った。江川は当時十八歳で翌年、映画初出演する江川宇礼雄であり、高橋は十七歳、この年に谷崎潤一郎・脚本の映画「アマチュア倶楽部」に初出演し、谷崎が芸名を付けた岡田時彦である。映画のロケ地も高橋の住まいも鎌倉であった。二人はこの後、映画俳優として活躍する。近藤は安谷を知り、関西からしばしば上京してきた同志で、のちに彼も神戸光の芸名で日活の俳優になる。

岡田の娘・岡田茉莉子が七〇年、ＡＴＧ映画「エロス＋虐殺」（吉田喜重監督）で伊藤野枝を演じるのも奇縁だ。竹中労によれば、父親・時彦は大杉の毒に痺れた一人で、大杉にならって魔子と名づけようとしたが、周囲の反対で茉莉子とした、という。（柏木隆法「大杉栄②」中外日報二〇〇七・一・十八、竹中労『断影　大杉栄』）

著作――「クロポトキン総序」『改造』五月号、「うそつきの芸術」（荒川義英『一青年の手記』の跋文）聚英閣五・二十発行

六月一日、『労働運動』第六号を発刊。この号で休刊となる。

評論や翻訳もの六頁分を執筆。このうちの「社会的理想論」では、観念や理想に力を与えるのは「自主心の徹底」だと白紙主義を説く。

〈しかし、人生は決して、予め定められた、即ちちやんと出来上つた一冊の本ではない。各人が其処へ一字一字書いて行く白紙の本だ。生きて行く其の事が即ち人生なのだ。

労働問題とは何ぞやと云ふ問題にしても、やはり同じことだ。労働問題は労働者にとつての人生問題だ。労働者は、労働問題と云ふ此の白紙の大きな本の中に、其の運動によつて一字一字、一行一行、一枚一枚づつ書き入れて行くのだ。〉

こうした評論・報道活動は定着し、効果を上げつつあったが、第一次『労働運動』はこの号で休刊となる。資金的な行き詰まりであろう。紙面刷新を期して、その「勉強」をしようとしたが、「編輯の後で」に大杉は、「何分、今まで通りのやうな経営困難にばかり苦しめられてゐては、中々其の勉強のひまが出て来ない」「前金が全部はいれば、少なくとも本月一杯は、何の心配もなしにみつしり勉強が出来る」と経費の問題をこぼして

いる。余裕資金はないから、「再版改訂」で費用がかさみ、やりくり困難になったのが、主な原因と思われる。

著作――「社会的理想論」、「C・G・Tの近況」、「組合運動と革命運動」、「新秩序の創造」、「米田博士へ」、「鎌倉から」、「編輯の後で」、「広告」、「科学は結構なものだ」、翻訳「青年に訴ふ・二」、「無政府主義の人々」(『革命家の思出』から)掲載。

十五日、労働運動同盟会に出席する。

講演に立った岩佐が尼港事件のパルチザンを話題にした。尼港事件とは、日本がシベリア出兵中の三月から五月にかけて、パルチザンとの衝突により、アムール川の河口にある尼港(ニコラエフスク港)の日本軍守備隊と居留民が殺害された事件。日本はこれを口実にして事件解決まで北樺太を占領した。

そのパルチザンが「こんどのやうな虐殺ばかりやるようでは、甚だ困りものだが」としつつ、次のように注目している。

〈ロシアのボルシエヰキは赤衛軍と云ふ正規軍を造つて、外国軍や反革命軍に対抗してゐる。しかし、若し此のパルチザンが十分に発達すれば、革命にはそんな常備軍の必要はなくなるだらう。又、革命政府などと云ふものの必要もなくなるだらう。〉(「パルチザンの話」)

また「調査書」によれば、橋浦が「大杉君は日頃無政府主義者ではなく大杉主義者だ、と言っているとのことだが、説明してほしい」と質問したのに対し、大杉は「僕は無政府主義だ。ただ外国の主義そのままではないということだ。多少はクロポトキンの思想を基にしているが」と答えたという。

例会は七月から、一、十、二十日の月三回に増やし、うち一回は同志の自宅で巡回開催するが、やがてまた、月二回に戻す。以後の開催について官憲資料は、「出席者は毎回二、三十名にして本人及腹心たる同志之に出席し過激の研究論議を試み又本派の実際運動に関する各種の計画も本会に於て之を協定するを常とす」(沿革二)と総括的に記述し、各回の記録はほとんどなくなる。(調査書)

この月、神戸の安谷寛一を呼び寄せ、一カ月滞在。

呼んだのは、翻訳の手伝いか、彼の勉強のためか。安谷はのちに次のように述べており、定まった用件ではないようだ。

〈大正九年六月から七月にかけ、鎌倉雪ノ下の大杉の家にかこわれるようなことになった。毎日が退屈なので、辞書を引く役をつとめた。妙な話だが、大杉はこまめに辞書を引く主義だった。大杉の鎌倉住いは贅沢な遊びではなかった。同志なる者を駒込の労働運動社に引きつけさせておいて、この隠れ家では債稿を片づけようというのだった。〉

安谷が辞書を引いたのは、『昆虫記』の翻訳のためであろう。大杉の最初の訳稿が『新小説』七〜八月号に「蟷螂の話」として掲載され、続いて『改造』九月号に「行列虫の話」が載る。

同居していた村木はこのころ毎日、材木座の氷屋に手伝いに行き、安谷にビールを一本持って帰っては、二人で飲んだ。（安谷寛一「晩年の大杉栄」前出）

著作——「近代科学と無政府主義」『改造』六月号

七月二日、夜、山川均・菊栄夫妻の帰京歓迎会に野枝と出席する。

山川夫妻は母親が重病のため郷里・倉敷に帰っていたが、半年ぶりに帰京。この日、新橋駅上の東洋軒で歓迎会が開かれ、社会運動家、学者、文学者など百二十名が出席した。森戸、大山、北沢、権田、服部、吉川、近藤、堺、馬場、沖野、宮地、大庭、宮武、高島、伊藤（証信）や改造社、信友会、新人会の諸氏ら。菊栄を囲む女性の写真に野枝、与謝野晶子、岡本かの子、望月百合子、堺為子・真柄が写っている。*（『新社会評論』二〇・七、*読売新聞七・五）

富士紡罷工の支援

二十九日、労働組合同盟会主催の富士紡同盟罷工演説会にて演説。

富士瓦斯《ガス》紡績押上工場の労働組合は、組合員千八百五十人（うち女工千四百人）を擁して紡織労働組合の主力である。会社が組合切り崩しにかかり、幹部五人を解雇したため、「団結権の承認」を唯一の要求として、七月十四日からストライキに突入。「認める」との回答があり、二十四日から就業することになったが、その前日、会社は多数の女工を馘首し、組合員に脱退するよう強要した。罷業は続けられ、この日、神田青年会館にて支援演説会が開かれた。大杉は岩佐、近藤らとともに演説するが、臨監警察官から中止を命じられる。労働運動史上特筆すべき闘争だが、敗北に終って、組合はつぶされてしまう。（水沼辰夫『明治・大正期自立的労働運動の足跡』、大河内一男・松尾洋『日本労働組合物語 大正』、沿革二）

下旬、中国在住の弟・伸と妹・松枝が来宅。エマを松枝の養女にする。

伸は三菱・漢口支店に勤務していたが、帰国の都度大杉のところへ寄った。大杉は同居の安谷に、「僕んとこの変わり種で、何だか薬や歯磨きなど仕入れてシナからモウコの奥まで行くんだって。歯磨きや仁丹で大概の病気が治るので、珍しい石とか毛皮など貰って来るというんだ。何だか面白いじゃないか！」と言って紹介した。

伸は中国で親交した友人に、思想・運動に関わる話をして、兄を紹介したようで、そうした人物として、官憲の記録に袋一平と千葉正雄の名が挙げられている。二人とも帰国後、大杉と交わり、千葉は社会主義同盟に加盟した。袋は関東大震災で罹災したとき、家族四人を連れて大杉の家に避難してくる。

松枝は天津居住だが、伸と一緒に来たのだろう。二、三日滞在する間に、生後半年のエマを貰いたいと懇望する。それが目的の来訪であった。結婚後九年、子どもがいないことに同情して、大杉夫婦がしぶしぶ承諾すると、松枝は喜び、エマを連れてすぐに帰るという。野枝は松枝を送って国府津まで行くが、エマと別れる時はわんわんと大声をあげて泣いた。帰宅後も「もう今日あたり連絡船に乗るわネ」と惜別の思いを募らせた。

エマは八月、天津で軍の通訳書記官をしている牧野田彦松と松枝夫妻の子として、幸子と改名して入籍する。大杉の子とは知らずに成長するが、女学校（静岡英和女学院）を叔母・柴田菊の家から通学したとき、『伊藤野枝全集』に自分の肖像が載っているのを見て、真相を知ることになる。（安谷寛一「晩年の大杉栄」前出、

大杉豊「大杉栄を受けとめた弟妹と娘たち」『新日本文学』二〇〇三・九）
著作――「近代科学と無政府主義（つづき）」『改造』、翻訳「蟷螂の話――ファブルの『昆虫記』から」（付・訳者まえがき）『新小説』各七月号、「国泥棒の見本」（稿末日付が七月、初出誌不明）。

社会主義同盟の発起

（1920年8月）

八月五日、「日本社会主義同盟」創立準備が公表され、発起人の一人となる。

同盟は山崎今朝弥や山川均の提唱により、服部、吉川、橋浦、近藤らが加わって、新旧社会主義者や労働団体の大同団結を意図して計画された。会の名称については、近藤憲二によれば、「日本社会主義同盟」の案を大杉に話すと、「広い意味をもたせて、ぜひそれでいくんだゾ、もしボル的な名にでもされては困るからね。君は僕とよりも、同盟のことは十分山川の意見をきいてしろ」と注意したという（『一無政府主義者の回想』）。が、山川は別のことを書いていて、「大杉は最後まで社会主義同盟の同盟という言葉は中央集権的な感じを与えるからと社会主義連合を主張していました」とあり（『山川均自伝』）、はっきりしない。

計画はスムーズに進んで、七月中に発起人の顔ぶれがほぼそろい、三十日に創立発起人会を山崎の平民大学で開いた。この日、発表された発起人は、次の三十人である。

赤松克麿、荒畑寒村、麻生久、布留川桂、橋浦時雄、服部浜次、岩佐作太郎、加藤一夫、加藤勘十、京谷周一、近藤憲二、水沼辰夫、前川二亨、延島英一、大庭柯公、小川未明、岡千代彦、大杉栄、堺利彦、島中雄三、高畠素之、高津正道、田村太秀、植田好太郎、和田巌、渡辺満三、山川均、山崎今朝弥、吉田只次、吉川守邦。

所属団体は労働団体（友愛会、信友会、正進会、交通労組、時計工組合、坑夫総同盟、東京労働運動同盟会）、学生団体（建設者同盟、扶信会）、思想団体（著作家組合、文化学会、労働組合研究会、新人会、暁民会、北郊自主会、

横浜赤旗会等）を網羅し、革新的社会運動全体にわたる広範な陣容である。創立準備会の名で公表した趣意書も、「総ての社会主義者の包容を期する」と謳った。

創立大会までの事業として、加盟勧誘、雑誌『社会主義』の発行、講演会、寄付金募集を行なうこととする。大杉の寄付金拠出は一、二回合わせて五十一円。吉川、岡、堺に次いで多い。原稿料によって余裕が生じたこともあるが、同盟への熱意でもあろう。（『社会主義』二〇・九、二一・六、東京毎日新聞八・一、『日本労働年鑑』大正十年版）

六日、神田・松本亭にて堺・大杉提携演説会を開催。

午後六時開会予定が、その前から錦町署よりの命令で開会できず、七時四十分、遂に解散した。社会主義同盟創立に向けた提携演説会であろう。（『日本労働年鑑』）

九日、平民大学夏期講習会（第一日）**にて講演。**

山崎今朝弥主催による二年目の平民大学は、「社会改造運動の闘将養成」を目的として、この日から二週間の日程で開催された。プログラムの詳細はその日の朝に決める方式で、会費は一日五十銭、全期五円。

第一日は芝桜田町の山崎宅で開かれ、受講者は地方からの上京者を含め百名超の盛況。会場の周囲は愛宕署の警官が十重二十重に囲むものものしさだ。午後七時より岩佐、和田が講演、九時から大杉が登壇すると、突如臨検中の警官が中止解散を命じる。場内騒然となって抗議し、聴衆は十一時頃まで去らなかった。

平民大学の講師には、ほかに堺利彦、赤松克麿、波多野鼎、山川均、植田好太郎、北沢新次郎、布施辰治、野村隈畔、荒畑寒村らが予定された。（田中惣五郎編『資料　大正社会運動史』、読売新聞八・十）

中旬、この頃までに鎌倉に来演した柳亭左楽一座の寄席興業を聴く。

出演者は左楽のほか音曲師の都家歌六と桃月亭雛太郎、柳亭右楽、丸一の政次郎ら。左楽の女の子の海水浴がてらの興業という。桂文楽（八代目）が大杉の入場を覚えていて、「私が中木戸を張っていると、刑事がついて雲右衛門のように髪を長くのばした人がヌーッと入って来て、お客になりました。これがのちに大正大震災のとき、甘粕大尉に殺された社会主義の大杉栄という人だったんです」と書いている。中木戸は入り口で木戸札を受け取って、入場者の数を確認する役。入場者数によって、その日の給金が決まる仕組みだった。（桂文楽『芸談 あばらかべっそん』、『桂文楽全集下』）

十七日、平民大学講習会を鎌倉の大杉宅にて開催。十九日は労運同盟会の例会を見学。

山崎から「天気だったらどこへも出ぬように」という葉書が届き、受講生二十人ばかりがやってきた。まちの若衆か職人といった人たちだ。社会問題研究講演会と銘打つが、例によって開始五分か十分で解散を命じられる。そこで署長に向って、馬鹿だの野郎だのって抗議したのが、愉快に伝えられて鎌倉中の評判に。挙げ句は数日後に、家主からの立ち退き話になって返ってきた。

十九日の例会見学は、参加者六十名に会場を取り巻いた警官は二百人という厳戒。入り口で入場者の氏名、住所、年齢を調査する。午後七時半開会。近藤が挨拶を始めると三分で中止命令が出され、「余興」に切り替えて続ける始末だった。（「新獄中記」、「鎌倉の若衆」、東京毎日新聞八・二十）

二十五日、社会主義同盟準備会の講演会を水沼辰夫らと開催。

会場の京橋・川崎屋は数百名が入場できない盛況で、開会は午後七時半になる。築地署から百数十名の警官が警戒。司会の服部浜次が挨拶、加藤勘十、唐沢武之助、植田好太郎らが演説するが、相次いで中止とされ、桑原錬太郎に次いで水沼が熱弁の時、解散命令を受ける。近藤憲二ら四、五名が検束された。

準備会の講演会は以後、六回開かれ、うち三回は解散させられた。大杉も講師に予定されたが、話をできたかは不明。（東京日日新聞八・二十六、東京毎日新聞八・二十七、読売新聞九・三、『社会主義』二〇・十一）

この月ころ、和田久太郎、近藤憲二と山川均を訪問。

夕飯を食べに焼豚を持って、大森の家へ行った。菊栄夫人が病気で転地したので、彼は自炊をしている。四歳になる振作を見て、大杉が「いっぱしの小僧になったね」と言うと、「いやどうも悪戯で困る」と、まずは子どもの話。談も食事も進んで、焼き豚が尽きるころからロシア革命論になる。大杉はロシア革命への評価をまだ執筆していない時期だが、「これが大杉君の結論であつた」と山川が書いている。

〈地方地方に於けるソヴイエットの執政はよい。然し地方のソヴイエットの権力を集中して、中央政府を造つたのが悪るい。ボリセヰキは秩序の恢復を急いだために、もつと進展する筈の革命を縊り殺したのだ。……要するにロシヤを革命状態のうちにおいたまま、もつと攪きまぜてをれば、クロポトキンの理想通りの社会が実現せぬまでも、もつと善い社会が其中から生まれてゐたに相違ない。〉（けむり生「鶏の国と人間の国」『社会主義』二〇・九、山川均「大杉君と最後に会ふた時」）

コミンテルンの密使

末頃、上海の朝鮮仮政府の使者が来訪。コミンテルン極東社会主義者会議への招請に応諾する。

使者は李増林という。『日本脱出記』に「朝鮮仮政府の主要の地位にゐる一青年Mが、鎌倉の僕の家にふいと訪ねて来た」と書き、名は伏せている。本国からの使いで、日本からの会議参加を要請に来たのである。堺と山川に相談したが、いずれも断られ、ほかに推薦する人も到底あるまいと言われた。

〈そしてMは殆んど絶望の末に僕のところへ来たのだ。僕は堺や山川がMをどこまで信用していいのか悪いのか分らないと云ふ腹を持つていた事はよく分つた。僕にも其の腹はあつたのだ。……しかし、一、二時間と話ししてゐるうちに、Mが本物がどうか位の事は分る。そして本物とさへ分れば、其の持つてきた話しに、多少は乗つてもいい訳だ。〉

とその場で、参加を決意する。かつて亜洲和親会を組織し、アジア各国の運動の連帯を図ろうとしたが、中絶して以来、外国の同志との連絡がとれない実態であり、ほかに日本の同志は誰一人として、この話に見向きもしない状況でもある。それに国内での運動の困難を感じて、大杉自身が、二年ほど前から上海行きの計画を持っていた。こうした事情をふまえ敢然として決めたのである。

密使については、官憲の記録に「李春熟、李増林ハ此間屡々大杉栄ト会見シテ、同人ノ上海渡航方ヲ協議スル所アリ。大杉ハ遂ニ両人ノ仲介ニ依リ大正九年十月上旬同地ニ渡航シ……」（大正十年七、八月『社会主義運動月報』）とある。また「朝鮮人近況概要」（大正十一年・一月）の要点を引くと「上海元仮政府軍務総長李東輝は……部下李春熟（元仮政府軍務次長）を窃に入京せしめ……正春館止宿の李増林と謀議し……七月李増林を上海に渡航せしめ一千百余円の運動資金を得て帰京し其の後李春熟を伴ひ社会主義者大杉栄を訪問し運動資金を得らるへきの故を以て上海行を勧説し……」とある。これによれば、李春熟を伴って来訪したとも考えられる。しかし二人で来る危険性を思うと、李増林一人の可能性が大きい。彼は二十三歳の青年で「朝鮮仮政府の主要の地位」にいる者ではないから、李春熟の代理という資格で会ったのだろう。（「日本脱出記」）

この月ころ、福富菁児が来訪。

四年ぶりの訪問だが、このため彼のところへは神楽坂署から、退役少将の父親へは憲兵隊がやってきて、両方から監視されることになる。（福富菁児「優しかつた大杉栄」前出）

著作――翻訳「蟷螂の話　ファブルの『昆虫記』から」（つづき）『新小説』八月号、「入獄案内」（稿末日付が八月、後に『漫文漫画』に収載）

九月八日、横浜・吉田亭の社会問題研究会で演説、検束される。

吉田只次ら横浜の同志が開き、大杉らの会が加わった演説会である。吉田亭は吉田町にある寄席で、聴衆約五百名が参集した。開会二十分後に大杉が演説を始めると、臨検の警官が解散を命令。一同は屋外へ出て、付近の神社境内で再び演説をし、群集は喚声を挙げ、革命歌を歌うなどして和した。伊勢佐木署は警官を増派し、大杉ほか七名を検束。うち六名は翌朝釈放したが、大杉と住谷燥次郎は公務執行妨害罪で送検される。（朝日新聞九・九、十、『日本労働年鑑』）

この月、宮嶋資夫が比叡山から帰京の途中に訪れる。

宮嶋とは四月から文通し、ド・フリースやクロポトキンの本を借りたり、宮嶋の小説を『改造』と『新小説』へ売り込み交渉したりしている。彼は一年ほど暮した比叡山を下っての帰途、鎌倉に寄った。このとき、桧の笠や太いステッキを身に付けた姿を見て大杉が、その格好で東京を歩き回ったら、じき有名になるよ、と言ったのに宮嶋は留意している。別の時の言と合せると、葉山で野枝を殴ったのも、比叡山暮らしや桧の笠も、有名になるための意識的な行為だと、大杉が解釈している様子に、宮嶋は不満だった。（宮嶋資夫『遍歴』）

著作——「新獄中記」『新小説』、翻訳「行列虫の話　ファブルの『昆虫記』から」『改造』、「パルチザンの話」（筆名・北風子）『社会主義』各九月号

十月初中旬ころ、コズロフを助け、一週間ほど自宅に潜伏させる。

コズロフは前年十月から、横浜・山下町の商社でタイピストとして勤務したが、失業したのだろう。家賃や食品などの借金を債権者に追われ、夜逃げをしたいとやって来た。村木が手伝って、葉山の家から大きな車で家財を運び、潜伏する。そしてある夜、大杉の家の警戒を破って、ひそかに脱け出し、間もなく神戸に落ち着く。大杉は三日ほど時々、監視小屋に聞こえるよう大きな声で英語を話し、彼が居るかのように芝居をした。（「コズロフを送る」「日本脱出記」）

中旬ころ、社会主義同盟の機関誌『社会主義』の編集委員となる。

『社会主義』は九月に創刊したばかりだが、この月、編集委員が赤松、橋浦、小川、大杉、山崎に替わった。実務は専ら橋浦が当たり、岩佐と近藤が補佐した。同盟は事務所を元園町に新設。加盟申込は十月十四日までに約一千名に達する。

申込数はこの後、十二月の創立大会までに二千名を超え、翌年五月の第二回大会までに六、七百名の新加入がある。しかし圧迫を受けて退盟した者も多く、現存する名簿で確認できる人数は千二百名弱という。（『社会主義』二〇・十一、増島宏編『日本の統一戦線』）

中旬ころ、正進会の争議に際し、十円をカンパ。

正進会は九月、前年に続いて八時間労働と最低賃金を十五の新聞社に要求して争議に入った。報知、時事、東京日日、東京毎日、やまと、東京朝日、読売新聞などである。結果は起訴、収監された者四人、解雇者は報知の三十八名をはじめ合わせて九十七名に及ぶなど、組合側の惨敗であった。が、成果もあって、万朝報は職工の要求（八時間二部制）を容れ、また時事新報が翌年一月からの実現を約した。

争議費用千五十七円は、組合費のほか外部からの寄付金で賄った。寄付金は友愛会大阪五十円、信友会二十円などで、個人としては大杉が最多で、ほかに堺、山川、吉川らが拠出した。（水沼辰夫『明治・大正期自立的労働運動の足跡』）

二十日、夜、**大船駅より列車に乗り日本脱出、上海へ密航**。

出発を前にして、近藤が打ち合わせに来訪。彼は新橋駅で偶然、やはり大杉を訪問する信友会の桑原錬太郎と同じ列車に乗り合わせ、同行してきた。大杉の上海行きは、内密のことなので、まずいなと思いつつ用件を聞くと、惨敗した正進会ストの経過報告を書いてもらうという。忙しくて駄目だろう、と近藤は思ったが、ともかく一緒に来た。大杉は早い夕飯をすませて、トランクに手回り品を詰めているところである。桑原が困ったような顔をして用件を言う。以下、近藤の文である。

〈「よし、では手っとり早く内容をいってくれ」

私はいささかあきれた。いま出発しようとするまぎわに、面倒な報告を書こうというのだ。K〔桑原〕は大杉にまけぬ吃りで、争議の経過をこまごまと話した。大杉はひと通り聞き終ってから書斎へひっこみ一時間あまりして出てきた。

「これでいいか読んでみてくれ」

そういって、また書斎へひっこみ、こんど出てきたときには、いちばんの特徴である山羊ひげをそり落していた。もっとも簡単な変装をしたのである。

この報告書は正進会の機関誌『正進』の当時のに載っている。引き出して読んでみるといい。名文だ。〉

そして近藤が門前の尾行を引きつけ、トランクを持った桑原と大杉は鎌倉ではなく大船から汽車に乗って、無事に脱出する。桑原はこの時のことを誰にも話さなかった。

なお、大杉の文章は「宣言―正進会争議」として『正進』七号（十一月）に掲載。（近藤憲二『一無政府主義者の回想』）

（1920年10月）

極東社会主義者会議

二十五日ころ、上海着。コミンテルン極東社会主義者会議に出席。

二十五日頃、上海着。街には五四運動により、日本の商品をボイコットする「抵制日貨」という張り紙が、至るところの壁に貼られている。李増林と会い、李東輝（大韓民国臨時政府軍務局長）と一時間ほど会談。増林の案内で、前週までB・ラッセルが泊まっていた一品香旅館に投宿した。翌日、ヴォイチンスキー（ロシア共産党の極東責任者）、陳独秀（中国共産党初代総書記）、呂運亨《りょうんきょう》（大韓民国臨時政府外交次長）ら六、七人が来訪。それから二、三日おきに陳独秀の家で会議を開く。「日本脱出記」にこう書いている（現代思潮社版全集第十三巻による）。

〈その会議はいつも僕とTとの議論で終始した。……僕は、当時日本の社会主義同盟に加わっていた事実のとおり、無政府主義者と共産主義者の提携の可能を信じ、またその必要をも感じていたが、おのおの異なった主義者の思想や行動の自由は十分に尊重しなければならないと思っていた。で、無政府主義者としての僕は、極東共産党同盟に加わることもできず、また国際共産党同盟の第三インターナショナルに加わることもできなかった。〉

ある委員会の後で、T（ヴォイチンスキー）は自分の家に大杉を誘い、日本での運動資金がいるなら出そうという。大杉は「週刊新聞を一つ出したいと思っている。さしあたり一万円あれば、あとは自分たちでやっていけよう」と答え、その金は貰えることになった。が、その後また幾度も会っているうちに、新聞の内容について細かいおせっかいを出しはじめたので、大杉は条件がつくような金なら一文も要らない、ときっぱり表明。Tは承知した。金は結局、「いま都合が悪いからというので、二千円しか受け取ら」ずに帰国する。

上海では十日くらいずつホテルを替えて滞在したが、ある晩、国民党の政治家になっている張継が訪ねてきた。〇八年屋上演説事件以来の再会である。彼が孫文一行の先発隊として広東へ出発する前日で、広東が中国の労働運動の中心になりつつあると聞き、そこでまた会おうと約束する。しかし、広東までは足を伸ばせなかった。（「日本脱出記」、「徳田球一第十回予審尋問調書」『現代史資料　第二十』、近藤憲二『一無政府主義者の回想』）

十一月五日、著書『クロポトキン研究』をアルスより出版。

『改造』五〜七月号に掲載したクロポトキン紹介の論文を中心にしたもの。売行好調で、版を重ねる。

二十三日、第二回黒耀会展覧会に書を出品する。

第二回黒耀会展覧会は京橋星製薬ビル七階で、二十八日まで開催。絵、彫刻、詩歌など出品者六十余名、出品総数は二百五十余点にのぼった。主宰する望月桂をはじめ、堺、馬場、大庭、石川、大杉、山川菊栄、宮地嘉六らが出品した。ここでまた、作品の撤回問題が起る。

この日、会場には警視庁検閲係長・官房主事・特高課長らが来て、一般の観覧を禁止し、五時間にわたって検閲をした。そして、尾崎士郎の「孤立分身」、望月桂「反逆性」、橋浦時雄の「動乱」など二十四点に撤回を命じ、また望月桂「共産者」、小生夢坊「性欲より光明へ」など五点には画題撤回を命じる。

その全てには従わず、展示を続けたところ、二十七日に突然、京橋署の警官十数名が会場へ押し入り、望月の四点と橋浦の二点を持ち去った。会場からはすぐに警視庁へ泥棒が来たと電話し、警官数名が駆けつけたが、京橋署長らの犯行と分かり、新聞に「捕へてみれば我子なり」などと書かれる。しかし、絵は不法に押収され、山崎を代理人として、返還並びに損害請求の訴訟を起こすことになる。（読売新聞、東京日日新聞十一・二十四、森永英三郎『山崎今朝弥』）

二十九日、夜、「日本脱出」の旅を終え、自宅に帰る。（横浜貿易新報十二・一）

三十日、鎌倉署の警官数名が臨検に来て、家宅捜索。

しかし、何らの目的物も発見せず、引き上げた。大杉は記者らに「いったん休刊した『労働運動』の資金調達ができたので近く再び発行するつもりだ」と語る。（東京日日新聞十二・一）

著作――「遺言」『改造』十一月号

十二月一日、東京労働運動同盟会に出席。『労働運動』再刊を表明。

「数十日前から所在不明にしていたのは資金調整のためで、それが得られたので近く『労働運動』を発刊する考えだ。来年からは主義のため大いに活動する決心である」と述べる。（調査書）

四日、横浜市在住の同志集会に野枝と出席。石川三四郎が講演。

午後六時より、吉田只次宅で、荒木八郎が小倉連隊に入営する送別会として開かれた。市内の同志二十数名が出席。先ごろ欧州から帰国した石川三四郎が講演する。石川の帰国歓迎会は、大杉の留守中に行なわれたので、この会で七年半ぶりに再会した。（横浜貿易新報一二・六）

五日、暁民会主催の社会問題講演会にて検束。社会主義同盟研究会に出席。

講演会は正午より牛込山吹町・八千代倶楽部で開かれ、参会者は約四百名。講演者はいずれも早稲田署より中止を命じられ、ついには解散の命令を受ける。憤慨した聴衆と警官との争いとなり、混乱した。そこで大杉の発声で社会主義万歳と連呼しつつ、一同第二会場の早大グラウンド前の広場へ向かう。堺利彦が「諸君は資本家に与するや、資本家に味方するや」と問い、次いで大杉が「この集会は僕らばかりの会ではない。諸君も大いに意見を発表せよ」と大声を出した。さらに司会の高津正道が「過激の言辞」を述べ、大杉とともに検束された。

一同は、戸塚諏訪町の暁民会事務所方面へ引き上げたが、途中で警官と小競り合いがあり、三田村四郎、中名生幸力ら十名が検束された。主催者側はこれにも怯まず、第三回の演説会を巣鴨の聖天で開催、夕刻散会した。このため淀橋署には大杉、堺、近藤ほか十四名、早稲田署には高津ほか十六名が検束された。

大杉は午後七時に釈放となり、麹町区元園町の社会主義同盟仮事務所で行なわれた同盟の研究会に出席、十時散会となった。

アナキスト詩人・岡本潤はこの時、初めて見た大杉を次のように書いている。

〈ぼくが大杉という人物をはじめて見たのは、その後、高津正道らの暁民会が戸塚の原で野外演説会をひらいたときのことである。例によって、出る弁士は片っぱしから臨監の中止を食い、何人目かに大杉が現れた。筒っぽのきものの上にレインコートを着て、頭にはトルコ帽、フランス風のあごひげをはやした大杉は、特徴のある大きな目玉をギョロッと光らし、うまれつきのドモリで何かひとこと言ったかと思うと、臨監がたちまち「弁士中止!」と叫んだ。

「バ、バ、バカヤロー、おれは、おれはまだ、なにも言っとらんぞ!」と大杉はどなりかえした。

その勢いに圧倒されながら、臨監が虚勢を張って肩をいからし、「検束!」と叫ぶ。数人の警官がサーベルをガチャつかせて、大杉の身辺へ駆けよった。

「警官横暴!」「弾圧やめろ!」という声が主催者や聴衆のなかからわき起って、あたりには険悪な空気がみなぎっていた。

すると大杉は、臨監をぐっと睨みすえて指さし、

「おい、車を呼べ、車を。キサマらがおれにこいと言わなくても、おれのほうから警視総監に言論弾圧の抗議をしに行ってやるんだ。さア、はやく車を呼ばんか。そうしないと、おれはここを動かんぞ!」

そう言ってどっかり坐りこむと、おちつきはらって煙草を吹かしはじめた。不敵とイタズラ気と謀反気のかたまりのような大杉の本領を発揮した行動だろうが、まるで千両役者の演技でも見るように、集まった聴衆のなかから拍手喝采がおこった。始末にこまった臨監は巡査に命じて、人力事を一台つれてこさせた。大杉はニャッと笑って、

「やア、ご苦労。じゃ諸君、ぼくは警視総監に抗議に行ってくるからね。かまわずに演説会をつづけてくれたまえ。」

聴衆に向かって手を振りながら、警官につきそわれて悠然と車に乗って行った。ぼくがはじめて見た、こういう人を食った大杉栄の姿は、いまもぼくの網膜にやきついている。〉(『詩人の運命・岡本潤自伝』)

暁民会はこの年五月、早大で建設者同盟と別れたあとの民人同盟会が「社会主義の研究とその普及、啓蒙、争議の応援」などを目的として組織した団体である。高津正道、妻の多代子、高野実、高瀬清、中名生幸力、

(1920年12月)

その妻・秋月静枝、浦田武雄、原沢武之助、川合義虎ら、後に渡辺政之輔、三田村四郎、佐野学らが加わった。当初は早大裏の諏訪町の高津の家に事務所をおき、二カ月位のちに戸塚町源兵衛に移った。大杉はこの事務所でメンバーを相手によく「講義」をした。(朝日新聞、読売新聞十二・六、調査書、高津正道「暁民会前後の想い出」『労働運動史研究』五八・十二)

七日、暁民会本部の慰労会に出席し、講演する。

警察の弾圧を受けた前々日の講演会の慰労であろう。「国家の権力に対しあくまで反抗すべきことを説」く講演であったという。(沿革二)

大会参加者の意気

九日、自宅で社会主義同盟大会への地方同志歓迎会を開く。

創立大会を翌十日に控え、出席する地方同志を、鎌倉の家で歓迎する会である。門には黒赤二流の旗を立て、駅から家までの三カ所に「社会主義同盟大会地方出席者歓迎会」と朱記したビラを貼って迎えた。四十余名が参集。周囲は鎌倉署と応援の警察官四十余名が包囲する異常な警戒であった。

正午開会。大杉が歓迎の挨拶をし、参加者が自己紹介の五分間演説を始めると、警察は早々に中止解散を命令。一同はいったん家を出て、鎌倉八幡宮に集まり、各自個人訪問客として再び大杉の家へ到着。質素な握り飯の昼食を食べながら会談を続けていると、署長が「秘密集会である」と全員を鎌倉署に検束した。一同は革命歌を歌い、床を踏みならして抗議。談判の結果、四名を残し、ほかは午後三時から八時半までに釈放される。大杉の家に寄って申し合わせ、交歓して意気を高め、それぞれ東京へ向かった。

地方出席者たちは、大阪—武田伝次郎、山田正一、大串孝之助、長野—鮎沢寛一、山梨—田中源一郎、名古

屋—鈴木楯夫、伊串英治、片桐痴民、岩手—石川金次郎、富山—平井太吉郎、兵庫—大蔵辰夫、堺—丹吉三郎、横浜—根岸正吉、鹿島喜久雄、東京—高津正道、三田村四郎、久板卯之助、竹内一郎、吉田一らである。野枝は新橋で倒れて妊娠中の体を痛め、前夜には医師の往診を受けるなど安静にしていた。

同盟はこの日の夜、やはり警官包囲のなかを元園町の本部で開いた準備会を、急きょ創立大会に切り替えて、同盟を成立させた。翌十日の神田青年会館における大会は、報告演説会としたのである。（朝日新聞、万朝報、東京日日新聞十二・十、「日本社会主義同盟報告」『初期社会主義研究』二〇〇七、調査書）

▲…同盟大会で検挙される大杉

十日、日本社会主義同盟の大会に行き、検束される。

大会を創立報告演説会とし、午後一時には早くも三百名の会員がつめかけた。会場のまわりは警官五百名がとりまく厳戒態勢。入場拒否などの妨害ののち、ようやく扉が開かれる。しかし、植田好太郎が開会の辞を述べるとまもなく解散を命じられ、小競り合いが起こり、不当な解散への怒号が飛び交った。いったんは収まり、午後六時からあらためて講演会を催すこととして、館の内外は聴衆で埋まったが、再度の解散命令で混乱した。

大杉は風邪の熱を押して、頭からマフラーを巻き、覆面のような格好で、武田伝次郎と会場へ向かった。八時少し前、会場へ着くと「大杉だ、大杉だ」と叫んで、すぐ捕まってしまう。群衆が会場前から散じたのは夜九時過ぎであった。検束者は七十四名に達し、留置場は演説と革命歌でにぎわう。錦町署には入りきれず、大杉ら二十数名は警視庁に送られ、多くはおそくなって釈放された。

この後は、立野信之が『黒い花』に描き、近藤も書いている挿話がある。

大杉は迎えに来た近藤憲二と出たが、鎌倉へ帰る汽車はないし、近藤の所には寝具がない。思いついたのは「赤松のとこ」だ。赤松克麿が今夜は逃れたようだから、合宿している新人会事務所へ行こうという。合宿所は本郷森川町にあるというだけで、行ったことはなし、番地も知らない。「行きゃあ、何とかなるだろう」と現地へ。暗い路地ばかりのところを、大杉は「呼んで歩けば聞こえるだろう」と奇案を実行。二人が大声で、「ア、カ、マ、ツゥ！」「カ、ツ、マ、ロゥ！」と呼び歩くうちに、果たしてある二階家の雨戸が開いて、当の赤松が姿を現した。無手勝流が成功したのである。

このとき近藤に、同姓の近藤栄蔵を案内して来てくれるよう依頼した。神戸にいる栄蔵が、同盟の大会に来ていたからである。（東京日日新聞、朝日新聞十二・十一、武田伝次郎「大杉君と僕」前出）

十二日、夕刻、近藤栄蔵が来訪。第二次『労働運動』への参加を決める。

上海から帰国して以来、受け取った資金をもとに、共産主義者（ボル）と共同しての週刊新聞を計画し、メンバーとして近藤栄蔵の勧誘を山川に頼んでいた。山川は帰郷のおりに神戸に寄り、近藤に大杉と会うよう勧める。近藤は大杉と一面識もなかったが、そのつもりで、社会主義同盟創立大会への出席をかねて上京していた。十二日、山崎今朝弥を訪問すると、近藤憲二から誘われ、二人で鎌倉へ向かった。『近藤栄蔵自伝』が語る大杉との会見はこうである。

〈大杉の挨拶はヤアーだけで、その後はあたかも十年の同志のごとく、すぐに仕事の話にはいった。実は、栄蔵は、鎌倉で大杉の顔をみるまでは、労運社の運動に参加するかどうか、ぜんぜん決めていなかった。いろいろ大杉の計画や周囲の事情を調べてから、おもむろに決意するつもりでいた。ところが初対面のわずか二、三分の間に、そして何も仕事の話がでないうちに、栄蔵の肚はきまってしまった。この男なら一緒に仕事ができる、と直覚的に知ったのである。〉

大杉からも具体的な話はしなかったが、第二次『労働運動』への栄蔵の参加は、こうして以心伝心で決まった。もう一人、ボルの側から高津正道が参加するが、二人が選ばれた経過は、高津によれば次のようであった。

〈(帰国した大杉は) まず堺を訪ねて会議の経過を報告したあと、週刊新聞刊行のプランを持ち出し、共同で出そうと提案したが、堺は承諾しなかった。……大杉はそのままひきさがらず、「それでは誰か適当な人を推薦してもらいたい」と頼んだ。その結果、堺は山川と相談のうえ、近藤栄蔵と私を推薦した。われわれは大杉の週刊新聞に協力するからといってアナになるわけでなく、自由な紙面が与えられるという了解のもとに、それを承諾した。〉(『旗を守りて』)

高津が参加の可否をボルの仲間に相談したときの反応は、高瀬清によれば、「あの時、高津さんから相談があって、入るかどうしようかと。これは非常におもしろい。我々としてはアナがやることは黙ってみているわけにはいかない。入っていってこっちの影響を与え、できれば大杉をこっちへ抱き込もうというぐらいの考えだった」という。(『近藤栄蔵自伝』)

十五日、同志例会開催。名称を前名の「北風会」に改める。

名称変更は、現行名が呼びにくくて馴染まず、会員の間にも旧名の使用が多かったためと思われる。変更の提案にたいし、「反逆者同盟」「無政府会」「革命団」などの案もあったというが、結局、以前の「北風会」に戻ることにした。会場も指ヶ谷は狭いので社会主義同盟に移し、一日と十五日に開催。なお、この年ころから北浦千太郎が参加した。(沿革二)

二十五日、有楽町・露国興信所の一室を病室兼事務所として借りる。

秋になって奥山医師の診断による肺患再発の兆しが、社会主義同盟大会当時から一層悪くなった。鎌倉にいては、通院に不便だし、安静、室温が保てないので、医師の勧告どおり東京に病室を設けることにする。それも洋室がよいというので、ビル内の一室を借りた。

「ジャパン・アドバタイザー」紙の貸室広告を見て行ったのだが、大杉によれば「露国興信所なんぞと、名はしかつめらしいが、実はロシアの下宿屋」である。所長のクリジャノフは元ロシア陸軍の工兵中尉で、日本から兵器軍需品を買い付ける検査委員として派遣されたが、革命が起ってその仕事もなくなり、興信所を始めて避難ロシア人の斡旋をしている。

有楽町三の一松本貿易会社の三階を借り切ったうちの一室で、再刊する週刊『労働運動』の臨時編集室でもある。家族は鎌倉に残し、翌二十六日にひとりだけ移った。好きだったたばこも、この日からぴたりと止めた。警視庁はすぐにその三階を正面に見渡す高架鉄道沿いの中央自動車二階を借り受け、警官数名を配置して監視を始める。(伊藤野枝「大杉栄の死を救ふ」、「病室から」、東京日日新聞一二・一・一二)

この月ころ、東京毎日新聞の客員記者になる。

「有楽町のロシア人下宿も、大杉の病気療養のために東毎の藤田勇氏が負担してくれたのだ」と近藤憲二『一無政府主義者の回想』にあり、この頃、客員になったとみられる。社としては宣伝を狙い、大杉は「捨扶持」を貰う利をとった。それでも一二年からは身を入れて、元日から一面の年始挨拶に名を連ねるとともに、「無政府主義の父――ミシエル・バクウニンの生涯」を二月六日まで連載している。「大正十一年版日本記者年鑑」には、東京毎日新聞社(社員数五十二名)編集局の筆頭に大杉、ほかに高山辰三、加藤勘十や司法部には布施辰治の名があり、のちに平沢計七も加わった。

離籍は「日本脱出」から帰った一三年七月。帰国後の八月二十四付書簡に、金銭融通の件で「藤田の方へは、実は僕もあそこの社(『東京毎日新聞』)とはもう縁が切れたのだが、至急手紙を出して置く……」と書く。(『新聞及新聞記者』一二・六、茅原健『茅原華山と同時代人』)

著作――「日本に於ける最近の労働運動と社会主義運動」(稿末日付が一九二〇年末、草稿のまま『自由の先駆』に収載)

この年、秋以降、阪本清一郎が来訪。

部落問題に取り組んでいた阪本は西光万吉とともに社会主義同盟に加盟。奈良県から上京の折りに時々、山川と大杉を訪問し、部落問題を中心に意見交換をした。「改造社の社員を装」って来たという。

西光は「ともかく『主義者』であれば、私たちは安心してなんでも話ができた。彼らだけが無差別世界の住人であつた」(「水平社ができるまで」)と述べている。阪本、西光らが「特殊部落民よ団結せよ」と宣して、全国水平社を創立するのは、一一年三月である。(阪本清一郎「山川氏を偲んで」『山川均全集月報四』)

7 —アナ・ボル共同と対立

1921（大正 10）年 1 月～ 1922（大正 11）年 10 月

▼…1921 年 1 月 11 日の『労働運動』編集会議。右から近藤栄蔵、大杉栄、伊藤野枝、高津正道、岩佐作太郎、竹内一郎、近藤憲二、中村還一

週刊『労働運動』は、ボル派から二人の同人を加え、ロシア革命の研究など自由に執筆できる誌面を供して刊行を開始。しかし、大杉は重病に臥し、入院とその後の保養のため、前線に加われない。この間、再度のコミンテルン会議招請をめぐって、共産主義者の不審な動きがあり、アナ・ボル共同戦線は中絶する。他方、労働運動においても全国的な高揚を背景に、アナ・ボル共同の「労働組合総連合」への機運が生まれ、努力を続けるが、創立大会には対立が表面化し、潰えてしまう。かくて追求した共同の道は損なわれるが、アナキズムの旗色を鮮明にした第三次『労働運動』を発刊。運動のさらなる勃興を期して、不屈の活動を続ける。

一九二一（大正十）年——三十六歳●

留学生ナショナリストへ

一月八日、コスモ倶楽部の懇親会が神田多賀羅亭で催され、講演する。

コスモ倶楽部は二〇年十一月ころ、堺利彦、権熙国、宮崎龍介が中心になって組織し、月当番制で例会を開いた思想団体。二三年にかけて活動した。規約には「人類をして国民的憎悪、人種的偏見を去って、本然互助友愛の生活に進ましむることを目的とする」とある。具体的には「日本帝国主義のアジア侵略に反対する日本の社会主義者と民本主義者、および朝鮮と中国の留学生ナショナリストの交流を主目的とする国際的組織」である。この日の出席者は、官憲資料によれば「要視察人四名、支那人四名、朝鮮人七名、台湾人三名、露国人二名、其ノ他合シテ二十六名」だった。大杉は例会にも参加していたのだろう。（松尾尊兊「コスモ倶楽部小史」『京都橘女子大学研究紀要』二〇〇〇・三、内務省警保局『思想団体ノ状況』二一・一調）

(1921年1月)

十一日、有楽町の事務所で週刊『労働運動』編集方針を協議。

『労働運動』を再刊するにあたり、ボルシェビキとの共同戦線を具体化する協議を行なった。社会主義同盟の運動と軌を合せるように、共同の可能性を追及する試みである。同人は大杉、野枝、和田、近藤、中村、岩佐、久板、竹内一郎、寺田鼎。これに共産主義者として、近藤栄蔵（伊井敬）と高津正道が加わり、編集会議を持った。栄蔵は神戸で営業していた靴屋の始末をつけて、上京してきた。

紙面の分担は、大杉が毎号社説と政治面、和田が労働組合運動のリポート、農民運動は岩佐、社会記事が中村、編集主任が近藤憲二、そして栄蔵は、大杉の発言で「毎号一頁をまかせるから何でも勝手にロシア革命について書け」というのである。

会議の模様は『近藤栄蔵自伝』が次のように描写している。

〈大杉はその日は大分熱があるといって、ダブルベッドに横になったままで会議に入った。……会議といっても、四角張ったものではなく、アナキストの集まりにふさわしい雑談まじりの、自由な意見交換であったが、実質は『労運』の編輯方針決定という最重要性のものであった。……

大杉の指導ぶりにも、栄蔵はこの席で感心した。彼は他の同志たちの話を黙って心棒づよく聴く、そして自分の意見を出す必要の場合は、相談をかけるような口調で、或いは暗示的にそれを持ちだす。彼が命令的に自己の主張を押しつけた場合を、栄蔵はその後とも知らない。それにも拘わらず彼の主張はいつも大概通る。〉

高津はこう述べる。

〈結局、アメリカ帰りの近藤栄蔵と高津とが編集部に参加することになった。大杉らは革命近し、労働者団結して起ち上がれと書き、その紙面で近藤はロシア革命を毎号紹介すると共に、共産主義の解説をした。とにかく決断力のある指導者だった。〉（高津正道「大杉栄の横顔」『講談社版・日本現代文学全集月報三九』）

中旬ころ、林倭衛と広津和郎が訪ねてくる。

有楽町の事務所に二人が入ってきて、義太夫を聞きたくなったが、二人とも一銭も持ってないので貸して欲しいという。音楽好きの画家・林は広津に義太夫熱を吹き込まれ、銀座を歩いているうち、急に聞きに行こうと一決し、大杉を思いついたのだ。大杉は窓際のテーブルで校正をし、奥のベッドには野枝と魔子が寝ていた。大杉は「義太夫とは、また恐ろしく古風なものが聞きたくなったもんだね。しかし金があるかな、どうかな。野枝さんに訊いて見給え」とベッドの方を顎で示し、「しかし義太夫というものはちょっと好いものだよ。あれは半分坐睡《いねむ》りしながら聞いているに限る。坐睡りしながら三味線に合わせて、こくりこくりやっていると、ほんとうに好いものだよ」とにこにこする。

野枝はベッドから起きて、林に義太夫はあまりに変だと大笑いに笑ったすえ、愛想よく「三円あるから一円五十銭持っていらっしゃい」と渡した。二人は雨の中を傘もささずに番町の寄席へ行った。

広津はこの後、改造社の編集者と本郷三丁目から電車に乗ったときに、大杉に会っている。山高を被り、手に小さなカメラを下げて近づいてきた洋装の「紳士」だった。二人から昼飯に神田の宝亭に行くところだと聞くと、大杉は「あんな処は不味いよ。陶々亭に行こう」と贅沢なことを言う。(注) 日比谷の陶々亭へ行くと、なかなかの中華料理通ぶりを見せ、料理の説明をしたり、「上海で食べるとうまいよ」などと言った。そこで広津が「上海へ行ったというのはほんとうなのかい」と訊くと、「あっはは」と曖昧に濁してしまう。三人は帰りに銀座のカフェ・ユウロップでコーヒーを飲み、大杉は家へ菓子を買って帰った。

こうした広津との出会いからは、三、四年前のどん底時代とは打って変わった余裕を感じさせる。少しの贅沢だが、「貴族的」と評される一面といえよう。(広津和郎「その夜の三人――大杉栄」、小崎軍司『林倭衛』)

(注) 陶々亭は、佐藤春夫によれば「都下第一の酒楼」であり、「そこの廊下で二度か三度、大杉と擦れ違ったことがある。……いつでも野枝さんがあとに従つてゐた」という。(「吾が回想する大杉栄」)

十五日ころ、労働運動社を神田北甲賀町一二、駿台倶楽部内に設置。

『労働運動』発行の事務所が見つからないまま、大杉の病室が編集作業に使われ、「五六人の社員が机の前に陣取つて、何か仕事をしてゐる。それだけならまだいい。ほかに五六人の連中が遊びに来る。とても堪つたものぢやない。隅つこの寝室に寝てゐる僕は、湿布では追ひつかなくなつて、氷嚢で脳を冷すやうな始末」になっていた。病身には難儀だったが、ようやく見つかって「僕は先づいのち拾ひした」とひと安堵。し

(1921年1月)

かし、こんどは毎日、社まで通わなければならない。初号が出るまではそうしたが、以後は週に一度くらいとする。

新事務所の駿台倶楽部は、望月桂の東京同人図案社が入っている建物にある。彼が斡旋したニコライ堂に付属する女子神学校の寄宿舎跡で、そこを貸事務所にした二室を借りた。一つは椅子とテーブルを並べ、昼間は編集室、夜は独身者の寝室。両近藤や和田、寺田などが越してきた。もう一室は食堂兼クラブで、来客が自炊を手伝ってくれたりした。大杉個人には三名の尾行がつき、労働運動社には四名の私服が昼夜交替で警戒の眼を光らせている。（「病室から」、近藤憲二『一無政府主義者の回想』）

アナ・ボル共同の誌面

二十五日、週刊『労働運動』（第二次）**第一号を二十九日付で創刊。**

第二次『労働運動』の刊行である。この直前、大杉は「労働運動社代表」として社会主義同盟の会員宛に勧誘のはがきを送り、「日本は今、シベリアから、朝鮮から、支那から刻一刻分裂を迫られてゐる。僕らはもうぼんやりしている事は出来ない。いつでも起つ準備がなければならない。週刊『労働運動』はこの準備のために生まれる」と表明する。革命の可能性を信じ、「資本家主義と軍国主義との行きづまりに気づきつつある」多くの日本人の「めざめ」、に向けての発刊であった。

初めての週刊で、タブロイド判、初号は十頁、次からは八頁。ボル側編集の頁と第一面の英文による運動紹介欄を除き、第一次のときとほぼ同じ紙面構成である。上海で受け取った二千円を資金にしたアナ・ボル共同戦線紙だが、ボル派の参加が条件になっていたわけではない。資金出所に加え、共同の必要と可能を考えた大杉自身の判断であった。

伊井敬（栄蔵）の「ボルシェヴィズム研究」は同人外の同志たちから批判の声が挙がったが、他方ロシア革命の研究が促されることにもなった。大杉と栄蔵は双方とも言わず語らずのうちに、お互いの「主義」について論じ合うことは避けた。「異なった主義者の思想や行動の自由は十分に尊重しなければならない」（「日本脱出記」）ことの実行である。

しかし、ボルとの共同に反旗をひるがえして離反した同志も少なくない。吉田一、高尾平兵衛、宮嶋資夫、和田軌一郎、久板らで、彼らはやがて小型月刊新聞『労働者』を発刊して陣を張った。

『労働運動』の発行部数は官憲資料「定期刊行物調査表」によれば約二千部であり、第十号が発禁になったときの警保局資料には「差押部数四千部」とあるから、二千～四千部とみられようか。当時としては十分な成果といってよい。

スタッフには間もなく久津見房子、さらに一時期は和田軌一郎も加わった。労運社に出入りしていた同志には、毎号漫画を描いた望月桂や和田栄太郎、延島英一、諏訪与三郎、水沼熊、北浦千太郎、川口慶助、吉田一、高尾平兵衛らがいる。大阪支局は和田（久）に代って桑原錬太郎が担い、四月からは三田村が支局を開設し、桑原は補佐にまわる。ほかに神戸、京都、名古屋に支局が設けられ、のちに静岡、和歌山、沖縄、金沢、夕張にも増設される。

久津見房子は労働運動社で炊事や掃除、名簿の整理や発送を引き受け、月給三十円で三人の子供と暮した。駿台倶楽部の一階で、筍の皮をむいていると、大杉が来て「オバさん手伝おうか」と手を貸すようなこともあった。三十一歳の彼女が仲間うちで「おばさん」と呼ばれたのは、大杉が源らしい。対して久津見は大杉を「おじさん」と呼んで、お返しをする。

そして暁民会のビラまきをしたり、赤瀾会の結成にも乗り出す。赤瀾会のビラ撒き事件で証人として検事局に呼ばれたとき、大杉はこう助言した。「余計なことはいうんじゃないよ。ああいうところへ行ったら『知らない』と『忘れた』という以外に言ってはだめだ。なんとかとりつくろおうとするとボロがでるから『知らない』『忘れた』と、それだけでいいんだよ」。

（1921年1月）

久津見は「ほんとに簡単なことですけれど、この注意で押し通しましたし、それからあとの三・一五の検挙、昭和十六年のゾルゲ事件のときも、大杉さんの教訓がわたしの生涯を通じて役立ちました」と述懐している。

著作――「日本の運命」、「お伽話」、「同志諸君に」、「病室から」、「批評と紹介・山川菊栄『現代政治の病弊』」、翻訳「青年に訴ふ・二」（改訳開始）掲載。（『労働運動』一・二十九、『近藤栄蔵自伝』、沿革二、『リベルテール』七〇・十一、牧瀬菊枝編『久津見房子の暦』）

二十五日ころ、江口渙が大和民労会への対抗運動に応援を求めに来る。

民労会への対抗とは、次のような事件による。

二十一日、日本橋万町・常磐木倶楽部で開催された社会主義同盟新年会を大和民労会、国粋会と称する男たち五、六十名が襲い、堺利彦ら三名を鉄拳、木刀で乱打する事件があった。（注）印半纏に草鞋がけで短刀や棍棒を携えた数十人が、高張提灯をおし立て「社会主義者をやっつけろ」と口々に罵るのを、警官は傍観放任していたという。同日さらに、大崎の相生亭に開会した自由人連盟会にも、両会員六、七十人が棍棒やステッキをもって乱入し、連盟会員・松本淳三（のちに社会党代議士）の腹部を日本刀で刺して重傷を負わせる事件が起った。

これらの無法な暴力に抗議、対抗する運動を行なおうと自由人連盟を代表して、江口渙が労働運動社に応援を求めにきたのである。これに応じて翌日、大杉は自由人連盟の佐野袈裟美を訪問している。そして二十七日、労働運動社と自由人連盟を中心に、神田の印刷屋の二階で相談会を持ち、信友会などの労働組合や暁民会などの思想団体も参加した。会は暁民会の三田村四郎がリードして、自衛のための武器を用意して赤衛団を結成、二十九日に彼等の本拠がある浅草で講演会を催すことを決めた。

江口はこれが二度目の大杉について、次のように記している。

〈その二度とも私は大杉からあまりいい印象は受けなかった。彼の人柄から何か戦闘的な強さ、きびしさは、ありあまるほどに感じられるが、へんに近づきがたいもの、うしろにつよい傲慢さをふくんだ威圧的なものをも同時に感じられた。それがそのあと二度三度とあっているうちに、私と大杉とのあいだに垂れこめていたそのような黒い影はいつかすっかり消えてしまった。〉（『続わが文学半生記』）（朝日新聞一・二十二、三十、加藤一夫「大正十年自由日記」『加藤一夫研究』九七・十一、江口渙「私の歩んできた道」『闘いのあと』）
（注）大日本国粋会は一九年、原敬内閣の内相・床次竹二郎の呼びかけで、河合徳三郎、梅津勘兵衛ら侠客たちが提携して創立した。土建業者を含む博徒の全国的な結集団体、純国家主義思想団体であった。大和民労会はこの月、国粋会を脱会した河合が民政党の後ろ盾のもとに結成。やはり土建業系博徒を中心とし、「皇室中心主義を信条とし、危険な外国思想を徹底的に排除するを目的とする」右翼団体で「浅草の新撰組」と称した。（堀幸雄『右翼事典』ほか）

二十七日、オーロラ協会の研究講座が開講、「無政府主義研究」を担当。

オーロラ協会は前年、明治大学内に設立された学生思想団体。労働運動社と同じ駿台倶楽部に本部があり、ここで毎週火水木曜日の午後六時より、社会問題研究の講座が開かれた。大杉の担当は、第二、四週木曜日の「アナーキズム」で、ほかに植田好太郎「サンジカリズム」や阿部次郎「ニイチエ」など。受講者は毎回二十名内外であった。（『社会主義』二一・三、沿革二）

二十九日、浅草で赤衛団が民労会本部へデモをかける。


三十日、検束された赤衛団の同志を貰い下げに、象潟署へ出向く。

自由人連盟は二十九日、かねて協議のとおり、大和民労会の暴力に抗議する対抗演説会を、民労会本部に近い浅草六区あづまで開会することとした。が、開会間際に貸席から嘆願されてやむなく中止。代りに暴漢の襲撃に備えた赤衛団四、五十人は、雷門近くの民労会新年会会場前に集合、民労会本部に向かってデモ行進をした。読売新聞は次のように報じている。

〈社会主義者の一団は二十九日午後八時半頃、浅草観音堂前仁王門側に約六十名程集まり、何れも手に手に樫の杖を持ち、風呂敷を旗にして押し出て赤衛団の檄文を散布しながら革命歌を歌ひつつ水族館側から六区へ乗り込んだので、象潟署から多数の警官駆けつけ制止したので、オペラ館前で小競り合ひを演じ……〉

江口渙は厚い表紙の本を腹と背中にあてて着物の下に着込むというほどで、流血覚悟のデモだったが、民労会本部には人影なく、肩透かしを食わされる格好となった。結局、橋浦、三田村、中名生、原沢、榊原、中島、三浦の団員七名が検束される。翌日午後三時、大杉はデモから帰った近藤憲二とともに、象潟署に出向いて釈放を交渉。署長の増田は「大杉君が来たんだから、特別のはからいで出そう」と勿体をつけ、承諾した。彼はつい先ごろまで警視庁の特高係長をしていたので、顔見知りだった。一同、タクシー二台に分乗して労運社に引き上げた。

記事にある赤衛団の檄文とは、江口渙が執筆した「防衛宣言」のこと。「警察が彼等を巧みに援助している一事」を訴え、「茲に同志相集つて永久自衛の機関として赤衛団を組織し、以つて彼等凶徒の襲撃に備へる可く……」と述べる。

持っていた樫の杖は、腹を刺された松本淳三の勤務先である雑誌『中外』の社長・内藤民治が拠出した百円で、近藤らが買っておいたものである。桜の杖を携えた者もいるが、これはずっと以前に大杉が買ったものだ。近藤、川口、和田(栄)ほかの同志たちで高尾山に遠足に行ったとき、大杉がそれを買って、みなに一本ずつ渡して言った。「こういう物はいつか必ず役に立つことがあるよ。ヒッヒッヒ……」と。(朝日新聞、読売新聞一・三十、『労働運動』二・十、近藤憲二『一無政府主義者の回想』、和田栄吉「大杉栄と桜の杖」『リベルテール』七八・九)

二月一日、週刊『労働運動』(第二次)**第二号を発刊。北風会開催。**

著作――「直接行動論」、「鎌倉の若衆」、「病室から」、翻訳「青年に訴ふ・一の二」掲載。

この日、北風会の例会も開かれた。会場は社会主義同盟本部に変更する。(『労働運動』二・一)

九日、鎌倉の自宅へ帰り、十一日まで休養。

労運社での仕事が多く、週に一度くらい鎌倉へ帰っても、夕方には東京に戻るようにしていた。自宅に泊るのは久しぶり。(伊藤野枝「大杉栄の死を救ふ」)

十日、野枝・魔子、和田(久)**と金沢八景へ馬車で遊びに行く。**

しかし、体調を崩す。この頃から次第に悪化する病状を、野枝が記録している。文中Oは大杉のこと。

〈金沢についてからは、風が冷たいので私達は一寸降りて見ただけで直ぐに又、ひきかへして帰って来ました。Oは帰りには途中からクッションにもたれて、ウトウト眠ってゐました。帰りつきました時には、三時間あまりも馬車にゐましたので、私もOも非常に疲れてゐました。夕飯をすますと直ぐにOは寝てしまひました。〉（伊藤野枝「大杉栄の死を救ふ」）

同日、週刊『労働運動』（第二次）**第三号を発刊。**

著作――「いつ來るか」、翻訳「青年に訴ふ・二の一」掲載。

十一日、改造社の秋田忠義が来訪、一緒に東京へ戻る。夜、高熱。

締め切りが来ている改造社への原稿を執筆。野枝が部屋を暖めるが、しきりに寒がり、ついにはペンを措いてコタツに入って寝てしまう。そこに改造社から秋田が来訪、彼と東京に戻ることにする。車中、ほとんど口をきかずに眠りとおし、部屋につくと横になって留守中の新聞に目を通す。熱を計ると、九度三分。奥山医師に往診してもらうが、病因は判然としない。ひょっとしたらチフスかもしれないが、今年の流感はチフスに似た徴候で、診断がつかないという。看護に村木を呼ぶ。翌朝、寺田に自宅への手紙を託し、吸入器をとりにいってもらう。（伊藤野枝「大杉栄の死を救ふ」）

十二日、野枝が看病に駆けつける。

野枝を見ると、「やあ来たな」と元気な声で笑いかけ、「折角来たついでだ、二日三日看病して行け」と言う。野枝は翌日、九州から来る叔父を横浜駅に迎えてすぐに戻り、村木と代って魔子を鎌倉へ連れて行ってもらう。十四日、入院することに決定。奥山医師を信頼し、彼のおかげで今日まで命を保って来たのだと言っていたが、やはり設備のいい病院を探すことにし、聖路加病院の分院に決める。（伊藤野枝「大杉栄の死を救ふ」）

生死の程は覚束ない

（1921年2月）

十五日、築地・聖路加病院に入院、肺結核の急性増悪で重篤となる。

入院して安心のようだったが、十九日朝からは全く元気がなく、食欲もない、始終うつうつしている状態だった。奥山医師が毎晩来診、野枝はその指示にしたがって看病する。二十日にはチフスと診断されたが、奥山によれば肺炎の症状も見られ、胸に左右二つずつの氷嚢を当てる。しかし病勢は進み、意識も混濁となる。

読売新聞二十一日の記事はこうである。

〈大杉氏は爾後の容態面白からず二十九度乃至四十度の発熱と尿便失禁等の重態に陥りつつあつたが、昨日から更に険悪に脈拍は九十前後に衰へ、意識は混濁して左右両肺の結核症の外チブスを併発し……危篤に傾かんとしてゐる。医師の言ふ所によれば生死の程は覚束なく両三日を経過しなければ何れとも予測し得ないそうである。……野枝子夫人一人枕頭に不眠不休で付添看護に努めている。……築地署の警官二名乃至三名は始終病室付近に接近して皮肉な警戒に努めている。〉

東京日日新聞の早出し版では、死人扱いで堺利彦、堀保子のお悔み話まで載った。野枝はこの間に交わした短い会話を書き留めている。

〈「病気つて、いやなものだなあ、もう斯んな大きい病気は御免だ！全く無力になつてしまふのだからなあ。斯うして寝てゐる僕に何が残ってゐるんだい。ただ斯うして体がころがつてゐるきりぢやないか。不断大威張で持つてゐるものはみんな今の僕にはないんぢやないか。意久地のないものだなあ。」

しみじみとした調子でさう云ふのでした。そして又

「これで、頭が馬鹿にでもなつて生きてはたまらないなあ。」

などと、何を考へ出したか云ふのでした。

「本当にさうですね。でも大丈夫よ、若しかあなたがそんな事にでもなるようになつたら、そんな生き恥なんかかかないように私が殺して上げますよ。」

私は半ば笑ひながら、でもこみ上げて来る涙をどうすることも出来ず半ば泣きながらさう答へました。

「さうだ、是非さうしてくれ。」〉

こうして二十二日ころからは唇は渇き、昏睡して、奥山は「非常に危険ですね、重態です。お知らせになるところにはお知らせになりましたか」と言い、もう二、三日が山という状態になる。主治医・板橋の後の診断によれば、肺結核の病巣の広がりによる急性増悪だという。野枝は臨月の身重だったが、周囲に心配されながら看病を続けた。（伊藤野枝「大杉栄の死を救ふ」、宮崎光男「反逆者の片影」前出）

二十日、**週刊『労働運動』**（第二次）**第四号を発刊。**

著作――翻訳「青年に訴ふ・二の二」掲載。

三月一日、**随筆集『悪戯』**（共著）**をアルスから出版。**

序文に「僕の生活には悪戯が余んまり多すぎる。どうかすると、悪戯其者が僕の生活のやうにも見える。困つた事だが仕方がない」と書く。発禁や監視など主として警察・司法との攻防を綴った軽妙な随筆をまとめた。ほかに野枝、荒畑、和田、山崎の作を収録する。文庫版。

初め、容態は回復に向う。

医師が山と言った危篤状態を切り抜け、生を取り戻す過程は、大杉にとって葉山の事件のときと同じだったようだ。生還して、こう書いている。

〈病院のベットの上に横はつた殆ど其の瞬間から、二週間ほどは、まるで夢うつつの間に過ごした。殆ど何んにも覚えがない。そして、此の間に死にそこなつて了つたんだ。……死ぬつて存外つまらないものさ。そして又其の死に悩むと云ふ事も存外あつけないものさ。が、生きると云ふ事は実に面白いね。僕は葉山の時に初めて、本当に此の面白味を味つた。そして今度又、再び其の味を貪りなめた。……こんども意識がすつかり目ざめた時には、もう此の生の力がからだの中に充ち満ちてゐた。毎日何かの能力が一つづつ目ざめて来る。動けなかつた手足が動いて来る。きのふはまだ一人で立つ事が出来なかつたのに、けふはもうそれが出来る。……〉（「死にそこないの記」）

病院の主治医であった板橋鴻の回想を抄出しておこう。

〈まず最初に記憶に甦る大杉氏は快復期にベッドの上に胡座をかいて、おそろしく吃りながら物を言ふ丸顔

（1921年2月～3月）

の眼のギョロリとした、痩せ衰えた髭ボーボーの男である。入院当初は回診に行くと少し白眼を見せて軽く眼をつむり、蒼白な顔貌で、まるで死相を呈して居つた。新聞記者には肺結核兼腸チフスと発表したのであるが、世間では「大杉が腸チフスで死にさうだ」と宣伝された。その後の経過を観察してみると、肺結核のシュープ（新しい病巣を作つて広がつていくこと）とみるのが至当らしい。患者としての大杉氏はよく医者や看護婦の云ふことを聞く人であつた。看護婦達は異口同音に「恐ろしい思想をもつた人のやうにはチットも見えないわね」と言ひ合つて居つた。

夫人の伊藤野枝氏は大きなお腹を抱へて看護して居つた。大杉氏が快復する、野枝氏がお産をするといふ順序であつた。野枝氏は色の浅黒い小柄なやさしい口のきき方をする女であつた。入院中は同志の者や知人の見舞ひにくるものがなかなか多数であつた。しよつちう来て看護に当たつてゐたのは村木源次郎氏であった。村木氏はどこからか『エスペラント全程』という本を買つてきてくれた。

私が大杉氏から直接聞いた話といへば唯エスペラントに関する事のみである。科学的研究といふ研究はみなエスペラントで発表されるやうな時代が今にも来るやうなことを言つて居た。それは大変だといふので私は試験前の学生のやうな気持で『エスペラント全程』を読みふけつたものだつた。

退院後の大杉氏とは私は全く没交渉であつたが同氏から聞いたエスペラントはその後今日に至るまで私の身辺を去らないものとなつた。実に不思議な縁である。〉（板橋鴻「私にエスペラントをすすめた大杉栄」『レヴォ・オリエンタ』三六・六）

この記述にもあるように、病気はチフスと広まり、大杉自身も「チブスという難病に襲われた」（『日本脱出記』）と認識していたが、板橋の記録によれば、血液その他の培養の結果、チフス菌は発見されなかったという。

一時は危篤と伝えられたから、見舞には大勢が訪れ、なかに山崎と一緒に来た堺や大阪からの逸見直造などもいた。

板橋はその後もずっとエスペラントを続け、八三年ころ、未亡人の宮本正男宛書簡には、板橋が「大杉栄の

弟子でした」と書いてあったという。（宮本正男「大杉栄、上海へ行く」『社会評論』八五・六）

六日、週刊『労働運動』（第二次）**第五号を発刊。七日、発禁になる。**

発行の翌日、警官二十名ほどが差押えに来たが、発行人が不在だからと時間を稼いでいる間に、ほとんどを隠して無事だった。掲載した「青年に訴ふ」が、新聞紙法違反とされる。「調査書」には、十二日に和歌山支局へ二百部、八幡市へ三百部を発送との記録がある。

著作――翻訳「青年に訴ふ・三の一」掲載。（『労働運動』三・二十）

▲…聖路加病院を退院する大杉と野枝

十三日、週刊『労働運動』（第二次）**第六号を発刊するが発禁。印刷所で全部を押収される。**

前号に続き「青年に訴ふ」が新聞紙法違反とされたが、後に不起訴となる。（調査書）

同日、三女・エマが生まれる。

最初のエマが養女として貰われていったので、野枝は再びエマと名づけた。両親の死後、笑子《えみこ》と改名する。

二十日、第二次『労働運動』第七号を発行。

著作――翻訳「青年に訴ふ・四」掲載。

二十八日、午後三時、聖路加病院を退院する。

退院に際して記者に、「入院中、築地署の執拗さはお話にならぬくらいで、今日も悪戯喧嘩をした。……死に損なひだ、早く全快してうんと働かう」と述べる。野枝、村木に護られながら自動車で新橋へ行き、四時の汽車で鎌倉へ帰る。医師からは当分の安静を勧告された。

『労働運動』第八号に「いろいろお世話になりましたが、

余程よくなりましたので、本日、退院致します。当分は鎌倉の自宅で寝転んでゐる積りです」と挨拶。（読売新聞、東京日日新聞三・二十九）

四月三日、週刊『労働運動』（第二次）**第八号を発行。**

著作——翻訳「青年に訴ふ・五」掲載。

十八日、暁民会主催の文芸思想講演会で野枝が講演。

神田青年会館に開催され、ほかに小川未明、江口渙、宮地嘉六、加藤一夫、エロシェンコが出講した。野枝の演題は「文芸至上主義に就て」。近来にない大盛況で聴衆は約千二百名。資金調達の目的であろう。（「団体消息」『社会主義』二一・五）

二十四日、赤瀾会が発会。野枝が顧問格で参加する。

綱領に「私達は私達の窮乏と無知と隷属に沈淪せしめたる一切の圧制に対して、断乎として宣戦を布告するものであります」と謳う日本最初の社会主義女性団体である。麹町元園町の旧社会主義同盟本部に五十余名が出席して、この日、呱々の声を上げた。世話人は久津見房子、秋月静枝、橋浦はる、堺真柄の四人。野枝は山川菊栄とともに顧問格で参加した。以後、毎月第一、三日曜日を例会とする。会員は四十二名で、うち実際運動を辞せずという者十七名、残りは研究会への出席を表明する。(『労働運動』五・十三、近藤真柄『わたしの回想』）

同日、週刊『労働運動』（第二次）**第九号を発刊。**

「風雲急走の足尾」の見出しで、足尾銅山の争議を報道。一月の飯場頭百二十二人の解雇に続いて、八日に坑夫三百三十七人の解雇が発表され、正面衝突となった。社の同人・竹内は十一日、労働社の高尾・原沢と支援のため足尾に入ったが、その日に検挙され、三人とも栃木町の女囚用監獄に収容される。村木が面会に行き、足尾に入る。

大杉は鎌倉の自宅で静養中だが、週に一回くらいは社にでる。しかし、仕事はほとんどできなかった。

〈僕の病気は上海の委員会との連絡を全く絶たして了つた。Tから直ぐ送つて来る筈の金も来なかつた。が、近藤憲二が僕の名で本屋から借金して来て、皆んな一緒になつてよく働いた。そして新聞は、僕が退院後の静養をして殆んど其の仕事に与つてゐなかつた、六月まで続いた。〉

著作――翻訳「青年に訴ふ・六」掲載。（『労働運動』四・二十四、「日本脱出記」）

代表派遣の陰謀

中〜下旬、コミンテルンの密使・李増林と会い、近藤栄蔵に上海行きを勧める。

李増林は上海のコミンテルン代表の使者として来日。日本の同志（ボル）と連絡をつけ、近く開かれるコミンテルン極東部委員会への代表派遣を要請に来た。前年の上海会議以来の大杉と会うが、アナキストである彼を招請する意志はなく、しかし顔は立てなければならない。そこで、大杉を通じて会った近藤栄蔵を招くことに決めたのち、彼の代理として派遣する形式をとるため、大杉から彼に依頼してもらうように企てた。

大杉はまず神田神保町の喫茶店で、栄蔵に李を紹介し、次いで栄蔵と李がひそかに連絡していることを知らず、西銀座の鳥料理屋で、上海へ大杉の代理で行ってくれ、という相談をした。ともに近藤憲二が同伴した。大杉は「多分四月だつたらう。僕は再び上海との連絡を謀るためと約束の金を貰ふためとに、近藤栄蔵を使ひにやつた」と「日本脱出記」に書いている。旅費まで渡した。

栄蔵は『労働運動』紙上でロシア革命の紹介宣伝をするいっぽう、堺・山川とひそかに連絡をとって、かつて片山潜と約束した日本共産党結成の工作をすすめていた。最初は、「大杉一派」も含めた党を期待したが、それが全く望み薄と分かると、山川と第三インターナショナル日本支部準備会の具体化に着手する。そして李にすすめられて上海行きを決意、大杉には隠して、日本の共産主義者グループの代表として会議に参加したのである。三十日、東京を発ち、五月七日、上海に到着。（『近藤栄蔵自伝』）

五月一日、第二回メーデーに、東阪の労働運動社が参加。

東京のメーデーは、労働組合同盟会の主催で芝浦埋立て地で開催された。労運社は前日から警官に包囲されたが、近藤憲二らが黒布の社旗を掲げて参加。新聞工・正進会も黒地に真っ赤な文字で会名を書き、芝浦から上野公園まで行進した。特筆されるのは、赤瀾会の会員十数人が、日比谷あたりから会旗を翻し、労働歌を歌って行進に参加したこと。「婦人に檄す」というビラを配布し、堺真柄、秋月静枝ら八名が検束された。近藤もビラ配布が出版法違反と起訴される。

大阪で最初のメーデーには、支局の桑原錬太郎が黒地に赤三角を染出した旗を持って参加。行進が天王寺公園に入って、解散しようとしたとき、緊急動議を出して壇上に立つ。大阪電灯会社の争議応援を呼びかけ、電業員組合などが賛同、百三十人ほどでデモをかけた。（『労働運動』六・四、大阪毎日新聞五・二）

七日、週刊『労働運動』（第二次）**第十号を発刊。六日付で発禁、全部押収。**

印刷屋が車に新聞を積んで社に牽いて来たところを、その場で押収されてしまう。官憲の記録には、新聞紙法の「安寧秩序紊乱」による発禁で、差押部数は四千部とある。メーデー参加や社会主義同盟大会に向けての報道・論評があったはずだが、一切不詳。（『労働運動』六・四、警保局「最近出版物ノ傾向ト取締状況」一二・五）

九日、社会主義同盟第二回大会に参加のため、社を出たところを検束される。

官憲の干渉は第一回大会以上に厳重を極め、警察は数日前から圧迫を加え、執行委員、活動家の多くが開会前から自由を奪われた。神田青年会館の会場は聴衆三千名に達し、開会の六時前から立錐の余地ない盛況だったが、弁士席には高津、江口、服部ら数名に過ぎない。高津が司会者として立ち、議事を進めるのは不可能だから、執行委員にご一任願いたいと叫ぶと、錦町署長は解散を命令、多数の警官を率いて壇上に突進して検束を始めた。所々で格闘が行なわれ、聴衆は遂に場外に追いだされ、錦町署への検束者は四十九名に達した。

大杉と同志たちは駿台倶楽部に集合して参加しようとしたが、警官隊に重囲されて出られない。大杉、和田、中名生、中村、川口慶助らは午後五時過ぎ、大杉の采配で「主義のための闘いに勇ましく繰り出せ」と、会場へ向かおうとするが、見張っていた警官にたちまち包囲され、西神田署に検束される。（東京日日新聞、朝

日新聞五・十）

十三日、週刊『労働運動』（第二次）**第十一号を発刊。**

「足尾争議解決の真相」という中村の記事がある。争議は友愛会の麻生久が交渉の結果、争議の犠牲者を出さず、組合の団結権を認めたことなどを以て終結し、四月二十日、明治会館での報告会では大成功と演説した。しかし、要求の主要点は容れられず、団結権は「会社の業務に障害を及ぼさざる範囲に於ける」というに過ぎない。

麻生の「大勝利」宣言には、労運社側の正進会・信友会も非難の声をあげ、メーデー示威運動でも歩調は合わず、友愛会は二十一日、労働組合同盟会からの脱退を決める。水沼は「友愛会の主張は資本主義的であり、信友会・正進会の主張は社会主義的である」と十三号に述べる。

著作――翻訳「青年に訴ふ・七」掲載。（『労働運動』六・二十五）

中旬ころ、右翼団体・猶存社の岩田富美夫が来訪。

得体が知れず、宮嶋への手紙に「先日岩田富美夫という人が訪ねて来た。どういう人か君知らないか」と尋ねている。このころ岩田は猶存社の同人で、同社は北一輝、大川周明、瀬川亀太郎を中心とする国家主義運動の結社である。のちも右翼の活動家として通し、大杉の死後、彼が主宰する大化会のメンバーを率いて、大杉らの遺骨を強奪する事件を起こす。（書簡一二五）

二十八日、社会主義同盟に結社禁止命令。三十一日、執行委員会はこれを受け、同盟は解散する。（『日本労働年鑑』）

この月ころ、高尾、宮嶋らが結成した黒飄会に野枝と出席する。

黒飄会は、高尾平兵衛、和田軌一郎、吉田順司、宮嶋資夫らが四月に結成したアナキスト団体である。第一・三土曜日に指ヶ谷の若林宅に集会した。

高尾・吉田一らは大杉らの『労働運動』に反発して、四月に労働社を設立し、機関誌『労働者』を発刊した。創刊号に吉田が「何と言つても、ほんとの労働者の気持ちと、知識階級から出た労働運動者―指導者との間には何うしても一つに成り切れない或るものがある」と述べたように、批判の根底には、知識階級が労働運動に連携することへの不満がある。

大杉らへの批判も含んでいて、高尾は大杉を「貴方は矢張り知識階級の環境に閉じ込められて居るんです」と非難している*。アナキズム運動内の分裂であったが、運動の拡張という見方もできよう。『労働者』創刊号には、同人として三十四名の名を連ねているが、この中には、岩佐、久板のように『労働運動』の同人もいるし、何人もの寄稿家がいる。複合的な軸をもっての展開といえる。

大杉が黒飄会に出席したときの論議では、こうした労働運動担い手論も話し合われたであろうが、対立ではなく、友好、同志的な会合であったと思われる。官憲の記録によると、この会合に大杉と野枝が出席したのは一回だけで、会自体は「二、三回ノ会合アリタル外、記スベキ事項ナク」とあるから、高尾や和田が収監されたこともあって、短期で消滅したようだ。（沿革二、『労働者』二一・四、＊高尾平兵衛「獄中より大杉栄さんに」『社会主義』二一・七）

この月ころ、大庭柯公に、望月桂を漫画記者に紹介する。

望月が大庭（読売新聞編集局長）を訪ねると、「ウチには今いるから」と東京日日新聞を斡旋してくれた。日日では「当分客員で……」と言われるが、その日の飯に困っているんだと断ってしまう。大杉に話すと、「馬鹿だなあ、断ることないじゃないか」と笑われた。（望月桂『記録年譜』）

六月四日、週刊『労働運動』（第二次）**第十二号を発刊。**

著作――翻訳「青年に訴ふ・八」掲載。

七日、中国基督教青年会館での思想講演会で講演。

会館は神田区北神保町十（現、千代田区三崎町）にあり、講演会は留日中国青年会の主催であろう。出席者は七十一名。この日、大杉とともに羅豁《らかつ》が講演した。彼は同会館にあって、留日中国人学生の文化センターとなっていた書店・東方書報社の運営メンバー。大杉はこの書店でよく開かれた座談会に高津正道らと出席した。羅豁はこの講演会の僅か五日後に国外追放の処分を受け、身辺の整理をする暇もなく帰国した。彼の意志を継承するのが王希天である。大杉と同様、関東大震災直後、陸軍によって虐殺された。（小野信爾『五四運動在日本』）

十一日、赤瀾会主催の婦人問題講演会で野枝が講演。午後一時から神田青年会館で開催。野枝の演題は「婦人問題の難関」。講演者はほかに、馬場孤蝶、江口渙、秋田雨雀、守田有秋、石川三四郎、藤森成吉、山川菊栄、仲宗根貞代、堺真柄と多い。

講演会は、赤瀾会の宣伝ビラをまいて起訴された中名生幸力の妹・いねと神道久三が、各七十円の罰金を科せられたので、これを払うために開催した。馬場、江口、秋田などの文学者は講演料なし、入場料は三十銭を取って、十分罰金を払うことができたという。（読売新聞六・十一、牧瀬菊枝編『久津見房子の暦』）

十五日、北風会例会を再開。大杉はバクーニンについて講話。大杉の病気や『労働運動』発行の多忙などで、四月ころからか休会していた北風会をこの日から再開した。六十人ほどの会員が集まって盛会。会場を駿台倶楽部の労運社に移し、開催日は今後も毎月一日、十五日とする。（『社会主義』二一・七）

二十二日、野枝が中国基督教青年会館で留日学生に講演。コスモ倶楽部が留日学生を対象に開催した講演会で、出席者は五十三名。他の講演者は田漢、朱鳴田、謝晋青。田漢はのちの中国国歌「義勇軍行進曲」の作詞者である。

余談だが、「義勇軍行進曲」の作曲者・聶耳《じょうじ》は、田漢が獄中で作詞したことを知り、三五年に来日してすぐに、この曲を完成させた。しかし直後、藤沢市の鵠沼海岸で水死。海岸には記念碑が建てられ、レリーフが造られている。レリーフの制作者は彫刻家の菅沼五郎。野枝が最初にエマと名づけ、後に菅沼幸子となった人の夫である。（警視庁外事課『支那関係事務概要　第九』）

二十五日、週刊『労働運動』（第二次）**第十三号を発刊。廃刊とする。**大杉の代りに上海へ行った近藤栄蔵が、帰りに下関でつかまる失敗のうえ、堺・山川らと内密にコミンテルン日本準備会を組織して、独自にコミンテルンと接触したことが判明。そこで発行・編集人の近藤憲二が入獄したのを機会に廃刊とした。憲二はメーデー当日のビラ配りで、出版法違反・禁固三カ月の判決を受け、この翌日に収監された。かくて『労働運動』を通じてのアナ・ボル共同戦線は絶たれることとなった。

著作――翻訳「青年に訴ふ・九」掲載。（近藤憲二『私のみた日本アナキズム運動』）

六月、このころ、小田原の加藤一夫を家族と訪問する。

野枝の最初の子・一《まこと》を時々預かって、この日、一緒に連れて行った。魔子を「まこちゃん」、彼は「まあちゃん」と呼んだことが、次の加藤の文からわかる。

〈大杉君が労働運動の週刊を出して居た時分のことで、運動上にも、思想上にも、非常な努力と活躍を見せて居たが、かうして野枝さんやまこちゃんや、それから野枝さんの先の子であるまあちゃんなぞをつれて遊びに来ると云つたやうな場合の大杉君は全く人の好いお父さんだつた。

僕等は僕のあばら家の二階で（しかしそれは素敵に見晴らしのいい、気持ちのいい二階だつた）、サイダアやビールを飲みながら話し合つた。大杉君はサイダア、僕と野枝さんと僕の妻はビール、そして子供達には花火をあてがつておいた。〉

このとき、駅から網一色の加藤の家までの往復にタクシーに乗ったが、支払いに百円札の札びらをきったと新聞種になった。その運転手は、驚くことに尾行の刑事がなりすましていたのだと、後にその尾行が加藤に漏らしたという。（加藤一夫「大杉も知らずに死んだこと」『祖国と自由』二五・九）

著作――「死にそこなひの記」『野依雑誌』六月号

七月一日、七時より北風会例会を開催。

前回に続いて、大杉がバクーニンについて講話。出席者は岩佐、和田、中村、高津、八幡博道ら三十七名。（警保局保安課『大正十年六月社会主義運動月報』）

十三日、自叙伝執筆のため、野枝・魔子を連れて新発田へ旅行。

改造社社長の山本実彦が堺、山川、大杉三人の自伝掲載を企画、大杉はその一番手になった。他の二人よりずっと若い三十六歳にして「自叙伝」を引き受けたのは、自己表出への意欲だが、資金稼ぎも大きな動機であろう。
新発田へ行くのは母の葬儀のとき以来、二十年ぶりである。その間に鉄道が通り、駅もできたから「面目一新と云ふ程に変つて居るだらうと期待して行つた」が、「まるで二十年前其侭なのに驚かされる」。町のどこを歩いても、工場らしいのは、大倉喜八郎のやっている大倉製糸場が一つあるだけ。「やはり依然たる兵隊町」であった。

十三日、長谷川旅館に落ち着くと、近くの万松堂書店（現在も営業）を訪ねる。新発田を去る前の三、四年、「一番いいお客の一人」だった店である。昔と変らぬ主人の近《こん》保禄がいた。彼から中学時代の友人の消息を聞いて、何人かが新発田にいることを確かめる。その一人杉浦（慎一郎）は、かつて大杉が家で「輪講だの演説だの作文だのの会」を開いたときのメンバーだが、今は新発田第一の大地主だという。会って農民との関係を聞くと、小作人の面倒を十分みているから「農民運動は決して起りませんよ」などと土地の事情を話した。

十四日は、少年の頃「三の町のお嬶《かか》」と呼んで、母の一番親しいお相手であった島津ヨシを訪問。昔を偲び、さらに往時の話を聞くために、彼女を連れて瀬波温泉に向かい、三島屋旅館に泊まった。自叙伝の「母の憶出」は、このお嬶の話がリアリティをもって語られている。翌日、新発田へ戻って取材を続け、長谷川旅館に再泊。十六日、朝八時発磐越線経由で平に向かう大回りの旅をし、十七日、常陸の海岸で一泊、鎌倉に帰った。（新潟新聞七・二十四、自叙伝）

十五日、労働運動社にて北風会例会。

出席者は、岩佐、和田、中名生、三田村ら約四十名。大杉は欠席。（警保局保安課『大正十年七、八月社会主義運動月報』）

十八日、赤瀾会夏期講習会にて、二十日に野枝、二十一日に大杉が講演。

講習会は五日間の日程で、麹町区元園町の旧社会主義同盟本部で開かれた。女性の啓蒙がねらいだが、参加者は日により三十～六十名。二対一の割合で男のほうが多い。野枝の演題は「職業婦人に就て」、大杉は「社会主義運動に参加したる婦人に対する不平」。講師はほかに堺、岩佐、山川菊栄、守田有秋など。

大杉は一語一語かみ出すような調子で、「かつてこの運動に入ってきた女は、その中の誰かを目的にしている傾きがあった。恋が得られれば妻君業に甘んじ、得られなければそれきり姿をかくしてしまう。恋するのは不思議もないことだが、それを得た得ないで、この運動をやるやらぬを決定されるようでは困る。その人はあくまでその人であってほしい」と苦い注文をした。(『社会主義』二一・九)

下旬ころ、上海から帰国した近藤栄蔵よりの見舞金を受け取る。

栄蔵はコミンテルン上海会議に出席し、六千余円の運動資金を預かって、五月十三日に帰国。下関に上陸したが、ここで大失態を演じる。汽車に乗り遅れたので、料理屋にあがって酒を飲み、芸者を呼んで好い気分になっているうちに、夕方の列車にも乗り遅れてしまう。改札口で二等急行寝台券を破り捨てたのがいけなかった。張り込んでいた私服刑事に怪しまれ、その晩芸者と寝ているところを襲われて、検挙されたのである。

二十九日間留置されて散々絞られ、山口監獄から市ヶ谷監獄へ送られるが、当時の法律では処分できず、七月二十五日、放免となった。そして栄蔵によれば、山川、堺に報告した後、大杉を訪問して上海からの病気見舞金五百円を渡す。

しかし、大杉の『日本脱出記』と齟齬がある。「僕は山川から栄蔵の伝言だと云ふのを聞いた。それによると……朝鮮人の方から栄蔵がロシアへ行く旅費として二千円と僕への病気見舞金二百円を貰つて来たと云ふ事だつた」。つまり栄蔵の訪問はなく、見舞金は間接的に二百円であった。

真偽不明だが、次のことを指摘しておこう。『近藤栄蔵自伝』には、上海で金某から運動資金として五千円、栄蔵個人の慰労金として千円、大杉への見舞金として五百円計六千五百円を受け取ったと書いている。が、警保局『大正十一年七、八月社会主義運動月報』によれば、「金河球が六千二百円を交付、うち五千円は運動資金、五百円は栄蔵の渡航費用、五百円はロシア行きの費用、二百円は大杉への病気見舞ひ」であったと記載されている。これは取調べに対して、栄蔵自身が告白した内容ではないのか。

大杉の『日本脱出記』にくらべ、栄蔵の『自伝』はずっと後の執筆だから、栄蔵の記憶違いも考えられる。この時点では、大杉にたいする後ろめたさが重く、顔を合せたのはもっと後ではないかと思われる。なお、近藤が持ち帰った金は、警察に没収されなかった代りに個人で使うように念を押され、堺や山川も使途は近藤に任せた。(『近藤栄蔵自伝』、読売新聞七・二十六)

B・ラッセルと面談

(1921年7月)

二十六日、B・ラッセルの歓迎昼食会に出席、彼と面談する。

改造社が招いたバートランド・ラッセルとの昼食懇談会は、十一時から帝国ホテルで開かれ、日本の思想家・学者約四十名が出席した。部屋に入ってゆくと、今は神戸で「ジャパン・クロニクル」紙の記者をしているコズロフが通訳をしていて、大杉を「ジャパニーズ・バクーニン……」と紹介。ラッセルは笑みを浮かべて強い握手をし、面談した。その内容は『改造』九月号に「苦笑のラッセル」として、大杉の談話筆記が載っている。

ラッセルはマグネシウムの閃光が嫌いで、この時も十数人のカメラマンが次々にポンポンやるので、機嫌がよくない。「いくらわれわれがアナーキストだって、こんなに爆弾のお見舞いを受けちゃね……」とふざけながら苦笑する。そして、エマ・ゴールドマンとベルクマンを知っているかと訊き、昨年二人にモスクワで会ったと消息を伝えた。ラッセルの社会改造論について大杉は「一言で云へば、一種のアナアキスト・コンミュニストでせうな、が、あまりにもインテレクチュアル過ぎるやうですね」と短評。時間をかけて対話したら、響き合うところ大いにあったはずの二人だ。

出席者は、ほかに吉江孤雁、石川三四郎、堺利彦・真柄、山川均、昇曙夢、福田徳三、阿部次郎、和辻哲郎、北沢新次郎、大山郁夫、杉村楚人冠、新居格、鈴木文治、上田貞次郎、与謝野晶子、片上伸ら。二時散会。(朝日新聞、読売新聞七・二十七、大杉豊「響きあう大杉栄とB・ラッセル」『沓谷だより』二〇〇三・八)

三十日、B・ラッセルの帰国を横浜港で見送る。

ラッセルは二週間の滞在を終え、二カ月後に妻ドラ・ラッセルとなるブラック嬢とともに出帆。桟橋には改造社・山本社長ら二十余名が見送った。

大杉は無雑作な浴衣姿で現れ、魔子を連れて一緒に来た野枝を紹介、ドラを交えて、日本の社会運動や官憲の抑圧のことなど、親しく会話する。それが印象に残ったのだろう。『ラッセル自叙伝』には、「わたくしたちは、カナディアン・パシフィック会社の船で横浜から出帆した。この時はアナーキストの大杉氏と伊藤女史が見送りにきてくれた」と二人のことだけを書いている。

のちに大杉と野枝、甥の橘宗一が軍隊に虐殺されたことを忘れずにいて、追悼の念に彼一流の皮肉を込めて、「三人は連れていかれ、それぞれ別々の部屋に入れられ、絞め殺された。……この憲兵は、たちまち国家的英雄に祭り上げられ、学校の児童たちは、彼らを讃える作文を書かされた」と記す。

また野枝にたいしてとても好感を持ち、日本では誰もおくらなかったような賛辞をもって追想している。

〈わたくしたちがほんとうに好ましく思った日本人は、たった一人しか会わなかった。それは伊藤野枝という女性であった。彼女は若くそして美しかった。或る有名なアナーキストと同棲していた。二人の間に息子《ママ》が一人あった。ドーラが彼女にきいた――「当局が何かすると思うんですが、別に恐れていませんか」と。彼女は喉もとに手をあて、それを横にひいて、首をはねられるまねをしながら言った――「遅かれ早かれ、こうなることはわかっています」と。〉

ラッセルは来日以来、みっしりした日程のなかで、新聞記者の集中的な取材や警察の監視などの無礼に遭って、日本での滞在によい印象を持っ

ていなかった。そうした心証にたいして野枝は、ある種の爽やかさ、権力に立ち向かう潔さを感じさせたのだろう。（朝日新聞、読売新聞七・三十一、『ラッセル自叙伝Ⅱ』日高一輝訳）

三十一日、コズロフが来て、三〜四日滞在。

前日、大杉も行った横浜の埠頭でラッセルを送り、通訳の任を終えての来訪である。彼が通訳を務めたのは、ラッセルが上海から神戸に着くと、まず「ジャパン・クロニクル」の編集長ロバート・ヤングを訪ねたことによる。そこで記者をしていたコズロフを紹介され、滞在中の通訳として随伴することになったのだ。

大杉のところへは、『日本における社会主義運動』と題する論文を仕上げたので、校閲を頼みに来たのである。「これを見て下さい。そしてもし違うところがあったら教えて下さい」とタイプ刷りの原稿を出して言った。大杉は、彼が泊っていった三、四日の間にちょいちょい拾い読みをし、「すつかり敬服」する。「僕等や其他のよその人々と会つて、皆んなにうるさがられる程よく話しは聞いてゐたが、しかしそれをこれだけ詳しく書いて、そしてよくこれだけのものに纏めあげたと思つた」と高評している。コズロフのこの著作は、のちに神戸・クロニクル社から出版された。（「コズロフを送る」、『ラッセル自叙伝Ⅱ』前出）

この月、神戸の川崎造船所の労働争議に、十五円をカンパ。

川崎・三菱両造船所の争議は職工三万五千人が参加し、七月八日の突入から四十五日間に及ぶ大ストライキとなった。が、死者一名のほか約百人の収監者と千三百人の解雇者を出し、「惨敗宣言」を発して幕を閉じた。（調査書、大河内一男・松尾洋『日本労働組合物語・大正』）

著作――「無政府主義の父――ミシエル・バクウニン」『改造』七月号

八月一日、駿台倶楽部の労働運動社を引き払い、解散する。

警察にとっては、ここにいた和田や中村など視察人の行方不明であり、大杉の警戒も厳重になる。三日には新聞記者が二、三訪ねてきたり、警察署長が会いたいと都合を聞きにきたりした。（「雲がくれの記」、警保局保安課『大正十年七、八月社会主義運動月報』）

四日、山崎今朝弥を訪問。尾行をまいて長野行き寝台車に乗る。

五日、上諏訪にて同志六人と語り明かす。

四日、遠く岐阜まで行く計画で、浴衣がけ、ステッキ一本持って鎌倉の家を出た。むろん尾行に悟られないためで、荷物は前日のうちに東京へ運んである。三、四件用を済まして、夕方近く山崎を訪ねた。上京の際は立ち寄ってくれというはがきを、受け取ったばかりだ。尾行は二人とも表口に張るので、用事を終えると裏口から出て、簡単にまいてしまう。荷物を届けている家で洋服に着替え、特徴である山羊ひげを剃り落として変装。飯田町から夜行列車に乗り込んだ。東海道線は顔を知られている駅員が多いので、中央線にしたのだ。

上諏訪で下車。思い立ってここの同志に会おうとするが、住所は分からない。「小さな新聞型の雑誌を時々送つて来る」高山不易の名が頭に浮んだので、書店に入ってその名を言うと、店にいた中年男が知っていて、家まで案内してくれる。昼まで滞在し、午後は高山が五人ばかりの仲間を集めて「鷺の湯」に招待される。そこで、「妙にデモクラチックな芸者まで侍らして」朝まで語り明かした。

同志とは鮎沢寛一らこの地域のアナキスト青年を中心に組織した社会主義研究会のメンバーであろう。鮎沢のほか、竹内仲之、武居直人、鮎沢実也らで高山不易は高山兼次郎の俳号と思われる。「時々送ってくる雑誌」は鮎沢らが出していた『民衆』か。ともあれ、二年前に途中下車した時には会えなかった同志に、諏訪・岡谷の情勢を聞くことができた。

彼らはこれを機に大杉、堺、山川を呼んで翌月、高島公園で社会主義演説会を開く計画をたてるが、許可されず実施には至らなかった。(「雲がくれの記」、青木恵一郎『長野県社会運動史』、信濃毎日新聞八・六、九・十七)

昆虫に熱中した日々

六日、岐阜へ行き、名和昆虫研究所へ通う。十二日、帰宅。

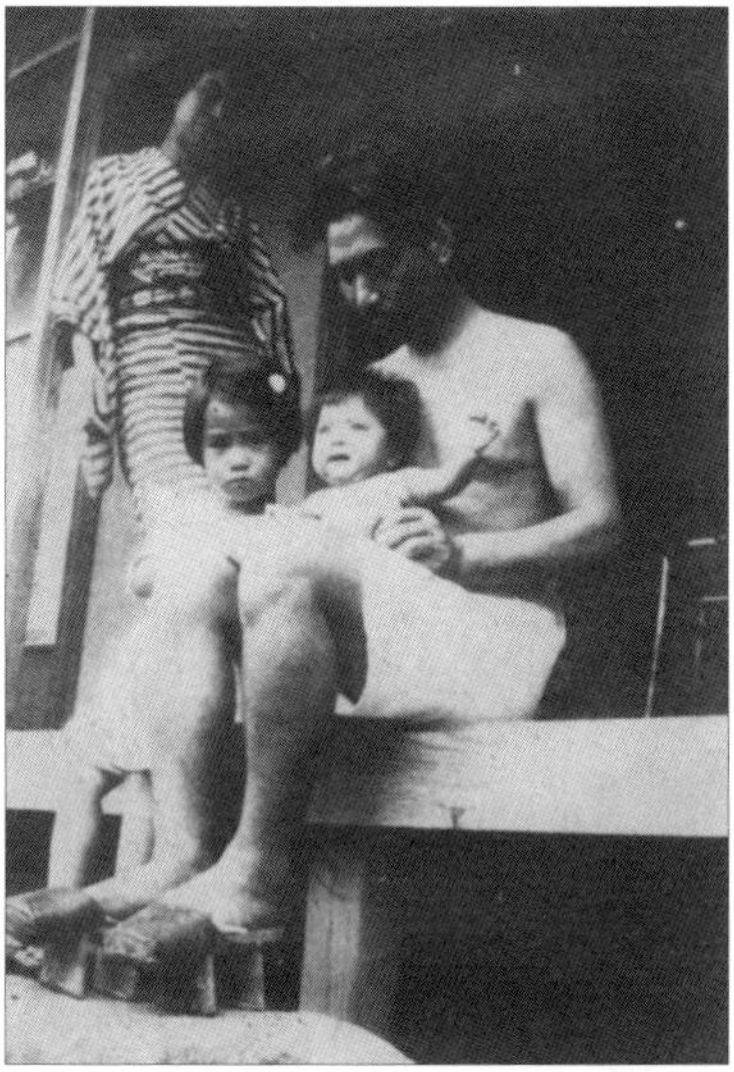
▲…21年夏、魔子、エマと。後ろは野枝

岐阜に滞在して昆虫の勉強をしたのは、『昆虫記』翻訳の準備である。昆虫の名前や形態を重点に、見学また教えを乞うたと思われる。昆虫に熱中した日々であった。子供が病気だというので途中で切り上げたが、日程から計算すると、研究所へは五日間通ったとみられる。（「雲がくれの記」）

名和昆虫研究所は昆虫学者・名和靖が独力をもって設立、〇四年に岐阜公園に移転している。大杉が通ったこの月には、昆虫博物館に三千五百人の訪問・見学者があったと機関誌『昆虫世界』に記録がある。今日まで継続している同所を訪ね、四代目所長夫人の名和幸子さんから当時の日記などの資料を見せていただいたが、変名で行った大杉の痕跡は見当たらなかった。大杉が送ったらしい『昆虫記』がずっと保存されていたという。

十五日、**評論集『正義を求める心』をアルスから出版**。

既刊の論文集（『生の闘争』『社会的個人主義』『労働運動の哲学』）が、絶版や禁止のため入手困難なので、これらから主要論文を選び、近著の労働運動論を加えた。付録につけた「青年に訴ふ」は、かつて日刊平民新聞に訳載したのを、全部改訳して『労働運動』に連載したもの。が、本書に収録するときの検閲で「無残にやられて了つた。仕方がない。あきらめられぬとあきらめるんだ」と序文に書くとおり、削除の跡が痛々しい。

二十一日、**清水谷公園・皆香亭にて福田狂二の出獄歓迎会を開催**。

堺・大杉・山崎・北原の発起で、午後七時開会。新聞に「集る者六十余名、一同せんべいを齧り、ラムネのラッパ飲みをやりながら放談放論」とある。大杉の出席は確認できないが、発起人として、参会したと思われる。福田は警視庁官房主事の大島を殴打したため、東京監獄で三年の刑期を勤めて出獄し、各派の同志が参集

した。（朝日新聞八・二十二）

この月ころ、野枝が東京監獄の近藤憲二に面会する。

通常の面会は、立ったままわずかの時間なので、演出をして典獄面会にもっていった。国許で在郷軍人を対象とした簡閲点呼の通知があったという口実である。典獄室で堂々と面会し、餅菓子を出して「みんなで食べながらお話ししましょうよ」と典獄も誘うコツは、面会慣れした野枝ならではの技だ。（近藤憲二『一無政府主義者の回想』）

著作――「雲がくれの記」東京毎日新聞八・十四～十八（四回）、翻訳「殺しの名人――ファブルの『昆虫記』から」『改造』八月号

九月九日、野枝が警視庁に召喚され取調べを受ける。

この日朝、高津正道の妻・多代子が検束された件で、赤瀾会の関与を疑われ、夜十時、堺真柄、仲宗根貞代とともに特高課より聴取を受ける。一時間ほどで終り、高津夫妻に差入れをして引き取る。多代子は正道の秘密出版事件に絡んで、そのまま拘留された。（朝日新聞、東京日日新聞九・十）

十三日、無産社で赤瀾会の相談会が開かれ、野枝が出席する。

無産社は四谷南伊賀町の仲宗根源和・貞代夫妻の家。協議の内容は、八月中旬から九月にかけ、会員の高取のぶ子、高津多代子が拘留されたことと、会の中心メンバーであった九津見房子が、三田村四郎との恋愛で大阪へ離脱したことへの対応策であった。出席は堺真柄ほか十人余り。七時半に始まり、十時散会。

しかし十二月には、反戦ビラ配布の暁民共産党事件で、さらに堺真柄、仲宗根貞代が収監され、会のまとめ役がいないまま、赤瀾会は自然解消に向かう。（読売新聞九・十四、協調会研究会編『協調会史料　日本社会労働運動集成一九二〇年代～一九三〇年代』）

中旬、執筆のため和田久太郎・魔子と藤沢・鵠沼の東屋旅館に滞在。

『自叙伝』執筆と『昆虫記』の翻訳に和田が手伝う。『自叙伝』は『改造』十月号から連載が始まる。「仲間の幾人かが第二の大逆事件で捕まつてそれがいつ何処へ飛火するかも知れない大変な時に、こんな所に引き籠

もつて、呑気に或る雑誌屋からの註文の自叙伝を書いてゐます。ええ、大ぶいい金になるんです*」と申し訳を書いている。

「仲間の幾人かが捕まつて」とは、何者かの密告により八月末以来、暁民会本部の十数名をはじめ、各地で合せて三十名位が検挙され、高津夫妻、高瀬清、川崎憲次郎が秘密出版で拘留されていることを指す。謄写版刷りの「お目出度誌《めでたし》」は、戯文、漢詩、都々逸ありで、中に縦に読むと普通の文だが、横に読むと不敬の文字になる仕かけがある。この関連で主義者の一網打尽説が流れた。（＊「一網打尽説」、和田久太郎『獄窓から』、朝日新聞九・十、十六）

▲…白シャツの新居格から右へ大杉栄、堺利彦、山崎今朝弥、山川均、近藤栄蔵

二十五日、近藤憲二が東京監獄を出獄し、同居する。

この日満期放免となり、十一月初めまで滞在した。和田・村木も同居しているが、和田は東京へ行くことが多かった。村木はたいがい家にいて、買い物や掃除を手伝った。ピストルの弾を持っていて、ある時、「原敬をやる」と近藤に言ったという。（近藤憲二『一無政府主義者の回想』）

三十日、近藤栄蔵が経営する売文社の顧問会に出席。

栄蔵は日本共産党の結成にまい進するが、他方、上海資金のカモフラージュもあって、堺から看板を譲り受け、売文社を経営した。庭付き門構えで、のちに大杉らの労働運動社になる駒込片町の家である。その顧問に大杉、堺、山川を迎え入れたのは、三者の共同を図り、大杉との関係を修復しようとする意図でもあったろう。大杉も、上海行きの不快な一件に拘わらず、鎌倉から出てきた折、よく売文社へ遊びに立ち寄った。野枝と魔子を連れて来て、半日遊んでいったこともある。

この日は、銀座鍋町の小料理屋・青柳で、顧問会が開かれ、前記三人と栄蔵のほか、やはり顧問の山崎今朝弥、新居格《にいいたる》、それに東京毎日新聞記者が出席。和気藹々とした場面の写真が残されている。(『近藤栄蔵自伝』)

この月、生田春月に『相寄る魂』のモデル料として本をくれと書簡。

『相寄る魂』は春月の自伝的長編小説。初対面以来の大杉との交流場面をいくつか描いている。大杉の家で辻潤に会い、辻を訪問したときに大杉も来たこと、荒川義英の送別会での大杉、また野枝と一緒に下宿に訪ねてきたことなど。それを知って、出版されたばかりの本を要求したのだろう。

春月は三〇年に自死するが、その七カ月前、「大杉栄讃頌」と題する感興詩をつくっている。前書きに「頃日、大杉栄を思ふこと多し。長友宮嶋資夫君と大杉を語って、わが年少時、屡々その指示を得たりしこの英雄児を偲ぶ一篇」とある。一部を引用すると、

〈……かの迎へ酒も、その主義に/時非なればぞ、成りがたき/思ひのゆえぞと聞けばいたまし。/バリケエドで死ななんだ/それを憾みに思ふなよ/……大杉栄を思ひ出す。〉

佐藤春夫も『相寄る魂』に登場するモデルの一人で、やはり春月に手紙を送った。それは「作中人物の如く少女を弄びしことなし」との理由による絶交状であった。(『生田春月全集』第十巻、世界文庫『大杉栄全集月報』)

著作――「苦笑のラッセル」、「霊魂の為めの戦士」『改造』、「今の社会は罪悪の温床だ」『野依雑誌』各九月号、「一網打尽説」東京毎日新聞九・十五~十八(三回)

十月上旬、極東民族大会への日本代表派遣について相談にあずかる。

大杉は第二次『労働運動』を始めたころから「ロシアの実情を自分の目で見ると共に、更にヨオロッパに廻つて戦後の渾沌としてゐる社会運動や労働運動の実際をも見たい」と考えていた。ロシア革命への期待を捨てきれず、欧州の情勢も踏まえて革命の有りようを構想するためと思われる。

そこへ突然にイルクーツクで極東民族会議を開くので、日本からも代表を、という話が起った。(注) コミンテルンの連絡係として、上海から張太雷が派遣要請に来たのである。彼は堺らに会うが、堺・山川は人選、準備を近藤栄蔵に一任する。近藤は「当時の労働運動陣営内で、警察官憲の警戒網を巧みにくぐって、海外へ潜行す

る勇気と訓練を持つ労働者は、およそアナルコ・サンジカリストである」と判断。張にそう話すと「張は無政府主義者でも労働者であれば結構だといった。あちらへ行けば、どうせ皆ボルシェビキになるから、心配無用といって笑った」という。そこで近藤は事実を語って大杉に相談したのであろう。大杉は行く気になる。

〈それは共産党の方に来たのだが、今度は僕も其の相談に与かつた。共産党ではそこへやろうという労働者がゐなかつたのだ。そして僕は、いずれ又上海の時のやうなことになるのだろうとは思つたが、とにかく日本から出席する十名ばかりの中に加はる事にきめた。〉(『日本脱出記』)

そして和田久太郎を通じて、労働社の吉田一に勧め、近藤はボルに転じていた高尾平兵衛にも相談し、結局、代表として高尾と吉田一、和田軌一郎、正進会の小林進次郎、北村英以智、ボル派の高瀬清、徳田球一を決めた。一行は十月下旬頃に出発するが、大杉は直前になって中止する。前の文に続けてこう述べる。

〈しかし、あとでよく考へて見て、それも無駄なやうな気がした。又、共産党との相談にも、いろいろ面白くない事が起きた。そして、いよいよ二、三日中に出発すると云ふ時になつて、僕一人だけそこから抜けた。〉

先が見えて見限ったのであろうか。アナ派として行った連中のうち四名(吉田、和田、北村、小林)は、張が言ったとおり、大会中にボルへの転向を表明。帰国後も変貌を見せた。高尾は上海でコミンテルン極東ビューローと連絡がつき、そこで運動資金五千円を受け取って帰り、ロシア飢饉救済運動に着手したという。(『日本脱出記』、『近藤栄蔵自伝』、犬丸義一『第一次共産党史の研究』、吉田一「スターリン青年と革命を語る」『改造』五〇・十二、松尾尊兊『大正時代の先行者たち』)

(注)十一月、イルクーツクでの予備会議は一日だけで、本会議は大幅に遅れて翌年一月、モスクワで行なわれた。徳田球一『わが思い出』によると、予備会議に日本代表は米国から参加の田口運蔵らを含めて十一名。中国から五十四名、朝鮮九名、蒙古十八名、合計百二十五名が参加した。

著作――「自叙伝(一)」『改造』十月号

(1921年10月〜11月)

東屋の文士たち

十一月五日、「自叙伝」執筆のため、鵠沼の東屋旅館に滞在。

この日、東屋に着くと間もなく、部屋に佐藤春夫がやって来た。大杉は駅で聞いたニュースを伝える。「君聞いた？　原敬が殺されたってね」。二時間ばかりたって、大杉が尾行から手に入れた号外を持って佐藤の部屋へ行き、「やったのは子供なのだね」と言って三分ほど沈黙したという。佐藤はその沈黙を「ただ沈黙したとだけではなく、憂色を帯びて、と言ってもいい」と記述している。前夜、大塚駅の転轍手・中岡艮一（十七歳）の犯行であったが、大杉は村木が原敬を狙っていることを知っていたはずで、沈黙のうちにはその感慨を含んでいたに違いない。

その後は自叙伝や生田春月の話から文学談になり、大杉は「小説といふものが近頃実に読んでつまらなく退屈なものになつた」「その代りに自然科学の書物などを見ると、以前小説の好きな頃に小説を見て覚えたのと全く同じ種類でそれ以上の面白さを感ずる」「所謂左傾した作家といふ連中のが一番退屈だよ」などと言った。次の晩も佐藤と二時間ばかり雑談する。

佐藤のほか、ここで何人もの作家と交遊した。宇野浩二の文章を引く。

〈その時、東屋で、一緒になつたのは、里見弴、久米正雄、芥川龍之介、佐々木茂索、大杉栄その他がゐた。……大杉が奥の二階の座敷にゐたので、私は、大杉の下の、奥の下の部屋に陣取ることにした。この部屋は、落ち着いていて、勉強するには持つて来いであった。さうして、大杉の部屋は、見晴らしはよいが、ぽかぽかして暖く勉強するには適しなかつた。その代り、里見、久米、芥川、佐佐木、ある時は谷崎潤一郎夫人の妹のせい子、その他が集つて楽しく遊ぶ時は、大杉の部屋に集まることにした。〉（『文学の三十年』）

楽しい遊びとは、花札である。

〈……あつまると、「花かるた」をやつた。……その「花かるた」をやりながら、大杉は、窓の下にみえる池のそばの、亭《ちん》を指しながら「あすこに、番人がゐるから大丈夫だよ」といつた。番人とは、その六畳ぐらゐの部屋のある亭に、大杉についてゐる、刑事が二人ゐたからである。さうして、それを大丈夫といつたのは、大杉がその部屋にゐると、刑事が尾行する必要がなかつたからである。〉（宇野浩二「思ひがけない人」）

庭や浜辺に出て、写真を撮り合うこともあった。「砂浜にあげられた和船に大杉がもたれ、その前に久米が踞んでゐる図、芥川と佐佐木が何の苦もなささうに、窓際の椅子に、ならんで、腰かけている図……みなみな、人の世の楽しい時であつた……」。

宇野はまた、大杉の印象を次のように述べる。

〈大杉といへば、私が東屋で一日に何度か顔を合はして話し合つた感をいふと、有島生馬が書いてゐるやうに「文学者として勝れた才能を持つてゐた人」らしかつた。さうして、巴里の忙しい生活の中で、有島の娘に送る約束をしたファウブルの幼年読本を捜すやうな優しい気持ちの人であつた。／又、その頃、水道橋の近くにあつたアルスで、私は、大杉に逢つたことがあつたが、社長の北原鉄雄が彼の本を出すことを引き受けると、彼は、実に嬉しさうな顔をして、「その印税がはいつたら蓄音機を買ふつもりだ」と云つてゐた。〉（同『文学の三十年』）

〈……根は、極端な自由主義者であり、芸術家であり、人情深い人でもあつた。〉（宇野浩二『芥川龍之介』）

東屋の大杉の部屋で二度ほど逢った和田久太郎は、久米正雄と新傾向の俳友だった。俳句談義もよくしたのだろう。久米は、大杉夫妻と宗一が殺されたとき、三人をお宮に祀り、「吾が親愛なる和田久君を、誰よりもその堂守にしてやらう」と書いている。

大杉はまた、吉屋信子と卓球をして遊んだ。

〈徳田秋声先生が鵠沼海岸の東屋旅館に保養中を見舞うと、その座敷に目のぎょろりとした人物が宿のたんぜん姿であぐらをかいて先生にしゃべりつづけていた。大杉栄だと私にはすぐわかった。その彼は私を無視して秋声とだけ語り合っていたが、やがていきなり立上がると私に、「おい君、ピンポンやろう」という。

（1921年11月）

宿のピンポン台に向うとボールの割れるほど烈しい打込み方で、私は冬だのに汗をかくほど悪戦苦闘だった。

これが大杉栄を見た最初であり、また最後であった。〉

吉屋は両親も大杉を知っていると話したであろう。吉屋の父は新潟県北蒲原郡長として新発田に赴任し、大杉の家のすぐ近くに住んだことがある。信子がまだ幼い三歳から五歳の間だが、町内ではなかなかの人気者であった「大杉の坊ちゃん」のことは、日蔭の茶屋事件のときに、母・マサから聞いた。のちに大杉が憲兵隊に虐殺されたことを知った信子は、その日の日記に「大杉栄惨殺さる！こんなことがあっていいのだろうか!!」と書き、母・マサは甘粕の減刑嘆願書の署名を求められたとき、いつも忠君愛国の主なのにこの時ばかりは「わたしはけっして署名しませんよ。大杉の坊ちゃんが可哀そうだから」と言って断った。（佐藤春夫「わが回想する大杉栄」前出、久米正雄「一等俳優」、吉屋信子『私の見た人』）

十二日、巣鴨の労働社で動静探り、夜行列車で仙台へ。

山川均が「大杉君と最後に会ふた時」として、「『今日はこれから仙台まで往くんだ』斯う云つて大杉君は立ち上つた」と書いているのは、この日のことであろう。まずは早朝、バスケットを提げ、大森の山川を訪ねた。

八月に近藤栄蔵らが結成したとされる「暁民共産党」が、糊付き反戦ビラ（伝単）を主要都市で、深更を期して一斉に貼付する計画の日である。労働社へ行ったのはその動静探りか。警察は暁民会本部を捜査したのをはじめ、東京、大阪で一斉に主義者の検挙に着手、労働社も翌日に八名が検束された（注）。

仙台へ向ったのは、仙台赤化協会が開催する社会主義演説会に招請されたためだが、この計画と呼応したものと見られる。（朝日新聞十一・十四）

（注）検挙者は十二月にかけ、暁民会、労働社を含めて約四十名に及び、「暁民共産党」事件あるいは軍隊赤化事件と呼ばれる。

仙台での検束

十三日、「社会問題講演会」の会場へ向かう途中を検束される。

朝六時、仙台着。一緒に着いた岩佐、加藤一夫らと中央ホテルに投宿。演説会は中名生幸力が地元の同志と企てたもので、仙台歌舞伎座にて午後六時から開催される。弁士の大杉はその時間に合わせ、加藤とホテルを出て人力車で会場へ向かった。途中、東一番丁の「鳥平」で夕食を摂ろうとしたところを仙台署の警官に検束され、岩佐もホテルから拘引された。このため講演会は七時十分にようやく開会。聴衆は五百八十名。これに警官百八十名が内外を取り囲むなかで、中名生、庄司富太郎、中村還一、中尾新三郎、平野寅二、西脇穣と弁士六人が登壇したが、いずれも直ぐに中止命令、七時五十分には解散を命じられた。検束された三人は、翌十四日未明、それぞれに尾行をつけて東京へ護送された。（朝日新聞、河北新報十一・十四）

十五日、翻訳書『人間の正体』（ハード・ムーア著）**を三徳社より出版。**

二十三歳のとき、書籍として最初に出版した翻訳書『万物の同根一族』に後編の精神篇を加えた。「序」に「『人間の正体』とは要するに進化論の通俗講義」であり、「万物の兄弟愛を主張したものである」と紹介している。そして「後篇の翻訳には、最近に不敬罪と出版法違犯との嫌疑で細君と赤ん坊と親子三人で東京監獄に囚へられてゐる、高津正道君に負ふところ甚だ多い」と高津に謝す。

二十三日、逗子町逗子九百六十六に転居。

警官の監視をうまくくぐって、車で移転した。新聞記事には「元島津公が住居していた雄壮なもの」で家賃は相場七十円とあるが、野枝によると、「日本一の方だからというので、家賃なんか一文もいらないという結構な家主さんですから全く申分なし」という。むろん「いらない」わけではないが、前家賃二カ月は払い、その後は「出てゆけ」「出てゆかぬ」の問答になったまま、督促にこなかったらしい。門の外に二坪ほどの監視小屋が造られ、私服刑事が四人常駐した。

家主は鎌倉の家と同じ大谷嘉兵衛と思われる。翌年訪問した中浜鉄が書いた「逗子の大杉」に、中浜が「素晴らしい家ぢゃないか?」と感嘆するのに、大杉が「うん!俺の所有ならさうも言へるが、天下の製茶成金、大谷嘉兵衛の別荘としちゃ随分ケチ臭い建て方をしてるぜ!」と言うセリフがある。彼の事情によって移転を頼まれたことが考えられる。(読売新聞十一・二十四、『労働運動』十二・二十六、伊藤野枝「書簡・林倭衛宛」一月末、江口渙『続わが文学半生記』、中浜鉄「逗子の大杉」『祖国と自由』二五・九)

著作――「自叙伝(二)」『改造』十一月号、「吉田只次『貧乏人根絶論』の序」社会主義発行所十一・一

十二月一日、暁民共産党事件に関与の疑いで家宅捜査を受ける。

警視庁は前月二十八日から同事件の関係者として近藤栄蔵、仲宗根源和、高津正道らを続々と起訴、収監し、次いで「大頭目」の堺、山川、大杉の検挙へと動いた。この日、正力官房主事、特高・外事課長らが刑事十数名を率いて家宅捜査を行なう。若干の書類を押収したが、確証はなく、大杉は当然、結局、堺・山川も累を免れた。

この動きを大杉は「岡つ引き共奴が」と題して、月末発刊の『労働運動』に書き、過激社会運動取締法制定に向けて、宣伝に利用するものだと警告している。(朝日新聞十二・三)

四日、赤瀾会本部で開かれた親睦会に出席する。

野枝も同席したであろう。食事に赤飯が出て、赤瀾会ならぬ赤飯会だとしゃれた。(調査書、『秋田雨雀日記』)

二十四日、駿台倶楽部で開催の民衆芸術展に書二点を出品する。

会期はこの日から三日間。望月桂が中心となって開催した黒耀会展の第三回に相当するが、もとは「露西亜飢饉同情労働会芸術展覧会」として計画されたのを、引き取った催しである。

露西亜飢饉同情労働会は、十月二十八日、元園町の旧社会主義同盟本部に労働団体四十、有志百余名が会合して結成した。ロシアのヴォルガ地方が大飢饉に遭い、二千万人以上の人々が飢餓と疫病に苦しめられる惨状

に対応した連絡機関である。救援要請を日本政府が拒絶するのに抗議し、人道的見地から救済運動を起こした。

日本鉱夫総同盟、黒耀会、早大文化会、小説家協会、無産社、コスモ倶楽部など労働組合や社会主義団体が、禁止された社会主義同盟を受け継ぐような形で、アナもボルも共同して結集した。十二月十五日朝日新聞には「大杉栄、堺利彦等及び四十八の社会主義団体が計画したロシア飢饉同情会」とあり、大杉も一枚噛み、また参加団体は増えたようだ。

労働会は音楽会、講演会、出版、芸術展等を開催し、純益を寄付する計画を立て、その一環として、十二月十四日から中国基督教青年会館で展覧会を開催した。が、開会間もなく、多数の警官が来襲して中止させられる。労働会そのものも解散命令を受けるという圧迫であった。

そこで「ロシア飢饉同情」の看板をはずし、仕切り直して、望月ら黒耀会の「民衆芸術展覧会」として開催したのである。

作品は神田・駿台倶楽部の四室に三百点が展示された。出品者は、堺利彦、大杉栄、長谷川如是閑、小川未明、馬場孤蝶、与謝野寛、同晶子、中村吉蔵、神近市子、山川菊栄、足助素一、有島武郎、武者小路実篤、島崎藤村、高村光太郎、柳瀬正夢、橋浦泰雄らの多彩な顔触れ。前日に報道関係者への下見会を行ったが、警視庁が検閲にきて「治安に害あり」と十数点の撤去を命じている。

この展覧会を見たひとりに、のちに死刑囚となる古田大次郎がいて、『死の懺悔』に次のように書いている。

〈駿台倶楽部は運動の中心地、策源地たる関係上、たいていの主義者が日参したものらしいが、新参者の僕はあそこに主義者が巣食っていた間、二回か三回行ったきりだ。もっとも労運社が解散してからも、例の社会主義画家望月桂君が駿台倶楽部に自分の事務所をもっていたから、僕も何かの用事で二回ほど行ったことがある。その四、五回の行ったうちの或る一回が、黒耀会の美術展覧会のあった時だ。……

出品はずいぶんたくさんあった。油絵、水彩画、鉛筆画など、主義者には天狗が多いから、これこそ天下の芸術品だといわぬばかりな傑作をゴテゴテ並べ立ててあった。書もあった。短冊もあった。奇抜なものでは、

(1921年12月)

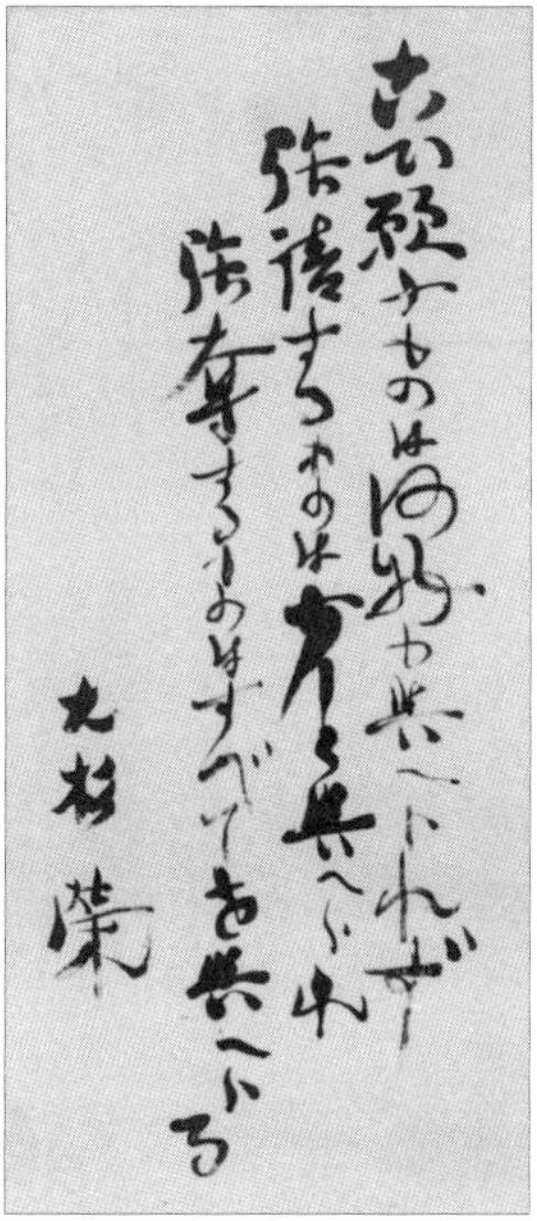

一枚の板に赤絵具をベットリこねつけて「幸徳秋水の血」と題したものがあった。……僕はその絵のそばにかかっている掛け物を凝視《みつ》めたまま、考えこんでいたのだ。それには達筆にこう書かれてあった。

乞ひ願ふものには与へられず
強請するものには少しく与へられ
強奪するものには全てを与へられる。

栄

いうまでもなく大杉君の筆なのだ。

この大杉君の書に刺激されて、僕があの軍用金強奪の臍をその時にかためたとすると、いかにも面白い小説的な場面になる。〉

この言葉は一四年四月のサンジカリズム研究会で、大杉がA・ローレル『直接行動論』から引いて紹介したドイツの俚言である。古田の胸中に染み入ったらしく、別の箇所でこう書いている。

〈その後、僕は大杉君のこの言葉を、いろいろな雑誌の上で見るようになった。この言葉は、初め、僕が考えたように、大杉君の言い出したものではなく、ドイツかどこかの格言だということも、何かの雑誌で見て知った。それと共に、だんだんこの言葉の意味が、明らかに解ってきた。その解ってきだした頃、僕はようやく、いわゆる社会主義者たるものに足を踏み入れたのである。〉

「乞ひ願うもの」の書は、「幸徳秋水の血」（永田耀）などとともに臨検による撤去の対象になった一点だが、古田は内見のときに見たか、あるいは再掲されていたとみられる。

なお黒耀会展は八八年の「一九二〇年代・日本展」（東京都美術館ほか）などで紹介され、美術史上での位置が確認されている。（読売新聞十二・十五、二十四、『労働運動』十二・二十六、『大正十年十二月社会主義運動時報』）

三度目の『労働運動』

（1921年12月）

二十六日、労働運動社を再興、月刊『労働運動』（第三次）**第一号を発刊。**

同人は、「経済上の理由と結束の上の理由により」伊藤野枝、近藤憲二、和田久太郎、大杉栄の四人だけに戻る。編集方針も「多少の変化」があり、「内外の労働争議、社会運動の報道は、今まで本誌の特色の一つであったが、何分ご覧の通りの紙面では、到底充分な事が出来ない。で、今後は主としてその評論にとどめる」と近藤が記すように、外国の報道を減らし、ロシア情勢の批判など評論、翻訳が増える。ボル派との共同から一転して、アナキズムの旗色を鮮明にし、ボルへの批判、ロシア革命への告発を開始する。大杉が「『労働運動』と云ふ名にもあきた。其の生ぬるさにも少々いや気がさして来た」と述べているのは、労働運動を越えて闘いの視角を広げる意図とも見られる。

タブロイド判八〜十二頁の月刊で、二三年七月の十五号まで発刊した。編集には中村還一や一月に沖縄から来た伊豆味（泉）正重が加勢、のちには寺田鼎が住み込んで手伝った。大杉は経営を他の同人にまかせ、資金稼ぎの原稿執筆にも精力を注いだ。

本拠となる労働運動社は、近藤栄蔵が経営していた売文社を受け継ぎ、本郷区駒込片町十五に再興した。栄蔵が「暁民共産党事件」で収監され、存続できなくなったのを、継いだのである。一階に玄関二畳と三畳、六畳・八畳間、二階に六畳と八畳間があった。

著作――「窃盗の改宗」、「ソギエト政府と無政府主義者」、「国際無政府主義大会」、「岡つ引共奴が」、「二度目の復活に際して」、翻訳「無政府主義と組織」（エマ・ゴオルドマン）掲載。（『労働運動』、『近藤栄蔵自伝』）

この月ころ、翌年にかけて野口雨情と何度か会う。

対面したのは本郷白山の南天堂であろう。雨情は内藤鋠策が十月に発刊した詩誌『かなりや』の顧問をしており、南天堂二階の喫茶室で開かれたその会合にしばしば出席していた。労働運動社から近い。内藤の仕事を助け、短歌もつくっていた妻・千乃が、南天堂喫茶室で大杉をたびたび見かけた印象を「きわめて物静かな雰囲気をたたえた人だった」と語ったという。

雨情の子息・野口存弥氏は『父野口雨情』のなかで、次のように述べている。

〈父は外出先から帰ってくると、きょうは大杉栄に会った、とぽつりとひと言母に漏らしたことが何回かあったそうである。……大杉栄は順天中学に父よりも二、三年遅れて途中入学し、同校を卒業したという縁もあった。父は大杉栄とそのような中学時代の思い出だけを話しあったのではないことが当然考えられるが、そのことについては母にも、また他の誰にもなにも語らなかった。ただ父が大杉栄に、いわば人間的なあたたかい共感をいだいていたことは明確にしておいていいように思われるのである。〉

同じ中学の一年違い同窓生であった「思い出だけを話していたのではない」とは、雨情が『社会主義』誌に、体制に抗する自由意志の詩を発表していたように、大杉の思想を聞き入れる懐を持っており、そして大杉も雨情らの童謡運動に理解を示し、そうした精神の交感に満ちた対談であったことを指していよう。

この月、車中で徳富蘇峰とたびたび談話。また、広津和郎が来訪。

逗子に住んでいた蘇峰は、駅までの途中に大杉の家があるのを知っていたが、話したのは汽車の中だった。あるとき、彼に随伴している顔見知りの警官から聞いて大杉と知り、意見交換をしようと思う。「大杉は立派な服装をしてゐたが、何となく意気軒高で、車中を睥睨するが如き態度を持してゐた」。蘇峰は生面の人に談話をもちかけるのを好まない質《たち》だが、脱帽して挨拶し、傍らに座って新橋まで対話する。これが最初で、以後も車中や駅のホームでの交際をした。大杉は『労働運動』、蘇峰は『国民新聞』の仕事で、ともに月に何回か東京へ往復する途次である。

蘇峰の文を小分けして引く。

〈大杉は善く吃りたが、然も談話を好んだ。記者は何人とも討論するを好まず、況んや大杉をやだ。併し相互の意見だけは腹蔵なく語り、且つ聴いた。

爾来大杉とは勿論、野枝とも汽車中にて相見た。其子供とも相見た。〉

〈野枝は農村の問題などを研究しつつありとて、種々の質問をした。彼女の風采は、大杉の堂々たるに比して、較べものにならなかつた。田舎の女子師範学校の生徒とも紛ふばかりであつた。〉

野枝は、老龍庵と称する蘇峰の寓居の近くにある饅頭屋に魔子を連れてよく買いに行ったので、「外からですが家は見て知ってますよ」と言った。

〈大杉は車中でも、原稿を携へて、それを読んでゐた。或時は之を予に示し、私共の文章は、此の如く、苦心を要す、然もそれでさえ中々其筋の通過が、面倒であると云うた。〉

大杉は、蘇峰の応対についてある人にこう語ったという。徳富氏は最初は丁寧に接したが、たまたま年齢を聞かれて正直に答えたら、まるで子ども扱いのようになった。全く失敗だったよ、と。それを聞いた蘇峰は、決して粗略に扱ったのではない、が年齢を知ってからは何となく親しみがついて、他人行儀を取り去ったのであると釈明している。が、その大杉も「何時の間にやら、逗子を去りて、其後は只だ労働運動の雑誌を、送りて来るのみにて、其人を見るの機会を失うた」。

広津和郎は鎌倉住いだったが、鵠沼の東屋でも会ったし、逗子の大杉の家を訪ねたこともある。五、六回しか会ったことはないが「会えば談笑する間柄だった」と、親しみを表している。大杉虐殺ののちに「甘粕は複数か？」と題する文で、「今度の出来事を知つた時にはショックを感じた。ほんとうに気の毒な事をしたものだと思ふ」と追悼する。（徳富蘇峰「『思ひ出す人々』を読む」）

著作――「自叙伝（三）」『改造』十二月号

一九二二（大正十一）年――三十七歳●

一月二十四日、久板卯之助が天城山中にて凍死の知らせに返電。

その前に野枝と二人で、夕刊の「偽大杉栄凍死」という記事を読んだ。大杉の名刺を三枚持った男が、天城山中の二尺位の積雪の中に死んでいたという。さて誰かと考えるその三十分後に「ヒサイタアマギニシス」という服部浜次からの電報が届いた。驚くとともに、「如何にも久板らしい死に様だな」と哀悼する。労運社として対処を要するが、風邪を引いて体調不良のため、近藤に措置をよろしくと電報で依頼した。

労働運動社からは二十五日、岩佐、村木、望月の三人が死体引きとりのため、現地に急行する。久板は一月上旬から伊豆地方に写生旅行をしていた。二十一日に下田方面から天城山中猫越峠を越えて、湯ケ島へ出ようとしたところを、六十センチ余の新雪と暗闇、寒さに倒れたのだ。翌二十二日、峠を七、八丁越えたところで死体が発見され、地元、上狩野村の村人が運搬、納棺して、火葬にも一夜を費やしてくれた。

二十七日に遺骨を持ち帰り、同夜、東京同志約五十名が集まって慰霊の会。三十一日には、神田中央仏教会館で会衆約百名が列席して告別式を営んだ。四月には、望月が駿台倶楽部の事務所で、画業の遺作二十点を展示して追悼した。その後、「久板卯之助終焉の地」の碑が集落の共同墓地に建てられ、同志と村人の厚意により保存されている。

『労働運動』は第三号に「久板君の追悼」を特集した。大杉は「久板の生活」と題して、亀戸時代に彼が助けに来たときの簡易生活ぶりを、野枝は「決死の尾行」の題で、尾行も決死の覚悟がいるという健脚ぶりを書いた。和田は「性格の異彩」の文で、彼が「日本人で僕の好きなのは、日蓮と、内村鑑三と、大杉栄だ」と言っていたことを追想する。（伊藤野枝「林倭衛宛書簡」一月末、『労働運動』二・一、三・十五、六・一、調査書）

著作――「無政府主義の父」東京毎日新聞一・一〜三・四、翻訳「ファブルの昆虫記から」（「糞虫の話」）『新小説』一月号

二月一日、**『労働運動』**（第三次）**第二号を発刊。**

著作――「ロシヤに於ける無政府主義者・二」、翻訳「都会人に対する農民の不平」（ミシエル・バクウニン）掲載。

三日、**八幡製鉄所罷工記念演説会へ同志四人と向かう。**

二年前の八幡製鉄所ストライキを記念して、五日に演説会を開くから応援をと、浅原健三から依頼があり、

労運社から大杉、和田、近藤、岩佐、それに時計工組合の渡辺満三が行くことになった。

五日は、官営八幡製鉄所の労働者を労友会に組織した浅原らが、一万数千人の労働者によるストライキを決行した日である。溶鉱炉五基の火は消え、三百八十本の煙突の煙は余燼を残すだけになった。下旬には第二波ストを構えたが、交渉は進まず、職工二百二十四人が馘首、幹部三十人余が有罪とされた。四月上旬、製鉄所は職工の要求をほとんど受け入れる優遇策を発表。ストの成果であったが、犠牲も大きかった。浅原の懲役四カ月など幹部が入獄、労友会は弾圧されて翌年に壊滅した。その旧労友会が、前年に続いて罷工二周年記念演説会を計画したのである。

この日、大杉は労運社に出て、四人と打ち合わせ、尾行をまいて関西へ向かった。顔を知られているため、彼らとは別行動をとって一日遅れ、五日午前、門司に着いた。（浅原健三『溶鉱炉の火は消えたり』、『労働運動』三・十五、大河内一男・松尾洋『日本労働組合物語・大正』）

八幡での演説記録

五日、八幡市・有楽館で開かれた罷工記念演説会で演説。

門司に着いてからの大杉の行動は、浅原が書き留めている。前年の仙台の例もあるから、直前まで姿を見せない用心をする。一時頃まで門司の市内をブラブラ歩いていると、賀川豊彦の講演会場前に出た。こっそり傍聴しているうちに、野次りたくて仕方がない。だがそれでバレては大変と、四十分ばかり黙って聞いていたが、辛抱しきれず会場を出た。賀川の演説に「あいつなかなかうまいこと云うのう」と感心。

八幡（現、北九州市）へ来て、浅原の家を確かめてから、坂道を降りると中央館という映画館がある。時間つぶしにそれも見て、「すてきな新派悲劇だったよ。すっかり泣かされちゃった」と感想を述べながら、午後四時頃、浅原の家に入る。旧労友会の面々、先着の一行と演説会の進行について打ち合わせ。演説の順番や出方、入場料を払って、出番までは聴衆席にいることなどを決めた。

会場の映画館は身動きもできぬ満員で、半数は以前の組合員だ。七時開会。旧労友会から浅原ら四人、労運社の渡辺、和田、近藤は身分を変えて登壇した。いずれも中止を命じられ、国粋会の妨害もあったが、苦心しつつ大杉まで順を回す。舞台には浅原と近藤が背後に立ち、その後ろに三十人ほどの同志が立って、国粋会員の乱暴に備えた。大杉がベルト付きのコートに純白のマフラーをのぞかせて登壇すると、聴衆は歓呼、嵐のような拍手で迎えた。演説では、八幡製鉄の煙が止まった例をあげて労働運動が大きく発展していることなどを述べる。中止命令を受けたが、それでも二十分ほど演述し、公開の席での近来にないレコードと、控室で大喜びした。次いで岩佐と一、二の飛入り演説があり、閉幕した。

浅原は警察を慌てさせ、誰も拘引されなかったことに安堵し、「示威行列で私の家に引き上げ、痛快を叫びながら殆ど徹夜して語つた。これが大杉と閑談した最後の夜になつた」と書く。大杉らは大阪の会合に向かうことを打ち合わせた。（浅原健三『溶鉱炉の火は消えたり』、『労働運動』三・十五、『日本労働年鑑』大正十二年版）

六日、福岡市今宿の野枝の実家を訪問。

朝、大杉の洗顔光景を見て、浅原は「無精者の私には驚くべきコリ方だ」と書き留める。まずカバンから七つ道具を出す。石鹸で丁寧に洗顔し、当時はまだ珍しかった安全剃刀で入念にひげを剃ってクリーム、髪にはポマードをつけて、櫛を通すという手順で滞りがない。「留置所や監獄では困るじゃないか」と問うと、「だから、検束されると洗面道具を真先に差入れて貰うんだ」と言う。「下らぬことをする暇があるものだねえ」と突っ込むと、きまり悪そうに「ううん」と下を向いた。ほかの場面でも見た大杉の風姿に、浅原は「何かキマリの悪いことでもあると、顔を染めて俯くといつたやうな、順な童心が彼の一面にあつた」と述懐する。

この後、大杉は「今宿の野枝の郷里へ行く」といって出かけた。久しぶりに海を眺め、くつろいで一泊した。

（浅原健三『溶鉱炉の火は消えたり』）

七日夜、大阪で活動家と懇談会。今宮署に総検束され、翌日釈放。九日自宅に帰る。

福岡から夕刻に大阪着。先着の四人は武田伝次郎の家に寄り、会合の打ち合わせをし、それぞれに尾行をまいて、八時半、今宮町の旅館・春乃家に入る。和田が大杉を囲む懇談会を企て、逸見直造、野田律太、三田村四郎らが協力して設営。在阪の主な活動家三十人ほどが集合した。野田、大矢省三、中村義明、鍋山貞親、瀬野久司、山内鉄吉（総同盟）、生野益太郎、植松一三、杉浦市太郎（大阪鉄工組合）、武田、岩出、山田正一、大串孝之助、逸見猶造、西田房雄、花岡潔、吉村於兎也、山内嘉市、金咲道明、倉地啓司ら大阪の主な活動家がアナ・ボルの区別なく出席した。

大杉はこの席で「理論闘争が勢力争いになり、互いにいがみあう時、よろこぶのは権力であり、被害を受けるのは労働者だ」と話し始め、やがて「革命はいつやってくるか」という質問から革命談義に移る。「革命は革命家が百人千人いなければ起こせない、というものではない。フランス革命を見ればよい。……革命運動は議論でなく、イデオロギーでなく、行動だ。みんなが力を出し合った共同の行動である。……」と熱弁をふるったが、その途中で今宮署の署長を先頭に二十人くらいの警官が入ってきて、一同、二十七人が検束されてしまう。しかしこの会合は、関西の総同盟が全国総連合運動を提唱する下地を用意することになったとされる。（『労働運動』三・十五、『大阪社会労働運動史』第一巻、逸見吉三『墓標なきアナキスト像』）

十五日、中断していた北風会例会を労働運動社にて再開、出席する。

前年八月の労運社解散の後、会場の都合や大杉の執筆活動、同志の収監などのために休会していたのを再開した。席上、昨年末より警察当局の社会主義者取締方針が一変し、ことに警視庁幹部が替わってから、ますます厳重になったので、警戒の要がある。他方、高尾平兵衛が裁判の結果、無罪になったのは痛快だ、などと述べる。

高尾の裁判とは、上海で五千円の運動資金を得て帰国、潜伏していたのを、浮浪罪として拘留されたことに由来する。山崎今朝弥ら正式裁判を請求し、二月四日、無罪となった。（調査書、『労働運動』二・一、三・十五）

著作――「自叙伝（四）」、「農民問題に就ての一考察」『改造』二月号

三月一日、「過激社会運動取締法案」反対演説会に同志とともに参加。

政府は二月二十一日に、過激社会運動取締法案を貴族院に提出。第一条「無政府主義、共産主義その他に関し、朝憲を紊乱するの事項を宣伝し、または宣伝せんとしたる者は、七年以下の懲役または禁固に処す」に始まる乱暴な内容である。

演説会はその審議中に、学者、政治家の反対の声で世論に訴えるべく開催された。神田青年会館にて、六時開会。大杉と近藤ら同志は、弁士がどのような視点で反対するのかに注意し、場合によっては反論の声をあげる構えで参加した。まず代議士の星島二郎が「学問の自由探求も、新聞の事実報道もできなくなる」と開会を宣し、学者の大山郁夫、末広厳太郎、阿部秀助、次いで永井柳太郎代議士、マルクス学者・福田徳三が反対演説をした。末広が「平和と自由にもとる法案に反対」と述べて降壇するとき、大杉と近藤は席を立って「質問あり」「先ほど博士の講演中……」と叫んだが、すぐに錦町署の私服に制された。一騒ぎ起ろうかという場面になったが、抵抗はせずに収まった。最後の福田の話は学究的であったため、席を立ちかける聴衆が出てきたが、大杉は立って「諸君、学者に敬意を表するために謹聴したまえ」と大声をあげた。一種のアピールなのであろう。来場者は学生が多く、千人以上。九時半閉会。

大杉は十五日発行の『労働運動』に「先づ彼等を叩き倒せ」と題してこの法案を取り上げ、学者や新聞記者も反対しているが、彼らには「めったに引っかからない」ように修正した上で、成立させるおそれを警告した。この日の演説で修正案を言うような弁士がいたら、噛みついたのだろうが、そうではなかった。この後の反対運動も大杉の懸念を越えて、法案そのものを阻止する方向に展開する。

反対演説会は十三日に、北風会も主催団体に加わって開催するのをはじめ、労働団体を中心に各所で行なわれ、東阪の新聞・通信二十社が「過激法案反対新聞同盟」を組織し、弁護士協会や社会政策学会の決議など、反対運動は全国的な広がりをみせる。そうした運動を背景に、貴族院で修正案が通過したものの、二十五日、衆議院では審議未了、廃案となった。社会主義者から少壮議員、労働者、学生までを巻込んだ大正デモクラシーの表れの一つ、労働組合が政治運動に取り組む契機ともなった。

しかし三年後、法案は姿を替えた治安維持法として現れ、政権に不都合なあらゆる社会運動を抑圧する根拠

として猛威を振るうことになる。（東京朝日新聞三・二、四、十四）

二日、**魔子を連れ、改造社の上村と里見弴を訪問。**

『改造』編集の上村清敏は、大杉の「自叙伝」の連載が二月号で中断したので、打ち合わせに来たのだろう。同じ逗子に住む里見の話が出て、大杉が一緒に行こうと言い出したに違いない。里見を知ったのは前年秋、同じ列車に乗って有島生馬に紹介されてからで、その後も逗子へ帰る汽車の中や浜辺の散歩で何度か会ったことがあるが、往訪は初めてである。里見は次のように快く迎える。

〈改造社の上村君とつれだつて、八端の、筒ツぽのどてらに兵児帯といふ、うちくつろいだなりで、大杉栄氏が、愛嬢の手を引いて、ぶらりと私のうちを訪れて来た。……住所はすぐ近くでもあるし、大杉氏が思想は思想として、日常生活などでは、へんに片ずんだ頑な態度にいない、むしろ円転滑脱な為人《ひととなり》であることも、兼てから久米正雄君、田中純君たちからも聞いてもい、また生馬に紹介されてからの印象も、少しもそれを裏切りはしなかつたから、私のやうな芸術の有難屋で、随つて伝統や差別の観念の強い、言葉の上では、いはば仇《かたき》のはしくれにあたる男とでも、心持ちよく世間話でもする気で訪ねてくれたことは明かだつた。……要もなく圭角などを見せない、ごく当たり前の人らしい大杉氏の態度を、かねて好もしく思つていた私だから、心から喜んで、二階へ請じたわけだ。〉（里見弴「春めいた日の出来事」『新小説』二二・六）

会話は春めいた天気の話に始まり、近松秋江がその日の『時事新報』に、近いうちに月瀬《つきがせ》から吉野の方へでも行ってみようかと思っている、という随筆を載せたことから、いつでも出かけられる境遇を羨ましいという話になった。「僕らが、こんなことをいっちゃア、相済まないわけだけれど……」と大杉は、吃り加減の早口で「こんな天気のいい日に、月瀬あたりでもブラブラしていてみたまい、すっかり天下泰平になっちまうぜ」などと笑ったりして、雑談は続いた。

一時間半も経っての帰り際に、里見の男の子二人とすっかり仲良くなった魔子が、もっと遊んでゆくか、その子たちが自分の家に来なければいやと駄々をこね、里見が子どもを連れて送ることに。ところが葉山街道まで来ると、皇太子の「お通り」に行く手を閉ざされ、大杉がたちまち警官に取り囲まれて渋い顔になるのをは

(1922年3月)

じめ、それぞれの気持が食い違ってゆく。里見は、折角の気持いい春の日が「理由なしに、心持ちが陰鬱にされて行った」と書くことになる。

　里見は雅号をとった「白酔亭宿帳」なる記録簿を置いて、訪問の諸氏に揮毫を依頼している。これに大杉は「同住もまづいが　とにかく　相憐れまうぢやないか　ご近所の大杉栄」と書くと、魔子があたしもとばかりに父の手から筆をひったくるや、隣に姉様の絵、下に大きくMAKOと署名。なおも次の頁をめくろうとする勢いに、親父殿「もういい、もういい」と慌てて抱きかかえる場面もあり、活発、強情な魔子に手がかかる訪問であった。（里見弴「白酔亭宿帳より——その五　大杉栄」『味の味』七四・六）

十五日、『労働運動』（第三次）**第三号を発刊。**

「特殊部落の解放運動」に一頁をさいて特集、水平社の創立大会を知らせ、「水平社設立の趣旨」を掲載、平野小剣「血潮の躍動」を転載するなど、運動への期待と連帯を表明した。第四号には、大会で発表した「綱領」「宣告」「決議」などを報道する。

著作——「先づ彼等を叩き倒せ」（「政府の道具共」を解題して再録）、「ロシヤに於ける無政府主義者（下）」、「久板の生活」、「編輯室から」掲載。

同日、午後七時より、労働運動社にて北風会を開催。

官憲の記録にあるのはこの日の例会まで。なお継続したが、労運社中心の活動に転じていったと思われる。（調査書）

著作——「政府の道具共」東京毎日新聞三・二一、「いやな奴」（西村陽吉『新社会への芸術』の跋文）東雲

堂書店、三月

四月十五日、『労働運動』（第三次）**第四号を発刊。**

十二日に大阪・天王寺公会堂で行なわれた日本労働総同盟・関西労働同盟第五回大会を報道。二月に関西の主な労働運動家と大杉ら労運社側との懇談会を持った後であり、この大会に注目して、和田を派遣して大会を取材した。ここで重要な決議が行なわれ、野武士組など大阪連合会が提出した「名実ともなう全国的労働総同盟の組織を本部に提案する」ことが可決される。この提案は、五月八日の総同盟中央委員会でとりあげられ、「各既成労働組合の精神をおかさざる範囲において、全国的総連合運動をおこすこと」を決定した。

▲…逗子の家で魔子と

他方、七日に行なわれた第三回メーデー報告会で、啓明会（教員組合）の下中弥三郎が同じく総連合の提案をし、出席者はいずれも賛同した。これを受けて十二日には、総同盟系、労働組合同盟会系と単独組合併せて二十組合の代表者が月島労働会館に集まり、全国的総連合に関する第一回の相談会を開いた。

著作――「ソギエト政府、無政府主義者を銃殺す」、「被告学秘訣」、翻訳「革命の研究・一」（クロポトキン）掲載。（大河内一男・松尾洋『日本労働組合物語 大正』前出、水沼辰夫『明治・大正期自立的労働運動の足跡』）

中旬、江口渙が来訪。そこへ中浜鉄が訪ねてくる。

江口が鵠沼に引越して間もなく、初の個人的な訪問に、野枝の手料理で昼食をもてなす。家具が一つもない二十畳もある応接間に迎え、レコードをかけると、五歳の魔子が曲に合わせて自己流に踊った。パブロアの「瀕死の白鳥」を両親と見に行って以来、バレエが好きになり、好き勝手に踊ることをおぼえたのだ。

そこへ村木の紹介だと言って中浜鉄が来訪。大杉は初めてだったが、江口が知っているというので、すぐに通す。来ると、大杉と話したいからと言って別室で密談した。四十分もすると二階から降りてきたが、「じゃ、また」とだけ言って、立ち去った。大杉は江口に「あいつ、悪いやつだからね。ぼくのところへ来たことは、絶対に人にいわないでくれ。村木の紹介できたことも。いいか、たのむぞ」と力のこもった声で言った。

それ以上のことは言わないが、中浜は大勝負に出ようとして来たのである。彼は前年十二月、古田大次郎らが埼玉県の農村に設けた小作人社に入り、新たな農民運動を起こす活動に従事した。しかし、ほとんど何もできずに腐っていたところ、英国皇太子の来日を知って方向転換。古田と二人でプリンス暗殺をにわかに決意する。計画を実行するに当たって、大杉の意見を聞こうと思ったのである。

大杉は一通り聞いた後、金が必要だろうと財布をはたき、あとは原稿料の前取りをすればいいと言って、名刺に認印を押して渡した。彼はそれを小さく丸めて、猿股の紐穴に潜ませる。大杉を訪問するにはそれなりの覚悟が必要で、門前の見張小屋で住所・氏名はもちろん、顔写真や身体検査も要求されるから、中浜は一計を案じて来た。入るのには電灯工夫に変装し、修理の依頼で来たと装って通過した。が、退出時には必ず寄るように念を押されているので、備えたのである。

彼はこの後、プリンスを箱根、京都と追跡して狙ったが、機会をとらえることができず、結局何も表面化せずに終った。中浜と古田はのちに、江口の住いの借家争議の応援に来て、一緒に暮らし、暗殺計画の経緯を詳しく話す。

江口はこの訪問の後、東屋で会ったり、彼が魔子を連れて遊びに来たりするうちに、すっかり大杉を好きになり、それは久米正雄だって、宇野浩二だってそうだと、次のように想察している。

〈それは、大杉があの時代の社会運動の言語に絶した嵐、荒波の中に身をおいて、そのきびしいたたかいの経験から、いつか身につけることのできた人間的な力。ふるい人間性からみずからを解き放ちつつ、新しい人間性を不断に組み立てていかずにはいられない、そのたゆみなき生活の中から、あらゆるよきものを吸収することで自分自身を大きく育て上げていこうとするその生命力の豊かさ。その豊かさが放つ、限りなきまでの魅力をもった人間的な吸引力。そのつよさと美しさ。それこそが私をあのようにまで大杉へひたむきに傾倒させる力になったのではないだろうか。〉

なお江口は、魔子がバレエが好きになったのは、「ロシアの世界的バレリーナのアンナ・パブロワが日本に来て帝劇で、『瀕死の白鳥』をおどった」のを大杉と野枝が連れて見にいってからだと書いている。しかし、アンナ・パブロワが帝劇で公演するのは、この年の九月だから思い違いだ。同じパブロワでも大杉たちが見たのは、エリアナ・パブロワの「瀕死の白鳥」であろう。エリアナの帝劇公演は前年の二月だから、帝劇ではなく、江口が訪問する直前の四月上旬、上野で開催された平和博覧会演芸館でのパブロワであると推定される。魔子に博覧会を見せたおりに、ちょうど上演していたのだろう。（江口渙『続わが文学半生記』、中浜鉄「逗子の大杉」『祖国と自由！』二五・九、『平和記念東京博覧会写真帳』）

宣伝用パンフがヒット

二十七日、**労働運動社のパンフレット『青年に訴ふ』を刊行。**

山川均らの水曜会に習って、「僕らの間からもパンフレットを出すことになつた」と、二月に発表したのが、ようやく発行になる。資金不足や、和田が流感で寝込んだのが響いて、本誌とともに大幅に遅れた。

週刊『労働運動』に連載したのを、あちこち削除されたが、ともあれ宣伝用の小冊子第一号が誕生した。旧訳は、〇九年に米国サンフランシスコの革命社から出版され、日本にも入ってきたことがある。それ以来のパンフ版である。アナにもボルにもよく読まれたと、山辺健太郎が書いている。

〈わかりやすい名文だったうえに、大杉栄の訳が名訳だったので、多くの人に読まれました。これはアナもボルもなく、初歩の人がまず読むべき本とされて、東大の新人会あたりの研究会では、入門者には第一に読ませることになっていたんです。〉（『社会主義運動半世紀』）

古田大次郎は露店売りをした光景を綴っている。

〈夏の晩には早稲田の終点の辺で、中浜と僕は、中名生や妻君の静ちゃんや、その他二、三人で、よく本の辻売りをやった。／『青年に訴う』や『革命の失敗』『通俗社会主義』などの十銭本を、乳母車の上に並べて、演説の合間合間にそれを売った。〉（『死刑囚の思い出』）

パンフ（クロポトキン著）は本文二十三ページ。一部十銭の廉価で、売行きよく、八千部が十月までに売り切れ、紙型も使えなくなるほどのヒットになった。（『労働運動』十・一）

著作——「俺達の日」（初出誌不明。この月執筆と推定）

五月一日、労働運動社、第三回メーデーに参加。

芝浦の埋立地に、前年より増えて二十五の労働団体、三千人の労働者が集結。「八時間労働の実施」「生存権の確立」とならんで「労農ロシアの承認」が決議され、それを掲げた大旗を先頭に越中島まで行進した。弾圧は相変わらずで検束者百五十名、強奪された旗は二百五十本に及んだ。労運社の同志も参加。警視庁と各警察署の高等課が総出、数十台の車で列の横を徐行し、組合員でない者を引きさらうというやり方なので、てんでに列に加わったが、それでも和田ほか何人も引き抜かれた。

しかし、初の平日メーデーなのに参加者が増え、行進には入らなかったが工場を休んだ労働者も多く、また実施地域が九カ所に増え、全体として増勢を示した。（注）『労働運動』の記事は五月を休刊したため、六月号になるが。（『労働運動』六・一）

（注）新聞報道による実施地区は、東京、足尾、横浜、京都、大阪、神戸、和歌山、因島、八幡の九カ所。

二十五日、労働運動社にて岩佐の入獄送別会を開催、出席する。

岩佐は『社会主義』前年四月号に掲載した近藤栄蔵「社会進化の意識」による筆禍のため、編集人として二十三日、東京控訴院より禁固四カ月の判決を受けた。二十七日に東京監獄に収監されるのを前に、労運社として送別会を開いた。この日は、大杉のほか近藤、村木、秋田雨雀ら十数名が出席。席上、演説が過激だったとして近藤、桑原錬太郎、中名生幸力らが検束された。(『日本労働年鑑』大正十二年版)

二十七日、夜、中国基督教青年会館で、北京女子高等師範学校の生徒一行と会見。

一行は二十四、五名。秋田雨雀、山田わか子とともに談話をする。(『秋田雨雀日記』)

この月ころ、安谷寛一が翻訳の打ち合せに来訪。

安谷はテキ屋の旅商人群から脱出しようと、この春に大杉を訪ね、何かよい仕事はないかと相談に来た。大杉は彼が「今のようになったのに多少責任を感じ」「是非とも君が方向転回しようとするののお手伝をしなければならないと思った」ので、翻訳の仕事を手伝いに、妻子を連れて逗子まで押しかけて来てくれ、その上で家を探そう、と手紙を出す。彼は自信がないといったんは断るが、次の手紙では「翻訳に自信がないなどと恐れる事はない。それに翻訳の稽古は翻訳をする事だ」と奨励し、具体的な仕事を勧めた。それはファーブルの「科学知識叢書」で、全部で十二、三冊のうち英訳のない仏文の分をやってもらう、というもの。安谷のことを考え、アルスに出版企画を売り込んできた。

彼は仏文の全部は無理だが、一部ならやろうと決意し、この日、打ち合わせに来たのである。同じ神戸・須磨に住む和田信義が同行した。大杉は「何人かのあれこれの車座の中に挟まって夢中で話し込んで」いる最中だった。野枝が奥に招いてウィスキーをつぎ、二三日泊ってゆけというが、二人は夜遅く帰った。その後、安谷の担当も決まり、七月に大杉はこんなはがきを送っている。

〈直訳してぎこちない文章になるよりは、意訳にしてすらすらした日本文になる方がいいが、なるべく原文に忠実であってほしい。〉

翻訳グループとして、野枝と安谷を軸に安成二郎の弟・四郎と、彼の友人・平野威馬雄、宮嶋資夫と妻の妹・八木さわ子を想定。安谷には、家族ぐるみで東京に移住するよう促すが、彼はそこまでは踏み切れなかった。

叢書ははじめ「アルス科学知識叢書」と名打ち、大杉と野枝が共訳者となって第二篇まで出るが、大杉の死後いったん棚上げとなり、後に「ファブル科学知識叢書」四巻、および「ファブル科学知識全集」十三巻として完成する。安谷は叢書第四巻の『化学工業の話』と全集第二巻『地球の解剖』、八巻『日常の理化』、十三巻『農業化学の話』の訳者となる。（安谷寛一「大杉の憶ひ出」前出、同「晩年の大杉栄」、書簡一二八、一三〇、一三六）

著作――「武者小路実篤氏と新しき村の事業」『新潮』五月号

六月一日、『労働運動』（第三次）**第五号を発刊。**

著作――「どっちが本当か」、翻訳「革命の研究・二」掲載。

五日、労働運動社からパンフレット第二編『革命の失敗』を刊行。

『改造』二月号に発表した「農民問題に就いての一考察」を改題して小冊子とした。バクーニンがフランス革命に際して、リヨンの一同志に送った手紙「一フランス人に与ふる書」を紹介したもの。「本書は、僕等が、ロシアの現状を見る時に、そしてまた来るべき動乱に際して、我々の持たねばならぬ覚悟と方法とを教ふるものである」と広告。一部十銭で十月までに五千部が売れた。

大杉は序文で「例の通り又大ぶ消された。そして其の大部分が、今ならボルシエギズムの批評に当るところだから、面白い。共産主義の国家を批評する事は資本主義の国家にもいやなのだ」と皮肉っている。（『労働運動』六・一、十・一）

六日、伊藤野枝との共著『二人の革命家』をアルスより出版。

「序」に「僕は主としてミシエル・バクウニンに就いて、伊藤は主としてエマ・ゴオルドマンに就いて、其の生涯と思想とを語つた。誰でも知つてゐる通り、バクウニンは古い、そしてゴオルドマンは新しい、いずれも国際無政府主義運動の有力な中心人物であつた。ゴオルドマンは今でもさうだ」と書くとおりの内容。扉の裏には、逗子の家に滞在中の沖縄の画家・伊是名朝義が描いた二人の革命家の肖像画が載る。

七日、四女・ルイズが生まれる。

名前の由来を『二人の革命家』の序文にこう書いている。

〈こんどの子は、僕の発意で、ルイズと名づけた。フランスの無政府主義者ルイズ・ミッシェルの名を思ひ出したのだ。彼女はパリ・コムユンの際に銃を執つて起つた程勇敢であつたが、しかし又道に棄ててある犬や猫の子を其侭見棄てて行く事のどうしても出来なかつた程の慈愛の持ち主であつた。が、うちのルイズはどうなるか。それは誰にも分らない。〉

野枝の叔父・代準介宛書簡には男の子を欲しかった胸中が見える。

〈六月七日、ぶじ女児を出産しました。ルイズと名をつけました。またまた女の子です。仕方ありませんから、婦権拡張につとめます。〉

この頃、大杉の家には、子供の世話のために野枝の叔母・坂口モトが来て、同居している。

大杉が「どうなるか」と思いやったルイズは、大杉の死後、留意子と改名したが、のちに伊藤ルイと名乗り、両親を継いで、「草の根を紡ぐ」反権力の運動を闘った。その足跡は松下竜一『ルイズ――父に貰いし名は』（講談社）や映画「ルイズ　その旅立ち」（藤原智子監督）などに記録され、自らも『海の歌う日』（講談社）など四冊の著書に著した。

九日、浅草の寿松院で開かれた久板卯之助らの合同追悼会に出席。

会は久板、倉内雅一、小田頼造を合同して行なわれ、大杉、和田らのほか、堺、福田英子、伊藤証信も出席した。（小松隆二『大正自由人物語』）

中旬、東京からの女性客を連れ、船遊び。里見弴と出会う。

逗子の海岸で大杉と少時を交歓した里見が「尾行」という小篇を書いている。女性客は「肥った女」としか分からない。大杉は筒っぽの浴衣に、つばの広い海水帽をかぶり、彼女と連れ立って浜辺に現れ、漁師と話し込んでいる里見弴と出会った。つい近ごろ、お互いに同じ産婆（助産師）の手で生まれた子どもの話をする。

里見「私ンとこは男ですよ」。大杉「僕ンとこはまた女だ……」。それから浜に売店を出す話（後述）など。

やがて大杉は「さア、一つそこらまで舟で出てみるかな」と、漁師を促して、海へ出てゆく。舟が見えなくなると、尾行の巡査が慌てて舟を出させ、里見も誘われて子ども二人と便乗した。大杉は、自分で櫓を操ったり、ウニを捕ったり、しばらく遊んだが、岸に上ると、ウニを二つのハンカチ包みに拵える。すぐに上がってきた尾行に、その一つを持たせ、里見に声をかけて浜づたいに歩いて行った。と、出会いはそこまで。

二十二日、神田青年会館の「対露非干渉大演説会」に野枝と参加する。

演説会は「我等はロシアの飢饉の救済と駐屯軍の撤兵と、貿易の開始とを喫緊の問題として」求めるとの趣旨で、新人会などを主体とする対露非干渉同志会が開いた。

対露非干渉同志会は、ロシアの飢饉に欧米諸国が資金や食糧援助をしているのに、日本だけがシベリアに軍隊を駐屯させ、経済的封鎖をするのを批判し、世論に訴えようと、この日、最初の演説会を催したのである。午後六時開会。赤松克麿、堺利彦、佐野学らボル派を中心に演説のはずだが、開会まもなく解散させられた。聴衆には、大杉らのほか暁民会、建設者同盟、文化会、自由人連盟などから多くの活動家が参加した。

第二回演説会は七月十一日に仏教会館で行なわれ、馬場孤蝶、布施辰治、松岡駒吉らが演説した。この回も解散させられたが、六、七名までは演説できた。参会者約六百人で、大杉夫婦はこれにも行ったらしい。同志会の会合にも顔を出したのか、次の文ではボルの「一手」を冷やかしている。

〈日本共産党の協同戦線とか云ふ一手ででつちあげた、「対露非干渉」なんとか会と云ふのがある。其の席上、此の坊主〔高津〕の弟分の川崎某〔悦行〕というやはり坊主あがりが、此際吾々はかう云ふ方法を取らうぢゃないかなぞと云ひだすと、決まつて兄キ坊主が「うん、それや実にいい、僕もそれに気がつかなんだ」てなサクラをやる。〉（「ボルシエヸキ四十八手裏表」）

ロシア飢饉に対しては、人道の問題として、またアナ・ボルが共同する全国労働総連合の動きに協調して動いたのであろう。このあと総同盟、労働組合同盟会と単独の三十組合が参加して、「労働者ロシア飢饉救済委員会」を設立し、政治色は一切抜きにした寄金活動を行なった。（『協調会史料　日本社会労働運動資料集成』前出、『労働週報』七・三十一）

二十八日、同居中の伊是名朝義が重傷を負い、横浜病院に見舞う。

伊是名朝義は沖縄から来た二十四歳の同志で、第一回二科展に入選し、洋画家志望である。この春より前から大杉の家に滞在し、調理の腕もあるので台所賄いをしている。村木の発案で、夏には逗子の海水浴場にアイスクリームの売店を出し、伊是名が腕を振るって大いに稼ごうという計画が進行中だった。場割りも町が設ける休憩所の隣と決まっている。大杉はそのためにアイスクリーム製造機を買い、四月から客が来るともてなして、練習を積んできた。

ところが二十八日夕刻、伊是名は同志四人と横浜の真金町遊廓・新明石楼に登楼。真っ裸になって二階縁側の欄干で、鯱鉾《しゃちほこ》立ちの芸当を演じようとして転落。頭部を打つ重傷を負う。急を聞いて大杉は、入院先の横浜病院に駆けつける。近藤栄蔵、吉田只次らも慌ただしく見舞いに来た。朝日新聞に、「頭がい骨を粉砕して今朝遂に絶命した。死体は大杉栄、近藤栄蔵らが引取った」とあるのは誤報。彼はその後帰郷し、琉球黒旗同盟に参加して活動する。出店計画はお流れとなった。(読売新聞六・二十九、三十)

六月下旬、皇后の次の車に乗る従兄・山田良之助と顔を合わせる。

葉山街道に面した逗子の家の近くに立っていると、御用邸から九州方面に出かける皇后の車列が通る。陛下の次の車の男がつくづく大杉の顔を見てゆくので、よく見ると、いとこで憲兵司令官の山田少将であった。少年のころ特に親しい仲だったので、見つけたのであろう。山田は翌年八月に第十六師団長に昇格するが、その翌月、大杉が甘粕らの凶行に遭う憲兵司令部応接室を、直近まで使用するのである(読売新聞六・三〇、朝日新聞二三・八・九)

著作——翻訳「博物学者の登山——ファブルの『昆虫記』から」『改造』六月号

七月十六日、この頃より眼病治療のため、労働運動社から通院し、滞在。

結膜炎であろう、目やにで固まって目が開けられず、新聞も読めない状態が続いた。労働運動社に布団や本ばかりでなく、魔子までも連れて来て、一週間ほど通院。「俺ぁこの夏は東京で避暑だ」と言ってたが、その通り九月上旬頃まで居続ける。(「コズロフを送る」、『労働運動』八・一、九・十)

コズロフとの別れ

二十三日、追放命令がでたコズロフに別れを告げるため、神戸に向けて出発。

昼近くに目をさますと、そばで寝ていた近藤が、「コズロフがやられましたよ」と驚きの声。新聞記事によれば、「其主義的色彩が益々濃厚になったので、帝国の公安を害するものと認め、国外退去を命ぜられた」とある。神戸在住の彼は、二十二日に兵庫県警に拘束されてこの命令を受け、二十五日には榛名丸で出帆するという。前年のエロシェンコに次ぐ、外国人「主義者」の追放であった。

コズロフに会いに行く旅を、大杉は「コズロフを送る」に委曲を尽くして書いている。

アナキストの彼はロシアへ行っても受け入れられず、アメリカへ帰っても追放されかねない。榛名丸はロンドン行きだから、彼は上海へ向うことが判ったが、それにしても、失業中の身では一家の生活が思いやられる。まずは餞別だが、大杉は借金をし尽くして当てがない。東京毎日新聞社や改造社へ金策に行くが、日曜だから社長は不在で、急の間に合わず。近藤がどうにかして電報為替で送るというのを頼りに、汽車賃は服部に借りて神戸へ向かう。野枝からは電報で、コズロフの妻・クララに会いたいというし、魔子はスガチカのよい友だちだから、逗子の家に寄って、三人で行くことにする。尾行も三人ついて、府県ごとに交代、どこで降りるかをボーイに聞きにこさせてうるさい。(読売新聞七・二十三、「コズロフを送る」)

二十四日、京都の友人に借金、神戸のコズロフ宅を訪問。夕刻、安谷や弟・進と会う。

京都で下車。パン製造販売業の友人・続木斉を二、三年ぶりに訪ね、都合よく借金ができた。正午少し前に神戸着。警察本部で外事課長を待ち、コズロフへの面会許可をとる。ところが拘留はしていないというので、立合いや尾行の私服大勢が先達となって、魚崎の自宅へ行く。

彼は金策に奔走中で留守だった。妻のクララとは、野枝と三人で手を握り合って感激する。魔子は京都で買った土産の人形などをとり出して、スガチカと遊び、大杉は続木に用立てて貰った餞別と近著『二人の革命家』を渡す。クララとの会話にも立ち合いの私服が四、五人つき、大杉は彼等に余興を見せるのだと、魔子とスガチカに素裸で相撲をとらせ、次いで革命歌の合唱をさせる。見納めしたかったのだ。遅い昼食に親子丼を食べ、さらに待つがコズロフは帰らない。

三時間もいて充分話し、お互いの友情も味わったと、諦めてクララに別れを言う。それは「家の中と俥の中で、向うの親子二人とこちらの親子三人とが大きな声でどなり合つた」「……実に晴れ晴れしたやうな陽気な、いいお別れだつた」と大杉は書き、そしてコズロフを想う。

〈彼れは漸くありついた職をただ社会主義思想を持つてゐると云ふ事だけで、……此の異国で幾度街頭に投げ出された事か。そして今は又、漸く親しんだ此の異国すらも追はれて、更に又新しい異国にさまよひ行くのだ。〉

このあと大杉らは、三宮駅で待っていた安谷と会い、須磨寺前の旅館にくつろいだ。ここで弟の進とも会う。翌二十五日、大阪からの上り列車に乗るのは、ちょうどコズロフの船が出帆する時刻である。翌年もう一度、彼に会えるのだが、むろん夢想だにしない。（「コズロフを送る」、調査書）

著作——著訳「クロポトキンを想ふ——ボルシエギキ革命の真相」（ベルクマン）『改造』、「ロシアの無政府主義運動」『表現』、翻訳「動物の婚姻と家族——ルトウルノの男女関係の進化より」『新小説』各七月号、「コズロフを送る」東京毎日新聞七・二十九〜八・十一（十三回）

八月一日、『労働運動』（第三次）**第六号を発刊。**

二ページにわたって「労働組合の全国的総連合」を特集し、組合同盟会と総同盟双方の代表者の意見を掲載。ともに総連合の必要と機運とを認めつつ、水沼が「残る問題は組織形式である」というように、この点で対立する懸念も表明される内容であった。創立の打ち合わせ会は、すでに四回開かれ、規約草案もできて、まずは順調に進んでいる。会合には、同盟会から独立して六月に発会したアナ系の機械労働組合連合（組合員数八千人）も、平沢や杉浦啓一が参加した。
著作――「愛嬌名」、「編輯室から」、「謂はゆる『労農政府』」、翻訳「クロポトキンを想ふ」（部分再録）、「革命の裏切者――ロシアのパリ・コムユン」（ベルクマン）、「革命の研究・三」掲載。（『労働週報』七・十九）

自由労働者同盟

上旬から、亀戸の同志宅にて数回の秘密会合をもち、大杉の講話や組合組織化の打ち合わせ。二十七日、自由労働者同盟を結成。
亀戸在住の庄司富太郎は総同盟黒色労働会のメンバーで、前年、仙台の講演会にも行った同志である。彼の家で自由労働者の組合設立の相談会を開き、大杉の「バクーニンの無政府主義」講話を折り込み、組織形態などを協議した。
自由労働者は、「人夫、車力、馬方、土工、小揚」など、深川富川町や本所花町、神田三河町、その他の労働者町でいわゆる「立ちん坊」として労働力の取引をする数千人の身分不安定な労働者である。毎朝の「たまり」で団結の必要を話し合ったが、大杉ら同志が支援して具体化の運びとなった。数回の協議を経て、いくつもの「たまり」から参加した発起人二十余名によって宣言、綱領、規約を作成。二十七日に自由労働者同盟が成立する。宣言には「俺達は倒れ掛った資本主義に最後のトドメを刺すべくここに団結を宣言する」と意気高い。これらを印刷して配布し、三十日に深川富川町で発会式を挙げるが、一同検束される。（調査書、『労働運動』九・十）
この月ころ、月島労働会館での講習会に出講する。（『労働運動史研究』六三・七）
著作――翻訳「蝉の話――ファブルの『昆虫記』から」『改造』八月号

九月十日、『労働運動』（第三次）第七号を発刊。「総連合」準備会開催。

総連合創立打ち合わせ会に出席している水沼の「自由連合論」を掲載。組織形態は「最高の機関をこしらへて総て其の指揮命令に従はうとする中央集権的合同と、各組合から代表を出して共通の問題を協議し解決して行かうとする自由組合連合との、二つに分けられる」が、連合の方式について「我々は何を欲するかと言ふに……地方的の同一産業の組合連合が、幾つも集まつて地方的の大連合をする。一方は同一産業組合が更に全国的に連合する。それらの総てが集まつて初めて労働組合の全国的総連合と云ふものになる」と述べ、この原則は譲れない姿勢を示した。

信友会と正進会の有志は、この趣旨をまとめたパンフレットを発行。大杉はこのパンフ（「労働組合全国総連合に就いて……」）を推薦して、「自由連合主義は、中央集権に反対して各団体の自主自治を重んずる。又謂はゆる指導者を排斥して、労働者の事は労働者自らがやろうとする。／労働者諸君に無理にも御一読をすすめる」と書く。

中央集権的合同論は総同盟の主張で共産主義者が加勢し、自由連合論は組合同盟会など反総同盟側の方針で、無政府主義者が支援する構図だが、この「アナ・ボル対立」が創立準備の段階で現実化する。この日、神田・松本亭に二十九団体が参加した創立最終準備委員会でのことだ。論争になったのは、規約草案の理事の数をめぐってで、原案が「各組合から一名」とするのに対し、総同盟側は「若干名」を主張して議論が沸騰した。結局、修正案は保留されたが、両派は火種をかかえたまま三十日の創立大会を迎えることになった。

大杉はこの号に、「何故進行中の革命を擁護しないのか――大杉栄氏に問ふ」という問いに対する「生死生に答へる」、「トロツキイの協同戦線論」「労農ロシアの最近労働事情」と三本の論稿を執筆し、ロシア革命のボルシェビキ批判を本格化する。これらは総連合計画でのボル批判にも通じ、それは「労働者自身の必要として勧めて行かなければならない」のであって「共産党の党利の上からの利用などは御免だ」と釘をさすなど、同根の国内問題にも論及している。

著作――前記のほか「利口と馬鹿」、「編輯室から」、翻訳「革命の研究・四」掲載。（水沼辰夫『明治・大正

（1922年9月）

期自立的労働運動の足跡』、『労働運動』十・一）

中旬ころ、野坂参三が来訪。

野坂は慶応の学生時代、大杉のフランス文学研究会を聴講していたことがあり、「ただなつかしい思いだけの訪問」と述べているが、それだけではあるまい。この年三月に友愛会より派遣されたヨーロッパから帰国。この頃、総同盟の調査部長で、十日の総連合準備委員会にも出席しており、七月に創立したばかりの日本共産党に加入しているから、探訪の意図もあったであろう。しかし、政治的な話はしなかったという。

〈……玄関につうずる玉砂利を歩いて行くと、すでに大杉の妻になっていた伊藤野枝が、赤ん坊を抱いて、あやしているのに出会った。……彼女は一瞬びっくりしたようだったが、笑顔をもって迎えてくれた。そこいらのやさしいおかみさんのような様子であった。大杉もわたしの突然の訪問を素直に喜んでくれた。彼らは幸福だなと、わたしは感じた。そのときは政治の話にはふれないで、ヨーロッパの話や世間話をしただけだった。それが彼との接触の最後だった。〉（野坂参三『風雪のあゆみ』）

二十九日、総連合大会がある大阪へ向かい、三十日、同地着。

夕刻の汽車。近藤と一緒で、山川と同じ車輛だった。彼には尾行が付いているので、目だけの挨拶。着くとすぐ、天王寺公園の近くにある関西労働組合同盟会の事務所へ行き、大挙して会場の天王寺公会堂に繰り込んだ。

ボル派の山川は大会でも対立する立場だが、しかし大杉のよき友、理解者だった。三十年余を経て大杉の墓参をしたとき、「おお、大杉の字だ」と言って墓碑を抱くように両手を広げて駆け寄ったという。大杉の追悼文に、久米正雄が「善悪ともに一等俳優」で「芝居をうつ」と述べたことに反対して、こう書いている。

〈大杉君の生涯を芝居と見ることには、私はどこ迄も反対する。しかし大杉君の行動のエフエクトは……一等俳優に見えたほど、それほど光彩があり、華やかであり、はでであつた。大杉君は学説においてはクロポトキンをとり、人物においてはバクニンを愛した。しかしその華やかな行動と才気煥発のあとはラツサールのほかによく匹敵し得るものがない。〉*（近藤憲二『一無政府主義者の回想』、桜井規順「想いおこすこと」『沓谷だより』九一・九、山川均「総連合の決裂」、＊同「大杉君の絶筆」）

総連合創立ならず

（1922年9月～10月）

三十日、「日本労働組合総連合」創立大会に、傍聴人として出席。

当日の参加組合は六十、出席代議員は百六名。代議員一名につき三名の傍聴が認められたので、大杉、和田、近藤、堺、山川、荒畑ら社会主義者や賀川豊彦、鈴木文治らの労働運動家のほとんどが出席した。午後一時十分開会したが、会場整理の問題などで紛糾し、議事に入ったのは四時。規約第一条の名称「日本労働組合総連合」が承認された後、同盟会側・自由連合派とボル化した総同盟派との、組織・運営方法をめぐる対立が表面化する。第二条の「同一職業または産業組合二つ以上加盟せるときは、地方的または全国的連合を組織するものとす」という水沼案に対して、総同盟は「合同の前提として、地方的……」という一句を入れた案を提出し、両案をめぐって会議は暗礁に乗り上げるのである。

休憩しての協議も妥協がならず、再開後、ついには野次の応酬で混乱し、午後八時半、官憲によって中止、解散を命じられる。こうして労働運動の歴史に新紀元を画すべき共同戦線の企て、「総連合」は成らず、アナ・ボルの分裂は決定的になる。

大会が混乱した際に、戎署署長率いる警官隊が乱入。大杉は山川、堺、荒畑、渡辺満三、鈴木重治らとともに戎署に検束された。翌日の午後釈放され、三時過ぎの列車で帰東する。

決裂については、『改造』十一月号に「組合帝国主義」と題して、それまでの経過を分析した上で、次のように論断している。

〈果して大会は此の中央集権的合同か自由連合かの問題で決裂してしまつた。

友愛会側は、其の中央集権と云ふ言葉にさすがに多少後めたさを感じたのか、それに民主的と云ふ言葉を冠《かぶ》せて見たり、また戦闘力の集中などと云ふまるで違つた言葉を持つてきたりしてゐたが、其の精神は要するに中央集権だ。組合帝国主義だ。共産主義者の謂はゆる独裁だ。〉

なお、大会の間に大杉を仕込杖で狙う刺客がいたという物騒な裏話がある。狙ったのは抹殺社の平岩巌。世話になった福田狂二に頼まれて、大杉を刺すつもりでいたが、旧知の中浜鉄に心中の葛藤を打ち明け、説得されて諦めた。中浜が休憩時間に大杉に知らせると、「やらせて見やうぢやないか?其奴等に――」。中浜「兎に角、未だ気を付けたがいい」、大杉「ああ、有難う。覚悟は何時でも仕とかなきやァ、ひつひひ……」と会話。いっぽう平岩は福田に承諾した手前、形をつけなければならず、解散後、通行を遮断した警官隊に、仕込杖を抜いて切り込んで検挙された。刑期半年を終えたのちに、大杉を訪ねたという。（水沼辰夫『明治・大正期自立的労働運動の足跡』、大阪朝日新聞・大阪毎日新聞十・一、二、中浜鉄「新過去帳覚書（其二）」『祖国と自由！』二五・十二）

著作――「お化を見た話――自叙伝の一節」『改造』九月号

十月一日、『労働運動』（第三次）**第八号を発刊。**

「労農ロシアの承認」は、メーデーのスローガンとなり、この日に開催された総同盟第十一周年大会でも決議されたが、大杉はこの号に掲載の「労農ロシアの承認」で、「そんな事は、どうだつていい問題ぢやないか」と反論。「労農ロシア」即ちロシアの労働者と農民の現実を見ることを求め、「革命のにせ物」に驚かされないようにと批判する。

著作――「独裁と革命――無政府主義革命に就いての一問答」、「労農ロシアの労働組合破壊」、「編輯室から」、「労農ロシアの承認」（「そんな事はどうだつていい問題ぢやないか」のごく一部を削除）、翻訳「革命の研究・五」掲載。

初め、大阪で風邪をこじらせ、帰ってから二十日間も病臥する。（「編輯室から」『労働運動』十一・一）

八日、この日から駒込片町の労働運動社に移住。

野枝と一時別居して仕事に集中するためだが、生活スタイルを変える意図でもあろうか。野枝の江口渙あて九月二十七日の書簡に「人手がないので、私の仕事がまるで出来ないから、と云ふのが一番重大な原因で、第二は経済の節約、忙しい時にはお互ひに一緒にゐない方がいいと云ふ意見で、さうする事にきめました」と説明し、「国に帰つて、半年ばかり勉強して来やうとおもつて」とある。

逗子の家を引き払い、家族揃って労働運動社の二階に転居。まもなく野枝は今宿へ帰郷する。この結果、労働運動社の部屋割りは、二階八畳間に大杉と魔子、六畳が近藤の部屋、一階は八畳が編集兼事務室で中名生と村木が机を並べ、六畳を玄関兼食堂にして、台所の奥の三畳は物置兼村木の昼寝部屋となり、ほかに寺田が寝泊まりした。（読売新聞十・十三、「編輯室より」『労働運動』十一・一、調査書）

十一日、翻訳書『昆虫記』第一巻（ファーブル著）**を叢文閣より出版。**

日本で最初にファーブルを紹介したのは、賀川豊彦「ファブレの生存競争の研究」（一八年）だが、大杉はそれより三、四年前から興味を抱き「読みたいと思つてゐたんだが、しばらく獄中生活をしなかつたので、そのひまがなかつた」。ところが、巡査殴打事件の入獄で「ひま」が出来、「ほかの本はあと廻しにして……読み耽つた」のであり、さらに「漸く此の第一巻を翻訳し終つた」（序文）わけだ。そして「第二巻は本年中に終りたい予定でゐる」し、「続いて猶第三巻第四巻と進んで行くつもりだ」と意欲十分だが、周知のように大杉訳の『昆虫記』は続刊できず、他の訳者が引き継ぐことになる。

大杉がいかにファーブルに惹かれていたかは、同じく序文の「其の生涯に就いては、僕は又新しく『科学の詩人』と題して、近く単行本として発表したいと思つてゐる」という抱負にも、『昆虫記』とは別の「二十冊ばかりのごく平易で、そして面白い通俗科学の話」を「いろんな人との共訳で其の翻訳にとりかかつてゐる」ことからも知られよう。

フランス文学者・朝比奈誼氏は、大杉の傾倒を次のように書いている。

〈……いつまでもみずみずしい感受性を失わなかったファーブルは、大杉にとって、単なる昆虫学者でも、ましてや反進化論の思想家でもなかったはずである。そうではなく、対象こそ異なれ、同じく権威と固定観念とに挑みかかる闘士として、大杉はファーブルを一種の鑑とし、そこから尽きせぬ励ましと慰めとを同時に得ていたのではあるまいか。〉（『季刊現代文学』第二十二号――奥本大三郎『博物学の巨人　アンリ・ファーブル』より再引）

十四日、野枝はエマとルイズをつれ、叔母・モトと福岡・今宿へ帰郷。十五日、現地着。（福岡日日新聞十・十六）

十九日、服部浜次を訪問。

野枝に送る外套を取りに寄ったが、みんなから「おじさんはほんとにひどい、おばさんはずいぶん寂しそうだったわ」と叱られる。前夜は徹夜して「自叙伝」を三十枚ばかり書く。（書簡一四四）

二十日、魔子を連れ、村木と鵠沼へ。（書簡一四四）

二十三日、弟・伸が上海の病院で死亡。

伸は中国の三菱・漢口支店に勤務していたが、肺結核治療のため帰国途中、上海の病院で死亡。当時、上海にいて看病した大杉の妹・秋山晴子（春）が知らせてきた。その手紙を大杉は、臨終の様子を知りたがっていた伸の友人・袋一平に送る。伸の遺骨は大杉が預かり、のちに大杉と同じ墓に隣り合って埋葬される。（書簡一五四、読売新聞二四・五・二十四）

二十四日、魔子を連れ、労運社の同志と小石川植物園へ。（書簡一四七）

よく書き、動き、語り

二十八日、前夜一泊し、栃木県真岡の同志集会に出席する。出席者約二十名。

労働組合同盟会の活動家であった水沼辰夫は「第三次『労働運動』の時期こそ、大杉の生涯を通じて、労働運動に最も熱意をこめた時期であったと言えよう」と書いているが、具体的な活動の記録が乏しく、全容はよく分からない。この集会は、野枝への手紙に書いているもので、水沼が次のように記す研究集会と思われる。〈(大杉は）無産階級独裁政治と労働組合における中央集権制を主張して、友愛会その他の指導権を奪い取ろうとするボルシェビキの徒に対しては猛烈な論陣を布いた。彼はまた、この問題について各所に開かれていた労働組合内の研究集会にもしばしば出席した。旺盛な彼の精力は、よく書き、よく動き、よく語り、いささかも疲れを見せなかった。〉（書簡一五〇、水沼辰夫「大杉栄と労働運動」前出）

下旬ころ、山鹿泰治と同行した中国のアナキスト・黄凌霜《こうりょうそう》と会見。

山鹿は七月に二度目の中国渡航をし、黄凌霜を大杉に引き合わせるために、連れ立って帰国したばかり。黄は師復の後継者として活動し、各地の同志と連絡をとって中国のアナキスト連盟（A・F）を創立した人物。孫文・章炳麟と並ぶ辛亥革命三尊のひとり黄興の甥である。米国へ留学する途上だが、情報・意見交換のため大杉と本郷の喫茶店で会見。組織と自由の問題などを論じ合って、共鳴するところあったと思われる。労運社から村木が同席した。

山鹿は中国で、A・Fに日本人としてただ一人加盟したが、それには同志の紹介により入会式が行なわれ、宣誓をして秘密の暗号などを教えられるという。大杉はそれを聞いて、そんな宗教的なことは無用だといって笑った。（山鹿泰治「無政府主義修業」『平民新聞』四八・三・十二、坂井洋史「近代中国のアナキズム批判」『一橋論叢』八九・一）

三十日、江口渙が来訪。（書簡一五〇）

三十一日、執筆のため鵠沼・東屋に滞在、十一月十一日まで。

「自叙伝（六）」と「労働運動の理想主義的現実主義」、「マルクスとバクーニン」を執筆。また著書『無政府主義者の見たロシア革命』のための追加原稿やアルス科学知識叢書の仕事など大車輪だった。

三十一日は、鎌倉へ。留守中に弟の勇が来て、魔子を音楽の稽古に連れて行く。

十一月五日、東京へ出て、『改造』の原稿料を受け取り、魔子と野枝への買い物。国家主義の赤化防止団が左翼への立会演説会を申し入れ、その依頼にくるが断る。十月にできたばかりの団体で、団長の弁護士・米村

嘉一郎が来たのだろう。(注)

七日、大島製鋼所の官憲横暴弾劾演説会に出るつもりで再上京。一晩の検束は覚悟したが、大島の組合に電話して中止と聞き、帰る。

九日、前々日から魔子を預けていた鎌倉の長芝家（村木の親戚）へ迎えに行く。（書簡一五〇〜一五六）

（注）立会演説会は十一月十七日に神田・仏教会館で行なわれ、赤化防止団から米村と天野富太郎ら、左翼からは、岩佐、近藤憲二、近藤栄蔵、高津が出て討論が行なわれたが、警察から解散を命じられ会場が混乱すると、米村が日本刀で岩佐を斬りつけるという事件になった。（堀幸雄『右翼事典』）

著作――「自叙伝（五）」、「求婚広告」、「そんな事はどうだつていい問題ぢやないか――労農ロシアの承認問題批判」『改造』、「労働運動と労働文学」『新潮』各十月号

8—連帯へ、日本脱出

1922（大正 11）年 11 月～1923（大正 12）年 9 月

執筆や労組集会に活動するなか、ベルリンで開催される国際アナキスト大会への招請状が届き、出席を決める。上海へ密航、中仏大学留学生の身分で渡仏。上海、リヨン、パリでは、とくに中国人同志との交流、会合を重ね、紐帯を固くした。しかし、目的のドイツ行き許可証は交付されず、大会も再度延期となって見通しが定まらない。資料収集や友知人との交遊。そんな日が続くなか、パリ郊外のメーデー集会で演説、逮捕される。三週間の入獄の後、国外追放となって七カ月ぶりに帰国。自由連合派労組の結集、同志による同盟の結成を企図して、労組集会などに精力的に活動中、関東大震災に遭う。野枝と被災した弟を見舞い、六歳の甥を連れて帰宅途中を東京憲兵隊に連行され、三人とも虐殺される。

総同盟・ボル批判

十一月一日、『労働運動』（第三次）**第九号を発刊。**

十二ページのうちの半分を先の労働総連合不成立の問題、ことに総同盟・ボル批判に充てる。大杉は二ページにわたる論文でも足りなくて「ボルシエギキ四十八手裏表」なる暴露もので鬱憤をはらす。ほかもロシア革命批判などで、大半をボルに対するアナ側の論を張った。

著作――「労農ロシアの新労働運動」、「ボルシエギキ四十八手裏表」、「組合帝国主義」（『改造』と同内容）、「編輯室から」、翻訳「ボルシエヴィキの暴政・三」（エマ・ゴオルドマン）、「革命の研究・六」掲載。

五日、『漫文漫画』（望月桂・画）**をアルスより出版。**

大杉が言うに、望月は「我党唯一の画家であり、唯一の漫画家」で、「珍重」な存在。そこで彼の漫画集を出版社に持ち込んだところ、大杉の漫文を加えるなら出してもいい、というので、漫文ではないが単行本未収録の新旧作を集め、望月の漫画を折り込んで一冊とした。

（1922年11月）

アルスの社長・北原鉄雄（白秋の弟）に話した時のことを、望月は次のように回想している。

〈二人で漫文漫画をアルスから出す場合でも本屋の親父に自分を紹介するに「この男もまだ画は下手だ。然し他人の真似の出来ないものを持つてゐるのが取り柄だ」といふ調子だ。変な言ひ方をするものだ。これでは折角の計画が駄目になつてしまうぢやないかと心配したら、翌日村木が来て、「大杉は本人の居る前では酷い事を言ふ癖があるが、後でアルスの親父に馬鹿に褒め上げてゐたぞ、そして成功したよ」と言はれた事もあつた。〉（望月桂「幻影に逆上した軍閥」『平民新聞』四七・九・十二）

十一日、鵠沼の江口家を訪問。同居の中浜、古田を交えて雑談。

江口には、アルス科学知識叢書の翻訳を頼んだが、なかなか原稿が出ず、その催促もある。滞在先の東屋を切り上げて帰京の日、村木と魔子を連れ立って行った。

江口は、九月に北川千代と離婚。留守にした七、八月の家賃を彼女が未払いのため、催促に悩まされ、労運社に応援を頼んで中浜鉄と古田大次郎が同居している。次は古田の応接記である。

〈訪れた人は、大杉君だった。吠えつく犬を叱りながら、魔子ちゃんの手を引いてはいって来た。二人の後には、洋服姿の村木君がニコニコしながらついてきた。例によって大杉君は、原稿稼ぎに東屋に来ていたのだ。／「これから東京に帰るんだ」少時、雑談を交わした後、大杉君は立ち上がった。あの大きな眼にはいつものように人の好い、魅するような笑を浮かべていた。／僕らが大杉君を見たのは、実にこれが最後だった。〉（古田大次郎『死刑囚の思い出』、書簡一五五、江口渙『続わが文学半生記』）

十二日、弟・勇が来訪、魔子を音楽の先生宅へ連れて行く。（書簡一五七）

十四日、野枝の叔父・代準介、東京日日の宮崎記者、ほか三、四人の来客あり。

代準介はのちの回想録に、次のように大杉を記している。

〈其の個性に於ては実に親切温情に厚く、予初めて面会せし時など吃して語るを得ず。野枝の通訳にて挨拶を終へたり、親しみの重なるに従ひ、稍々《やや》常人に近し、或るとき試みに社会運動は如何、容易に実現せざるべしと云ひしに、是は……永劫に実現せざるやも知れず、去り乍ら主義として此の道程を辿り行くこと吾が任務

なりと云へり〉（井元麟之「ひとつの人間曼荼羅」前出）

十五日、叢文閣・足助素一が原稿催促に来訪。ほかに二、三人来客。

『無政府主義者の見たロシア革命』出版のための催促である。追加原稿として「ボルシェギキの暴政」（四）（五）を、この日に書き上げる。野枝宛の手紙に「この本が、暮れのそちらと僕との分になるんだ」とあり、家計の余裕は依然としてなかった。そして、「あしたからは『自叙伝』の書き足しだ。全体で七百枚くらいになるだろうが、もう三百枚ばか書かなければならない」と次の原稿に向かう。これを以て中絶する『改造』一月号の「自叙伝（七）」の分であろう。

この日、「新聞文化演説会」演説会に出るはずだったが、仕事のためか、辞退した。「新聞及新聞記者」社主催により、十大新聞の記者が新聞の民衆化と使命について熱弁を振るうとされ、大杉は東京毎日新聞記者として「新聞記事の虚偽」を話す予定だった。（書簡一五八、読売新聞十一・十五）

十六日、中学時代の柔道師範・坂本謹吾が来訪し、半日遊んでゆく。

少年期の新発田からのよしみで、坂本先生は大杉がよほど好きだったのだろう。折々に訪ねてきては昔ばなしをして行く。屈伸法という運動を勧められて、実行したが、この頃は「力を送る」術もやっていて、聖路加に見舞ったときは面会謝絶のところ、病室の前で五分間ほど瞑目して、力を送ってくれたという。この日は、「それで病気の治ったいろんな話をさんざん聞かされた」。五十をだいぶ過ぎているが、小石川に道場を開いて柔道を教え、毎年冬に隅田川を五百メートル泳ぐ寒中水泳会を催す、元気な先生だ。

屈伸法については、自叙伝に「僕が肺が悪い事を聞いて……先生発明の曲《ママ》伸法と云ふ運動方法を勧めてくれた。最近に僕は曲伸法で獄中で大たすかりをした」と感謝。豊多摩監獄からの野枝宛の書簡には、寒さで全身が痛むのに「この痛みに腹の中や胸の中まで襲われちゃ大変だ。と思いながら、しっかりと腕組みして例の屈伸法で全身の力をこめて腹をふくらす。いい行だ」と記す。坂本がのちに著す『坂本屈伸道』（渋沢栄一推奨）によると、座位や立位で横隔膜を伸縮させる、ヨガのような運動である。彼は健康法の初期提唱者として一家をなした。（書簡一一八、一五八、自叙伝）

中旬ころ、大島製鋼所の争議犠牲者への募金に三十円を応じる。

募金の事情はこうだ。ストに入った大島製鋼所の職工は、支払い労賃に歩合金が除いてあるのを会社に抗議。約束によって受け取りに行くと、警官が阻止して入場できず、乱闘となる事態が起きた。さらに亀戸署は、争議団が集合していた大島労働会館に踏み込み、六十三名を収監するという異状であった。大杉が前月七日に、原稿執筆中の東屋旅館から上京したのは、その抗議演説会のためだ。そして機械労働組合連合は緊急支援活動の一環として、犠牲者家族への救援募金を決めた。

大杉へは、機械労連の俵次男が募金に来訪し、義援金として三十円を申し出る。ただし、持ち合わせがないからと、東京毎日新聞へ前借り依頼の手紙を書き、併せて募金に応じそうな人への紹介状を渡した。その中の一通に、茶目っ気を発揮して、赤化防止団の弁護士・米村嘉一郎宛のものがある。俵はそれと知らず米村を訪問したところ、労働者には同情するが社会主義者はけしからんと、反り身になって説教されたという。翌年七月、高尾平兵衛を銃撃して死亡させる男だ。(『労働週報』 一二・五)

国際アナキスト大会へ

二十日、フランスの同志・コロメルから国際アナキスト大会への招待状を受け取る。

名前や書いたものは、かねてより知っている同志である。書状はほんの十行ばかり、一月の末から二月の初め、ベルリンで国際アナキスト大会を開くことになったので、ぜひやってこないかという招請状だ。大会の開催は、九月半ばに六カ国が参加し、スイスのサン・ティミエで開いた五十年記念会にて、コロメルが国際組織の創設を発議して決まった。大杉はすぐに行こう、と決める。

国際同盟は、十五、六年前のアムステルダム大会でいったん組織され、日本の同志も幸徳を代表者にして加

盟したことがある。しかし大杉によれば、

〈元来無政府主義者には、個人的又は小団体的の運動を重んじて、一国的とか国際的とかの組織を軽んずる傾向があり、国際大会を開くにしても、其の選定した土地の政府がそれを許さなかつたり、又、各国の同志がそれに参加しようと思つても、政府の迫害や経済上の不如意などのいろんな邪魔があつたりして、僅か一二年の間に此の同盟も立消えになつて了つた。〉（「日本脱出記」）

しかし、「時はもう迫つて来た。殊に、ロシア革命が与へた教訓は、各国の無政府主義者に非常な刺激となつて、今までのやうな怠慢を許さなくなつた」と判断する。

行くと決めて、問題は資金だ。旅券は「ちやんと研究してある」が、金は旅費、滞在費のほか『労働運動』の経費や家計費も要る。最低千円と見積もって、勤め先のアルスから帰った近藤とも話すが、借金の当てはまずない。あちこち当ってみるほかないと決め、眠り薬の『其角研究』を読んで寝る。翌日から尾行をまいて歩きまわるが、はたして思うようにはいかない。やがて思い浮んだのが一人の友人である。

ところで、アンドレ・コロメルに大杉を名を教え、薦めたのは仏文学者・小松清である。* 前年に渡仏し、アナキスト・グループと接触していた彼は、ある秘密会合でコロメルと会話。来春、予定している国際アナキスト大会に日本の代表にも出てもらいたいが、適当な人はいないだろうか、と聞かれた。小松は差し出された手帳に、大杉の名と住所を「カマクラ・ジャポン」とだけ書いたのである。だから、招待状は鎌倉から逗子を経て、労運社の大杉のところへは付箋が三、四枚張られて届いた。（「日本脱出記」、＊青木重男『青春と冒険』）

二十五日、野枝が、迎えに行った村木と帰京する。

急きょ、ルイズだけを連れて帰り、エマは大杉の帰国まで叔母・モトに預けてきた。（松下竜一『ルイズ――父に貰いし名は』）

二十七日ころ、有島武郎に旅費の融通を電話で頼み、快諾の返事。

『日本脱出記』には資金の問題は、招待状を受け取った翌日にも「案外世話なく話しがついた」ように書いているが、村木によれば、出版社をかけ回ったが金策できず、この際だから有島氏に出して貰ったらと電話し

（1922年11月）

たのは、二十七、八日ころである。有島は快諾したという。（読売新聞二三・十二・十六）

二十八日ころ、有島武郎宅を訪ね、旅費千五百円を受領。

有島とは賀川豊彦の歓迎会でも話をし、相知る仲だ。共通の友人である足助素一によれば、前年夏に鎌倉からの三等車で大杉と会話した時のことを、有島は「大変話もしっかりしているし、感じのいい人であった」と好意的に述べている。大杉は、足助に「有島君は汽車はいつも三等かい」と訊き、足助が「いや、いつも二等だが、誰か友人でもいて、相手が三等なら自分も三等に乗るという風の男だ」と答えると、「僕も二等で旅行するのだが、有島君が三等に乗ったからね」と笑って話した。

有島の家は麹町六番町にあって、隣は旧知の弟・生馬の住いである。大杉は渡仏の費用を、千円あれば結構だと言ったところ、有島は金の少ないほど心細いことはないと、五百円を加えて融通してくれた。授受のことは二人とも足助に話した。有島は「僕は大杉君とは立場が違ふが、ああいふ器局の大きい人物を、徒《いたずら》に日本のやうなせせつこましい所に置いて、内輪喧嘩をさせておくのは惜しいやうな気がしたので、世界の大勢を見て来たほうがよかろうと考へたからである」と述べたという。

が、これは公式の弁らしく、村木は、有島は私たちの運動に少しずつでも援助したいと言ったと証言している。滞仏中、大杉の留守宅から送った金も過半は有島によるものであった。クロポトキンに傾倒し、「相互扶助」を唱え、農場解放を実行した有島の、大杉を支持しての厚意であろう。

旅費の出所については、二人の死後、政友会が後藤内相を疑って政治問題化する。村木も再度警視庁に呼ばれた。後藤はうすうす知っていたらしいが、取り合わないという態度だったので、議会で追求された。その状況をみて、大杉の葬儀直前、足助と村木が前記の事情を明らかにしたのである。

ところで、大杉は足助からも、ダーウィン『ビーグル号航海記』の翻訳をタネにしては、それまでに四、五百円の前借りをしている。それにも、叢文閣から出してベストセラーを続けた有島の本からの収益が入っている。これも大杉死後のことだが、足助は大杉に貸した金がフイになったので、甘粕への損害賠償請求を考えているくらいだと、ぼやくことしきりであった。（読売新聞二三・十二・十六、近藤憲二『一無政府主義者の回想』）

下旬、山鹿の勤務先・芝の印刷所へ行き、中国旅券の入手を頼む。

以前から考えていた渡航策である。相談された山鹿も格別の心当たりがあるわけではないが、北京大学で講師をしているエロシェンコを頼りに、ともかくも北京へ行くことにする。誰にも告げず、その夜の列車に乗り、下関、釜山経由奉天へ。三等六十円で旅券も不要だった。東京を出てから六日目に北京着。北京大学教授・周作人（魯迅の弟）家に同居しているエロシェンコに会い、エスペランチストの学生を紹介してもらう。さらにその学生の紹介で、かつて大杉のエスペラント語講習の生徒だった景梅九に会い、旅券の入手を頼む。景は日刊紙『国風日報』の社長で、国民党の国会議員でもある。政府要人に知己が多いから、何とか便法を考えようと引き受けてくれたが、何日も待てど進捗の様子がない。見切りをつけて北京をあきらめ、大杉と落ち合う上海へ向かった。（向井孝『山鹿泰治——人と生涯』）

下旬、宮嶋資夫が来訪。村木と三人で南天堂二階で懇談。

宮嶋には「一寸出て来るが、一時間計りすると帰つて来るから待つてゝくれ」と言って待たせた。彼は金策に行ったのだろうと推測。帰ると、村木と三人で南天堂二階へ行って懇談した。宮嶋はこう回想している。

〈久しぶりで議論もしたし、可なり長いこと話しもした。その時、大杉君は珍しくウヰスキーをコツプに三杯ばかり呑んで、鏡を見て「ほう随分赤くなつてしまつた。こんなに飲んだのは初めてだよ」と云つては、また鏡を覗きこんでゐた。そして仕事の事で話をしたら、「僕は一寸旅行をして来るから、そう云ふ事はM君に云つておくから、あの人に云つてくれないか」と云つてゐた。……その晩別れたのが、大杉君との最後の会見になつてしまつた。〉

仕事の話とは、ファーブル科学叢書の翻訳であろう。宮嶋は後に「科学知識全集」として出版された第六巻『田園の悪戯者』と五・十三巻の一部を翻訳した。

大杉も仕事を抱えていて、「正月号の雑誌に約束した原稿と、やはり正月に出す筈の或る単行本とを書いて了はなければならない」（「日本脱出記」）。『改造』「マルクスとバクウニン」は仕上げたが、宮嶋と同じく、ファーブルの叢書『自然科学の話』は、共訳者の安成四郎に大部分を委ねた。（宮嶋資夫「追憶断片」『改造』

(1922年11月～12月)

二三・十一、同『遍歴』）

著作――「組合帝国主義―総連合問題批判」『改造』十一月号

十二月上旬、山崎今朝弥と入院中の堺利彦を見舞う。

堺は大森町森ヶ崎（現、大田区大森南）の鉱泉病院に入院していた。彼とは不和だったが個人的な関係は別だと、山崎の解説がある。

〈大杉君でも堺君でも公私は決して混淆しなかった。犬猿啻《ただ》ならぬ両君の間でも、運動上の事や天変地変の挨拶にはよく往来をした。大杉君のチブスの見舞には僕と堺君がセントルカへ行った。堺君の盲腸炎の時には僕と大杉君とで森ヶ崎へ行った。〉（山崎今朝弥『地震・憲兵・火事・巡査』）

堺も「……私が盲腸炎に罹って死にそうだと伝えられた時、彼もまた私を病院に見舞ってくれた。彼と私との交わりは、生死の際に於いて知らぬ顔をすべくあまりに深かったのである」と述べている。（堺利彦「遺稿『自叙伝』を読んで」）

上旬、夜、和田（栄）**と向島方面の組合集会に参加。**

大杉の話がひとまず済むと、組合員の一人が「大杉さんはなかなか色男ですね」と奇問を発した。思わず苦笑したが、非常な熱心さで恋愛の話を始めた。帰途、組合員七、八人が向島の土手まで送ってくれ、「今夜は非常に気持が好かった」と言うのに、大杉は「僕も気持ちが好かった」と答えた。あとで和田がその組合員に会ったとき、「この間の恋愛の話を聞いて、自由連合の精神がハッキリした」と述べたという。

和田は大杉を次のように評している。

〈一体大杉といふ人は知識階級といふ環境から出た人間に似合はない「摺れからし」だ。即ち「苦労人」だ。何んな贅沢も知つてゐたやうだし、何んな貧乏にも堪え得る人だ。凡ゆる苦楚を嘗めた人のみが体得し得る用意が何時も腹の中にあつたやうだ。「徹底」といふ事が大杉の運動の凡てだ。如何に尤もらしい理論でも、甘さうな話でも大杉をゴマ化す事は絶対に出来なかつた。〉（和田栄太郎「大杉は大きかった」『労働運動』二四・三）

上旬、高利貸・武藤三治の息子・重太郎から旅費不足分を借金。

有島提供の資金は借金を払ったり労働運動社の費用に使って、出発を前に半分ばかりに減ってしまう。何とかしなければならないが、こんどは近藤憲二が窮余の一策を思いつき、二人で高利貸・武藤三治の家へ行った。息子の重太郎がかつて社会主義同盟に加入していたので、彼に頼んでみたところ、快く千円を出してくれ、穴埋めができた。彼は「親とは似ても似つかぬ文化人で、小遣い銭のありったけ、文化人の仕事に投じて援助しているという変わり種」であり、親の手前、形ばかりの受領証で事がすんだという。大杉の運動への同情もあったのか、ともあれ旅費の問題は、こうして解決した。（近藤憲二『一無政府主義者の回想』、横関愛造『思い出の作家たち』）

上旬、労運社で渡航中の問題について、同志の相談会を開く。

大杉が出した問題は、対ボルシェヴィキ、労働組合運動、政治運動の三つ。このうち最初の問題は、既に明確な方針を確認し、二番目は自由連合派の組合機関誌である『組合運動』を積極的に支援するなどとして、すんなり済んだ。が、政治運動については、白熱した議論になった。それは、大杉が

「大会に臨むにあたって、政治活動に対する態度をハッキリさせておく必要がある」

と提起したのに始まる。村木と和田久太郎が反発した。村木は吃って言葉にならないほど興奮している。水沼が口を入れて、「一体政治活動とはどういうことか、もっと詳しい説明が必要だな」

と言ったのに大杉は、

「アナキストの国際的な組織が必要なことは勿論だが、その前に極東におけるアナキストの組織を考えることはもっと必要なことだ。その場合、支那におけるアナキストのことが一応問題になるだろう。先輩格である李石曾や呉稚暉《ごちき》とかの人たちが立法院議員になったりすることは、日本人的観点からみれば背徳と呼ばれるかもしれないが、支那の人たちはかならずしも潔癖には考えていないし、若いアナキストも非難はしていない。しかも彼等はアナキストとしての誇りを持っているようだ。もし、大会の席上、これらの人たちのことを、日本人的観点からだけで処理していいものかどうか、ということだ」

と説明した。なるほどと思われる節があり、そのために日本のアナキストの態度が影響されるべきでないとい

（1922年12月）

う意見もあったが、大会での議論の模様によることでもあり、結局、大杉の判断に一任することにして、集まりは終った。出席者は在京の同志で、ほかに近藤、延島、和田（栄）らである。翌日、和田が村木に、「昨夜は随分カッカとしていたね」というと、「なに、大杉の浮気に一本注射を打ったのさ」と答えた。村木にとっては、第二次『労働運動』におけるボルとの共同が、我慢できないほどの「大杉の浮気」だったらしい。（和田栄吉「大杉の浮気」『素面』六九・九）

十日、評論集『無政府主義者の見たロシア革命』を叢文閣より出版。

主として『労働運動』に発表したロシア革命——ボルシェビキ政府批判の論文に、付録としてクロポトキン「革命の研究」を収載。発刊の意図を、序文にこう記している。

ロシア革命によって、世界の労働者は「非常な勇気を鼓舞されて、其の思想や行動の上に非常な影響を与へられた」。しかし「僕等は、それだからと云つて、此のロシア革命を、と云ふよりも寧ろボルシエギキ革命を、盲目的に謳歌することはできなかつた」。「本書は、ボルシエギキ革命の事実に就いて」「『革命は如何にして為されてはいけないか』の方面を多少明かにしようとしたものだ」と。また労働組合総連合決裂の経緯を中心とした日本のボルシェギキ批判は、「日本の労働者をして再びロシアの轍を踏ましめようとする」「陰謀を摘発したものだ」と。十一月二十七日執筆。

日本脱出、上海へ

十一日、夜、自宅を出て東京駅発、日本脱出へ。

出発を監視小屋には一週間も十日も気づかれないように、策を二つ講じた。一つは、魔子をやはり女の子がいる同志Lの家に預けたこと。尾行は魔子から聞き出そうとするので、野枝は子供をだますのは可哀想だからと、口車に乗らないようによく言い聞かせようと主張したが、しかし安心できない。この日の朝、村木に連れていってもらった。もう一つ、ちょっとも顔が見えない口実は、前回の上海潜行の時と同様に、病気ということにした。そのために毎朝氷を買いに行くことにし、その役は尾行の巡査に頼んだ。

この日、トランク一つ持って近藤と出、東京駅で和田から携行品の風呂敷包みを受け取って列車に飛び乗る。夜中、洗面所で顔の特徴である上下のひげを剃り落とし、準備を整えた。大杉の不在を警視庁が知ったのは、二週間後の二十四、五日頃である。

以後、帰ってくるまで七カ月の行状は、大杉の著書『日本脱出記』や野枝宛の書簡等で知ることができる。

（「日本脱出記」、大阪毎日新聞一三・七・十一）

十二日、神戸着、ホテルに滞在。十四日、神戸出航、上海へ向かう。

乗船するエンプレス・オブ・ルシア号はカナダの客船で、横浜から来るが、横浜は警官に顔を知られているので、神戸発とした。翌日出航のはずだが一日延び、やむなくホテルで『自然科学の話』の原稿直し。街を歩くのは危ないが、翌日、一度だけぶらぶらと散歩する。改造社の二、三人がその晩のアインシュタイン講演会のビラをまいているので、近づいてみたが、分からない。船中にも四、五人の私服がおり、経由地の長崎では数人の警官が乗って来て、乗客を個別に調べたが、無事に過ぎた。（「日本脱出記」）

十七日ころ、上海着。華光医院や近くのイギリス女性の家に逗留。

最難関と予想した上海上陸も無事に済んだ。山鹿との連絡先であるフランス租界露飛路の華光医院・鄧夢仙《とうむせん》を訪ね、近くのイギリス人女性の家に一室を借りる。鄧夢仙は中国の同志で、一高から千葉医専の出身。日本語が堪能で、ほかにも日本の同志が世話になった人である。

彼を通じてであろう。中国アナキスト連盟と数度にわたって会談を持ち、今回の国際大会出席や中日両国の革命について討論した。上海での重要な用件であったと考えられる。『日本脱出記』に「僕がこんど此の上海に寄つたのは、ベルリンの大会で（九字削除）（「国際無政府主義同盟」か）が組織されるのと同時に、僕等にとつてはそれよりももつと必要な（八字削除）の組織を謀らうと思つたからでもあつた」と書いた（八字削除）

（1922年12月）

の部分は「亜洲（または極東）無政府主義者」と判定されるからである。

会談のメンバーであった鄭佩剛《ていはいごう》の家には泊まり込みで交流を深めた。ベルリンの大会に出席する中国代表は、リヨンに留学中の章警秋《しょうけいしゅう》と判明、彼は在仏同志への紹介状を書き、大杉が発った後にも、手紙で世話を頼んでくれた。鄭は師復の高弟で、のちに上海労働大学を開き、山鹿をエスペラント語講師として招く。

また、官憲の気配がなく、安心して街を歩けたので、当時上海に住んでいた妹・晴子（春）の家を訪問し、一泊した。晴子は〇九年から中国在住、夫は三菱上海支店長である。久しぶりの対面で、先ごろ当地で病死した弟・伸のことをはじめ、日本、中国、アメリカと別れて暮す弟妹の消息など、積もる話は尽きなかった。（向井孝『山鹿泰治――人と生涯』、鄭佩剛――坂井洋史訳「上海社会主義同盟会結成の頃」『中国アナキズム運動の回想』）

下旬、山鹿と会う。上海同志の協力で旅券を取得する。

上海に着いた数日後に、陸路、山鹿がやって来た。北京から手紙で鄧夢仙に頼んだ旅券入手は、彼の奔走により上海の同志が手を打って、ほとんど目安がつくところまできていた。

ちょうどリヨンにある中仏大学の校長・呉稚暉が帰国中で、大杉をそこへ留学させることにし、彼が保証人となって旅券申請したのである。リヨン中仏大学は、中仏教育会を設立した呉や李石曾の働きかけで、中仏両国が協力して開設した中国人留学生のための学校だ。申請では、大杉はなまりの強い広東人台山県生まれ、名は唐継とし、旅券もできた。しかし難関があった。領事が直接、本人と写真を見くらべて、一、二問答してから渡すきまりだというのに窮した。しかも年末年始で休日が続き、大会日程からも日を延ばせない。これを切り抜けたのがある中国人同志（張溥泉らしい）の忍法で、彼は正月休みの仏領事館にしのびこみ、旅券を盗みだして

▲…旅券に使用した写真

来たのだ。ヴィザは、その旅券を持って領事館へ行き、難なく受領した。
年末から正月には、山鹿とフランス租界に住む予備海軍機関中佐の飯森正芳夫妻をよく訪問した。出発前の一夜、飯森の部屋での談論のうちに大杉は、日本で革命が起こったら、アナキストは武装せねばならぬ、その時はマフノの例にならい自由な組織にすべきで、決して絶対服従の旧来の軍隊組織では駄目だと強く主張。これに対して飯森は、海軍の経験から軍隊は上から下への命令と服従なしには作戦は不可能だといい張り、夜が明けるまでの議論になった。大杉はベルリンへ行ったら、ヴォーリンなどマフノ運動の参加者からアナキズム革命軍の話を聞くことの重要性を改めて思ったであろう。
飯森は十七歳で海軍兵学校に首席合格。大正天皇が即位する大観艦式のとき、駆逐艦の機関長だったが、艦列を離脱して処罰を受け、退役軍人となった。エスペランチストで、のちに辻潤とも交際した。辻と野枝の子・一《まこと》は飯森の家から静岡工業に通学した。（向井孝『山鹿泰治——人と生涯』、山鹿泰治「たそがれ日記」『リベルテール』七一・十二）
著作——「自叙伝（六）」、「労働運動の理想主義的現実主義」『改造』十二月号

一九二三（大正十二）年——三十八歳●

一月一日、『労働運動』（第三次）第十号を発刊。

大杉の評論が載り、無論、「旅行」は知られないように編集。

著作——「労働反対運動の現在及将来」、「理想主義的現実主義」、（『改造』十二月号と同内容）、「『無政府主義者の見たロシア革命』序」、翻訳「ボルシエヴキの暴政・四」掲載。

マルセイユへの船

五日、フランス船アンドレ・ルボン号にて上海を出航。

マルセイユまで四十日の航海だから、大会が予定通りなら間に合わない。出発にあたっての懸念ではあった。途中のコロンボで買った新聞で、フランス軍がドイツのルール地方を占領したニュースを知り、野枝宛の手紙に「内心大いに喜んでいる。そんなことであるいは大会が遅れるかもしれない」と、自己都合の期待を表明。

▲…アンドレ・ルボン号（模型、横浜みなと博物館）

三等だが、二人で一室の「日本の船のまあ二等」に相当する船室である。(注) 下のベッドは中国の若い学生で、「ちょっと英語を話すんで都合がいい。が、そいつ少し馬鹿でね、折々なぐってやろうと思うことがあるが、心棒してる。食堂でも、支那の男女学生十一名と僕とが一つの卓を占めている。みんなマルセイユ行きだ」というように、当然のことながら中国人の中に入れられる。が、ともかく順調な船旅で、その模様をやがて野枝宛に、寄港地から発信する。

野枝は、上海での大杉については山鹿から詳しく聞いた。山鹿の留守中は、妻のミカが初めてのお産をひかえていたので、心細いのを案じて何度も訪ね、山鹿の帰宅後も、おむつとそのころ珍しかったおむつカバーをもって訪れた。（『日本脱出記』、書簡一六一、向井孝『山鹿泰治——人とその生涯』）

（注）三一年の日本郵船の場合で、上海・マルセーユ間の三等料金は三百二十五円、二等は五百八十五円。因みにアンドレ・ルボン号はフランスの貨客船（一三、六八二総

トン）で、一九～三三年、マルセイユ～横浜間を約五十日間で結ぶ定期航路に就航した。関東大地震のとき横浜港に停泊していて、崩落した大桟橋から海中に放り出された人や避難民など約二千人を救出した。横浜みなと博物館に三メートルの大型模型が展示されている。

二十八日ころ、寄港地コロンボにて上陸。

野枝や同志への手紙は検閲される恐れがあるので、ベトナムから絵はがきを送ったくらいだが、このころには「僕がフランスに着いてからそちらへ届くのだから、もう心配はない」と、船中の様子を伝えている。(注)

暑いので昼間はたいていデッキにいるが、夕食後は四等のデッキ・パッセンジャーのところへ遊びに行く。「そこにはシベリアから来たロシアの若い学生がうんといる。僕はそいつらと一番いい友達になったのだ。……そしてその学生の一人の紹介で、一等にいるやはりロシアのある貴婦人と知合いになった。亭主はもう七十に近い老人の総領事で、リュウマチで身動きもできずに一日寝ている」。その細君の望みで、「毎日二時間ずつ日本語を教えている。話はすべてフランス語でやるんだから、僕にとってはいいフランス語の先生だ」。

ずっと親しくする女性で、『日本脱出記』にマダムNとして登場する。彼女のお蔭で「上陸のたびに、自動車であちこち乗り廻している。モスクワ大学で歴史を専門にやったとか言っているが、しきりに民衆の生活を見たがって、田舎へ遠乗りをしては百姓家などにはいって見る。僕が漢文の筆談でいろいろ用を足すので細君は大喜びだ」と、これはペナンでの模様か。コロンボでは停泊時間が短く、予定した聖山・スリパダ山へは行けなかったが、「近郊だけは走り廻って見た」。

そして人間の頭くらいの大きさのパイナップルを買って貯える。「アナナス、バナナ、僕はこんなにうまい果物をこんなに毎日食っただけでも、こんどの旅行は十分に値打ちがあると思っている」。船の食事がまずかったので、なおさらそう思ったようだ。「朝はパンとコーヒーかミルク。昼と晩は三皿。昼はチーズがつくが、バターは一週間に一度しかない。砂糖気に飢えていることおびただしい」。だからマルセイユに着いたら「うんとうまいものを食いたい」。

船中では執筆のつもりだったが、キャビンは暑くていられず、デッキや食堂は騒々しくて、場所がない。そ

（1923年1月～2月）

れと船の動揺。『種の起原』の改訳二、三章と『改造』への通信として、「デッキ・パッセンジャーという題でそこのいろんな人間のこと」を書きかけたくらい。『自叙伝』は「手もつけていない」と書き送る。（書簡一六一、一六二）

（注）コロンボまでの寄港地は、香港、ハイフォン、サイゴン（現、ホーチミン）、シンガポール、ペナン。

著作――「自叙伝（七）」、「マルクスとバクウニン――社会主義と無政府主義」『改造』一月号

二月七日、ポートサイドに寄港。

途中のジブチを出た翌日の夕方から初めての暴風に遭い、朝食は抜きにする。スエズには停まったが、上陸する時間はなし。そのため、

〈行きたいと思っていたカイロへ行けなかったので、ポートサイドでその写真帳を買った。魔子へのお土産にフランスから送ろう。ポートサイドではエジプト煙草やトルコ煙草が馬鹿に安いのでうんと買い込んだ。もっとも百本以上はマルセイユで高い税金をとられるそうだから、何とかしてうまく持ち出さなくちゃならない。〉（書簡一六三〜一六五）

十日、『労働運動』（第三次）**第十一号を発刊。**

「大杉は昨年暮れから行衛不明になつた」と公表。野枝は「十二月の中旬から暫く風邪で寝てゐた大杉が、何時の間にか抜け出した」と「行衛不明」なる記事を書き、警視庁の話では上海で捕まった、いや北京にいると言っているとか、越後赤倉で悠々著述に耽っているという新聞報道があることなどを、とぼけ気味に紹介する。この号、大杉はフランスで読む。

著作――「マルクスとバクウニン」（前半を再録）、翻訳「ボルシエギキの暴政・五」掲載。（書簡一七三）

十三日、マルセイユに上陸、ホテルに一泊。

マダムN夫妻と同じホテル・ノアイユに落ち着く。マダムから誘われていたニース行きは延期になったので、翌日リヨンに向かう。（『日本脱出記』）

リヨンの同志たち

（1923年2月）

十四日、リヨン着。中国人同志と会い、一週間ほど滞在。

中国人同志に上海からの紹介状を渡し、挨拶が済むと、彼らはここを本拠と決めて、まずはカルト・ディダンティテ（身分証明書）を取得せよと言う。二週間以上滞在する外国人は、居住地の警察の、その証明書を携帯しなければならず、理由なく所持しない場合は、罰金、収監、追放などの処罰があるという。フランスからヨーロッパ歴訪の旅券交付にも必要だ。それを受領するのに一週間ほどかかった。見ると手帳のようになっていて、居住地からどこかへ旅行するには、いちいち警察へ届けて、判を押してもらわなければならない。またある晩、フランス人同志の集会に案内して欲しいと頼んだが、大変危険だと言われ、「フランスに入りさえすれば大丈夫」という期待がそがれたことを痛感する。

大会が四月一日に延びたことが判明し、予期通りだったけれど、腰も落着けなければならない。ヨーロッパ歴遊の旅券は、すぐには出そうもなく、中国人同志十人くらいと交流しつつ日を過ごした。

彼らのうち大杉に応接、世話をしたのは、主に章警秋（章桐）である。滞日六年、東京の大学を出て、日本語がうまい。二十八歳だが同志の領袖株で、今度の大会の中国代表者だ。中仏大学の留学生約二百人は寄宿舎生活だが、彼と妻だけは別に部屋を借りて住んでいる。妻は大杉とかつて通信していた師復の妹である。

滞在したリヨンのホテルは、サン・ティレーヌの丘の上にあるオテール・ル・ポワン・デュ・ジュール。鎌田慧氏が『大杉栄　自由への疾走』取材のときに、現存を確かめた。（『日本脱出記』、書簡一六八、林倭衛「仏蘭西監獄及法廷の大杉栄」『改造』二四・六）

二十日ころ、パリへ行き、リベルテール社にてコロメルに会う。近くのホテルに滞在。

リベルテール社は、二十区のベルヴィル通りにある。フランス・アナキスト同盟の機関誌・週刊『ル・リベルテール』と月刊『アナキスト評論』を出しており、コロメルはその編集部にいる。奥の部屋に入ると、十人くらいのうち、「手紙の束を手早く一つ一つ選り分けている男が一人、ほかの人間とは風も顔も少し違つてゐた。日本で云つてもちょつと芸術家と云つた風に頭の毛を長く延ばして髯《ひげ》のない白い顔を皆んなの間に光らしてゐた」。年齢は三十そこそこ。そばへ行って、君がコロメルか、と聞くと、そうだ、という。

〈僕は手をさし出しながら、僕はかうかうだと云へば、彼は僕の手を堅く握りしめながら、さうか、よく来た、と云つて、直ぐ日本の事情を問ふ。腰をかけろと云ふ椅子もないのだ。〉

コロメルはのちに大杉の追悼文を書いて、十一月の『リベルテール』巻頭に掲載されるが、初対面の大杉を次のように記している。

〈身体は細身で、その目の輝きは鋭敏な知性を感じさせ、話しぶりは若々しく快活だった。その時、私は大杉の生涯について全く知らなかったし、彼の著作も、彼の才能も、極めて戦闘的なその活動も知らなかった。しかし私は、創造的な人間だけが持っている、他者を励ます力と熱気を彼から感じた。〉*

それから同社にいるイタリア人女性の案内で、近くの、彼女が泊っているホテルの三階に部屋をとる。「要するに木賃宿」で、室料が日本円にして一カ月十二円五十銭と安い。六畳間くらいの部屋で、ガスがある。リヨンから中国人同志・章桐が同行し、一緒に泊って自炊をした。(「日本脱出記」、＊田中ひかる「A・コロメルによる大杉栄追悼論説」『トスキナア』二〇〇七・十、書簡一六八)

二十一日ころ、パリ近郊にて連日、中国人同志との会合を重ねる。

コロメルに会った翌日から四、五日間、章に連れられて、中国人同志と会見。パリと近郊にいる二十人ほどをしっかりした組織として結束させようと尽力する。「ずいぶん骨が折れる」が、「しかしもうほぼまとまった。そしてベルリンの大会のあとで、この支那人連の大会をやることにまで」進展する。

中国でいう勤工倹学生で、半年どこかの工場で働いて、給料の半分を貯金し、あとの半年をどこかの学校に通学するという倹約生活である。それで会合のための車代など、費用は大杉が持ち、加えて「パリから四、五

時間かかる田舎の農学校にも大分同志がいるので、そこへも四人連れて行った」りして、「もうほとんど文なしに」なる。(注)

会合に参加した中国人同志・畢修勺《ひっしゅうしゃく》の回想から、大杉の発言のあらましが分かる。

〈一九二三年の春のある日のこと、リヨン中仏大学の章桐が大杉栄を連れて我々に会いにきた。我々は彼の泊まっている旅館に集まった。……彼は我々に日本における無政府主義運動の概況を紹介した。彼は無政府主義運動の理想は遙かなものだが、決してユートピアではない、と語った。また各種の社会活動に参加せよ、特にサンジカリズムの運動に加われ、新しい方法で児童を教育し、幼い頃から、人を統治し搾取することの誤りを理解させよ、自らが人の手本になり、万が一にも統治者、搾取者の中に紛れ込んではならない……と主張した。／我々はこの旅館で簡単な食事を取った〉

同行した章は二月末まで同宿し、リヨンに帰った。ダブルベッドでの共寝から解放され、「ひとりぼっちになって、しばらく目でいい気持で寝た」と野枝に書き送る。（書簡一六八、『日本脱出記』、畢修勺――坂井洋史訳「無政府主義者になった頃のこと」『中国アナキズム運動の回想』）

（注）大杉が中国人同志と会ったパリ近郊は、北郊外のラ・ガレンヌ・コロンブ、「田舎の農学校」はパリ南百十五キロ、フォンテーヌブローに近いモルタルジ農業学校である。ラ・ガレンヌ・コロンブには勤工倹学生の受け入れ団体・中仏教育会や李石曾がつくった豆腐会社があった。（松本伸夫『日本的風土をはみだした男』）

二十五日ころ、リベルテール社主催の音楽会と演劇を鑑賞。翌日、ロシア人同志を訪ねる。

ホテルのイタリア人女性が、警察の干渉により宿を出されて、引越し準備。大杉も安全な宿探しを頼む。晩はその女性と『リベルテール』主催の音楽会と演劇に行った。会場のＣＧＴＵ（労働総同盟）本部には十人ばかりの憲兵が監視、警戒に当っている。一月に、女性アナキスト、ジェルメーヌ・ベルトン（二十歳）が王党派の事務総長を射殺したベルトン事件が起こり、以来とくに警戒が厳重になったと、彼女の説明であった。

翌日、リベルテール社へ行くと、今にも倒れそうな男が入ってきた。聞くとハンガリーの同志で、非軍備運動のために六カ月入獄し、フランスに逃げ込んだところ、旅券がないためにまた三カ月牢に入り、放免とともに追放になったのだという。

その晩は、前から会うことにしていたロシアの若い同志を訪ねる。ノックをしてもなかなか出て来なかったが、大杉と知って抱きついてきた。やはり旅券なしの身で、いよいよ捕まるのかと準備をしていたと笑う。

こんな一連の事態を見るにつけ、よりましなドイツへ早く行こうと痛感する。(『日本脱出記』)

二十六日ころ、朝、画家・青山義雄を訪ねる。

彼とは林倭衛の紹介で知り合い、『文明批評』創刊のとき、挿絵の打ち合わせのため、亀戸の家で二、三度会ったことがある。外国の雑誌に載っている絵の模写を頼んだりした。今は、パリの日本人会の書記をしながら絵を描いている。やはりフランスに来ている林が連絡先とした人で、彼がパリにいないので、行き先を尋ねに来たのだ。林は南仏・エスタックにいるという。

大石七分もパリにいるので、借金をしようと、青山の案内でカルチェ・ラタンの家を訪ねるが、留守だった。「仕方ない。金はリベルテール社で借りるさ」とホテルへ戻り、青山はベルヴィル通りまで大杉を送って別れた。林宛に「大至急やってこないか」と手紙を出す。彼は二年前に、坂本繁二郎、硲伊之助、小出楢重らと同じ船で絵画留学に来た。(松本伸男『日本的風土をはみだした男』)

二十七日、大石七分と会う。

彼は画家の石井柏亭と一緒に前年渡仏し、日本人留学生の多い五区ソムラール通りのアパートにいる。暮に妻と子供を帰し、一人だった。祖母の遺産である山林は、詐欺のような目にあって、人手に渡り、今は無一文だと言う。自動車を日本へ送り、そのコミッションで成り立たせている質素な暮しのうえ、アトリエへ引越す前日で物入りの時だ。とても借金というわけにはいかない。

仕方なく宿へ戻って、船で書きかけた原稿を再開。野枝に「二、三日中に送るから、改造社へ持って行って、金にして、また電報為替で送ってくれ」と手紙を出す。

七分はのちに、パリで他人の自動車を黙って乗り回し、精神病院に入れられる。金がなくなって困ると、精神状態が変になるという病弊があった。（書簡一六八、松本伸夫『日本的風土をはみだした男』、西村伊作『我に益あり』）

（1923年2月〜3月）

モンマルトルの夜

三月三日、林倭衛が来訪、彼とモンマルトルのホテルに移動。

大杉からの手紙を見て、林は早速やって来た。彼は国際アナキスト大会の案内状を大杉と岩佐に出したと、リベルテールの男から聞いたが、どうせ来られはしまいと、気にも留めずにいたと言い、再会を喜んだ。すぐに引越す話がまとまり、青山に会って、モンマルトルに宿を探してもらう。大杉の荷物は、持ってきたスーツケースと小さな手提鞄のほかに、着いてから集めた古い新聞や綴込み、書籍が増えたくらい。宿はバル・タバランという大きな踊場の二、三軒先にあるホテル・ヴィクトル・マッセに決め、向かい合わせの部屋を借りた。

それから二人は夜になると、カフェを渡り歩いたり、バル・タバランに入ったりして遊び暮らす。酒飲みの林はもっぱら酒を、大杉はコーヒーを何杯でも飲んでつきあった。あるカフェでは、林を知っている女が大杉の腕時計に目をつけてねだると、そんなに欲しいならと与えてしまう一幕があり、バル・タバランでは、二人の踊子とすっかり馴染みになり、日本に連れて帰ろうかと冗談を言ったりした。

昼間は、新聞は必ず毎日読み、本屋へ行って資料探しや本を買って読んだ。たいていは部屋にいたが、映画館などに行くこともあって、かつて翻訳したアナトール・フランスの「クレンクビユ」が上映されたときは、早速に見た。

また、パリ郊外で働く中国人同志Lがアナキズム誌『工余』を持って、時々、大杉を訪ねてきた。吃りで、大杉の吃りとあまり流暢でないフランス語で話をした。Lは前にも畢修勺らと会った同志であろう。畢は『工余』について、「我々、在仏の無政府主義者は、謄写版印刷の『工余』という刊行物を出していた。最初は陳延年が主宰し、後には李卓とその他の同志が印刷、発行の責任を負った。……工余社は組織といったものではなく……集まった顔ぶれは僅か十数名で……」と書いて、顔ぶれの名前を挙げている。それによるとLは李卓と推定される。

そうしているうちに、待っていた旅券交付の知らせがリヨンから届いた。同時に厄介な情報も入ってきた。それは、日本の政府からパリの大使館にあてて、林の素行を調べよと訓電が来たというもので、彼を調べれば大杉の所在も分かるという見当に違いない。二人はパリを離れることにする。

あとで（メーデーの前々日かに）分かったことでは、この時すでに、日本政府からドイツの大使館に捜索命令が来て、その同文電報がドイツの大使館からヨーロッパ各国の大使館や公使館に送られていたという。（林倭衛「仏蘭西監獄及法廷の大杉栄」前出、畢修勺「無政府主義者になった頃のこと」前出、「日本脱出記」）

十日、『労働運動』（第三次）**第十二号を発刊。**

巻頭論文に伊藤野枝「社会主義者の堕落」を掲載、著作――「マルクスとバクウニン」後半を再録。

十六日、マダムNからの手紙を受領。林と会いに行くため、十七日夜、パリを発ち、まずリヨンへ。

手紙は二通。リベルテール社にひと月も前に届いたのに、紛れていたらしい。それを見て、「もう一遍マダムに会いたいから、早速パリを引きあげようと思うが、君も一緒に行かないか」と林を誘う。二人とも文なしだったので、翌日は旅費を借りに歩き、夜、パリを発った。マルセーユを目指すが、旅券が発給されたので、リヨンに寄る。（林倭衛「仏蘭西監獄及法廷の大杉栄」前出）

十八日、早朝リヨン着、旅券を受領し、中国人同志と交流。

登校前の章に挨拶、逗留していたホテルへ行って朝食。といってもパンとコーヒーを二、三杯、林はビールを二、三本。それから堡塁跡の土手の草に寝ころんで、林に章の仲間の話などをする。

〈支那の無政府主義者と云ふのはどつちかと云へば、人道主義者と云つた方がいい位なんだ。もともと彼方のは人道主義から出発してゐるんだよ、いまにいたつても夫れがちつとも抜けてゐないんだよ。兎に角、日本のなどとは大分趣が異つてゐる。例へば彼方の仲間だけは贅沢などは一切禁物なんだ。贅沢も事によりけりだが、酒を呑むことなどは無論のことだよ、うまいものを食うとか、煙草を呑むことすら怪しからんことになつてゐるんだ。〉

昼食は中仏大学前の中華料理店。章の同志たちと十人ばかりで卓を囲む。流暢なフランス語を話す男が頻りに大杉と話をした。食後、一同と街へ出、大杉はソーン川岸の警察で旅券を受け取り、章と古本探索。林は他の連中と美術館へ。夜は再び一同集まり、中華料理店での賑やかな晩餐会となった。その後は二人になり、十二時の汽車まで、大杉が夜の街を案内した。（林倭衛「仏蘭西監獄及法廷の大杉栄」前出）

十八日、深夜リヨン発、十九日、早朝マルセーユ着。林と郊外のマダムNを訪ねる。二十日、林と別れ、マダムNを再訪。夜行でリヨンに戻る。

ホテル・ノワイユに投宿、荷物運送係から聞いたマダムNの住いを訪ねる。郊外の貸別荘にいて、喜びいっぱいに大杉を迎えた。質素ながらロシア料理の昼食で歓待。彼女は革命家のような危険なことは止めて、学者として安全な道を進めと言うが、大杉はそんなことは出来ないと、前からの話を繰返した。広い庭を散歩したり、ベンチで話したりして、夕刻二人は辞去する。

二十日、昼食後、林はアンチーブへ向かい、大杉はマダムNをもう一度訪ねる。「安全な道を」という前日の続きを、庭で三時間も話したようだ。大杉の林宛書簡には「やっぱり今日は行くんじゃなかった。きのうのままでわかれてしまえば、大ぶ甘いロマンスとしてその記憶が残るんだったろうが、きょうはもうそれをすっかり打ち毀してしまった。……僕はこれで、外国人とは二度目のプラトニックだ。プラトニックはもういやだ。バル・タバランのダンスーズのほうがよっぽどいい」とある。

夜、駅近くのカフェで何杯もコーヒーを飲み、「これから下に降りてもう二、三軒カフェの梯子をやって、十一時何分かの汽車で立つ」。翌朝、リヨン着。（林倭衛「仏蘭西監獄及法廷の大杉栄」前出、書簡一六九）

（1923年3月）

警察本部へ日参

二十一日、リヨンに帰着。二十八日、警察本部にドイツ行きの許可を申請、何度も足を運ぶ。

二十一日、リヨンに戻ったが、風邪をひき、そのうえ宿でもらったキニンとアスピリンで腹をこわしてしまう。一週間ほど絶食し、寝て暮す始末だった。

ドイツ行きのヴィザを貰うために、旅券をパリへ送って手続きをしたが、警察の許可が必要という。二十八日、やっと起きて、警察本部へ出国許可証を申請。が、なかなか降りない。四、五日中に外事課へと言い、さらに四日も待つと密偵局による取調べがあり、その後、明日は、あさっては、の繰り返しでらちがあかない。

この間、ドイツに関する本やドイツ語の会話の本を読み、帰りにはオーストリア、スイス、イタリアと回るつもりで、イタリア語の会話本まで買って、しっかり準備はした。しかし、だんだん不安になってくる。いっそのこと「合法の手続きは一切うつちやつて……そつと国境を脱け出ようか」とも思う。が、もし何かの間違いがあれば、世話をしてくれたリヨンの同志たちに累が及ぶので、彼らの「合法論にふしょうぶしょうながら従ふほかはなかつた」。

こうして警察本部へ日参のように通いつつ「不安と不愉快との」日が一カ月も続いた。しかも大会はまた延期になって、八月というだいたいの見当だが、それもやれるかどうかはっきりしない。しかし、ドイツには行って、ベルクマンやエマ・ゴールドマン、それにロシア革命時のマフノ農民部隊の総参謀・ヴォーリンにぜひ会いたい。（書簡一七〇〜一七三、「日本脱出記」）

二十八日、久しぶりに野枝宛に手紙を書く。

〈社での問題の、結局は大衆とともにやるか、純然たるアナキスト運動で行くかは僕もまだ実は迷っている。

純然たるアナキスト運動というそのことにはまだ僕は疑いを持っているのだ。これはヨーロッパで今問題の焦点になっている。〉（書簡一七三）

四月一日、郊外で遊び、体調回復。

「財布の病気をよくしなくっちゃ」といっていた金が、思いがけず二十九日に野枝から届いて一安堵。それで「ウンとうまい御馳走」を食い、この日は「田舎へ行ってうんと遊んだので、しばらく寝ていて変になっていたからだがすっかり回復した。きのうは大いに仕事をした。きょうもまたうんとやれそうだ」と元気になる。仕事とは「日本脱出記」の執筆であろう。稿末に「四月五日、リヨンにて」とある。

アンチーブにいる林は同宿の小松清の誘いで、三十日、「地獄」の作者アンリ・バルビュスを訪問。彼の肖像画を描く約束をした。二日、林倭衛宛の手紙にこう書く。

〈バルビュスの肖像はうまく行くといいがね。僕もバルビュス（共産党）とアナトール・フランス（共産党から除名された）とロマン・ローラン（まず無政府主義者）との三人に会って、三人の比較評論を書いて見たいと思っているんだが、それには三人の本を大ぶ読まなければならんのでまだいつのことになるか分からない。〉（書簡一七七、一七九、林倭衛「仏蘭西監獄及法廷の大杉栄」前出）

九日ころ、林倭衛が小松清を連れて来訪。

林は大杉からの「ここを立つのは四、五日後になりそうだ」という手紙を見て、リヨン行きを決め、小松に打ち明ける。彼はコロメルに、日本代表として大杉の名を教えた当の本人である。のちにアンドレ・マルローの翻訳をはじめ、フランス文学の移入者となるが、このころはいわば修業の身（二十三歳）だった。大杉が来ているることに驚き、同道した。大杉の密行話を真に受け、場合によっては、同行を考えたようだが、リヨンのホテルで話すうちに具体化はしていないと知って、気負いをそがれる。

三人は街に出て、市役所広場の脇の大きなカフェのあと、中仏大学前の飯店に入った。待ち合わせた章夫妻と劉という若い同志がやって来て、昼食を摂る。彼らとの会話を聞いて小松は、大杉の「首領者的な」話しぶりや、自分に対する「先輩顔」に反感をもち、早々に引き上げることになる。出会った最初から肌が合わない印象があったようだ。

林は一週間ほどリヨンに滞在。倹約のために章夫妻の家で大杉と食事をし、二人で街や郊外を散策した。カフェに憩うときは、林がワイン、大杉はコーヒー。「ドイツから帰ったら、ローヌ川を船でアビニオンまで下って、ファーブルの住い跡へ行ってみたい」と、計画を語りあうこともあった。

そのドイツ行き許可証の催促には、ほとんど隔日警察に足を運ぶが、相変わらず。総監に面会を申し込んでも会えず、手紙を書いても効果なく、当てにできない状態となる。宿の主は警察に三度も聴取され、林のことも訊かれているから、疑われているおそれは十分だ。それでも諦めきれないのは、ドイツ行き願望の強さ故である。そうしているうちに金もなくなり、林はパリへ発った。（林俊、クロード・ビショア『小松清　ヒューマニストの肖像』、林倭衛「仏蘭西監獄及法廷の大杉栄」前出）

十四日、安成四郎との共訳書『自然科学の話』（ファーブル著）**を出版。**

叢書の第一編で、巻頭の「アルス科学知識叢書に就いて」に「科学の知識は文明を産む母です。そしてその知識は、苦しんでではなく、面白可笑しい話の中に得られて行くものなのです」などと子ども向けの解説を書く。

十八日、評論集『生の闘争』を南天堂出版部より出版。

同タイトルの最初の評論集と『正義を求める心』から抜粋した小著。「近代名著文庫第二一編」として刊行された。

二十二日、**林倭衛と新聞記者・井沢弘が来訪。**

林は大杉の滞仏を、東京日日の井沢記者にだけは話したが、この時期になると、記事にして表に出すことを考える。井沢は折しも、パリ郊外で交通事故死した北白川宮の霊柩車についてマルセーユへ行くので、途中のリヨンで大杉に会うことにした。日本ではだいぶ以前、会ったことがある。打ち合せをし、大杉は今は明かせないが、何か書くから適当な時期に出していいよ、とでも言ったであろう。間もなく原稿を渡す。

林は井沢がマルセーユから引き返してくるまで、大杉とは別のホテルに滞在。夕刻になると章の家に行って一緒になり、街へ出て食事、遅くまでカフェ歩きなどをした。大杉は章の家で昼食をして林を待つ間、裏庭で女の子たちの遊び仲間になり、一緒に縄跳びをしたり、キャッキャッとふざけたり、そこへ顔を出す長屋のかみさん達とも話し込んだり。林は「この手際には全く感服」する。（林倭衛「仏蘭西監獄及法廷の大杉栄」前出）

二十六日頃、井沢が鴨居記者を連れて立寄る。

鴨居は、井沢より先発してマルセーユへ行った大阪毎日新聞の記者である。この日は、飲めない大杉を連れ、四人で夜更けまで飲み歩いた。翌日、大杉はパリへ向う三人に、パリのメーデーを見たいから、二、三日中に僕も行くよ、と告げる。（林倭衛「仏蘭西監獄及法廷の大杉栄」前出）

二十八日、パリへ出る。二十九日、**コロメルを訪問。午後、林と佐藤紅緑を訪ね、三人で街に遊ぶ。**

ドイツ行きをあきらめ、章桐にだけ暇乞いをして、二十八日夜、パリへ向かう。メーデーも、一カ月も続いている裁縫女工のストライキも見たい。控えていた集会にも出たいし、「研究材料も集めてみたかつた」。

二十九日着。リベルテール社にコロメルを訪ね、メーデーの当日、サン・ドニの集会で会おうと約す。屋外集会やデモは許可されず、屋内集会もパリ市内ではCGTU本部のものくらい。その他は郊外の労働者町で催される。北郊のサン・ドニの労働者は最も革新的であり、そこの盛大な集会でコロメルはアナキスト同盟を代表して演説するという。

林に会って、佐藤紅緑がパリに来ていることを聞くと、僕もちょっと知っているからと直ぐにタクシーでエッフェル塔近くの滞在先を訪問した。紅緑とは、著作権協会設立の発起人会で何度か会って以来である。「八年ぶりでしたね」と挨拶するが、彼は分からず、林が「大杉君だ」と言うと、「ああ、そうだ」と声を挙げた。

フランスへ来たわけを話すと、紅緑は「今度は世界的のお尋ね者になったのだね」などと冗談を言い、来訪に好感を持って、「面白く一日を暮そう」と思う。

三人は街へ出て、シャンゼリゼ公園などを散策。食事は、大杉が「第一等の料理を食ひたい」と注文を出し、林が「巴里でもまづ上等と云へる」店へ案内した。食事中にもかかわらず「あちらこちらで接吻が始まつた。

（1923年4月～5月）

私達は接吻に酔ふてレストーランを出た」と紅緑は書いている。それからカフェ廻り。さらに大杉が娼婦の館を見たいというのに紅緑も同調して、赤い軒灯の館をひやかす。出て再びカフェへ。紅緑はここでタクシーを拾って帰ったが、林はまだ飲み足りないと、次のカフェを出たのは午前三時だった。（「日本脱出記」、林倭衛「仏蘭西監獄及法廷の大杉栄」前出、佐藤紅緑「巴里に於ける大杉栄氏」前出）

三十日、井沢記者に原稿を渡す。オペラ座近くで夕食。

原稿は前に話が成立していた東京日日新聞への「仏京に納まつて」（六月に掲載）だ。すぐには出せないものの井沢にとって一種の特ダネであり、大杉は原稿料が入って大助かり。夕食がてらオペラ座の近くへ行き、そこからバル・タバランでお馴染だったドリイに会いに行こうとする。が、オペラ座近くのグラン・キャッフェで前に一度遊んだことのある女につかまってしまう。自由の身での最後の夜となった。（「日本脱出記」）

メーデー集会の演説

五月一日、サン・ドニの労働会館で行なわれたメーデー集会で演説、逮捕される。

朝から街へ出て市内を視察。林を訪ね、十二時ころ外出。メーデーは会社が休みになるので街は賑わっている。サンミッシェル橋で林に「六時ころまでには帰ってくるから、一緒に晩飯を食って、モンマルトルへ遊びに行こう」と言って別れ、電車でサン・ドニへ向かった。

フランス共産党とアナキスト同盟共催の集会で、会場の労働会館（レジオン・ドヌール・ホール）は開会の午後三時ごろになると、八百人余りの労働者で満員になった。演説は「ルール占領反対」「戦争反対」「大戦当時の政治犯釈放」など、当日の標語に沿った「雄弁で長々とした」もので、聴衆の拍手はだんだん減ってくる。そのうちに「もういい加減に演説をよして外へ出ろ」の叫び声もあがる。大杉はコロメルの演説がすんだら、彼とある打ち合わせをするつもりだったが、それはもうよくなって、「この『外へ出ろ』の叫びを演壇の上から叫びたくなつた」。コロメルを通じて司会者に登壇を申込み、彼のあとで日本のメーデーについて話した。〈日本のメエデエはまだ其の歴史が浅い。それに参加する労働者の数もまだ少ない。しかし日本の労働者はメエデエの何んたるかはよく知つてゐる。日本のメエデエは郊外では行はれない。市の中心で行はれる。それもホオルの中でではない。雄弁でではない。公園や広場や街頭での示威運動でだ。……〉

二、三十分だが、日本では滅多にできない公開での演説だった。演壇を降り、「外へ出ろ、外へ出ろ」の叫び声を聞きながら、一人で外へ出ようとしたところを、四、五人の私服警官に拘束される。近くの北警察署に拘引されるが、会場にいた三、四百人の労働者が大杉を奪い返しに来て、「インターナショナル」を歌い、抗議の叫びを挙げて警官と乱闘になった。抗議は二時間も続き、三人が逮捕、約二十名の負傷者を出したという。[1]

コロメルや司会者だった男が貰い受けに来て、旅券通りの名を言うように勧めた。そのとき、司会者の男にこっそり渡した手帳を、彼は私服警官に押収される失態をしたが、ともかく偽名で押し通した。広東省生まれの中国人で、日本で教育を受け、職業はジャーナリスト、ドイツのルール地方に取材に行く予定だと。[2] 逮捕理由の旅券と身分証明書不所持については、出国証明書を貰うためリヨンの警察に預けてあるとありのままに述べる。一応の取調べが終ると、幌付きのトラックに十数人の警官とともに乗せられ、乱暴な扱いを受けて、市内の南警察署に留置された。(『日本脱出記』、林倭衛「仏蘭西監獄及法廷の大杉栄」前出、(1)鎌田慧『大杉栄　自由への疾走』、(2)谷口侑「20世紀　どんな時代だったのか」読売新聞九八・三・十二)

二日、**警視庁に移送されて取調べ。**

宿泊先へ行って面とおしをされ、戻ると「君は大杉栄というんだろう」と本名が割れている。日本の大使館員が大杉ではないかと確かめに来て、発覚したのだ。写真撮影や身体検査のあと、林の宿所へ連れて行かれ、彼も警察へ引張られる。アナキストだろうと疑われ、翌日も出頭を命じられた。アナキストなら国外追放だという。(『日本脱出記』、林倭衛「仏蘭西監獄及法廷の大杉栄」前出)

(1923年5月)

ラ・サンテ刑務所

三日、ラ・サンテ刑務所の未決監に送られる。

一階の大きな独房で、八畳間くらい。大きく明るい窓があり、ベッドはスプリングがよくきいているし、毛布は前に泊った木賃宿のよりずっとよい。食事や酒、日用品は、金さえ出せばお好みで買うことができる。それで昼食は、メニューの中から四品ほどを選び、「白ワインの上等のを」注文した。食事が済んで、葉巻をくゆらしているうちに家族を想う。魔子へ電報を打とうとして、「変なものが出来上つた」。

〈魔子よ、魔子　パパは今　世界に名高い　パリの牢屋ラ・サンテに。
だが、魔子よ、心配するな　西洋料理の御馳走たべて
チヨコレトなめて　葉巻スパスパソフアの上に。
そして此の　牢屋のおかげで　喜べ、魔子よ　パパは直ぐ帰る。
おみやげどつさり、うんとこしよ　お菓子におべべにキスにキス
踊つて待てよ　待てよ、魔子、魔子〉

この日は歌のようなこの文句を大きな声で歌って過ごし、そうしているうちにとめどなく涙が出てきた。

起訴のニュースは翌日の新聞に一斉に載り、日本でも「パリでアジ演説中を逮捕」と報道されて、諸説のあった大杉の行方にケリがついた。（「日本脱出記」、秋山清『大杉栄評伝』、大阪毎日新聞五・四）

十六日、予審に呼び出され、簡単な取調べを受ける。

弁護士はコロメルが頼んでくれて、アンリ・トレスという、共産党だがいろんな革命派の人々の弁護を引き受けている「ちょっとした名士」である。一度面会に来たが、日本とまるで違うのは、監視の刑吏が付かず、

▲…ラ・サンテ刑務所にて（フランスの同志が撮影）

何を差入れ、打ち合わせようが勝手であったこと。それに入監の翌日、彼からの手紙に、予審廷には弁護士立ちあいでなければ、訊問に応じないでよいと指示があったことだ。

　この日は、その指示のとおり弁護士が立ちあい、ほとんど判事と弁護士の懇談のようなものだった。そして、起訴状には官吏抗拒罪や秩序紊乱罪、旅券規則違反、浮浪罪などと並べてあったうち、旅券規則違反についてだけ聴取された。

　この間、林たちは忙しかった。まずは、東京朝日新聞の特派員で大杉と外語時代の友人・町田梓楼に頼んで、事件の見通しや刑務所の処遇などを別の弁護士に尋ねてもらう。リヨンの章からは問い合わせの電報があり、次いで仲間の代表UやCが出てきたし、パリ郊外からはLが来た。面会に行くコロメルに手紙を託す、Lとトレスを訪ねて面会の手続きを頼む、面会が日本語で話すことを禁じられる懸念から青山義雄に行ってもらう、知人の日仏銀行・日比木頭取に金を借りて差入れる、などの対応であった。外務省嘱託として来た佐藤紅緑も、警視庁や日本大使館に申し入れるなど尽力した。

　金は十分持っているはずだったのに、青山の面会時に、電車賃を残して有り金を全部置いてきたと言うので、急いで差入れる。独房での暮らしを、大杉は「月に四、五十円もあれば、呑気に」やって行けると思ったが、入って四、五日もすると、預けた金はもうないと言われて、思惑外れになっていた。調べてみると所持金の大部分は裁判所で押えてしまったのである。

　当分は、朝八時ころに入る「子供の頭くらいの大きさの黒パン」一つと、その一、二時間後に配られる「薄い色の湯が一ぱいはいってゐて……下には人参の切れつぱしやキャベツの腐つたやうな筋が二つ三つ沈んでいる」スープ、そして午後の三時から四時頃に煮豆かあるいはじゃが芋、または堅くて噛むだけの牛肉、これが食事の全てという「牢やの御馳走」で済まし、しまいにはきれいに食べるようになった。(「日本脱出記」、林倭衛「仏蘭西監獄及法廷の大杉栄」前出、松本伸夫『日本的風土をはみだした男』)

二十三日、パリ法院の公判で禁固三週間の判決あり、翌日、満期放免。

ラ・シテーのパリ法院は傍聴人で満席。法廷には他の被告十四人とともに引出される。傍聴席に林と町田がいるのを見つけて、大杉は髭ぼうぼうの笑顔で手を挙げ合図した。裁判は老裁判長に二人の陪席判事がつき、一人ずつ呼び出しては判決を言渡し、次々に片づいてゆく。形式張った原籍や前科の訊問などはない。大杉の場合も、判事が「にせの旅券でフランスに入ったに相違ないな」と聞き、それを認めて問答はおしまい。その後、弁護士のトレスが二十分ばかり雄弁を揮ったが、判事はほとんど聞き流すようだった。そして、外国人法第何条に違反した廉《とが》で禁固三週間、罰金二十フランに処すと判決があり、トレスは異議なしと答えて引き下がった。この結果、未決拘留の日数が三日間をのぞいて通算されるので、この日で満期になり、翌日の放免が決まった。(「日本脱出記」、林倭衛「仏蘭西監獄及法廷の大杉栄」前出)

二十四日、ラ・サンテ刑務所から出獄。警視庁で即刻追放の命令を受け、マルセーユへ向かう。

朝、裁判所に連れて行かれ、入るときに預けた所持品を受け取ると、こんどは警視庁へ。また身体検査やらがあり、官房主事のところで内相からの即刻追放の命令を受ける。尾行を一人連れて西の国境を出ろ、旅券は大使館とかけあってやるから待っていろ、というのだ。

四時ころになって、大使館の一等書記官・杉村陽太郎がやって来た。彼は日本の政府から、一切の旅券発給を禁じられている。で、追放を延期してもらうよう頼んでみる、と言って交渉をしてくれた。が、聞き入れられず、警官に連れられてガアル・ド・リヨン駅からマルセイユ行き夜行列車に乗せられる。

この日、警察で待つ間、昼食と白ワインを要求し、百人も警官がいる部屋でワインを飲んだ。アン・ドミという普通の瓶の半分くらいだが、自分から取り寄せ、きれいに空けたのは、大杉として画期的なことである。

もともと酒は飲めず、上海からのフランス船でも食事のたびに出るワインを、見向きもしなかったくらいだ。ところが、刑務所の差入れ許可品目に入っているのに気をそそられ、ちびりちびりやっているうちに、白ワインなら少し飲めるようになった。

〈そのたびになつかしからん／晩酌の／味を覚えし／パリの牢屋

僕は日本に帰つたら、毎日、晩酌にこの白葡萄酒を一ぱいづつやつて見ようと決めた。〉（「日本脱出記」）

二十五日、朝、マルセーユ着。領事館へ行き、一週間後に出航と決まる。ホテル・ノワイエに滞在。

菅領事は新任早々で一週間前までは杉村書記官の下で働いていたという。警察と郵船の支店へ出向いて、六月三日に出る箱根丸で日本へ帰る都合をつけてくれた。自宅やパリ、リヨンの友人たちに電報や手紙を出して、帰国の準備をする。

林宛の手紙は、厚かましく頼みごとを連ねたものだ。船賃の用意、リヨンに置いた荷物、ルクリュの『地人論』を古本で購入、裁判所に提出した手紙や原稿、逮捕されて以後の大杉に関する新聞記事などである。

林がこれらの用事に奔走する間、大杉は別の計画を追求していた。街をぶらぶらしたときなど、いろいろ注意するが、警察の警戒はないし、ホテルの扱いも変りがないので、「即刻」を真に受けてあわてて出てゆくこともあるまい、「金のき次第、ひとつ逃げ出してやろうか」と考えたのである。マルセイユのある同志を訪ねて相談したり、方法を練った。ところが、家からだいぶ前に出した手紙を（リヨンから来た章桐が持ってきたのだろう）落手するに至って、残念ながらその計画は止めにする。どうしても急に帰らなければならない、いろんな事情が書かれている。『労働運動』発行など経済的事情も大きな理由と思われる。「おとなしく帰ろう」と決め直した。（「日本脱出記」、書簡一八二）

三十一日、夜、林倭衛がパリからやって来る。

林は大杉の手紙を受け取るとすぐに、三十日までにすべての用件を済ませて行く、と電報を打ったが、そうはいかなかった。船賃は、日比木に相談すると、大使館が出してくれるだろうとかけあってくれたが、その確答が三十日の夜になったのだ。その他の費用として、自分のありったけと友人二人と町田からの金を合わ

（1923年5月〜6月）

せて三十一日の朝、特急に乗ってマルセイユに向かった。

リヨンのほうは章桐に連絡しておいたところ、林を待ちきれず、荷物を持って先に来た。林がマルセイユに着いたのは夜十時で、ホテルの入り口には大杉と章が待っている。三人は近くのカフェへ行って、久しぶりに懇談。十二時の列車でリヨンに帰る章を駅に送り、さらにカフェをはしごして、一時過ぎにホテルへ戻った。

（林倭衛「仏蘭西監獄及法廷の大杉栄」前出）

六月一日、林と領事館へ行き、二等切符を受領。エスタックへ行く。

領事館で、「一金五千法《フラン》也／右正に借用候也」と借用証を入れて、二等切符を受け取る。日比木の交渉では一等のはずだったが、大使館で三等という者があり、間をとって二等になった。

出ると林が日本酒が飲みたいと、日本料理店に入り、さらに彼が仕事場として長く滞在していたエスタックへ誘われてタクシーに乗る。林は仲間たちに歓迎され、定宿にしていたホテルのスタッフも交えて小一時間も懇談した。ここで大杉と宿の娘を撮った写真が、林にとって「思いがけない彼の形見」になる。（「日本脱出記」、林倭衛「仏蘭西監獄及法廷の大杉栄」前出）

二日、**リヨンから中国人同志が来訪。土産を買い、荷物を船に運んだところ、上陸を禁止される。**

リヨンの同志Aは、章が取り残した荷物や、野枝からの小包などを届けにやって来た。そこへ日本から三等切符代くらいの金が届き、それで土産を買うことにする。大きなデパートに入り、野枝や子供への洋服、それに、生まれる予定の赤児の分まで買い整えた。色合いとか格好を、一々林に相談するので、彼はあきあき。その様子を見て、「こう女房のものなど買っていると、嫌な気がするだろう」と言って笑う。林が「あまり面白くないさ」と答えると、「じゃこれくらいで止めるとしようか。本当はもっと買いたいのだがね」と笑いあって外へ出た。

午後になって箱根丸が入港したので、街の見物から戻ったAと三人で下見。街に戻って夕刻、大杉は荷物を運んでおこうと一人で出かけ、水上署に寄ると、私服がついてきた。船に荷物を置いて降りようとすると、ほかにも三人の私服がいて通さない。乗船した以上は、国境を出たことになるので、もう上陸できないと言い、抗弁すれど、どうにもならなかった。船に乗るときは、警察に挨拶しておいたほうがよい、という領事の話を律義に実行した結果である。残念ながら、林とAとのマルセーユ最後の夜を楽しむことはできなかった。日本料理店で待った二人には電話で連絡。Aはその夜十二時の列車で帰った。(「日本脱出記」、林倭衛「仏蘭西監獄及法廷の大杉栄」前出)

追放、帰国の途へ

三日、午前十時、日本郵船・箱根丸にてマルセイユを出港、帰国の途につく。

宿に残して来た本や書類は林が運んだ。出帆まで彼と菅領事が、大杉と船室で話して送った。パリへ戻った林に、七日付けの手紙が届く。

〈いろいろありがとう。……地中海は実に平穏だ。……いろんなボーイどもが物好き半分にキャビンに遊びに来る。ゆうべもごく若い、早稲田の工手学校を半分でよしたという男がやって来て、いろいろ社会主義の質問をして行った。〉

次いで十九日付けの手紙。

〈マルセイユで買った白葡萄酒の一瓶が、まだ半分と少ししか減らない。ポートサイドで買いこんだ煙草もこの四、五日ちっとも減らない。〉

数多の支援をうけて、帰国の途についたのだが、「其の準備に取りかかれたのは、僕の友人や同志が誰れ一人僕のまき添えとしての迷惑を大して受けてゐなかつた事だ」と「入獄から追放まで」に書いている。帰国後もそう認識していた。しかし、「まき添えとして迷惑」を被る同志が出るのである。

七月になって、林宛にリヨンの章桐から手紙が届き、それには大杉に関連したとするそれだけの理由で、フ

(1923年6月～7月)

ランス政府から国外追放の命令を受けたと書かれてあった。出国までに五日間の猶予を与えられているので
と、彼はパリへやって来て、林ともお別れをする。

〈二三日の後J〔章〕は巴里に来た。Jがいよいよフランスを追はれる夜、僕はJの仲間の支那人六七人と送別の晩餐を共にして、その夜のうちに独逸へ落延びるJと別れた。Jは今もなほ追放のまま不自由な身をフライブルグにとどめて居る。病身な彼の細君は里昂《リヨン》にひとり残されてゐる。〉

「不自由な身」とは、彼は日本に来たとき以来、片足が義足で松葉杖の生活なのだ。

林は章が追放されたことを、八月十日ころに大杉に知らせた。しかし、その手紙は震災の混乱の中で失われたか、届いたとしても大杉が殺された後であったろう。

大杉の死を林はパリで知って悲しみ、フランスで過ごした交遊記を、委曲を尽くして書いた。年末に脱稿、『改造』に一挙四十七ページ掲載される「仏蘭西監獄及法廷の大杉栄」である。（林倭衛「仏蘭西監獄及法廷の大杉栄」前出、書簡一八三、一八四）

八日、ポートサイド着、上陸する。二十日、コロンボ着。

著作――「仏京に納まつて」（のちに「パリの便所」）東京日日新聞六・二十一～二十四（四回）

七月一日、『労働運動』（第三次）**第十五号を発刊。**


「編輯室から」で、大杉が国際無政府主義大会へ出席のために渡仏し、滞在三カ月、国外追放となり帰国することを明らかにし、別に三月発信の大杉の書簡を掲載。また「国際無政府主義大会の延期」の記事に大会延期の経過と議題を報じている。それによると主要議題は、一、アナキストの国際的団結組織　二、アナキズムとサンジカリズム　三、革命的混乱期におけるアナキスト　四、農業問題　五、国際公用語の五項目。それぞれの提案者は順に、イタリア、ドイツ、ロシア、ベルギー、オーストリアと分担を定めている。その他の議題は「反軍備運動」「反宗教運動」等である。「詳しい事情は大杉が帰って、書くことと思う」としているが、第三次『労働運動』はこの号を以て休刊となる。

なお第十三号は四月一日に四ページ立て、十四号は五月一日に二ページだけのメーデー特別号として発行し

た。

七日、午前九時、上海に入港。日本領事館に拘束され、八日に乗船。

着船すると、日本総領事館の警官四名が乗船して、取調べを受ける。済むと、新聞記者四名と簡単な会見をし、「フランスに三カ月余り滞在したのみで、ドイツにもロシアにも行かなかった。パリでロシアの同志には会った」などと語った。このとき、東亜通信の青木宗外が面会を申し込んだが拒否し、青木は理由を言えと詰め寄り、激論の末、格闘となり、警官が仲裁する一幕があった。青木が共産党員であったためか[1]。出迎え者の中から真っ先に駆け上がって、手を握ったのはコズロフであった[2]。彼は日本を追われた後、中国に渡り、今度の大杉帰国のニュースを知ったのだ。短い時間だったが、お互いに感激して再会を喜んだ。

この日は領事館に拘束され、八日は警官付き添いで、子供への洋服やビスケットなど買い物をしてから乗船。船上で、この日の新聞に報道された有島武郎の情死を知り、弔電を打つ。帰国後、記者に「高尾君の死は上海で、有島さんの死は上海を出帆して間もなく知って、さっそく電報を打ったがえらいことをされたものだ」と述べる。（(1)東京日日新聞七・八、十二、朝日新聞、読売新聞七・八、(2)近藤憲二『一無政府主義者の回想』）

十一日、神戸に入港。林田署にて取調べ後、須磨の旅館で家族や安谷と会う。

午前十一時入港。新聞報道によると、「卵色の夏服に白のヘルメットを被り、元気そうな顔で船橋を降り、待ち受けた写真陣の前に平素に似ずニコニコ顔であった。それがすむとすぐ刑事連と共にランチに乗り移り」林田署に引致され、三時間余取り調べを受けた後、午後三時半ころ釈放される。

野枝は魔子を連れ、弟・進や神戸在住の同志・安谷と迎えに来て、三十名余りの同志と警察に押しかける。が、取調べが長いので、旅館に引上げた。大杉の渡仏中、しばらく今宿の実家に滞在したが、帰国間近の九日に神戸入り、須磨の旅館・松月に宿泊していた。十日には、大杉から安谷宛に「イトウニフネへ一〇〇エンモツテクルヨウイツテクレ」と電報が来たので、急きょ安谷と京都へ行き、続木斉夫人に借金をしてきた。

待つうちに大杉が安谷と警察の車で帰ってきた。七カ月ぶりに見る日に焼けた顔。何らかの罪で拘留かと心配したが、それがないと分かって野枝の顔は晴れやかになった。魔子は「父ちゃんが帰った、帰った」と抱き

（1923年7月）

ついて大喜び。

大杉は記者たちに「記者会見は全部揃ってから」と言い、魔子をつれて風呂に入り、その後会見をした。「ドイツで開かれる筈の国際無政府主義大会に出席する目的で行つたが、三月に延び、四月になり、たうたう八月になつてしまつた。ドイツに入るのはよほど困難なやうであり、あれやこれやでどうも八月までもフランスにいる気がなくなつた。そこに丁度メーデーが来たのだ。……フランスでは欧州戦争後、無政府主義者は脅迫されて、現在では共産党の勢力の方が多いやうだ。ロシアなどは八万人からの指揮者がおり、ドイツを第二のロシアにしようと努力してゐる。しかし現在のところでは独仏伊の三国中イタリアが一番盛んだらう。……」

この夜は土産話に、マフノ将軍の神出鬼没の転戦の話やベルトン事件の話などをよくしゃべった。マフノの話を聞いた安谷が「そりゃたしかに面白い、ウクライナの国定忠治ってところかナ」というと、大杉は急に笑って「本当に国定忠治やるか、オイ」とみんなで大笑いした。（朝日新聞、読売新聞七・十二、安谷寛一「大杉を神戸に迎えた野枝さん」『大杉栄全集月報十』、同「大杉栄を思う」『未刊大杉栄遺稿』、「晩年の大杉栄」前出）

歓呼の東京駅

十二日、朝八時、神戸発、午後七時半、東京駅着。駒込の家に帰る。

東京駅には出迎えの人が、見物人もまじえて七、八百人にのぼった。近藤憲二、川口慶助、加藤一夫その他同志はじめ、中には、水平社の平野小剣や石黒鋭一郎らもいる。

歓呼のなか、大杉は葉巻をふかしながら、迎えの人たちに挨拶。記者たちに「やあ達者で帰ったよ、事新しく話すこともない。神戸からの途中は暑さに弱らせられたよ」と語る。タクシーに乗り、車の尾行を随えて自

▲…7月12日、帰宅して家族と寛ぐ

宅へ帰った。サイダーを抜いて祝杯。後に魔子がこう書いている。

〈父がフランスから帰つて東京に着いたその晩、前記の駒込の家で父は浴衣に着替へ、（私も珍しく浴衣を着てゐた……）サイダーを飲んでゐた。おしかけて来た新聞記者連が二階の私たちのゐる部屋まで上つてきて、しきりに写真をとつた。〉

その新聞記者たちに、あれこれと滞仏雑談をした。思想的には進んでいると思わない、スパイ政治が日本よりも厳重だ、というようなことから、書いたものでは女につきまとわれて逃げてばかりいたようになっているが、それは嘘で、実は大いにこっちが追い回した方だということまで。*（東京日日新聞、朝日新聞、読売新聞七・十三、伊藤真子「父大杉栄の記憶」『婦人公論』三五・七、＊宮崎光男「反逆者の片影」前出）

十三日ころ、弟・勇が来訪。

帰国した兄の無事な顔を見に来た。勇は横浜に住み、妹のあやめの子・宗一を預かっている。宗一は体調よくなかったが、奥山医師に診てもらい、回復してきたなどの話をした。あやめは結核を患い、アメリカ・ポートランドの自宅から療養のため、六月に帰国し、姉の菊がいる静岡の伴野医院に入院している。（伊藤野枝「書簡・橘あやめ宛」七・十五）

十六日ころ、入獄を翌日にひかえた武良二が来訪。

武が大杉と初めての出会ったのは、奄美大島から上京して歯科医専（現、東京歯科大）に通学していた時期である。一九年七月、川崎屋の演説会に行き、屋外で大杉らが警官に立ち向かう姿を見て、目を開かれる思いだった。彼も巻き込まれて警察に一晩留められ、大杉を知った。これを初めに運動に近づき、前年のいわゆる暁民共産党事件で起訴、翌日が豊多摩監獄への入監日だ。そのお別れと、大杉の話を聞くための来訪である。

獄中で大杉らの死を知り、「まぼろしの別れをした」。十一月に出獄、十二月の葬儀に参列する。（武良二「暴風雨の中の生死・思出の中の大杉」『リベルテール』七二・十）

十九日ころ、岩佐作太郎が来訪。

岩佐が労働運動社の二階へ上ってゆくと、大杉は野枝の膝で白髪《しらが》を抜いてもらって、頭を上げるところ。岩佐は「黒い上に尚も黒くなった彼を見て悦んだのみでなく、ああ、大杉は幸福な奴だ！」と思う。大杉への追悼文に、こう書いている。

〈私は大杉が好きだつた。僕は無能である。常にめしが食へなくなる、けれども、大杉は他の人々がするやうに、めしが食へない、働きのない奴だと云つた、やうな態度は示さなかつた。〉

岩佐のほかにも、しばらく訪問客は多かった。（岩佐作太郎「飯の喰へない奴」『改造』二三・十一）

中旬ころ、中浜鉄が来訪。

大阪のギロチン社事件で、中浜とともに検挙される上野克己は「二人はマフノ運動を中心に話した様だ。後年捕われて獄中にあつた中浜は『十三人にて起てしと聞く外国の革命』を偲んでは悲壮に唄つた」と記している。

中浜は大杉の死後、「杉よ！眼の男よ！」と題する長い追悼詩を作る。

〈「杉よ！／眼の男よ！」と／俺は今、骸骨の前に起つて呼びかける。……

慈愛の眼、情熱の眼、／沈黙の眼、果断の眼、

全てが闘争の大器に盛られた／信念の眼。〉（抄）*（『民衆の解放』三三・八、*『労働運動』二四・三）

連夜の組合集会

（1923年7月）

中〜下旬、労働組合の集会へ連夜のように参加。

労運社の近藤は、大杉からフランスの土産話を断片的にしか聞けなかったが、二人とも夜はたいてい集会に出かけたためだという。

〈帰って早々で訪問客も多かったうえに、第一私はアルスへ勤めに出るし、夜はお互い、たいていどこかの集まりへ行く。たとえば信友会、正進会、機械労働組合、芝浦労働組合などの有志の集まりに、大杉も私も行くのでゆっくり話を聞くときがなかったのである。まったく彼は帰るとすぐ労働組合の集会に大わらわな熱を見せていた。〉（近藤憲二『一無政府主義者の回想』）

二十一日ころ、茅ヶ崎・南湖院に横関愛造を見舞う。尾行厳罰事件が起こる。

『改造』の編集者だった横関は結核のため退職し、茅ヶ崎の松林の中に一軒家を借りて療養生活を送っていたが、やがて南湖院に入院した。『改造』に「日本脱出記」を執筆中の大杉は、それを知って、野枝、魔子と見舞った。

尾行をまいてきたことを、横関が「親子三人で抜け出すなんてあざやかなものだね」と感嘆すると、大杉は「ナアニ、あいつらをまくのは屁でもないよ。ただまくとね、尾行の奴が譴責になるんだそうだ。だから、よくよくのことがなけりゃ気の毒だからまかないことにしているよ」と配慮を言った。ところがその「気の毒」なことが起きてしまう。

この日、野枝と魔子は表玄関から、買い物にでも行くふりをして出た。そのあと、大杉は手ぬぐいをぶら下げて銭湯へ行き、裏口から出るという手で尾行をまいて来た。病院に現れたことはたちまち全院の話題になり、茅ヶ崎署から警視庁へ連絡、所轄淀橋署の大失態とされた。尾行刑事は厳罰を受け、それが動機でついには退職せざるを得なくなった。大杉は同情して就職の世話をするつもりだったという。また、銭湯の三助も大杉を故意に逃がしたのではないかと疑われ、警察にしばらく小突きまわされた。これを聞いてすぐに淀橋署にかけつけ、三助には何の罪科もないことを弁明して事なきをえた。

なお横関は戦後、乞われて改造社の役員となり、終刊号となる五五年二月号を発行、『改造』の始末をつけることになる。（横関愛造『思い出の作家たち』）

二十二日、**芝公園・協調会館で開かれた日本労技会の大会に列席。**

日本労技会は日本車輛会社などに組織をもち、機械労働組合連合会に加わる自由連合派の労働組合。この日正午から定時大会を開き、大崎電友会など約五百名が出席した。大杉は開会前の十一時ころ、尾行をまいて姿を見せ、最前列に収まる。池貝争議団約五百名が会場に繰込む場面もあり、第五回国際労働会議の労働代表選出に関する件では、「労働者を代表しない選出に反対、会議そのものも否認す」と決議した。（中外商業新報七・二十三）

二十八日、**銀座・パウリスタの帰国歓迎会に野枝と出席する。**

「日本を脱出した大杉栄君が巴里の牢屋から帰つて来ました。そこで……」との案内に五十六名が出席し、盛会だった。発起人は、小川未明、加藤一夫、山本実彦、室伏高信、新居格、秋田雨雀、安成二郎、石黒鋭一郎、村松正俊、北原鉄雄、千葉亀雄、城戸元亮の十二名。

午後六時開会。会費二円だが、山本改造社主が金一包を喜捨したので、上々の料理が並んだ。歓談ののち、大杉は「パリ生活三カ月のうち二カ月は獄屋で送り、あとの一カ月は地下鉄にばかり乗って、闇から闇と逃げ隠れていたので格別の話もない。惚気の種は二、三持ちあわせているが今夜は可愛い女房を同伴しているから遠慮しておきます」と簡単に済ませる。「西洋に行ってたった一つ得たことは、西洋人がこわくなくなったことさ」の弁には、有島生馬が「君でも西洋人が恐かったのかね」とひやかした。

その有島には「兄さんのことを話したり、聞いたりするのは一番いやだろうね」と簡単な弔詞を言い、のちに有島は「全くそれに相違な」く、「君の頭のいい事を思はせた」と記している。

デザートのとき、利部一郎（三十日を参照）をスパイだといって、ある男がなぐりかかる一悶着があったが、丸く納まり、九時半無事散会。

出席者は発起人のほか、有島生馬、安成貞雄・くら子、岩佐作太郎、近藤憲二、服部浜次、坂本謹吾らと新聞記者たち。（朝日新聞、読売新聞、時事新報七・二十九、『秋田雨雀日記』）

二十九日、野枝が安成二郎の案内で貸家を探し、柏木の家に決める。

前夜の会で、貸家を探している旨を野枝が安成に話し、早速彼を訪問する。実家に預けている子を引き取らなければならないし、出産も間近で、今の労運社の部屋では、とても無理だ。二人で柏木を探すうちに、手ごろな家を見つけた。下が三間、上が二間の二階家で、ここに決める。（安成二郎「かたみの灰皿を前に」前出）

三十日、ヴァガボンド社の夏期社会思想講習会で講演。平林たい子、山本虎三と懇談。


フランス帰りで注目された大杉は講習会のいわば目玉で、ほかの講師は大泉黒石（俳優・大泉滉の父親）、神近市子、千葉亀雄、新居格ら。二十五日から三十日まで毎夕六時開始、会場は芝三田の太子堂であった。山本敏雄（虎三）によると、ヴァガボンド社は慶応出身で秋田の地主の息子・利部一郎を中心にした集まり。講習会は、それに広瀬庫太郎や自由人社の杉野三郎、小竹久雄に山本と平林が加わって準備した。

大杉は浴衣の着流しで川口慶助とともに来場、国際アナキスト大会やヨーロッパでのアナキズム運動の実情について話した。

講演が終わった後、大杉のいるところで、利部が山本を「一番若いくせに女をもって達者だ」と言って紹介。帰路が同じというので、大杉、川口、山本、平林の四人は金杉橋まで歩き、喫茶店に入って懇談した。山本は、大杉に訪ねてもいいかと聞いて、「やって来たまえ！」と言われて嬉しかった、と追懐している。金杉橋からは市電に同乗し、須田町で別れた。

アナキストであった当時の山本と平林は、『青年に訴ふ』や『革命の失敗』のパンフレット、また『労働運動』を路上で販売したことがある。大杉滞仏を知って、五月に二人で労働運動社へ取材にも行った。黒襟の丹前を着て応じた野枝の話しぶりを、平林たい子が『砂漠の花』に書いている。
〈野枝さんは、神近さんと違って、ちょっと頽《くず》れたやわらかい感じのする小柄な人だった。長い煙管《きせる》を持って、立膝で煙草をすいながら
「わかくていいわね、おいくつ?」
と私に声をかける。私はまだ数え年で十九にしかなっていなかった。そう答えると
「前途有望ね。あなたは勝気そうだから気に入ったわ」
こんな口調は、どこから見てもインテリ婦人とは見えなかった。〉(東京日日新聞七・十八、山本敏雄『生きてきた』、同「大杉と私・大正十二年」『リベルテール』七八・九)

三十一日、新山初代と洪鎮裕が来訪、黒友会での講話を依頼される。

新山の依頼は翌日の研究会で、フランスの労働運動について話してほしいというのだが、都合が悪いので断ると、では八月六日にと変更し、承諾する。当日(夜か)、駒込蓬莱町の新山宅に金重漢、張祥重、洪鎮裕、朴興坤ら十名ほどが集まったが、大杉は支障が生じ、使いのものがその旨を伝えた。会では、黒友会のほうは解散する下相談をしたという。

黒友会は、二一年に在京朝鮮人の運動を統合した黒涛会から分れた組織。黒涛会は翌年の全国労働組合総連合の分裂後、アナ・ボル論争を反映して解散し、朴烈らアナキストの黒友会と、金若水ら共産主義系の北星会に分かれた。一方、朴烈は月刊『太い鮮人』を発行し、金子文子と不逞社を結成。メンバーの大半が黒友会と重なっていた。(「聴取書(新山初代)」『続・現代史資料3』、金一勉『朴烈』)

下旬ころ、新橋駅前の寺木医師のもとで治療を受け、田中純と会う。

大杉が治療を受けているところへ田中がやって来た。昼食時で、二人は寺木のご馳走になる。主な話題は大杉のフランスでの私娼探見の報告。いつもの「イヒヒヒ」という愉快そうな笑い声で、盛んに吃った。
「しかし、生命にかかわるようなことだけは、もう止せよ」
と寺木医師が言うと、大杉は得意そうに笑って、

「大丈夫、僕ももうへまはやらないから」と答えた。田中は「しかし、それから五十日とたたないうちに……これ以上のへまさのないへまな死を遂げてしまった」と惜しみ、こう評している。

〈長い間、いろいろな人とつきあったが、私が惚れた人といえば、まず大杉栄君と里見弴くらいのものだろう。……どちらも表面剛そうで、食い入りにくそうでいて、中味に、少しばかりぐうたらなところがある点。元来が多才で、気の多い方だが、努めて一元主義者になり澄まして居る点など。／引っくるめて、どちらも、一種の英雄型だ。〉（田中純「喜雀庵雑筆」前出）

この月、山崎今朝弥を訪問し、帰国報告。

魔子を連れ、野枝と三人で帰国報告に行った。山崎の妻が同席しているときは、菓子を食べながら、当たり障りのないフランスの話や世間話、子供の話をし、彼女が下へ降りると、渡航の目的、脱出談、旅費調達の苦心、今後の運動方法などを語ったという。山崎はフランスの裁判にも耳を傾けたであろう。

前年には山崎が愛児・堅坊（堅吉）を連れて、鎌倉の大杉を訪問。帰りを送った魔子と堅坊が駅で大喧嘩をし、双方の両親と尾行とが総出で引き分けたことがある。その後、魔子が謝りに行くと言っている、と野枝は山崎に話し、この日その心尽くしをしたが、魔子は遂に謝らなかった。（山崎今朝弥「外二名及大杉君の思出」『改造』二三・十一）

この月、労運社を離れていた和田久太郎と面談。

和田は一月に大阪から戻って来たが、『労働運動』の編集をめぐって、ことに野枝と意見が合わず、また持病もだいぶ悪いので、那須温泉に行き、江口渙を頼った。温泉で初めての恋人を得て、五月に帰京し、彼女の近くの浅草千束町に住んでいた。大杉が帰ったので、村木が呼びに行き、面談する。和田は「もうしばらく運動を止めていたい」と言い、大杉は「そうだ。しばらく遊ぶがよい。その間の生活費は面倒を見よう」と応える。和田はそれに甘えるが、八月半ばには膀胱カタルを病み、労運社に病臥する。

和田はのちに大杉のやり方をこう書いている。

〈僕が『労働運動』の記事を書き悩んでゐると、まあ休んで茶でも飲めよ、と言ひながら、大杉はよくそんな時、雑談を旺んにやる。そして、僕が雑談に調子づいて何んかを喋つてゐると、彼は急に起ち上つて「よし、その事を記事に書くんだ。君が今話したことを、その気持ちのままで書くんだ。さうすれば直ぐ書ける。そちらの書き渋りは破つちまへ！」といふ。そして、ぷいと、自分の仕事を始める。……大杉は、決して説いて教へなかつた。自発を促してくれた。万事、こう云ふ調子で僕を教育してくれた。〉（和田久太郎『獄窓から』）

著作――「日本脱出記」『改造』七月号、「牢屋の歌」東京日日新聞七・十三、十四

八月一日、伊藤野枝との共訳書『科学の不思議』（ファーブル著）をアルスより出版。

ファーブルが子どものために書き下ろした「ファーブル科学知識叢書」の第一編。野枝はすぐにその一冊を辻潤のもとにいる一（まこと）に送った。九月にはもう十歳だ。（辻潤「ふもれすく」）

初め、近藤を情勢視察に九州へ派遣する。

近藤によれば、大杉は「……これから重要なのは北九州の運動だ。それを盛り上げるのが今後の運動に必要なことと思うが、君は知り合いもあることだから、ひとつ足場のことを考えたり、様子を見に行ってみないか」と慫慂し、近藤は「倉皇として九州へ出かけた」。十数日して引上げると、「自由連合派の連中の一つの団結をつくろうという集まり」があった。後述する二十日の会合である。大杉は各地自由連合派の組織化を考えていて、近藤の九州行きもそのための準備、情報収集であり、労組への集会参加と同期する動きと思われる。（近藤憲二『一無政府主義者の回想』）

老練刑事の監視

五日、府下淀橋町柏木三百七十一へ引っ越す。

最近まで女医が住んでいた家で、家賃は月八十五円。現在の北新宿一丁目十六―二十七に当たる。内田魯庵の家と同番地、大杉の家に入る横丁の角が魯庵の家だ。大久保百人町の安成二郎の家から三百メートル足らず。魔子は、四日に家の掃除に来た野枝が安成の家に連れて行ってから、九月一日の地震の日までほとんど毎日、遊びに行って、安成の子と一緒に暮した。

淀橋署は大杉の尾行に老練な刑事三名を当て、穴埋めに巡査三名を増員した。署長は「大杉だけでも骨が折れるのに、その関係者が出入りするので困る」とこぼしたという。（安成二郎「かたみの灰皿を前に」前出、読売新聞八・十九）

六日、近隣の内田魯庵宅を一家で訪問し、話し込む。

野枝がルイズを抱き、魔子を連れて挨拶の訪問である。魯庵の大杉夫婦への見方は「大杉が児供を見る眼はイツモ柔和な微笑を帯びて、一見して誰にでも児煩悩であるのが点頭《うなず》かれた。野枝さんも児供が産れる度に、児供が長《おお》きくなる毎に青韜時代の鋭い機鋒が段々と円くされたらうと思ふ」と柔らかい。

野枝は先に帰り、大杉は昼飯をはさんで三時ころまで話し込んだ。思想上の問題は触れず、フランスでの体験談あれこれである。「社会学」という言葉が分かるフランス人が少なかったとか、巡査の品性や知識は日本より劣っているとか、監獄の食事は粗悪だとか、フランスをけなす話をだいぶしたようだ。ただ、監獄で金さえだせば差入れ自由なことは気に入って、「気楽に読書でもしてゐやうてには仏蘭西の監獄は贅沢が出来て気が散らんから持つて来いですよ」などと話した。

この後、大杉は乳母車へ子供を乗せて、毎日のように近所を歩いたから、よく表で会って、立ち話をした。魔子もよく行って魯庵の子と遊んだので、互いに親しみは増していった。（内田魯庵『思ひ出す人々』）

八日、安成二郎が来訪。

「家主の方は簡単にいったのか」と彼が尋ねる。「念のために近藤の名で申し込んだのだが、あとで電話で聞くと、住む人は大杉さんでしょう。大杉さんならお貸しします、という狐につままれたような返事なんだ」「家主は何者かね」「何でも新潟県とかに寺を持っている坊主だそうだが、なにしろ僕は人望があるよ」と嬉しがる大杉。

家は二階からの眺望がよく、裏庭に青桐、前庭には大きな石と四、五本の植え込み、それに枯れ松が一本立っている。安成はあとになって、この枯れ松に心を暗くされたと述べる。（安成二郎「二つの死」『無政府地獄』）

九日、長男・ネストルが生まれる。

名前は、「ロシア革命を僕等の云ふ本当の意味の社会革命に導かうとした」マフノ運動の「もっとも有力な代表者」であるネストル・マフノに因んでつけた。『改造』への「無政府将軍　ネストル・マフノ」を執筆中で、熱が入っていた時でもある。もっとも熱はずいぶん前からで、前年「ロシアの無政府主義運動」にマフノを論評して以来だ。フランス行きが実現したときに「先づ第一に調べたいと思つてゐたプログラム」がマフノ運動であり、実際に「僕の短かかつたフランス滞在中の仕事は、殆んど此の問題の材料を集めることに集中された。ヨオロッパの新聞や雑誌や書物に発表された、信ずるに足るだけの数十の報道や論評は先づ全部手に入れた」のである。

そうして、初めての男の子にマフノの名前を貰い、「あくまでも民衆自身の創造的活動でなければならない社会革命」への希望を託したのだ。しかし非運の子で、わずか一年で生命を絶たれることになり、大杉はそれを知るよしもない。

十日、「日本脱出記」「無政府主義将軍」脱稿。

十日ころ、銀座の洋食店・清新軒で、佐藤春夫らの一行と会う。

大杉は白い背広にヘルメットというフランスから帰国したときの服装。魔子を連れて店から出たところ、佐藤は日夏耿之介・堀口大学と一緒に入ろうとして出会った。（注）佐藤が「やあ」と声をかけ、「ひどく顔色がよくなった。よく肥った。若くなったね」、大杉「うん。健康はいい」、佐藤「どこにいるの」、大杉「四五日前越した。柏木だ」と軽く会話を交わして別れた。佐藤らが席につくと、日夏が「君が大杉を知っているのは妙だね」と言うのに佐藤は「僕は十年ほど前から大杉とは口を利く間柄だよ」と答える。（佐藤春夫「吾が回想する大杉栄」）

（注）清新軒は現、銀座四丁目の晴海通りにあったレストラン。幸徳や堺も利用した。

十一日、ドイツから帰国した森戸辰男に訪問伺いの書簡。

森戸は大原社会問題研究所から書籍収集の目的で、二一年三月に発ってドイツに留学し、この九日に帰国した。それを知って、早速はがきを書いた（書簡集未収録、広島大学文書館所蔵）。

〈御帰りのよしきのふ始めて新聞で知りました。ドイツへ行つたら是非御訪ねしたいと思つてゐたのだが、／近日御訪ねしたいと思つてゐます。／八月十一日〉

滞仏五カ月、ついに行けなかったドイツの情勢は是非聞きたいところ。応諾の返事があればすぐにも訪ねたであろうが、実現したかは不明だ。森戸の家は東大久保、大杉は表書きの「淀橋町柏木三百七十一（大久保脳病院裏）」だから徒歩圏内だった。

森戸とは家族ぐるみの交際をしていたようで、二二年一月に野枝が南仏在住の林倭衛宛書簡に「あなたは度々ベルリンにゐらつしやるのならば今度森戸辰男さんを訪ねて御覧なさい。……森戸さんも奥さんも気持のいい方ですから訪ねて御覧なさい。私共の名前を云つてゐらつしやれば、きつと気持よくおつき合ひが出来やうかと思ひます」と書いている。

十六日、野枝の叔母モトが今宿からエマを連れて帰り同居。

エマは十カ月ぶりに両親のもとへ帰ったが、ずっと一緒だったモトに懐いた。今宿からはまた、野枝の親戚の娘・上田雪子（十八歳）が来て、家事を手伝っている。雪子は大杉らの死後、モトや遺児と一緒に郷里に帰るが、その後、大杉家の手伝いをしたことをひた隠しにして、人に語らなかったという。消息も分からなかったが、六十年を経た八二年にＲＫＢ毎日放送のドキュメンタリー番組「ルイズ　その絆は」に、ルイズ（伊藤ルイ）が彼女を探し、奈良の養老院に訪ねる感激の場面が放映された。

今宿からは、野枝の父親・亀吉も上京して泊っていったことがある。大杉事件のとき、こう述べている。

〈大杉にしろ野枝にしろ世間では何と言つても、人間としては慈愛深い父母であり、子供でした。ことに大杉は私たちを実父母のやうに優しくして、東京を訪れたときなどは、床もとつてくれるし、ひげが伸びると床

（1923年8月）

屋へ行けといふし、夜分は自分で枕元に火鉢や時計まで運ぶなど細かいところまで気を配つてくれたものです。〉（松下竜一『ルイズ――父に貰いし名は』、＊長崎新聞＊二三・十・九）

八月中旬、福富菁児が来訪。

福富からの訪問伺いにたいし、次の葉書（『書簡集』未収録）を返信。これを見ての来訪である。

〈御手紙と雑誌見た。大がいいつでも在宅、殊に朝十時頃までだと必ず寝てゐる。／八月一日　栄〉

用件は職探しのようだが、まずは「書いてきたかね？」の問いから話が始まった。作家志望の福富に、書いたものを持ってくるように言ってある。福富が、書き上げると気に入らなくなるので破ってしまうばかりだ、と答えると、

「そんなことを言っていたら、結局生涯何も発表出来ないことになる。自分で気に入らないでも、他人は気に入るかもしれないから、今度書き上げたら破らずに僕のところへ持つて来たまえ。いい作なら『改造』へ紹介するから……」

と促す。そこで福富が職を探していることを言うと、すぐに新潮社・中村武羅夫宛の紹介状を書いて渡した。自分と同じ継母をもった彼には、ことに親身になったと思われる。福富は大杉をこう追想する。

〈他の人に対しても勿論さうだつたろうが、氏は何時も僕に対して親切であつた。優しかつた。少しも傲慢なところがなかつた。しかも冒し難いところが多分にあつた。上に対しては強く、下に対しては弱い性格だつたと思ふ。〉

福富は翌年から詩作を始め、『未踏路』や詩誌『面』（二四年三月創刊）の同人として、また二六年、北川冬彦や春山行夫とともに創刊した『犀』の編集者として短詩運動の担い手の一人となった。「にひる」の題で「この壺には影がない」という一行詩などの短詩や詩論を収めた『海の馬鹿』（三〇年）は、短詩運動の記念碑的作品といわれる。二八年に結成された全詩人連合の世話人にもなった。（福富菁児「優しかった大杉栄」前出、和田博文「短詩運動と福富菁児」『奈良大学総合研究所報』二〇〇〇）

十八日、巣鴨の自由人社で先のフランス行について講話する。

自由人社は近くの黒友会事務所と同志の行き来があり、同会の新山初代や朴興坤も来聴した。（「聴取書（新山初代）」前出）

十九日、機械労働組合連合会の大会に出席する。

労技会、車輌工、純労技工の各組合など自由連合派に属する連合組織の結成一周年を記念する大会である。芝公園・協調会館で開かれた。大杉、近藤、岩佐、中名生ら労働運動社の同志や山崎今朝弥・秋月静枝らが傍聴席に参加した。大会は各種報告の後「機械労働者の全国的提携」「八時間労働制及び失業防止の徹底を期す」などを決議。この後「全国的産業別連合促進運動開始の件」で、本芝組合ら提案の地方連合会を単位として全国的連合へという案と、技工組合が提案する組合を単位とした地方別連合という主張が、論戦三時間に及んでも折りあわず、臨時大会に持ち越すことにして夜九時半閉会した。

会場で顔を合わせた山崎は、大杉が「其時は珍しく一人で来て二人で飯を食うて大勢で柔和しく帰った」と記している。「飯を食う」た相手は山崎だろう。これが最後の別れになる。（朝日新聞八・十九、二十、山崎今朝弥「外二名及大杉君の思出」前出）

自由連合同盟の企図

二十日、根津神社の貸席で自由連合同盟結成の準備会を催す。

自由連合派同志の組織化は、帰国後、まず企図したことであろう。中国やフランスの同志の組織を見て、アナキスト同盟も考えたが、野枝宛三月二十八日の手紙に、「純然たるアナキスト運動というそのことにはまだ僕は疑いを持っている」と書いた考えのとおり、より広範な「自由連合」の結集を目指したとみられる。その準備会議として極秘裏に開いたのが、この日の会合であった。近藤憲二も既述のように「自由連合派の連中の一つの団結」と記している。

会場は望月桂に頼んで、彼の野沢中学時代の教え子の伝手《つて》で、根津神社内の貸席（茶屋）を借りた。出席者二十六名と望月の記録にある。出席者の一人・古河三樹松の後の記憶では、大杉、近藤、望月のほかに、和田（久）、延島、水沼、和田（栄）、川口、布留川桂、江川菊次郎、池田寅三、佐藤護郎、松田十九二、金重漢、新山初代、伊串英治（名古屋）、坂谷寛一（京都）、石黒鋭一郎、平岩巌らであるという。＊新山初代の尋問調書には、ほかに岩佐、鄭泰成、洪鎮裕がおり、また大阪から逸見吉三も参加していた。

逸見吉三によれば、組織への参加メンバーをめぐって、名称の問題が議論の焦点になった。〈席上で大杉は、国際情勢——ヨーロッパは昨今、反動期にはいっていること——などを報告したのち、「新しくつくる全国連合には、ひろく革命的労働者も参加してくるのが必至であるから、その名称を〈自由連合同盟〉で行きたい」と述べた。それに対し（自由人社の石黒や名古屋の伊串が）「中途半端な分子を仲間に入れるべきではない。アナキスト同盟の名前で、性格を明らかにすべきだ」と強く反対した。〉

この問題が尾を引いたうえ、石黒が松田の背中を斬りつける騒ぎなどで混乱する。結局、議題を煮詰めるには至らず、あらためて集まることにして散会した。（注）伊串によれば、この後、大杉の土産話を聞く有志の会が、自由人社で催された。（望月桂『記録年譜』前出、近藤憲二『一無政府主義者の回想』、＊大沢正道『大杉栄研究』、「聴取書（新山初代）」同、逸見吉三『墓標なきアナキスト像』、伊串英治・稲垣治「大正期労働運動と知識人」前出）

（注）望月、古河は、会合の日付を三十日と記憶しており、それが二回目の会合とも考えられる。

二十三日ころ、野枝が安成二郎の妻を慶応病院に見舞う。（安成二郎「かたみの灰皿を前に」前出）

二十六日、宇野信次郎宅での自由連合派組合活動家の会合に出席する。

宇野は労技会の中心活動家で、前年六月の機械労働組合連合会の設立に参画した人。秘密会合なので彼の自宅に集まるのだが、尾行を撒くため、二人は銀座四丁目のフランス料理店（清新軒か）で落ち合った。宇野が先に来ており、大杉は魔子を連れてぶらりと入り、尾行は外で待つ。すこし間をおいて近藤がやってくる。魔子を連れて帰るためだ。店の主は大杉のシンパで、大杉と宇野が裏口から出る計らいをする、という手を使い、向島隅田町の宇野の家に一目散。

待っていたのは島上善五郎（市電相扶会）、大場勇・高山久蔵（本芝労組）らのほか関西の逸見吉三（関西自由労働組合）もいる。いずれも反総同盟系主力組合の代表で多数が集合した。自由連合派の連合結成を目指して下相談を継続した一環であろう。大杉の話が主で、質問には神近との刃傷事件なども出たが、宇野は「会合の空気は実に和やかで、理論よりもなによりも、人間の肌から肌へ入るものがあり、シラケ気分は全然なかった」と述べている。

逸見によれば、会合の帰り道に大杉が「ぼくは大阪、京都、岡山へ、近い内に行こうと思ってる。また大阪で会おう」と話すのを聞いて別れたという。全国的な組織に向けた活動を続けていたのだ。

宇野はのちに、大杉を通じてアナキズムに傾斜した過程を次のように記している。

〈私は大杉栄に接触することによって、彼に何か人間的な魅力を抱き、会合を重ねるに従って性格的にも肌の合うのを感じた。……権力に支配されず自らの発意と合意によってこそ自由で平等な社会が生まれるのだという思想には、私の共鳴できるものが内在していたかも知れない。……それと大杉をとりまく同志達は、私の眼から視て皆非常に純真で好人物が多かった。自然私はアナキスト集団との交わりが深まり、世間からはアナキストといわれるようになり、私の指導する組合もアナ系の主系列に加えられるようになっていった。〉

宇野は五十年も後の著述で「いまも目をつむるときっぷのよい男らしい大杉の偉容が私の眼前に浮んでくるのである」と追想している。（宇野信次郎『八十年の人生』、逸見吉三『墓標なきアナキスト像』）

下旬、南天堂二階で宮崎光男に会う。

宮崎によれば、こんな風であった。

〈フランスの監獄で手のあがつた彼は、その夜、ウヰスキーを飲んだりして真赤な顔をしながら、木彫家の牧俊高君が、「お前は誰だ。どこのデコボコだ」などと酔狂的にあたり散らすのを、「おれかい、おれはね。そらお前がこしらへるだらう。ああいふデコボコさ」と実に軽妙に受け流した。そして或る客が画家の書く紺青の海の色を、あれは実際には無い色だといつて「しかし太平洋にだけはある。海を渡るとそれがわかる」とかなんとか、牧君に向つて洋行風をふかすのを見ると、かれは横合ひから突然、「印度洋にだつてあるよ。もつと近いところでは、日本海にもあれば、房州の近海にだつてある。君は日本を知らないんだね」と茶々を入れて話をぶちこわして了つた。〉

社会部記者の宮崎が次に接するのは、一カ月後、火葬場で見る大杉ののどぼとけである。「会へば馬鹿つぱなしのみを事とし」たが、それによって彼の「頭が妙に明るく転換」したのだと追懐する。

〈とにかく彼れくらい活動性に富んだ眼をもつたものはあるまい。それにキヤツキヤツといふあの連続的な笑ひ声も、彼独特の、明るさと皮肉味とをふくんでゐて、これまた、人を明るさと愉快さとの魅惑に導かずには置かなかつた。〉（宮崎光男「反逆者の片影」前出）

この月、望月桂が来宅、二人で内田魯庵を訪ねる。（望月桂『記録年譜』前出）

この月、横浜の弟・勇を訪ねる。

西戸部町の勇の家に行くと、近所の友人（池田琴次郎）宅へ行っているというので、そちらへ廻る。が、二人はテニスに出かけて留守なので、帰るまでそこで待った。着流しの格好で来て、座敷で昼寝をし、帰りがけには扇子に揮毫をしていった、と当時中学三年生の池田の長男・潔氏の直話である（九六年九月聴取）。

九月一日、関東大地震に遭うが、被害は少なく、近所に避難する。

まずは魔子のこと。この日も安成の家に遊びに行ったので、尻っぱしょりで駈けて、連れ帰った。毎日行っていたのに、以後は出かけようとはしなくなるので、理由を聞くと、「おじさんのところは地震があるから」と答えた。

その魔子を連れ、ルイズを抱いて、近隣の人が集まっているところへ避難すると、内田魯庵がいて、「どうだったい。エライ地震だネ。君の家は無事だったかネ？」と訊く。「壁が少し落ちたが、大した被害はない。だが、びっくりした。家が潰れるかと思ったよ」。余震の続き、各地の被害の知らせがある中で小一時間もいると、安成がカメラを提げてやって来た。自宅前の避難所に戻って、野枝と二人で撮ったのが最後の写真になる。

以降、近所を歩く姿を魯庵がよく見ている。

〈九月の上半は恐怖時代だつた。流言蜚語は間断なく飛んで物情恟々、何をするにも落付かれないで仕事が手に付かなかつた。大杉も引籠つて落付いて仕事をしてゐられないと見えて、日に何度となく乳母車を押しては近所を運動してゐたから、表に出るとは番毎《ばんこ》に邂逅《であ》つた。遠州縞の湯上がりの尻絡《しりから》げで、プロの生活には不似合ひな金紋黒塗の乳母車を押して行く容子は抱への車夫か門番が主人の赤ちゃんのお守りをしてゐるとしか見えなかつた。〉

また毎晩ステッキを持って、自宅の曲がり角へ夜警に出た。朝鮮人襲来の流言飛語から背後に社会主義者がいるという声になって、身辺を心配した魯庵が、あるとき「用心しなけりゃいかんぜ」と注意したが、「用心したって仕方がない。捕まる時は捕まる」と笑っていた。（安成二郎「かたみの灰皿を前に」前出、内田魯庵『思ひ出す人々』）

被災一家族を収容

四日ころ、服部浜次夫妻と袋一平の一家が避難して来る。

日比谷の洋服店を焼け出された服部浜次夫妻は、日比谷公園に避難したのち、被害の少ない大杉を頼って避難してきた。袋一平は、弟・伸が中国にいた当時の友人で、帰国後、大杉とも交流があった人。住いの鶯谷から上野公園に逃げたが、ほかに行く所がなく、親・妻と男の子二人を連れ、転がり込んできた。

また、労運社から近藤が見舞いに来て、社は無事であったことや神田、銀座方面が焼けたことなどを話していった。

急に大所帯、賑やかになったが、収容しきれないので、後に袋一家には神戸の安谷家に移転してもらう。彼

（1923年9月）

は大杉の家での話を安谷に伝えている。十日ころ、誰かがレコードをかけようと言ったとき、大杉は「とんでもない話だ。困っている人が沢山いるのにこんな所でレコードをかける馬鹿があるか」と血相変えて怒った。また、革命はこんな時にやるんじゃないか、との問いには「どさくさまぎれにやるのが革命じゃないんだ。多くの人が家もなければ食うものもないといって右往左往しているときに変なことをして困っている人をなお困らせてはいけないんだ」と語ったという。

袋はのちにソビエト映画・文化の研究者となり、戦後はロシア文学の翻訳家として活躍した。ご子息・袋正氏によれば、戦前は特高、戦後はＧＨＱからの圧力を受けた。（近藤憲二『一無政府主義者の回想』、安谷寛一「大杉栄と私」前出）

七日ころ、馬場孤蝶宅を見舞う。

しかし、留守で会えなかった。孤蝶は、大杉との親交が浅くなかったことを、追悼文にこう記している。

〈大杉君に始めて逢つたのは明治四十五年の二月頃かと思うのだが、大正元年の秋から、二三年の間は可なり度々、僕の僑居へ尋ねて来た。本村町へ越してからも、十回位は来てくれたと思ふ。が、何時の間にか、疎濶になつてしまつて彼れこれもう二年程は会う機会がなかった。九月の七日頃に見舞ひに来てくれたさうなのだが、僕のうちは屋根が破れたので雨漏りを避けて婿のうちへ行つてゐたので会ひ得ずに了つた〉（馬場孤蝶「善き人なりし大杉君」前出）

八日、労働運動社の同志らが一斉に検束される。

保護検束の名目によりこの日をピークに、三日以来、東京各地で六十余名の社会主義者が検束された。労運社の場合も病身の村木を除き、近藤、和田、中村、望月らみな駒込署に留置された。後に警視庁が明らかにしたことによると、著名な社会主義者で検束しなかったのは大杉と山川くらいで、「何等か組織的の画策を為す場合、必ず大杉に相談すべく」接触して来る者がいるだろうからそれを監視するためだったという。（東京日日新聞十・十二、『労働運動』十二・二十、「大杉事件」『続・現代史資料６』）

十二日、金策のため出版社を回る。

生活費が底をついてミルク代にも欠くほどになり、借金のために出かけた。頼みとする改造社、アルスは全焼して潰れ、神楽坂の叢文閣を訪れるが足助は留守だった。たまたま来合わせた橋浦泰雄（時雄の兄）と雑談がはずんで、互いに住所を教えあうなどして、しばらく待ったが、思いついて次へ回った。内幸町のダイヤモンド社である。そこで、借金の申込のとき、いつもやるようにレストランに入って、店の人に使いを頼むという手を使った。借金の名人との定評だったが、正面から申し出るのは苦手で、多くはこの方法によったのだ。社長の石山賢吉とはしばらくぶりで、顔を合わせにくかったかもしれない。

石山は社にいて、大杉からの「金がなくて困る。十円ばかり貸してくれ」という書き付けを見た。だが、七日から銀行のモラトリアム（支払猶予令）が実施されていて、預金を引き出せず、十円しか持ち合わせがない。その中から五円を彼は渡した。石山は後にこう回想している。

〈私は、あの人が好きだった。竹を割ったような気性に、何ともいえぬ魅力があった。私は、大杉君と親しく交わった。だが、主義は互いに相容れぬ間柄である。「主義のことは話しっこなし。それ以外の方面で付き合おう」と約束して交際した。

大杉君は、よく私の社へきて、尾行の刑事をまいた。それは、赤坂山王下の社屋であった。この社屋は、表通から裏通まで突き抜けになっている。尾行の刑事をまくには、おあつらえ向きにできていた。……

私は大杉君に対しては好感情しかなかった。理屈はどうあるにしても、私の感情は動いた。私の好きな大杉君がむごたらしい殺され方をしたと聞いて、私は、何ともいえぬさびしい気持ちになった〉（朝日新聞九・二十六、石山賢吉『回顧七十年』）

十三日、夜、安成二郎が来訪。

二階で野枝が入れたコーヒーを飲みながら、震災の状況などを話す。大杉は前日、石山に借金したことを話したのだろう。安成は大杉らの死を知るとすぐに、それを石山に知らせている。（安成二郎「二つの死」前出）

十五日、横浜の弟・勇から無事との来信。寒村宅を見舞う。松下芳男が来訪。夕刻、村木源次郎が来訪。野枝は足助素一を訪ね、借金をする。

横浜の激震地にいる弟の勇から、無事で鶴見町の同僚宅に避難していると、五日に出した葉書がようやく届いて安心する。勇は妹・あやめの子・宗一を預かって養育しているから、地震以来、最も憂慮していたので、非常に喜んだ。避難先で不自由だろうから見舞いに行こうと予定する。

が、近隣にも見舞うべき人ありと、いつものように乳母車にエマとルイズを乗せて出かける。以前、共に『近代思想』を出した地に住む寒村は、こう述べている。

〈関東大震災のとき、大杉は末の子だかを乳母車に乗せて大久保の僕の家の留守宅へ来て女房に「お玉さん、寒村がいなくても僕がいますから大丈夫ですよ」と言ってくれたと、後で女房が話しましたが、その翌日、彼は殺されてしまったのでした。〉

荒畑は入露中で、家にはいない。いまは思想・運動の上でいわば犬猿の間柄といってよいが、個人としての友誼は別のことだ。

帰宅すると、今度は大杉を見舞う客が来た。郷里・新発田以来の旧知・松下芳男（当時、「中央法律新報」編集者）である。ひとしきり地震談義のあと、彼に「僕の弟の勇ね、……音信がないので其生死さへ懸念してゐた処、今朝漸く無事だといふハガキに接して安心したわけさ。随分ヒドクやられたらしい。明日にでも見舞いに行かうと思つてゐる所さ」と話した。しかし電車賃さえ怪しい状態だから、借金が出来ればという前提のある話である。

夕刻、村木が来宅。労運社の仲間はみな検束され、病身の彼だけが釈放されて留守居をしているなどの話をすると、大杉は「みんなが出て来たら大阪に本社を移して活動するのも面白い。東京には俺一人頑張つてゐれば大丈夫だらう。こつちの通信は俺が送つてやる様にして。一つみんなが出て来たら相談して見たい」と次の企てを語った。東京の復興には時間がかかると見て、臨機の展開を考えていたのである。

野枝は、村木が帰るのに神楽坂まで同行して、叢文閣の足助を訪ねた。借金のためで、実は前日も行ったのだが、不在で用が足せなかった。幸いこの日は二十円を用立ててもらうことができた。帰ると大杉も喜び、翌日は二人で鶴見にいる勇を見舞うことに決める。

ところで、この日夕刻、東京憲兵隊大尉・甘粕正彦は大杉を検束する目的をもって、特高課員の森慶治郎曹長と鴨志田安五郎・本多重雄両上等兵を連れて淀橋署へ行き、同署特高課の巡査部長・滋野三七郎の案内で大杉の家を確認した。監視の巡査が不在だったため、大杉の存否を確かめられず、この日は引上げた。その際、鴨志田を淀橋署に残し、大杉の監視に当たらせた。(荒畑寒村「『文明批評』前後」、山崎今朝弥『地震・憲兵・火事・巡査』、松下芳男「殺さるる前日の大杉君夫妻」前出、村木源次郎「彼と彼女と俺」『労働運動』二四・三、山根倬三撰『問題の人・甘粕正彦』)

虐殺

十六日、野枝と鶴見の弟・勇の避難先を訪問。甥・橘宗一を連れて帰宅途中、自宅近くから東京憲兵隊本部へ連行され、三人とも虐殺される。

九時過ぎに家を出て、監視部屋の前を通ると「どこへ行くのか」と訊かれ、用件を明瞭に答える。ここで、二人の尾行が付いた。一人は淀橋署特高係巡査・江崎鎌次郎、もう一人は、淀橋署に泊っていた東京憲兵隊特高課の鴨志田である。彼らの報告や証言から、大杉と野枝の行動が判明する。大杉は「白の綺麗な背広にソフトの中折帽を被り、手提に品物を入れたのを手に持ち」、野枝は「麦藁帽を被り、オペラバッグを手に持って」出た。

路地を行く後ろ姿を内田魯庵の家人が見ている。庭では、魯庵の子と魔子が遊んでいた。魔子の回想「父大杉栄の記憶」がある(『婦人公論』二五・七)。

〈夢中で遊んでゐると、父と母が外出のかつこうでやつてきた。横浜で震災にあつた叔父達が鶴見に居るからこれから行つて連れてくると云ふのだ。何時もの私なら私も一緒にと云つて父にぶら下がるのだが、その

(1923年9月)

時は、遊びが余り面白かつたせゐか「マコはまつている」と云つてキヤアキヤアさわいで遊んでゐた。〉

単なる見舞いではなく、場合によっては弟一家を連れて来ることを考えていたようだ。

自宅から十分ほど歩いて市電の終点付近（大ガード西）でバスに乗り、日比谷で乗り換えて八ツ山にて降車。品川から京浜電車に乗る。途中、川崎（砂子町）で辻潤の家を訪ねた。辻と野枝の子・まことは、夏休みに遊びに来たばかり。父子の安否が心配だった。しかし、辻の家は損壊していて、一家はいなかった。

後年、辻まことは「もし地震が八月にあったら、夏休みは例年、大杉の家に居候する習慣であったから、母親伊藤野枝とともに、刃物をもった狂人の狂気の犠牲と相成ったかもしれないのである。実際いっしょに殺された宗一少年は長いこと小生だと思われていた」と書いている（『居候にて候』）。

二人は、再び京浜電車に乗り、生麦で降りる。山の手の向かってしばらく歩き、一軒の家を探した。勇が避難先と知らせた鶴見町岸（現、鶴見区岸谷三丁目）の大高芳朗の家である。尾行によると、その家で「大杉の兄ですが、弟が厄介になりました」と礼を言って挨拶。大高の母らしき人が、勇一家は近くの家に移住したと言い、同道して案内をする。行き先は鶴見町東寺尾七九六番地（現、鶴見区東寺尾五丁目）で、「大杉」の表札を掲げてあった。

▲…大杉の妹・あやめと橘宗一

勇は激震地の横浜で被災。妻と橘宗一（六歳）とともに、倒壊した家屋から這い出て、線路端に野営しながら三日間、飲まず食わずで鶴見に着いた。会社の同僚・大高を頼って避難したのだが、まもなく貸家を見つけて、いちおう落ち着いていた。勤務先の東京電気（現、東芝）川崎工場が倒壊して仕事にも行けず、在宅していた。

十二時半ころ着き、互いの無事を喜び、昼食をともにする。ひとしきり震災の体験談をし、大杉の身辺や、八月に留守中を訪ねたことなど積もる話をした。勇はこの家で頑張ると言うので、それなら衣類などを取りに来るように言い、宗一だけでも連れて行こうと、「どうだ、東京のおじさんの家に行かないか」と誘う。

▲…憲兵司令部

宗一はちょっと躊躇したが「行く」と言うので、連れていくことになった。着るものがなく、女の子の浴衣姿である。

二時半過ぎに出、勇も三人を送って同行した。生麦から京浜電車で川崎に下車。六郷川鉄橋の橋脚が折れたため、六郷（六郷土手）までは徒歩連絡になっていて、六郷の駅で勇と別れた。

品川に着いたのが四時ごろ。市電に乗って薩摩原（三田四国町）で降り、三田医院の奥山伸を訪ねた。奥山医師は罹病のたびに世話になった恩人。順路だったので見舞いに寄った。が、留守でいなかった。家に上がって、台所で水を飲む。すこし待ったが、あきらめて帰路についた。

この年から奥山の治療を受けた鈴木茂三郎（後に社会党委員長）は、彼から、実は大杉が去ったすぐ後に帰ったのだと聞いた。

〈その直後、帰宅した先生は、いそいで電車通りまで追っかけて、じっとレールに耳をあて、いつまでも大杉夫妻を乗せて走り去った電車の車輪の音をなつかしそうに聞いていた。大杉夫妻が殺されたのは、その日の夜半である。〉（鈴木茂三郎『忘れえぬ人々』）

三人は日比谷を経て、往路と逆に帰ったと思われる。というのは、薩摩原で下車したときから、尾行が見失ったからである。鴨志田は憲兵隊本部に戻って佐藤特高係長に報告すると、お前が淀橋にいると思い、甘粕・森らは行っていると言われ、車で淀橋署に駆けつけた。江崎は日比谷経由で柏木の大杉の家に行ったが、いないので署に戻った。江崎と鴨志田はほとんど同時に、柏木で張り込み中の甘粕の所へ行き、大杉らが間もなく来ることを教える。甘粕は前日と同様に森、平井利一、本多を従えている。

五時半ごろ、大杉と野枝、宗一は帰ってきた。自宅までもう二、三分。野枝が角の八百屋で梨を買い、出てきたところを、待ち伏せていた甘粕らの憲兵隊に検束された。ここで甘粕は「調べることがあるから憲兵隊ま

（1923年9月）

で同行してもらいたい」と詰め寄り、大杉は「用事があるなら行ってもよいが、一度家に帰ってからにしてもらいたい」と言ったが、言下に拒否されたという。大杉は淀橋署に止めてあった車に、野枝と宗一は鴨志田が乗ってきた車に乗せられ、七時ころ、大手町の憲兵隊本部に連行される。本部に入るところを、ここで釈放されたばかりの津田光造（辻潤の妹・恒の夫）が見ている。*

そして「死因鑑定書」によれば、「蹴ル、踏ミツケル等」の暴行を受けたうえ、大杉は八時半ころ憲兵司令部応接室で（判決、以下同じ）、野枝は九時半ころ元憲兵隊長室で、宗一は同じころ特高課事務室で、次々に扼殺された。前日来、甘粕が指揮する五人の特高課チームの凶行である。死体を裸にして、畳表で梱包し、構内の古井戸に投げ込んだうえ、瓦礫で埋め、悪魔の所業が終わる。十一時半ごろであったという。

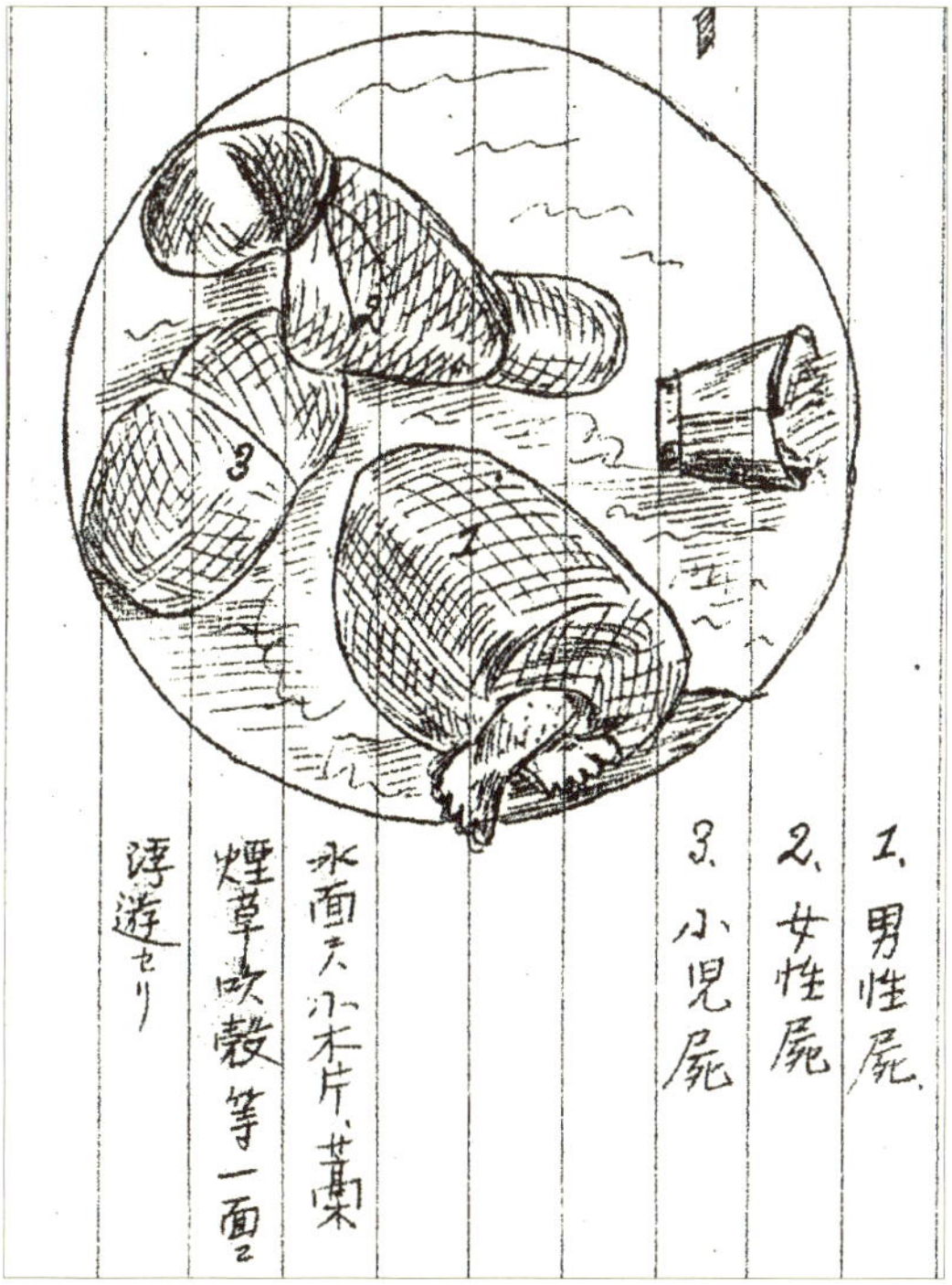

▲…「死因鑑定書」に描かれた古井戸の中の三人の薦包死体

のちの軍法会議（後述）は、麹町分隊長である甘粕の個人的犯行として処理を謀った。背後に「司令官の命令」があり、甘粕が憲兵隊本部特高課長を兼務していたとする証言や、関連する事実を等閑に付し、軍の都合に合せた判決である。しかし、報じられた公判記録と取材記事からは、実行部隊が甘粕を隊長とする東京憲兵隊特高課であり、憲兵司令官・小泉六一乃至彼を介した上層部の意志によることが透けて見える。白色テロといってよい。

ただし、野枝と宗一まで拉致しての

卑劣、残忍な殺害行為が、実行隊長・甘粕の罪状であることも明白である。権力犯罪の欺瞞、悪質は、その上で彼をわずかに刑三年で出し、満州で軍の裏面活動をさせるその後の経過が如実に示している。大杉は、同時に起こった亀戸事件、朝鮮人虐殺事件などとともに、このころから増長をあらわにした軍部暴走の犠牲になったのだった。（朝日新聞十・八号外、十、「大杉事件」『続・現代史資料6』、読売新聞十二・九、山根倬三撰『問題の人・甘粕正彦』、＊小牧近江『ある現代史』）

著作――「入獄から追放まで」、「無政府主義将軍」『改造』九月号

（1923年9月）

付──没後

▼…落合火葬場の３個の棺。９月 27 日付朝日新聞掲載の写真（右）では、「野枝さん」「宗ちゃん」の文字が消されている

九月十六日以降の、遺体受け取り、葬儀、埋葬、軍法会議、著書出版、同志による復讐、追悼の催しなどの主な動きを摘記する。典拠はほとんど新聞報道によるが、煩瑣になるので、必要と思われる文献のほかは典拠を省略した。

捜索願

▽九月十八日、弟・勇夫妻が衣類などを貰いに栄の家を訪問。留守宅では、三人が帰らないのは鶴見へ泊まったと推察したので、不審に思い、淀橋署へ捜索願を出す。この日、報知新聞夕刊に「大杉夫妻並に其の長女の三名を検束、自動車にて本部に連れ来り、麹町分隊に留置せり」の記事が載る。

▽十九日、勇は、大杉ら検束の記事を読み、毛布を持って、大手町の憲兵隊司令部へ行き、面会と宗一の引取りを求めるが、「そんな者は来ていない」と門前払い。

閣議で後藤内相が警察情報により事件を報告し、議論沸騰。山本首相が田中陸相に調査を指示。発覚して陸軍は軍法会議と小泉憲兵司令官らの処分を決める。小泉は甘粕に「今回の行動は実に賞すべき勇敢な行動だ」と述べたという。甘粕らに拘引状。予審開始。

▽二十日、勇の家へ東京朝日新聞の記者から、「栄は憲兵隊の手で殺され、残りの二人も九分九厘まで一緒に殺されたでしょう」との知らせ。勇は再度、憲兵隊司令部へ行って問い質すが、追い返される。大阪朝日新聞、時事新報が号外で「甘粕憲兵大尉が大杉栄を殺害」の報道。以後、報道は禁じられる。

午後一時半、三人の遺体は、憲兵隊本部の古井戸から引き上げられ、三宅坂の東京第一衛戍病院へ送られる。死因鑑定のため、死体解剖が田中隆一軍医によって、午後三時半から二十一日午前十一時二十六分まで行なわれた。

(1923年9月)

陸軍は東京憲兵隊分隊長・甘粕正彦が違法行為を犯したとして、戒厳司令官・福田雅太郎を更迭、憲兵司令官・小泉六一、東京憲兵隊長・小山介蔵をそれぞれ停職とする処分を発表。

▽二十一日、勇は淀橋署を経て警視庁へ行き、存否確認の要求をするが、明確な説明を聞けず。

▽二十二日、村木源次郎は布施辰治弁護士と警視庁へ行き、大杉ら三人の調査依頼書を提出。神戸に住む弟・進が、あやめからの依頼で、静岡経由、宗一の衣類を持って柏木の家に着く。

▽二十三日、勇宛に、第一師団軍法会議から、事件の証人として召喚する旨の通知。殺害を確信する。夜、勇、進ら近親者と同志・友人らが集まり善後策を講じる。

▽二十四日、勇、進と村木は憲兵司令部に遺体引き渡しの交渉。副官は「軍法会議に回されているから取り扱いかねる」と煮え切らない返答だったが、午後、この日福岡から上京してきた野枝の叔父・代準介も同行し、山田法務部長に面会。再度要求し、「明朝九時に下げ渡す」との回答。

勇は宗一の証人として軍法会議に出頭。喚問の内容は、兄・栄との間柄、栄が十六日に訪問した事情、辞去した時刻、宗一を同伴した事情、その後栄、野枝、宗一に関して聞いた一切の事情など、二十分位。

午後三時、陸軍省より「甘粕憲兵大尉が大杉栄外二名を致死、動機は……自ら国家の蠹毒《とどく》を艾徐《がいじょ》せんとしたるに在るもののごとし」と発表される。

▽二十五日、遺体引取のため、二人の弟・勇、進、野枝の叔父・代、友人の山崎今朝弥、安成二郎、服部浜次、村木の七人が、まず憲兵隊本部へ出頭し、死体検案書を要求。次いで、事件の経過説明を山田法務部長より聴取。遺骸の安置場所・陸軍衛戍病院までの車を要求し、午後二時着。中に入れるのは親族と友人二名までとされ、服部と村木は門外で待つ。

遺体は既に白木の寝棺に納められ、釘づけされている。蓋を開けさせると、棺の中はぎっしり防腐用の石灰で埋まり、臭気芬々。掻き分けて指を差し込むと、ズブッと中に入るくらい腐爛している。火葬にして遺骨を受け取ることにする。村木はデスマスクを作るつもりだったが断念。

棺は幌着きの軍用自動車に安成と村木が同乗し、落合火葬場に送られる。火葬場は先の地震で倒壊しているうえ、横死者の死骸が続々と運ばれて渋滞。安成が三つの棺に、「栄、野枝さん、宗ちゃん」と名前を墨書。

▽二十七日払暁、茶毘に付され、反軍を唱道した大杉が陸軍の費用で火葬される。

告別の集い

▽二十七日、朝八時から落合火葬場で骨揚げ。三人の遺児と勇らの近親、それに岩佐、服部ら同志、安成、松下らの友人が骨を拾い、三つの骨壷に納める。遺骨は柏木の家の祭壇に置かれ、三人の写真を立て、葡萄酒と果物が供えられた。

▲…骨箱の前の三人の遺児

宗一の母・橘あやめが姉の柴田菊（大杉の妹）と静岡から来て、庭から「宗坊はいますかっ」と叫んで入り、「じゃあ、あれは本当なんですかっ、本当なんですね……」と泣き崩れる。

夜、告別の集い。労運社の同志は検束され、病身の和田（久）と村木、それに服部夫妻がいるくらい。友人から山本実彦、北原鉄雄、内田魯庵、足助素一、山崎今朝弥、布施辰治、安成二郎夫妻、橋浦泰雄、佐々木孝丸、小牧近江、青野季吉その他少数が列席した。

「先妻の堀保子も、イヤで別れたので無い大杉に最後の訣別《わかれ》を告げに来て慎ましやかに控えてゐた」（内田魯庵）。

彼女は大杉死後の心境を次のように書いている。

〈私は彼と別れた後も彼の仕方を恨んでゐたかも知れぬが決して憎んではゐなかつた、彼は彼の行くべき道を歩んで、どちらが心の満足を得るといふことを競争してみたいやうな気がしてゐた、……実際私はそれを張合にしてゐたかも知れない、そして今は肝心の競争の相手がなくなつたので、何だか淋しくなつて心細いやうな気がしてならない、それが今の私の心持だ。〉（「小児のやうな男」前出）

▽十月一日、あやめは進と米国大使館へ行き、書記官・コードウェルに米国籍の宗一が殺された事情を話し、処置を訊く。翌日、米大使は外務省を訪問、外務省は係員に軍法会議を傍聴させることとする。

▽二日、四人の遺児らは分骨した遺骨を携えて、野枝の郷里・福岡へ向かう。神戸に帰る進と代、叔母・モト、お手伝いの雪子が付き添った。遺児は野枝の父・伊藤亀吉に引き取られ、魔子は真子、エマは笑子、ルイズは留意子、ネストルは栄《えい》と、それぞれ改名して入籍する。

▽四日、改造社の提唱により識者が組織した二十三日会が、首相、陸相、戒厳司令官、軍法会議弁護士長を訪問して、次のような建議書（下記三十二名が署名）を提出する。

一、大杉氏殺害の真相殊に同氏以外の被害者の氏名、年齢、被害の場所、その他一切の事情を速に公表す可し

二、甘粕大尉に関する軍法会議は完全に之を公開す可し

三、右事件に関する新聞記事差止めの命令は直ちに之を解除す可し

伊藤文吉、長谷川万次郎、馬場恒吾、堀江帰一、千葉亀雄、渡辺鐵蔵、吉野作造、吉阪俊蔵、饒平名智太郎、鶴見祐輔、中野正剛、永井柳太郎、大川周明、太田正孝、山川均、山本実彦、松木幹一郎、桝本卯平、福田徳三、小村欣一、小村俊三郎、小松原弥六、権田保之助、安部磯雄、秋山高、北玲吉、城戸元亮、末弘巌太郎、三宅雄二郎、三宅驥一、下村宏、鈴木文治

▽同日、ギロチン社の田中勇之進が甘粕の弟・五郎を短刀で襲撃し、未遂。松阪駅前で逮捕される。

▽七日、大杉らの遺骨、遺品は労働運動社へ運ばれ、あやめも同社に仮寓する。遺骨はその後勇宅へ。九日、柏木の家から留守居していた勇夫妻が退去。空いた家を菊池寛が借りたいと申し入れ。

軍法会議の筋書き

（1923年10月～12月）

▽八日、事件の第一回公判が青山一丁目・第一師団軍法会議公判廷で開かれる（九日まで）。大杉ら虐殺事件の記事が解禁になり、「外二名」とは伊藤野枝と甥の橘宗一であることが発表される。十二日、軍法会議の法務官・小川関次郎が更迭される。

▽十六日、今宿村・野枝の実家近くの松林で三人の葬儀、埋骨式が営まれる。遺児四人と親族ら、東京の同志代表・川口慶助ほか同志らしい十数名と村人ら総て百名近くが参列。遺骨は今宿海岸の墓地に埋葬する。

▽二十二日、真子は福岡市の代家に引取られ、この日、春吉小学校一年生として初登校（三月生まれと届出たためで、実際は学齢前）。

▽二十五日、著書『日本脱出記』がアルスより出版される。収録著作中、「外遊雑記」と「同志諸君へ」は死後、机の引き出しから見つけられた遺稿である。

▽十一月十六日、軍法会議の第二回公判が開かれる。

▽十八日、労働運動社にて、大杉没後の善後策打合せ会。近藤、村木、和田、岩佐、延島、江口渙、山崎今朝弥、布施辰治、山本実彦、北原鉄雄、坂口貫一ら。

▽二十一日、軍法会議の第三回公判。以後、二十五日の第七回まで続行。論告は甘粕らの個人的犯行を強調したが、二つの重要な証言は見逃すことができない。一つは犯行は司令官の命令によるというもので、鴨志田は「大尉殿と森曹長殿が上官の命令だからやりそこなうなと話しあっていたのを聞きました」と述べ、本多は「森曹長からこれは司令官からの命令だから絶対に口外しちゃいかんといいました」と証言している。もう一つは、甘粕が麹町分隊長と東京憲兵隊本部の特高課長を兼務していたこと。森は甘粕が「特高課長の仕事を

みんなしていた」と言い、鴨志田は「高等課長として尊敬しておりました」と陳述。また隊長の小山は兼務を「口頭命令したように記憶しているが、本人（甘粕）が命じないといっているならそれが真実で私が落度であったものと思います」と奇妙な証言をしている。最初の証言には、森や甘粕が否定し、特高課長については甘粕の否定によって、追求せず、都合よく取捨した。

軍隊のような厳格な組織で、分隊の者が二日間にわたって本部組織を指揮したとする奇怪、三日間にわたる部下の組織的行動を全く把握していないとする憲兵隊本部の無規律（外部から追求されるまでの隠蔽）、重要証拠である「死因鑑定書」の非審議など、不可解極まる、筋書きに沿った審判であった。

▽二十四日、著書『自叙伝』が改造社より出版される。『改造』一二年十月号から一三年一月号の間に「自叙伝」（一）～（七）として掲載されたものに、順に「一、最初の思出」「二、少年時代」「三、不良少年」「四、幼年学校時代」「五、新生活」「六、母の憶ひ出」と題を付け、『新小説』掲載の「獄中記」の大部分を「七、獄中生活」として加え、「お化を見た話――自叙伝の一節」を「八、葉山事件」として編集した。

▽二十五日、伊藤野枝の追悼会が野上弥生子宅で旧青鞜同人によって開かれる。幹事は平塚らいてうと岩野英枝（泡鳴未亡人）。

▽十二月八日、軍法会議で甘粕ら五名に対する判決。甘粕・懲役十年、森・同三年、平井（利一）・鴨志田・本多は無罪。「甘粕が自らの信念に基づき、森と共謀、情を知らざる部下三名を伴つて、大杉ら三名を東京憲兵隊に誘致し、殺害した」とする個人的犯行で通した。

▽十一日、大杉の遺骨は親族相談の結果、父・東の墓所である静岡県清水町の鉄舟寺に埋葬することにしたが、同寺の住職・伊藤月庵は断ると言明。

▽十六日、大杉らの葬儀当日朝、労働運動社に弔問を装って上がった右翼・大化会の下鳥繁造ら三人の男が遺骨を奪い、ピストルを乱射して逃走。表にいる寺田稲次郎を経由、自動車で待っていた会長・岩田富美夫に渡し、運び去った。下鳥は和田と近藤が追いかけて取り押さえ、寺田も十七日、岐阜市で逮捕されるが、遺骨は行方不明。二十二日、岩田らが弁護士同伴で公然、警視庁に出頭し、警視総監・湯浅倉平と面談一時間半。

この日、検束中の共犯者七名全員が釈放され、下鳥のみ起訴。岩田は遺骨を数日中に届けると言明する。遺骨の返却は、警視総監の面目をたてるため、内務省警保局長・岡田忠彦が岩田の師事する北一輝を警保局に招いて、岩田と遺骨を出すように協力を依頼。北は「岩田、寺田、下鳥の三人を起訴しないなら遺骨を持たせて自首させる」と答え、取引きをした。

遺骨強奪は軍部が大杉らの葬儀をこわすために、三万円で岩田らに請負させたとする説あり。＊三日前の十三日、須藤憲兵中佐が大化会を訪れて岩田と密談。その夜、岩田は腹心の同志を連れて、神楽坂で豪遊したという。（永松浅造「大杉栄・遺骨奪取事件」『文藝春秋』五五・十、＊荒原朴水『大右翼史』、田中惣五郎『北一輝』）

遺骨なしの葬儀

▽同日、遺骨のないまま葬儀は予定通り挙行。午前十一時、労働運動社を出た葬列は、三人の遺影と五個の花輪を捧げ、組合旗と五十名余の人々が続いた。正午、上野桜木町の谷中斎場に着き、一時、岩佐作太郎の司会で開始。会場は遺影を中心に、二十数旒の団体旗と紅白の花輪で飾られる。岩佐の開会挨拶は、遺骨が奪われた事件の報告となり、その後、和田が三人の略伝を読み、弔辞を準備団体や地方同志の代表、友人総代など三十数名が述べる。また各地からの弔文、弔電が読み上げられ、北部フランス・アナキスト同盟からの弔文も紹介された。

社会葬として行なわれ、葬儀準備委員には正進会の和田（栄）、信友会の水沼ら自由連合派の組合活動家を中心に二十四名が名を連ね、労働運動社が事務を担当。約七百名が参列した。参列者には、勇・進・あやめの親族、同志の和田、村木、近藤、山鹿、望月、服部、堺真柄らのほか布施・山崎弁護士、文士の徳田秋声、小川未明、新居格、藤森成吉、江口渙、宮嶋資夫、嶋中雄作らの顔も見えた。午後四時、閉会したが、しばらくは弔歌、革命歌、拍手、足踏みなどが会場を揺るがせた。このとき歌われた加藤一夫作詞の追悼歌「悲しみの深き日よ」（一番）は、

〈東雲の　明けぬ間に　戦い早も起り／勇敢に　戦える　我等が同志はたおる／（折返）悲しみの　深き日よ　結束のこの時よ／祭壇の　なきがらは　恨みを飲みて眠る〉（曲は「赤旗の歌」の譜）

▽同日、大阪、岡山等でも追悼会が行なわれる。

大阪では、武田伝次郎、逸見吉三らにより、東区東雲町心眼寺で追悼会。福岡から送られた三人の遺骨が安

▲…葬儀に参列する人々

置され、午後一時開会。生島繁、久保譲が司会、加藤一夫、金咲道明らが追悼演説をしたが、岡部よし子（青光会）ら多くは中止を命じられた。参列者はほかに伊藤孝一（関西自由労働組合）、南芳雄、坂谷貫一、久津見房子、早川亀太郎（関西紡績労働組合）、川島三郎（自由青年革新団）、貝阿弥忠夫（大阪鉄工組合熱血団）、矢野（大阪印刷工組合）、先崎長次郎（全新聞配達人同盟）、生野益太郎、谷川ら百余名。最後に弔歌を合唱して三時閉会した。

岡山では、大杉らの追悼会を中国労働連合会有志主催により、岡山禁酒会館で開催した。参加者は連合会の組合員約六十名。警察の圧迫、憲兵隊の監視下で行なわれた。

▽二十日、第四次『労働運動』第一号を労働運動社より発行。発行・編集・印刷人　近藤憲二。同人は和田（栄）、水沼、村木、山鹿、和田（久）。二六年七月まで十八号を刊行。

▽二十五日、強奪された遺骨を、犯人・岩田が警視庁に提出。

▽二十七日、警視庁から遺骨を渡すという通知を受けて、労運社・村木と和田（栄）が出頭するが、折りから「虎ノ門事件」（難波大助が摂政を狙撃）が起きて庁内混乱し、授受は中止された。また、この日強奪の主犯・下鳥が起訴、遺骨は証拠品として東京地裁に保管される。

▽一九二四（大正十三）年一月二十日、神戸市福昌寺にて、阪神間同志による三人の追悼会が開かれる。安谷寛一、大蔵辰夫が主唱。安谷と和田信義、石本方敏が追悼文を読み、参列者三十四名。

▽三月九日、評論集『自由の先駆』がアルスより出版。どの論集にも収められていない大杉の論文を収録するため、他の評論と併せて編集された。

▽十五日、堀保子が、兄・堀紫山宅で腎臓病療養中に逝去。

▽五月十七日、大杉勇が兄・栄ら三人の遺骨を警視庁から受取る。

▽二十五日、静岡市沓谷の共同墓地に、大杉、野枝、宗一および大杉の弟・伸の遺骨を埋葬。墓地は静岡に住んでいた大杉の妹・菊と勝造夫妻が求め、この日、栄と伸の名を記した白木の墓標が二柱立てられた。密葬とし、会葬者は柴田夫妻、勇、進、あやめらの近親者十二名で、大杉の同志には知らせなかった。

（1923年12月～1924年10月）

やがて大杉の墓は、近くの静岡女子師範学校生徒の間に縁結びの神になるとの噂が伝わり、職員に隠れて、毎日数名ずつが学校を抜け出して墓前に詣でる姿がみられたという。後日、大杉の両親の墓も、鉄舟寺からここに移し、近くに建てた。
▽七月、野枝の実家に近い松林の墓原に、巨大な自然石をもって三人の墓（無銘墓）を建てる。
▽八月十五日、ネストルが肺炎のため死去。東京から村木が弔問する。

和田・村木の復讐

▽九月一日、和田（久）と村木が予て計画した福田雅太郎（大杉殺害時の戒厳司令官）の狙撃を実行。福田が本郷菊坂町・長泉寺での震災一周年記念講演会に行く途中を、和田は本郷三丁目・燕楽軒前でピストルを以て狙撃するが、空砲のため失敗、捕えられる。村木は次の備えとして会場におり、計画を知った古田大次郎は別の入り口の見張りをしたが、ともに引上げた。古田は三日、和田を逮捕した本富士署に点火式爆弾を投げ入れたが爆発せず。さらに六日、爆弾を入れた速達小包を福田に送り、これは爆発した。が、紐を解いた娘は逃げて無事、福田は不在だった。村木は第二陣を計画したが、十日に村木、古田とも逮捕される。
翌年六月の裁判で、和田は「死刑を言い渡してもらいたい」と述べたあと、「検事の論告に、我々のやったこの復讐は男らしくない、卑怯なやり方だと言うが、軍隊や警察があり、裁判権を握っている国家がなんらの防備のない人間を殺すことは男らしい所為であろうか。無力無辜のものが身を捨てて復讐をする、他に手段はない。あるなら検事に教えて貰いたい」と反駁する。
▽十六日、三人の一周年追悼会が、東京、大阪、広島、和歌山、静岡、等各地で行なわれる。
▽十月十一日、遺骨を強奪した下鳥繁蔵に、東京地裁（控訴審）で遺骨領得、脅迫罪により懲役四カ月の

判決。この日、「大杉栄の遺骨奪取犯人」と染め抜いた白羽二重を着て市ヶ谷刑務所に入所した。

▽十一月十八日、翻訳書『新社会主義の批判』（ルロア・ボーリュ著）が春陽堂から発行される。安谷寛一によれば、以前、気まぐれに翻訳したのだが、内容が社会主義に非議であるために、出版を望まなかった。ところが死後、堺利彦のきもいりで、春陽堂訳として出版され、いつしか大杉栄訳と名打たれたものとされる。（安谷寛一『未刊大杉栄遺稿』）

▽一九二五（大正十四）年一月二十三日、市ヶ谷刑務所に拘留された村木が、持病の結核に尿毒症と腎臓病を併発して危篤に陥る。責付出獄となり労働運動社に移すが、昏睡状態のまま翌日午後、息をひきとる。

『大杉栄全集』刊行

▽六月十五日、『大杉栄全集』が同全集刊行会より発行。編集は近藤憲二、安成二郎。第十巻を『伊藤野枝全集』とし、翌年九月までに刊行。

出版元のアルス社長・北原鉄雄は装幀について、「力と強さと深刻味を表現すれば、大体に於て足りる。殊に故人は、赤と黒との両極端の色を愛してゐたので、その意味においても、これを尊重して単純な黒と赤との二色を用ひた」と語る。（読売新聞四・二十一）

▽七月十三日、静岡市共同墓地に大杉の墓碑が建立される。墓は大杉の妹・菊の夫・柴田勝造と大工の志田繁作が相談して造営した。墓碑の設計は東京で建築を学んでいた志田の弟・政次郎、製作したのは、清水市辻町の石工・柴田恵作である。志田は製茶機械など特許を八つも持つ発明家で、この墓もコンクリート作りの「文化墓碑」という特許のあるもの。墓銘「大杉栄之墓」は大杉の自署を模写した。造営を妨害されるおそれから、志田は墓石いっさいの準備を整え、十二日夜中にトラックで運んだ。翌日、柴田家に勇ら親族が集

い、回向した。墓碑製作費三百二十円などの費用は、大杉の弟妹、菊、松枝、あやめ、勇が合せて百九十八円、労働運動社から二百五十円の計四百四十八円が当てられた。（『静岡県近代史研究会会報』八三・二）

▽九月十日、東京地裁で判決、和田は無期懲役、古田は大阪・小坂事件の殺人罪が加わって死刑とされる。両人とも上訴せずに確定させた。

▽十二日、獄中の和田・古田の希望により、岩佐が真子（魔子）を迎えに行って、代準介とともに上京。市ヶ谷刑務所にて二人に面会する。真子は滞在四日、この間に「マコの会」が催され、約五十名が出席した。

▽十六日、労働運動社で大杉らの三年忌追悼会。岩佐、近藤、古川時雄らの同志と印刷工組合、機械連合、市電自治会などの組合員など百五十余名が参集。解散後、燕楽軒での懇親会、須田町への行進の間、合せて六十名が検束された。

▽十月十五日、市ヶ谷刑務所にて古田の絞首刑執行。執行の五分前に遺書を書き、「同志諸君　それではこれから参ります。健康と活動を祈ります」。

▽一九二六（大正十五）年五月十六日、あやめが福岡にいる真子を引き取り、労働運動社で「マコの会」が盛んに行なわれる。真子は勇が養育する。

▽六月十九日、パンフレット『革命の研究』（クロポトキン著、大杉栄訳）が労働運動社から刊行。

▽九月十六日、大杉らの三周年追悼集会が各地で催される。労働運動社には、大杉あやめのほか同志百三十余名が集まり、大杉の遺品・書画を展示して集会。大阪では、住吉区の関西黒旗連盟・中尾正義宅に武田伝次郎ほか二十数名が出席。大阪印刷工組合、京都印刷工組合もそれぞれ追悼会を催す。兵庫県西灘村（現、神戸市灘区）においても十数名が集会をした。

▽十月一日、甘粕正彦が千葉刑務所を極秘裏に出所。宮城県川渡温泉に潜む。彼は翌年、陸軍の費用で渡仏、二九年に帰国し、同年満州へ渡る。

▽一九二七（昭和二）年一月一日、第五次『労働運動』発刊。同年十月、第十号をもって経営困難のため廃刊。翌年、労働運動社解散。

▽九月十六日、大杉らの四周年追悼集会。労働運動社には、近藤、あやめ、望月ら五十余名が出席。京都の会は、京都印刷工組合からの参加者など総検束に遭う。関西自由連合も同日に挙行。
▽一九二八（昭和三）年一月十日、『未刊大杉栄遺稿』（安谷寛一編）が金星堂から出版。全集非収載の著作を収録した。
▽二月二十日、和田久太郎、秋田刑務所にて縊死。「もろもろの悩みも消ゆる雪の風」と辞世の句。

「犬共ニ虐殺サル」

▽一九四六（昭和二十一）年五月十二日、日本アナキスト連盟結成大会が開かれる。全国から二百名余が参加。
▽一九五四（昭和二十九）年九月十六日、「大杉栄の会」を東中野のレストラン・モナミで開催。山鹿泰治、江口渙、荒畑寒村ら十二名の発起により、出席者は、高津正道、赤松克麿、秋田雨雀、松尾邦之助、立野信之、吉田一らに大杉の弟・進、二女・菅沼幸子など八十名超。
▽一九六三（昭和三十八）年九月十八日、没後四十年記念講演会が全電通労働会館で開催。坂本清馬、高見順、埴谷雄高、秋山清らが講演。
▽十二月二十五日、『大杉栄全集』が現代思潮社より出版開始。全十四巻。
▽一九七〇（昭和四十五）年三月三十一日、『伊藤野枝全集』が学藝書林より刊行。上下二巻。（二〇〇〇年、『定本伊藤野枝全集』全四巻を同社より刊行）。
▽一九七二（昭和四十七）年九月十三日、名古屋市の日泰寺で「夏草に埋もれた」橘宗一の墓碑を発見、との投稿が朝日新聞に載り反響を呼ぶ。墓碑は父親・橘惣三郎が二七年に建立、「宗一ハ……九月十六日ノ夜大

杉栄野枝ト共ニ犬共ニ虐殺サル」と刻む。

▽九月十六日、虐殺五十年記念講演会が、東京の労働会館、渋谷の山手教会、京都・府立婦人センターで催される。

▽一九七三（昭和四十八）年九月十六日、静岡・沓谷霊園で、虐殺五十年墓前祭と記念集会。当日、テレビ静岡で記念番組（出演・荒畑寒村、瀬戸内晴美、角田房子）を放送。同月、記念集会が国労会館で開かれる。

▽一九七五（昭和五十）年九月十五日、名古屋・日泰寺にて、第一回「橘宗一少年墓前祭」。以後、橘宗一少年の墓碑保存会により毎年開催。

『死因鑑定書』発見

▽一九七六（昭和五十一）年八月二十六日、大杉栄ら三人の「死因鑑定書」発見、と朝日新聞が報道。解剖をした田中軍医の夫人が保存していたもので、鑑定書は①大杉と野枝の二人は肋骨などがめちゃめちゃに折れ、死ぬ前に、蹴る、踏みつけるなどの暴行を受けている、との新事実を明らかにし、②死因は、三人とも首を腕などの鈍体によって絞圧、窒息させられたもの（扼殺）とする。

▽九月十六日、大杉の墓の墓誌建立除幕式。墓誌には荒畑寒村撰文による三百字の碑文を刻む。記念集会で荒畑寒村が講演。

▽一九八三（昭和五十八）年九月、虐殺六十年追悼連続集会を牛込公会堂で開催。東京・代々木区民会館で「大杉栄・伊藤野枝を偲ぶ夕べ」。静岡・沓谷霊園にて追悼集会。

▽一九八八年、「一九二〇年代・日本展」（東京都・愛知県・山口県立・兵庫県立各美術館で開催）に「黒耀会」が紹介され、大杉の自画像も展示された。八月に、山口でこれを見た大杉の三女・野沢笑子（歌人の号は恵美子）

の短歌（『まひる野』八九・一掲載）。

立ち止り観る人少なき自画像の父に対ひてながくわが佇つ

展示ケースの中の自画像と吾を隔つかかる触れあひの父娘なるべし

切実に父恋ひし記憶あらぬわれ今日の出会ひをこの後恋はむ

▽一九九〇（平成二）年九月十六日、静岡で墓前祭と追悼集会。以後、二〇〇三年まで毎年開催（実行委員会は会長・臼井茂、事務局・市原正恵、大橋昭夫ほか十六氏）。

▽一九九三（平成五）年八月～九月、「関東大震災七十周年・大杉栄と仲間たち展」――東京・新宿区民ギャラリーで開催。静岡で没後七十周年追悼集会、記念誌『自由の前触れ』（墓前祭実行委員会編）を発行。

▽二〇〇〇（平成十二）年九月十六日、新発田市民文化会館にて「大杉栄メモリアル二〇〇〇」。以後、斉藤徹夫氏ら「大杉栄の会」が継続して開催。

▽二〇〇三（平成十五）年九月、没後八十周年記念イベント「一九二三年大杉栄ら虐殺と今をめぐって」――「大杉栄と仲間たち」展・新宿区民ギャラリー、ワークショップ・四谷区民センター、映画、対論、講演・角筈区民ホール。同月、静岡・ルヴェールたちばなにて「八十周年追悼集会」。

（1988年8月～2003年9月）

あとがき

いつかきちんと向き合おうと、密かに誓った幾分かを果せたような感慨がある。ずいぶん遅ればせで、年月もかかったが、弁解をすれば、次のような次第だ。

大杉と野枝が殺された当日に訪問した弟・勇は私の父、そこは私の出生地である。当時、父は妻と二人暮らし、預かっていた妹・あやめの子、橘宗一を横浜の県立平沼高等女学校付属幼稚園に通わせていた。宗一亡きあとも子はできず、やがて離婚、そして再婚し、私が生まれた。

大杉の弟妹のうち五人は、官憲の監視を避けて中国とアメリカへ渡り、国内にいたのは三人。彼らも風雨を避けるようにひっそり暮した。うち一人は早世し、一人は神戸に住んだから、横浜にいた私の父は身近にいて、ただひとり兄・栄と密に交流した。しかし、私は父から、そうした折々の伯父について、聞くことはできなかった。戦時、家の周囲は空襲に遇い、移住して間もなく、父は私が七歳のときに病死したからである。

大杉栄全集全十巻が遺されたが、熱心な読者ではなかった。秘事のようにそれを収め、別の思念や興味に囚われていった。いつかきちんと向き合おう、と思いながら……。

我が子の成長をみるうちに、父からやはり聞けなかった祖先の、いわゆるルーツ探しを始め、続いて祖父とその子ら、つまり大杉の親、きょうだいの年譜を作成した。大杉の事跡も、既存の年譜や伝記によって書き入れたが、何とも物足りない。運動面での具体的な活動を伝える、詳細なドキュメントの必要を感じた。中絶した自叙伝の空白を埋める意味もあろう。それが本書への動機である。

時日や場所も含めて事実がだいじだから、年譜（日録）の形式そのままに、日々の行動の累積として生涯を追うことにした。手間のかかる探索作業だが、身内に繋がる者の役割と思われたし、大杉の四女・伊藤ルイさんから、亡くなる直前に、いくつかの資料を託されたことにも促された。ただし、身を入れて作業をできるようになったのは、定年退職後のこと。能率のあがらないこと甚だしいのに、欲張って詮索を続けたから、年月を要した。

作成にあたって、次のことを考慮した。

1　時期の判明する事項はすべて追求し、時系列に収録する。社会運動の前面に立つ時から、衣食住の日常に至るまで、ライフ・ヒストリーの全容を追って、人間像を描こうと努めた。全体のストーリーは読者におまかせし、現実をそのまま提示することにした。

2　大杉の活動だけでなく、同志結束した集団としての、また関連する限りで、同志たち個々の活動にも言及し、社会革命を目指す運動の一つの流れの中に位置づける。

3　伝記では触れられていない当時の人々の豊かな交流、共同の模様を、文士や編集者・記者など友人・知人にまで広げて記述する。とくに同志との繋がりは、運動を進める同伴者として重視し、集会の出席者なども煩を厭わずに名前を挙げた。明治から大正期に至る社会の閉鎖を拓こうと、ともに闘った人々の記録でもある。

4　記事の正確を期して、極力、一次資料を典拠とし、出典を提示した。まま、事実に即さない論評や、誤認のまま踏襲される事項もあるので、この種の記録では、真否を判断するための情報、資料が必要であろう。

5　記録では捉えきれない人物像については、親交あった人たちの大杉評を紹介する。直接触れ合った人たちの感触も、大杉の人間像を結んでいく上での素材だから、収集した多くを提示した。

とはいえ、むろん全貌は提示しきれない。とくに二〇年以降、勃興した労働運動における活動や影響についての資料は限られている。現場の運動者たちは、あまり文章を残さなかったし、機関誌類が散逸した事情もある。が、そうした空白部分を、推察、想像するに足る素材になれば幸いである。

大杉評は、収録した同時代人のほかにも、多くの人が語り、書いているが、私が同感した一つは、秋山清の次のことばだ。

〈大杉のアナキズムの中には、社会革命をやらなきゃならんという考え方が一つ、いつもある。もう一つは、自分がどのように生きるかということね。……どのように生きることが自分の革命であるかというふうに問題を一つにまとめると、大杉ほどそこにある一致点を見出した……。つまり彼の革命活動は、彼自身がどのように生きて死ぬかという問題と重ねて考えられている。〉(RKB毎日放送制作『ルイズ　その絆は』)

革命への道に従属させるのではなく、革命への道の中に自分の生きる道を重ね合わせる。「個人」を囚われ人にせず、思想と行動との振幅を広げ、現実の壁と格闘しながら、希望への道を開削する。そうした大杉の生きようは、随所に確かめられるとおもう。

「どのように生きて死ぬか」という問題は、波乱に満ちた生涯のうちに、絶え間なく突きつけられたテーマであったろう。運動・闘争の日々のほか六度に及ぶ入獄、「大逆事件」による仲間たちの死刑、自らも生死の分岐であった日蔭茶屋の一件と聖路加での重篤、孤立の中での貧窮生活といった厳しい境涯のうちに、社会運動のあり方と身の処し方を結合させる生き方として形成されたにちがいない。

道半ばにして絶たれはしたが、そうして時代を拓こうとした熱情、不屈果敢な行動力。その生き様と追求した非集権、支配からの自由という理想を、遺言のように遺した生涯であった。

本書が完成するまでには、資料を提供、教示、その他種々の支援を賜るなど、多くの方々のご協力を頂戴した。巻末ながら、次の諸氏をはじめ関係各位に、心からの感謝を申し上げたい（敬称略）。

石野良男、磯部朋子、市原正恵、故伊藤ルイ、海野福寿、大野友和、大出俊幸、荻野正博、柏木隆法、亀田博、北村信隆、嵯峨隆、佐々木巌、故菅沼幸子、野沢笑子、春山秀雄、藤巻謙一、古河ななよ、真辺致真、故向井孝、望月明美　山下達治
また使用した資料の大半は図書館を利用して閲覧、確認したものである。次の図書館の御協力にお礼申し上げる。

国立国会図書館、東京都立図書館、千葉県立図書館、茨城県立図書館、次の各市立図書館――名古屋市、岡崎市、諏訪市、柏市。日本近代文学館、大宅壮一文庫。次の各大学図書館――東京大学、明治大学、早稲田大学、同志社大学、常磐大学、麗澤大学、広島大学。

そして何よりも、引用、出典として利用させていただいた数多くの文献の執筆者・発行者の方々、また、本書出版にあたってお世話になった社会評論社の松田健二氏、新孝一氏に感謝の意を表したい。

二〇〇九年八月

大杉　豊

大杉栄・主要参考文献

＊配列は原則として発表順とした。単行本に所載で、雑誌等に発表したものは発表年を付記した。「雑誌に掲載」は単行本に所収されたものを含む。

雑誌・特集

改造　大杉栄追想　改造社　一九二三・十一

大杉君と最後に会ふた時（山川均）　ドン底時代の彼（村木源次郎）　かたみの灰皿を前に（安成二郎）　外二名及大杉君の思出（山崎今朝弥）　無鉄砲、強情（和田久太郎）　可愛い男大杉栄（賀川豊彦）「飯の喰へない奴」（岩佐作太郎）　小児のやうな男（堀保子）　第三者から見た大杉（内田魯庵）　殺さるる前日の大杉君夫妻（松下芳男）印象二、三（土岐善麿）　大杉君の半面（近藤憲二）　善き人なりし大杉君（馬場孤蝶）　追憶断片（宮嶋資夫）　回顧（有島生馬）　一等俳優（久米正雄）

労働運動　大杉栄・伊藤野枝・追悼号　一九二四・三（復刻版　黒色戦線社　一九八九・十二）

大杉君の思想の一考察（和田久太郎）「正気の狂人」大杉の思想（岩佐作太郎）　大杉君の非軍備主義論（延島英一）大杉と日本の労働運動（水沼辰夫）　大杉栄君を憶ふ（加藤一夫）　同志大杉栄君を弔ふ（支那の同志）〔詩〕杉よ！眼の男よ！（富岡誠）　追憶（山鹿泰治）　大杉は大きかつた（和田栄太郎）　頑張り屋だつた大杉（望月桂）　彼と彼女と俺（村木源次郎）　大杉君と野枝さん（近藤憲二）　葬儀の記　大杉・伊藤両君の略伝及び著作年表（付・エスペラント語　山鹿泰治）

祖国と自由！　大杉栄追悼号　文明批評社　一九二五・九

逗子の大杉（中浜鉄）　大杉君と僕（武田伝二郎）　大杉の個性教育（和田久太郎）　大杉の憶ひ出（安谷寛一）　初めて知つた頃のこと（和田信義）　大杉君のこと（五十里幸太）　日本の浮浪者大杉栄（新明正道）　大杉も知らずに死んだこと（加藤一夫）　野枝さんのこと（平塚明）　野枝さんを憶ふ（安谷寛一）　大杉栄著作年表（神戸翻案社編）ほか

自由思想研究　大杉栄特集号　審美社　一九六〇・七

大杉栄の思い出（荒畑寒村）　大杉栄と私（安谷寛一）　大杉栄の周辺〔質疑応答〕　友情に篤かった大杉君（坂本清馬）

大杉とエスペラント語（山鹿泰治）　才色兼備の伊藤野枝さん（水沼辰夫）　フランスから帰ってからの大杉栄（近藤憲二）「自由思想研究」と大杉栄（遠藤斌）　大杉栄について問題点一・二（大沢正道）　大杉栄についての若干の考察　付・大杉栄の著作及び参考文献（小松隆二）　大杉栄年表　杉よ！眼の男よ！（中浜哲）

自由思想　大杉栄特集2　審美社　一九六〇・十

九月十六日の記憶（大沢正道）　足尾鉱毒事件と大杉栄（小松隆二）　大杉栄虐殺に関するメモ（安成二郎）　震災前後（山鹿泰治）　大杉栄からの手紙（坂本清馬）　大杉栄の家庭と幼年学校（松下芳男）

沓谷だより・特別号『自由の前触れ』　大杉栄らの墓前祭実行委員会　一九九三・九

執筆者氏名―菅沼幸子　野澤笑子　伊藤ルイ　宮本三郎　水沼浩　大塚昇　牧瀬恒二　堀切利高　五條静江　荒砂やよい　小池善之　島岡明子　高島洋　高橋国明　玉川信明　寺島珠雄　本合陽　真杉高之　山田久美子　渡辺一衛　市原正恵　遠藤斌　大沢正道　荒川章二　安藤実　遠藤章二　荻野正博　堅田精司　ジョン・クランプ　栗原幸夫　小島英夫　小松隆二　瑳峨隆　鈴木正　竹内康人　田村紀雄　永畑道子　西田毅　荻原晋太郎　松尾尊兊三原容子　向井孝　森正　安田常雄　山泉進　山室信一　山本義彦　和田守

初期社会主義研究　特集　大杉栄　第一五号　初期社会主義研究会　二〇〇二・十二

大杉栄研究拾遺（大澤正道）　大杉栄、親・弟妹との絆（大杉豊）　大正・千駄木・大杉（望月明美）　大杉栄の自筆原稿と落書――「死灰の中から」の原稿を中心に（太田雅夫）　芸術としての労働運動――大杉栄における「歴史」の問題（梅森直之）　大杉栄のみた中国（川上哲正）　大杉栄、コミンテルンに遭遇す――（付）李増林聴取書・松本愛敬関係資料（山泉進）　大杉栄の「新しき村」批評――アナキズムと共同体主義の接点（西山拓）　静岡市における大杉栄・伊藤野枝・橘宗一追悼の三十年（市原正恵）『沓谷だより』総目次　大杉栄年譜（大澤正道編）　大杉栄著書目録（稿）（山泉進編）　資料・大杉栄と堀保子の結婚を祝う葉書（解題・堀切利高）　自由恋愛の犠牲者――伊藤野枝氏―神近市子氏及び堀保子氏の現在の生活は？」（堀保子・伊藤野枝・神近市子資料）　堀保子編輯『あざみ』　堀保子・伊藤野枝・神近市子資料　解題（堀切利高）

新日本文学　特集　アナキズムの精神　第五十八巻第六号　新日本文学会　二〇〇三・九・十

大杉栄とベルクソン（宇波彰）「近代思想」の挑戦（鎌田慧）　大杉栄を受けとめた弟妹と娘たち（大杉豊）　菅沼幸子さんのこと（森まゆみ）　以上、大杉関係のみ

単行本

大杉栄研究　大沢正道　同成社　一九六八（のち法政大学出版局　一九七一）

大杉栄評伝　秋山清　思想の科学社　一九七六（のち『秋山清著作集』第五巻に所収）
無政府地獄　大杉栄襍記　安成二郎　新泉社　一九七三
大杉栄（FOR・BEGINERSイラスト版）文・竹中労　イラスト・貝原浩　現代書館　一九八五
大杉栄とエスペラント運動　宮本正男　黒色戦線社　一九八八
自由な空——大杉栄と明治の新発田　荻野正博　新潟日報事業社出版部　一九八八
大杉栄（人と思想91）高野澄　清水書院　一九九一
日本的風土をはみだした男——パリの大杉栄　松本伸夫　雄山閣出版　一九九五
大杉栄　自由への疾走　鎌田慧　岩波書店　一九九七
断影　大杉栄　竹中労　筑摩書房（ちくま文庫）二〇〇〇
神に祈らず——大杉栄はなぜ殺されたのか　宮崎学　飛鳥新社　二〇〇〇
大杉栄の思想形成と「個人主義」　飛矢崎雅也　東信堂　二〇〇五

全集・作品集所収

堺利彦全集　中央公論社　一九三三
　第四巻：大杉と荒畑／一九一一　大杉君と僕／一九一四　大杉君の恋愛事件／一九一六　第六巻：大杉、荒畑、高畠、山川　社会主義運動史話　日本社会主義運動に於ける無政府主義の役割／各一九三一
宮島資夫著作集　慶友社　一九八三
　第六巻：社会主義運動の現状／一九二〇　大杉栄論／一九二一
荒畑寒村著作集　平凡社　一九七六
　第四巻：『近代思想』と『新社会』／一九六二　第五巻：齧られた恋愛——大杉栄と神近市子／一九五六　大杉栄逸聞／一九六三　大杉栄の思い出／一九六〇　第八巻：『近代思想』昔ばなし／一九六〇
広津和郎全集　中央公論社　一九七四
　第十三巻：甘粕は複数か？／一九二三　その夜の三人——大杉栄／一九二五　手帳／一九五〇
秋山清著作集　ぱる出版　二〇〇六
　第二巻：日本の反逆思想／一九六〇　第四巻：大杉栄と文学／一九六〇　ロシア革命と大杉栄／一九六四　大杉栄とアナ・ボル論争／一九六五　その現代に生きるもの／一九七〇　第五巻：大杉栄評伝／一九七六　人間の自立精神の確立と行為／一九七七　「大杉栄の旅」小感／一九七三　大杉栄ノート／一九六四　大杉栄とアナキズム

／一九七四　ロシア革命のアナ・ボル論争　山川均と大杉栄／一九六八　第七巻：夢二と大杉――大正の恋愛／一九七五
宮本正男作品集　日本エスペラント図書刊行会　一九九三
第一巻：大杉栄と荒畑寒村／一九六九　大杉栄研究の陥せいにふれて／一九八三　大杉栄、上海に行く／一九八五

単行本所収

最後の大杉　内田魯庵　一九二三／『新編　思い出す人々』　岩波文庫　一九九四
わが回想する大杉栄　佐藤春夫　一九二三／『佐藤春夫全集』　第十一巻　講談社　一九六九
大杉栄君の追憶――社会思想家としての彼の一面　おそるべき勉強家　大杉栄　森戸辰男　一九二四／『思想と闘争』　改造社　一九二五
大杉栄　中西伊之助　『近代人の人生観』　越山堂　一九二五
思ひがけない人――野坂・大杉・幸徳　宇野浩二　一九五〇／『思ひがけない人』　宝文館　一九五七
解説　西田勝　『正義を求める心』　青木文庫　一九五五
大杉栄の思想と生涯　植村諦　『光を掲げた人々――民主主義者の思想と生涯』　新興出版社　一九五六
大杉栄の生活と思想　江口渙　『現代日本文学全集』52　中江兆民・大杉栄・河上肇　筑摩書房　一九五七
大杉栄　河上徹太郎　『日本のアウトサイダー』　中央公論社　一九五九
大杉栄――革命的労働運動の先駆者　高見順　一九六二／『日本の思想家　中』　朝日新聞社　一九七五
大杉栄論　大沢正道　一九六〇／『幸徳・大杉・石川』　北日本出版社　一九七一
大杉栄のアナーキズム　松田道雄／現代日本思想体系16『アナーキズム』　筑摩書房　一九六三
大杉栄　多田道太郎／『20世紀を動かした人々』2　近代日本の思想家　講談社　一九六三
「冬の時代」の社会主義者たち（徳留徳）「アナ」「ボル」の対立（小山仁示）／『大正デモクラシーの思想』　芳賀書店　一九六七
大正アナーキズムと文学――大杉栄と荒畑寒村　一九六七／『実行と芸術』　塙書房　一九六七
ロシア大革命と大杉栄　飛鳥井雅道　一九六七　『近代化と社会主義』　晶文社　一九七〇
クロポトキン・トロツキー・大杉栄　松田道雄／『世界ノンフィクション全集26』　筑摩書房　一九六八
生と反逆の思想家・大杉栄　多田道太郎　『日本の名著46大杉栄』　中央公論社　一九六九
大杉栄・伊藤野枝――無政府主義思想の展開　池上徳三『講座日本の革命思想5　民主革命思想の胎動』　芳賀書店

一九七〇
〈未完の革命家〉大杉栄　松田政男『叛逆への情熱』大和書房　一九七一
大杉栄　反逆の眼　青地晨／『反骨の系譜――権力に屈しなかった人々』評言社　一九七二
大正期のアナーキズム――大杉栄を中心に　飛鳥井雅道／『日本近代化の研究・下』東京大学出版会　一九七二
大杉栄とアナキズム　大津山国夫／現代文学講座第四巻『大正の文学』一九七六
大杉栄　鹿野政直『日本の国家思想　下』青木書店　一九八〇
大杉栄の「新しい女」をよむ　大杉栄の「監獄大学」　鈴木正／『知の在野精神』勁草書房
反逆と生の拡充――大杉栄について　林尚男／『冬の時代の文学』有精堂出版　一九八二
大杉栄　鈴木正節／『大正デモクラシーの群像』雄山閣　一九八八
大杉栄　尾崎秀樹／日本のリーダー11『風雲の異端児』TBSブリタニカ　一九八三
大杉栄　上杉省和『近代日本のジャーナリスト』御茶の水書房　一九八七
「個人主義者」大杉栄　大杉版『労働運動』ノート　太田哲男／『大正デモクラシーの思想水脈』同時代社　一九八七
大杉栄――反逆と自由を求めた革命家　林尚男／『平民社の人びと』朝日新聞社　一九九〇
大杉栄私記　清真人／『もう一つの思想家像』白石書店　一九九〇
大杉栄論――唯心論的無政府主義への道　大杉と寒村の隔絶『近代思想』の受容のされ方　荻野富士夫／『初期社会主義思想論』不二出版　一九九三
ある青春――荒畑寒村と大杉栄　小島直記／『志――かつて日本にあったもの』新潮社　一九九五
大杉栄とロマン・ロラン――憎悪と調和の美学　曽田秀彦『民衆劇場・もう一つの大正デモクラシー』象山社　一九九五
大正社会主義者の「政治」観　三谷太一郎／『大正デモクラシー論』東京大学出版会　一九九五
大杉栄の思想　板垣哲夫／『近代日本のアナーキズム思想』吉川弘文館　一九九六
甘粕と大杉の対話　清沢冽『清沢冽評論集』岩波書店　二〇〇二
自由への疾走――大杉栄　鎌田慧／『反骨のジャーナリスト』岩波新書　二〇〇二
『大杉栄』（『日本の名著46』）浅羽通明／『アナーキズム』ちくま新書　二〇〇四
有島武郎と大杉栄――本能、個性、社会　綾目広治『倫理的で政治的な批評へ――日本近代文学の批判的研究』皓星社　二〇〇四
大杉栄――「個人主義的・組合主義的・無政府主義」とその周辺　竹山護夫／『大正期の政治思想と大杉栄』竹山護

夫作品集　第2巻』名著刊行会　二〇〇六

雑誌掲載

大杉栄氏を論ず　生方敏郎　新潮　一九一五・六
大杉と別れるまで　堀保子　中央公論　一九一七・三
堺利彦君と大杉栄君　生田長江　解放　一九二〇・十一
大杉殺し事件の暴露されるまで　一社会部記者の手記　婦人公論　一九二三・十一
仏蘭西監獄及法廷の大杉栄　林倭衛　改造　一九二四・六
巴里に於ける大杉栄　佐藤紅緑　文藝春秋　一九三〇・十一
大杉栄の労働運動――無政府共産主義運動　田中惣五郎　労働評論　一九五〇・十二
大杉栄・遺骨奪取事件　永松浅造　文藝春秋　一九五五・十
大杉栄・有島武郎・賀川豊彦　江口渙　中央公論　一九五五・十一
大杉栄と労働運動　水沼辰夫　自由思想　一九六一・一、二
民衆文学論――大杉栄をめぐって　大津山国夫　国語と国文学　一九六一・十
大杉栄について　河上民雄　労働運動史研究　一九六三・七
大杉栄試論　田丸太郎　歴史評論　一九六三・十二
晩年の大杉栄　安谷寛一　展望　一九六五・九
大杉栄「正義を求める心」　河上民雄　エコノミスト　一九六五・十
大杉栄――その文芸活動把握の視点　佐藤勝　国文学　解釈と教材の研究　一九六五・二
大杉栄――社会主義運動に不朽の足跡を残す　河上民雄　自由　一九六七・十二
大杉栄とベルグソン　三浦精一　黒の手帖　一九六九・十二　一九七〇・六
大杉栄の革命理論に関する私論　諸伏恒　黒の手帖　一九七二・五
極左ロマン主義と文学――北一輝と大杉栄　遠丸立　国文学解釈と鑑賞　一九七三・十一
大杉栄の思想と美意識　久保田芳太郎　国文学解釈と鑑賞　一九七三・十一
大杉栄について（文学以前と文学）　森山重雄　日本文学　一九七四・三
大杉栄――エロス的アナキズム　森山重雄　文学　一九七四・六
人間・大杉栄の全体像（座談会）秋山清、大久保典夫、大沢正道　季刊ピエロタ　一九七四秋季号

裸の大杉栄　松下芳男　中央公論・歴史と人物　一九七五・九
評論の系譜——大杉栄　吉田精一　国文学解釈と鑑賞　一九七七・二、三
大杉栄のユートピア思想　米沢幸三　無政府主義研究　一九七七・十二
大杉栄と白樺派は結びつくか　大津山国夫　国文学解釈と教材の研究　一九七八・九
二人の革命家像——大杉栄・荒畑寒村を主体とする中篇作品　伊藤信吉　早稲田文学（第八次）　一九八五・六
「日本の時間」と「世界の時間」——大杉栄における「瞬間の充足」　坂本多加雄　国際交流　六一号　一九九三・四
現代において大杉の自由な精神を考える　鎌田慧・森まゆみ　季刊へるめす　一九九七・五
名あて人なき民主主義——大杉栄における「生命」と「主体」　梅森直之　新評論　一九九八・三
〈心の革命〉と〈社会の革命〉——夏目漱石と大杉栄のベルグソン　林淑美　文学　二〇〇〇・四
大杉栄の手紙　梅森直之　国文学　解釈と教材の研究　二〇〇〇・十一
大杉栄、あるいは囚われの人びと　菅本康之　国文学　解釈と教材の研究　二〇〇一・九
大杉栄、叛逆精神とメディア戦略　大和田茂　国文学　解釈と教材の研究　二〇〇二・七
響きあう大杉栄とB・ラッセル　大杉豊　沓谷だより　二〇〇三・八
身体感覚的社会主義のゆくえ——大杉栄のアナーキズムと脱植民地主義の言説　梅森直之　現代思想　二〇〇四・五

紀要・研究誌

日本における「民衆劇論」　遠藤祐　ロマン・ロラン研究　一九五五・四、六
大杉栄と社会主義　中村勝範　慶應義塾大学創立百年記念論文集　三八七—四　慶應義塾大学法学部編刊　一九五八
民衆文学論——大杉栄をめぐって　大津山国夫　国語と国文学（東京大学国語国文学会）　一九六一・十
大杉栄　都築忠七　一橋論叢　一九六二・四
大杉栄の社会思想の特質と意義　小山仁示　史泉（関西大学史学・地理学会）三三号　一九六七・十一
岩野泡鳴と大杉栄　伴悦　日本近代文学　一九七二・十
『近代思想』を中心とした大杉栄の思想　上田正行　近代文学論　第四号　一九七三
大正知識人の命運——大杉栄の場合　鈴木秀治　比較文学研究（東京大学比較文学会）二八号　一九七五・十一
大杉栄——人と訳業　佐藤林平　慶應義塾大学言語文化研究所紀要一〇　一九七八・十二
大杉栄の革命思想　岩淵慶一　立正大学人文科学研究所年報　別冊四　一九八三
大正社会主義思想と大杉栄　高橋康昌・鄭陳喜　群馬大学教養部紀要　一九八五

大杉栄の社会観――共同性と政治性　板垣哲夫　山形大学紀要・社会科学　一九八六
大杉栄の精神史の一齣――「無政府主義の手段は果して非科学的乎」にみる二重の屈折　梅森直之　初期社会主義研究・第四号　一九九〇
大杉栄における「社会」と「自我」――「社会的個人主義」への道程　梅森直之　早稲田大学政治経済学雑誌　三〇四・三〇五合併号　一九九一・一
大杉栄における「科学」と「自由」――明治社会主義との関係において　梅森直之　早稲田政治経済学雑誌　三〇九・三一〇合併号　一九九二・四
「大杉栄のビラ撒き」・一九〇四年夏　伊藤英一　初期社会主義研究　第七号　一九九四
なぜジェイムズ・コノリーは蜂起したのか――幸徳秋水、大杉栄と比較して　鈴木良平　法政大学教養部紀要　九一号　一九九四・四
大杉栄――国家・社会「秩序」への挑戦　岡崎正道　Artes liberals（岩手大学人文社会科学部）一九九六・十二
規律と反抗の日々――大杉栄、幼年学校の八三五日　梅森直之　初期社会主義研究　第九号　一九九六
大杉栄とアナキズム――近代日本思想史のパラダイム転換に向けて　相関社会科学（東京大学大学院総合文化研究科）第七号　一九九七
号令と演説とアナーキズム：大杉栄における吃音の問題　梅森直之　初期社会主義研究　第一一号　一九九八
大杉栄と中国――近代における日中社会主義運動交流の一側面　嵯峨隆　教養論叢（慶應大学法学研究会）一〇八号　一九九八
アナーキズムからアヴァンギャルドへ――大杉栄・中野重治・村山知義　竹内栄美子　千葉工業大学研究報告　人文編　三九号　二〇〇二
大杉栄、佐々木喜善との交友と平民社参加の頃　後藤彰信　初期社会主義研究　一六号　二〇〇三
「近代思想」における大杉栄の批評の実践性について　村田裕和　立命館文學　五八一号　二〇〇三・九
大杉栄が出席できなかったアナーキスト国際会議　パリ、一九二三年一〇月　田中ひかる　初期社会主義研究　一七号　二〇〇四
大杉栄が出席できなかったアナーキスト国際会議（2）ベルリン、一九二二年十二月　（3）ロシア革命についてのアナーキストの認識　田中ひかる　初期社会主義研究　一八号、一九号　二〇〇五、二〇〇六
大杉栄と田口運蔵――その「自由」と「反逆」の原点　荻野正博　新発田郷土誌　二〇〇四、二〇〇五
大杉栄における自由と創造――「社会的個人主義」成立における「明治社会主義」批判の意味　飛矢崎雅也　ロバアト・オウエン協会年報　二〇〇五

大杉栄における「自己無化」言説――その特異性について　鍵本優　ソシオロジ　一五七号　二〇〇六
賀川豊彦と大杉栄：大正デモクラシー期における労働運動の可能性　小南浩一　法政論叢　二〇〇六
一九二三年以前の「社会科学」という言葉――日本社会学史と大杉栄を中心に　渡辺克典　ソシオロジ　一六一号　二〇〇八

回想・運動史

荊逆星霜史　吉川守圀　一九二六／『荊逆星霜史』青木書店　一九五七
遍歴　宮嶋資夫　一九五三／『宮嶋資夫著作集』第七巻　慶友社　一九八三
続わが文学半生記　江口渙　青木書店　一九五八
寒村自伝　荒畑寒村　筑摩書房　一九六五／岩波文庫　一九七五
一無政府主義者の回想　近藤憲二　平凡社　一九六五
日本アナキズム運動史　小松隆二　青木書店　一九七二
反体制エスペラント運動史　大島義夫・宮本正男　三省堂　一九七四
明治・大正期自立的労働運動の足跡　水沼辰夫　ＪＣＡ出版　一九七九

刊行紙誌（復刻版）

家庭雑誌　不二出版　一九八三　別冊：『家庭雑誌』解題（鈴木裕子）・総目次・索引
近代思想　不二出版　一九八二　付：雑誌『近代思想』（荒畑寒村）解題（堀切利高）　総目次
（月刊）平民新聞　黒色戦線社　一九八二　付：月刊「平民新聞」解説（森長英三郎）
文明批評　大正労働文学研究会　一九八〇　別冊：文明批評家大杉栄（荒畑寒村）　堅氷を破るもの（鹿野政直）『文明批評』の功罪（西田勝）　幻の第三号（堀切利高）　総目次
労働運動（第一次～第四次）　一九七三　黒色戦線社　総目次　解説：『労働運動』小史（大沢正道）

小説・脚本（短編を除く）

黒い花（小説）　立野信之　新潮社　一九五五

冬の時代（脚本）　木下順二　『展望』一九六四・十（初演：劇団民芸　一九六四）
美は乱調にあり（小説）　瀬戸内晴美　文藝春秋　一九六六
美しきものの伝説（脚本）　宮本研　『展望』一九六八・四（初演：文学座　一九六八）
エロス＋虐殺（脚本）　吉田喜重・山田正弘　『年鑑代表シナリオ集　一九七〇』ダヴィッド社　一九七一（上映：ATG　一九七〇）
実録・大震災最大事件（小説）　黒木曜之助　弘済出版社　一九七四
社会主義者を殺せ（小説）　杉森久英　『暗殺』光文社　一九七四
ブルーストッキングの女たち（脚本）　宮本研　一九八三（初演：三越劇場公演　一九八三）
諧調は偽りなり（小説）　瀬戸内晴美　文藝春秋　一九八四
破れかぶれ（小説）　三好徹『へんくつ一代』講談社文庫　一九九三
火の女（脚本）　北條秀司　『信濃の一茶　火の女』関西大学出版部　一九九八（大杉役を緒形拳で上演予定のところ、作者死去のため未定稿）

人名索引

＊苗字だけで個人名不詳などの一部の人名や典拠資料の執筆者名は省略した。
＊中国・朝鮮の人名は日本語読みとした。

［エ］

［オ］

写真出典

p. 35 ／東京監獄：『東京写真帳』
p. 41 ／エスペラント語学校の協力メンバー：大島義夫・宮本正男『反体制エスペラント運動史』
p. 192 ／菊富士ホテル：武田信明『〈個室〉と〈まなざし〉』
p. 198 ／葉山・日蔭茶屋：『朝日クロニクル 20 世紀』
p. 243 ／山鹿泰治「マンガのヤマガ」より：向井孝『山鹿泰治——人とその生涯』
p. 275 ／神田青年会館：建築学会『明治大正建築写真聚覧』
p. 287 ／ ILO 労働代表選出反対デモ：『画報日本近代の歴史８』(三省堂)
p. 288 ／絵を見る大杉と野枝：『朝日クロニクル 20 世紀』
p. 375 ／Ｂ・ラッセルと面談：『太陽』1921 年 9 月
p. 399 ／里見弴「白酔亭宿帳」：里見弴「白酔亭宿帳より」『味の味』1974 年 6 月
p. 482 ／憲兵司令部：田崎治久『日本之憲兵』
p. 485 ／３個の棺：『朝日新聞の秘蔵写真が語る戦争』

＊特記なき限り編著者所蔵の写真を使用。

[編著者紹介]

大杉豊（おおすぎ・ゆたか）
1939年、横浜市生まれ。東京都立大学社会学科卒業。東京放送（TBS）入社。調査、営業、編成各部門を経て99年退職。東放学園専門学校・常磐大学国際学部非常勤講師、柏自主夜間中学スタッフ。
共著に『日本の視聴者・続』（誠文堂新光社）、『放送広告の効果・続』（ダイヤモンド社）など。
現住所：柏市つくしが丘4-15-6

日録・大杉栄伝

2009年9月16日　初版第1刷発行

編著者＊大杉豊
発行人＊松田健二
発行所＊株式会社社会評論社
東京都文京区本郷2-3-10　tel.03-3814-3861/fax.03-3818-2808
http://www.shahyo.com/
印刷・製本＊株式会社技秀堂

Printed in Japan